ESE

Emotionale und Soziale Entwicklung
in der Pädagogik der Erziehungshilfe und
bei Verhaltensstörungen

ESE

Emotionale und Soziale Entwicklung
in der Pädagogik der Erziehungshilfe und
bei Verhaltensstörungen

Herausgebende Redaktion

Stephan Gingelmaier
Werner Bleher
Martina Hoanzl
Birgit Herz

Redaktionelle Unterstützung

Elena Koch

ESE

Emotionale und Soziale Entwicklung
in der Pädagogik der Erziehungshilfe
und bei Verhaltensstörungen

1. Jahrgang (2019)

Heft 1
Gemeinsam & Verschieden:
Was sind Spezifika des Faches „ESE"?

Verlag Julius Klinkhardt
Bad Heilbrunn • 2019

k

Korrespondenzadresse:
JProf. Dr. Stephan Gingelmaier
Psychologie und Diagnostik im Förderschwerpunkt Emotionale und Soziale Entwicklung
PH Ludwigsburg
Reuteallee 46
71634 Ludwigsburg

Erscheinungsweise:
ESE Emotionale und Soziale Entwicklung in der Pädagogik der Erziehungshilfe und bei Verhaltensstörungen
erscheint jährlich, jeweils im Sommer.

Die Hefte sind über den Buchhandel zu beziehen.
Das Einzelheft kostet EUR (D) 24,90, im Abonnement EUR (D) 24,90 (ggfs. zzgl. Versandkosten).
Das Abonnement für Studierende kostet EUR (D) 19,90 (ggfs. zzgl. Versandkosten)
nur bei Vorlage einer aktuellen Immatrikulationsbescheinigung.

Bestellungen und Abonnentenbetreuung:
Verlag Julius Klinkhardt
Ramsauer Weg 5
D-83670 Bad Heilbrunn
Tel: +49 (0)8046-9304
Fax: +49 (0)8046-9306
oder nutzen Sie unseren webshop:
www.klinkhardt.de

Bibliografische Information der Deutschen Nationalbibliothek
Die Deutsche Nationalbibliothek verzeichnet diese Publikation in der Deutschen Nationalbibliografie;
detaillierte bibliografische Daten sind im Internet abrufbar über
http://dnb.d-nb.de.

Bildnachweis Umschlagseite 1: © Petr Hrbek, 1992, Ohne Titel (Ausschnitt); mit freundlicher Genehmigung
von Ursula Binder und Martina Hoanzl.

Druck und Bindung: AZ Druck und Datentechnik, Kempten.
Printed in Germany 2019.
Gedruckt auf chlorfrei gebleichtem alterungsbeständigem Papier.

ISSN 2629-0170
ISBN 978-3-7815-2317-3

Inhaltsverzeichnis

I Editorial

Editorial zur Erstausgabe der Wissenschaftlichen Jahreszeitschrift

Emotionale und Soziale Entwicklung (ESE)
in der Pädagogik der Erziehungshilfe und bei Verhaltensstörungen.

Thema:

Gemeinsam & Verschieden: Was sind Spezifika des Faches „ESE"?

Sehr geehrte Damen und Herren,
Liebe Kolleginnen,
liebe Kollegen,

Acti Iucundi Labores (Arbeiten sind angenehm, wenn sie getan sind)
Cicero

Die erste Ausgabe eines gemeinsamen Fachorgans für die Disziplin „Pädagogik bei Verhaltensstörungen"/Förderschwerpunkt „emotionale und soziale Entwicklung" liegt als *Wissenschaftliche Jahreszeitschrift Emotionale und Soziale Entwicklung (ESE) in der Pädagogik der Erziehungshilfe und bei Verhaltensstörungen* vor. Um diese für die Bundesdozierendenkonferenz 2019 in Berlin druckfrisch veröffentlichen zu können, war ein „straffer" Zeitplan notwendig. Deshalb wollen wir uns bei den Autorinnen und Autoren, bei den Peer Reviewerinnen und Peer Reviewern, der redaktionellen Assistenz und dem Klinkhardt-Verlag für das große Engagement und das hohe Maß an Flexibilität ausdrücklich bedanken.

Seit über 10 Jahren finden regelmäßige Treffen der Dozierenden dieser sonderpädagogischen Wissenschaftsdisziplin an den verschiedenen universitären Studienstätten in der Bundesrepublik Deutschland statt. Die bildungs-, sozial-, kinder- sowie jugendhilfepolitischen Entwicklungen sowie die Konsolidierung der konsekutiven Studiengänge an den Universitäten waren einige Beweggründe, den fachwissenschaftlichen Austausch zu intensivieren.

Das Zustandekommen des vorliegenden wissenschaftlichen Fachorgans entwickelte sich spätestens seit den Dozierendenkonferenzen in den Jahren 2015 (Universität Leipzig), 2016 (Universität zu Köln) und 2017 (Technische Universität Dortmund). In verschiedenen Arbeitsgruppen verdichtete sich zunehmend das Votum des Kollegiums, die Forschungsarbeiten einem größeren Publikum zugänglich zu machen. Einerseits sollte dies der wissenschaftlichen Vernetzung sowie der Nachwuchsförderung dienen, andererseits die Praxisentwicklungen und juridischen Entscheidungsprozesse stärker in die Öffentlichkeit tragen. Es sollte ein Forum geschaffen werden, das sich darüber hinaus im Sinne einer Anwaltschaft für psychosozial hoch belastete Kinder und Jugendliche positionieren will. In diesem Zusammenhang entstand zunächst ein *Positionspapier der Forschenden und Lehrenden der „Pädagogik bei Verhaltensstörungen"/des Förderschwerpunkts „emotionale und soziale Entwicklung" an bundesdeutschen Hochschulen* (Originalwortlaut s. Beitrag Bleher/Gingelmaier, Ludwigsburg). In der Folge nahm Birgit Herz (Hannover) die Bestrebungen, aus dem Kreis der Kolleginnen und Kollegen heraus ein fachspezifisches Publikationsorgan zu etablieren, in die Hand.

Auf der 10. Bundesdozierendenkonferenz in Ludwigsburg 2018 wurde dann sowohl das oben genannte Positionspapier verabschiedet, wie auch die Rahmenkonzeption für eine fachwissenschaftliche Zeitschrift beschlossen. Der Titel dieser Tagung *Gemeinsam und Verschieden* wurde zur Leitidee der ersten Ausgabe der Jahreszeitschrift: Die unterschiedlichen Forschungs- und Praxiszugänge an den einzelnen Hochschulen können nicht nur in ihrer Heterogenität der Theorieentwicklung gewürdigt, sondern auch in Bezug auf die Klientel und Institutionsentwicklung an den einzelnen Studienstätten sichtbar gemacht werden.

Das Format der *Wissenschaftlichen Jahreszeitschrift* zwischen einer klassischen wissenschaftlichen Zeitschrift und einem Tagungsband sollte der Vielfalt und dem breiten Spektrum der *Pädagogik der Erziehungshilfe und bei Verhaltensstörungen* gerecht werden und zugleich mit der Erscheinungshäufigkeit (jährlich) sowie den unterschiedlichen Rubriken die gegebenen Möglichkeiten und Spezifika aufgreifen.

In einem Call for Papers wurde eine erste inhaltliche Strukturierungsebene vorgenommen, indem alle Kolleginnen und Kollegen eingeladen wurden, zu den folgenden Fragestellungen Beiträge einzureichen:

- Was ist für Sie/Ihre Arbeitseinheit/Ihre Studienstätte das Spezifische unseres Faches? Welche Fachthemen sind aus Ihrer Sicht besonders bedeutsam?
- Wie drückt sich dies in der Lehre und in Kooperationen aus?
- Welche Veranstaltungsformate in der Lehre sind zur Umsetzung der Ziele zwingend notwendig?
- Welche theoretischen Einflüsse sind für das Fach elementar?
- Was sind spezifische empirische Fragen, Methoden, Zugänge und Ergebnisse?
- Was ist das Verbindende, das Gemeinsame dieses Faches?
- Wo kommt es zu Differenzen, Divergenzen innerhalb des Faches?
- Wie kann die Sichtbarkeit und der Einfluss des Faches in der Öffentlichkeit sowie in der Scientific Community erhöht werden?

Auf einer zweiten, formalen Strukturierungsebene wurde bereits im zugrundeliegenden Call for Papers eine Systematik nach folgenden Rubriken vorgenommen. So hieß es im Call for Papers:

III Originalia: Es können ca. vier Orginalia aus theoretischen und empirischen Arbeiten (mit ca. 40 000 Zeichen mit Leerzeichen pro Beitrag) veröffentlicht werden. Diese unterliegen zwei Peer-Review-Verfahren (double-blind review).

IV Tagungsbeiträge und weitere Beiträge aus dem Fach: Tagungsbeiträge der Bundesdozierendenkonferenz und weitere aktuelle Beiträge aus dem Fach (mit Herausgeber-Review, nicht „blind"), sowie Einbezug von Beiträgen mit Praxisbezug (schulisch und außerschulisch), um den Theorie-Praxis-Transfer zu verbessern. Insgesamt ca. 10-12 Beiträge, max. 30 000- 35 000 Zeichen inkl. Leerzeichen.

V Buchbesprechungen: Neuerscheinungen mit inhaltlichem Bezug zum Fach, max. 3-4, max. 5000 -7000 Zeichen inkl. Leerzeichen

VI Forum Kurzberichte aus den Bundesländern: Aktuelle Entwicklungen in den einzelnen Bundesländern an den Studienorten usw. können berichtet und gezielt dokumentiert werden. Auf diese Weise werden bildungspolitisch relevante Veränderungen öffentlich reflektiert und zugleich die Entwicklung des Faches auf Nebenwegen (nach)gezeichnet.

Für die einzelnen Rubriken konnten folgende Anzahl an Beiträgen gewonnen werden:

Nr.	Rubrik	Anzahl der Beiträge pro Rubrik
I	Editorial	1
II	Zum Geleit: Die „Gründerväter" des Faches	4
III	Originalia	2
IV	Tagungsbeiträge und weitere Beiträge aus dem Fach	11
V	Buchbesprechungen	1
VI	Forum Kurzberichte aus den Bundesländern	5

Inhaltlich stellen sich die Beiträge in den einzelnen Rubriken wie folgt dar:

II Zum Geleit: Die „Gründerväter" des Faches

An eine erste Ausgabe werden in aller Regel hohe Ansprüche und sehr unterschiedliche Erwartungen gestellt. Das Herausgeberteam dieser ersten Ausgabe versteht sich in der Tradition einer wertegeleiteten Wissenschaftspluralität. Es erschien uns – im Hinblick auf die zukünftigen Perspektiven der Fachentwicklung und in Hinblick auf die Verbindung zwischen Gegenwart und Vergangenheit – unverzichtbar und bedeutsam, drei der fünf Gründerväter des Faches direkt für ein Geleitwort anzufragen (es waren zeittypisch tatsächlich ausschließlich männliche Kollegen). Über Herrn Günter Großmann und sein Wirken berichtet seine ehemalige Mitarbeiterin Ines Budnik (Halle).

Die ersten Lehrstühle, Professuren und Dozenturen wurden in Ost- und Westdeutschland ab Mitte der 1960er Jahre eingerichtet. In Westdeutschland erfolgte die Einrichtung eines Arbeitsbereichs „Lernbehinderten- und Erziehungsschwierigenpädagogik" an der Pädagogischen Hochschule Ruhr 1965. Die Leitung hatte Karl-Heinz Benkmann inne. 1968 wurde Günther Bittner auf eine Professur im Fach „Verhaltensgestörtenpädagogik" an die Pädagogische Hochschule Reutlingen berufen (heute ist die ehemalige Reutlinger Fakultät für Sonderpädagogik Teil der PH Ludwigsburg). Im gleichen Jahr erhielt Karl-Josef Kluge einen Ruf auf die erste Universitätsprofessur für „Erziehungsschwierigenpädagogik" an der Universität zu Köln.

In Ostdeutschland wurde 1964 Günther Großmann Abteilungsleiter für „Rehabilitationspädagogik der Verhaltensgeschädigten" an der Humboldt Universität zu Berlin; ebenfalls gewürdigt werden muss das fachlich relevante Wirken von Reiner Werner, ebenfalls an der Humboldt Universität zu Berlin.

Wir freuen uns an dieser Stelle ganz besonders, dass die noch (sehr) aktiven Kollegen Benkmann, Kluge und Bittner ein Geleitwort für diese erste Ausgabe verfasst haben. Ein kurzer Rückblick von Ines Budnik würdigt, wie bereits erwähnt, Günter Großmann. Reiner Werner verstarb 2003, es konnte leider kein Kontakt zu seiner Familie oder ehemaligen Mitarbeitenden hergestellt werden.

III Originalia

Den Auftakt für die Rubrik Originalia bilden Dennis Hövel (Köln), Thomas Hennemann (Köln) & Christian Rietz (Heidelberg) mit dem Titel *Meta-Analyse programmatischer-prä-*

ventiver Förderung der emotionalen und sozialen Entwicklung in der Primarstufe. Internationale Studien bestätigen die Wirksamkeit schulischer präventiver Förderung. Jedoch ist die Wirkung von Präventionsprogrammen nicht beliebig interkulturell übertragbar. Das Forschungsprojekt untersucht explizit die Wirksamkeit manualisierter, deutschsprachiger Präventionsprogramme in der Schule und den Einfluss spezifischer Moderatoren auf die Programmeffekte.

Der zweite Beitrag in der Rubrik Originalia befasst sich mit dem Thema *Schulklima und Pädagogik bei Gefühls- und Verhaltensstörungen: Aktueller Forschungsstand und erste Ergebnisse bei Schülerinnen und Schülern mit Symptomverhalten.* Die Verfasser sind Gino Casale (Köln und Wuppertal) & Thomas Hennemann (Köln). Anhand einer empirischen Studie mit Schülerinnen und Schülern aus der Sekundarstufe I wird aufgezeigt, inwiefern die mit dem Thema verbundenen Herausforderungen wissenschaftlich belegt werden können. Die ersten Forschungsergebnisse der Studie weisen darauf hin, dass signifikante Zusammenhänge zwischen der Intensität von Symptomen einer Gefühls- und Verhaltensstörung und dem Schulklima bestehen.

IV Tagungsbeiträge und weitere Beiträge aus dem Fach

Der Beitrag *50 Jahre „Pädagogik bei Verhaltensstörungen" – eine Geburtstagslaudatio mit kritischem Blick auf das Selbstverständnis der Disziplin* von Marc Willmann (Leipzig) beinhaltet eine Überblicksdarstellung über die Disziplingeschichte der Pädagogik bei Verhaltensstörungen. Der Autor orientiert sich an den Entwicklungsetappen der universitären Institutionalisierung von Professuren. Anhand einer Kategorisierung der zentralen Veröffentlichungen von etablierten Fachvertreterinnen und Fachvertreter werden Entwicklungstendenzen historiographisch dokumentiert.

Werner Bleher & Stephan Gingelmaier (beide Ludwigsburg) stellen einen Beitrag mit dem Titel *zum Selbstverständnis einer sonderpädagogischen Fachdisziplin: Das Positionspapier der Forschenden und Lehrenden der „Pädagogik bei Verhaltensstörungen"/des Förderschwerpunkts „emotionale und soziale Entwicklung" an bundesdeutschen Hochschulen* vor. Hierin wird nach einer kurzen Genese des Positionspapiers der Text im Originalwortlaut wiedergegeben.

Dem schließen sich direkt die Ausführungen *Überlegungen zur künftigen Positionierung einer Pädagogik bei Verhaltensstörungen bzw. des Förderschwerpunktes „Emotionale und soziale Entwicklung"* von Philipp Walkenhorst (Köln) an. Er geht darauf ein, dass sich die universitär verankerte „emotional-soziale Entwicklungsförderung" aktuell in einer Phase der Selbstverortung im Gefüge individueller und sozialer Hilfen befindet. Walkenhorst diskutiert dies u.a. als eine Form der „Selbstbegrenzung" auf die schulische und schulbezogene Förderung des Faches, die damit den oftmals komplexen Förderbedarfen zu wenig gerecht wird. Dabei wird der Versuch unternommen, skizzenhaft Zielgruppen, inhaltliche Umrisse und Herausforderungen des pädagogischen Fachgebietes zu bestimmen. Zugleich wird aber auch der fachliche Spannungsbogen erkennbar, der Verschiebungstendenzen von sogenannten „Problemfällen der Erziehung" ebenso thematisiert wie die berechtigten sozialkritischen Diskurse, die die Produktion gesellschaftlicher Abweichungen problematisieren.

David Zimmermann, Kathrin Obens, Kathrin & Ulrike Fickler-Stang (alle Berlin) beschäftigen sich in ihrem Beitrag *Reflexionsfähigkeiten im Hochschulmilieu entwickeln. Theorie, Forschung und Lehre* mit theoretischen Überlegungen und praktischen Umsetzungsideen zur Frage der Förderung von Reflexionsfähigkeit im Rahmen von pädagogischer Professionalisierung in der Hochschule. Dazu werden zwei Projekte aus der Abteilung Pädagogik bei psychosozialen Beeinträchtigungen an der Humboldt-Universität Berlin vorgestellt: Das erste Praxisbeispiel stellt ein forschungsorientiertes Methoden-Seminar im Bachelor-Studium dar, in dessen Verlauf ein studentisches Interviewprojekt zu ethischen Fragen in sonderpädagogischen Forschungsprojekten durchgeführt wurde. Das zweite Beispiel thematisiert Erkenntnisse und Ideen zur Professionalisierung in Praxissemestern. Gemeinsam mit Studierenden wurde ein Reflexionsinstrument (für Studierende und begleitende Mentoren) ausgearbeitet, welches das Nachdenken über schulische Erfahrungen für die Studierenden anleitet und zugleich Daten zum Nachvollzug der Prozesse für die Weiterentwicklung der universitären Lehre erhebt. Der Artikel schließt mit Überlegungen zu den Grenzen und Möglichkeiten der Entwicklung einer reflexiven Professionalität in der Hochschule als „affektivem Milieu".

Janet Langer & Marlen Eisfeld (beide Rostock) fokussieren in ihrem Beitrag *Repräsentationen der Lehrer-Schüler-Beziehung aus Sicht von Lehrpersonen* die Qualität der Lehrer-Schüler-Beziehung. Diese wird als unstrittige Einflussgröße auf die kindliche Entwicklung gewürdigt und deren besondere Relevanz für entwicklungsgefährdete Kinder betont. Die vorliegende explorative Untersuchung zielt auf einen methodischen Vergleich der die Innen- und Außenperspektive auf die Beziehung beachtet und zugleich danach fragt, welches Fürsorgeverhalten Lehrpersonen in bindungsrelevanten Situationen gegenüber ihren Schülerinnen und Schülern zeigen. Dabei werden unterschiedliche Messinstrumente eingesetzt und die jeweiligen Ergebnisse abschließend diskutiert.

Tony Hofmann (Würzburg) & Alix Heselhaus (Münster) zeigen im Beitrag *Gelingende Prozesse der Veränderung: Ein Kernmodell der Adaptivität*, dass das scheinbar Selbstverständliche sich eben nicht von selbst versteht, schon gar nicht, wenn es um den Begriff des „Gelingens" geht. Der Versuch, dieses Phänomen wissenschaftlich zu fassen, verweist auf vielfältige Herausforderungen. Denn Gelingen ereignet sich in unvorhersehbaren Interaktionsprozessen, ist hochgradig individuell und kaum prospektiv zu greifen. Auf Basis der Prozessphilosophie von Gendlin entwickeln die Verfassenden ein Kernmodell der Adaptivität und werfen dabei bedeutsame Fragen auf.

Im Zentrum des Beitrags von Dorothea Ehr (Würzburg) steht die *Handlungsregulation im Kontext von angstinduzierenden Situationen*. Aus interaktionistischer Perspektive entwickelt die Verfasserin auf der Grundlage ausgewählter interaktionistisch-transaktionaler Handlungsregulationsmodelle ein komplexes Arbeitsmodell. Dieses wird auf das Beispielphänomen Angst transferiert und anhand eines Fallbeispiels konkretisiert bzw. illustriert.

Christine Schmalenbach (aktuell El Salvador), Stefanie Roos (Dortmund), Thomas Müller (Würzburg) & Anja Grieser (Ulm) fokussieren auf die *sozial-emotionale Entwicklung von Kindern/Jugendlichen mittels Lernleitern (SeELe)*. Im Rahmen des hochschulübergreifenden Projekts SeELe werden Aspekte der MultiGradeMultiLevel-Methodology aus Indien und des Kooperativen Lernens kombiniert, um sozial-emotionale Lernprozesse in der Schule und anderen pädagogischen Settings zu unterstützen. Zielgruppe sind Schülerinnen und Schüler der Sekundarstufe I. Die aus diesen Ansätzen abgeleitete Lernleiter soll dabei der Heterogenität der Kinder und Jugendlichen gerecht werden und ihre Eigenaktivität in den Vordergrund stellen.

Um *Ökonomisierungsprozesse als Limitierung von Teilhabechancen* geht es Jan Hoyer & Jochen Liesebach (beide Hannover). Anhand zweier Praxisbeispiele zeigen sie, in welcher Form ökonomische Deutungsmuster und Argumentationen in pädagogische Handlungsfelder und Diskurse eingreifen. Die Darstellung und theoriebezogene Reflexion dieser Beispiele erfolgten mit Referenz auf Bourdieus Idee der sozialen Felder.

Kirsten Müller (Gießen) & Sarah Hoffmann (Hannover) berichten über das bundesländerübergreifende Projekt zwischen Hessen und Niedersachen *InProKiG: Interprofessionelle Kooperation in der inklusiven Beschulung von Schüler*innen mit emotional-sozialem Förderbedarf*. *InProKiG* hat es sich zur Aufgabe gemacht, den deutlichen Entwicklungsbedarf an Qualifizierungsmaßnahmen für die interprofessionelle Kooperation pädagogischer Fachkräfte zu untersuchen. Im Rahmen des Forschungsprojektes wird durch den interdisziplinären Ansatz der Interventionsforschung ein Manual für die interprofessionelle Kooperation von internen wie externen Partnern an inklusiven Grundschulen erstellt.

Hans-Walter Kranert & Roland Stein (beide Würzburg) beschreiben in ihrem Beitrag *Der Übergang ins Berufsleben von Heranwachsenden mit psychischen Belastungen – Forschungsstand und weitere Entwicklungslinien*, den Start aus der Schule in das Berufsleben als ein bedeutsames biografisches Ereignis für alle jungen Menschen. Sie problematisieren die Risiko- und Konfliktlagen von jungen Menschen mit psychischen Belastungen und Erkrankungen, die unter erschwerten Bedingungen sozialisiert werden. Mit Rekurs auf die Studien von Erikson werden insbesondere die Dilemmata von Passungsproblemen aufgezeigt, die sich durch die förderpolitischen Maßnahmen und Angebote des Übergangsmanagements ergeben. Beide Verfasser plädieren diesbezüglich für eine Intensivierung von Forschungsanstrengungen, um hier inklusive Perspektiven für diese Zielgruppe zu stärken.

V Buchbesprechungen

Agnes Filipiak (Paderborn) widmet sich in ihrer Buchbesprechung der Veröffentlichung *In Psalmen der Gewalt begegnen* von Barbara Strumann (Verlag Ferdinand Schöningh).

VI Forum Kurzberichte aus den Bundesländern

Aus Baden-Württemberg (Werner Bleher, Ludwigsburg), Bayern (Roland Stein & Thomas Müller, beide Würzburg), Nordrhein- Westfalen (Dennis Hövel, Köln & Erasmus Mehlmann, Gummersbach), Niedersachsen (Manfred Wittrock, Oldenburg) und Sachsen (Kerstin Popp, Leipzig) liegen aktuelle und für das Fach bedeutsame Länderberichte vor.

Auf der Bundesdozierendenkonferenz 2019 an der Humboldt Universität zu Berlin wird – nach der Herausgabe der hier vorliegenden ersten Jahreszeitschrift – ein zukünftiges Herausgeberteam neu gewählt und voraussichtlich durch einen wissenschaftlichen Beirat ergänzt.

Nun bleibt uns, Ihnen liebe Leserinnen und Leser, eine anregungsreiche und fruchtbare Lektüre zu wünschen, die den fachlichen Dialog über die universitären Grenzen hinaus belebt. Wir als Herausgebende sind gespannt auf Ihre Eindrücke und freuen uns über Rückmeldungen!

Ludwigsburg und Hannover im Januar 2019,

die Herausgebenden
Stephan Gingelmaier, Werner Bleher, Martina Hoanzl & Birgit Herz

II Zum Geleit: Die „Gründerväter" des Faches

Geleitwort

Ines Budnik

über

Prof. Dr. sc. Günther Großmann (1927-2017), Begründer der Rehabilitationspädagogik Verhaltensgeschädigter in der DDR und Inhaber der ersten Professur des Faches in Deutschland (gemeint ist damit die damalige DDR und die damalige BRD).

Günther Großmann war der führende Begründer der Verhaltensgestörtenpädagogik in der DDR. Nachdem er die Volksschule und Oberrealschule absolviert hatte, begann er im Dezember 1945 seine Laufbahn als Neulehrer. Nach der ersten und zweiten Lehrprüfung absolvierte er ein Studium im Fach Pädagogik der Schwachsinnigen und Schwererziehbaren an der Pädagogischen Fakultät der Humboldt-Universität zu Berlin. Unermüdlich – wie bei sehr vielen Neulehrern nach dem zweiten Weltkrieg – suchte er Bildung und hatte den Wunsch, diese Bildung weiter zu geben. So legte er 1959 das Staatsexamen für das Unterrichtsfach Deutsch an Oberschulen ab. Im Jahr 1964 promovierte er zum Dr. paed. Bereits 1969 erhielt er die Facultas docendi für Verhaltensgestörtenpädagogik – die erste auf diesem Fachgebiet überhaupt in der DDR.

Parallel arbeitete Günther Großmann an Volksschulen, an Heimen und Sonderschulen. Besonders prägend war für ihn seine Arbeit als Schulleiter der Sonderschule in Görlitz. Von da aus wechselte er 1960 an die Humboldt-Universität, wo er begann, die Fachrichtung Verhaltensgestörtenpädagogik aufzubauen. Im Jahr 1964 wurden die ersten Studierenden in dieser Fachrichtung immatrikuliert. Seine Habilitation 1974 war folgerichtig auf diesem Gebiet. Bis 1978 war er Hochschuldozent in dieser Fachrichtung. Im selben Jahr erhielt er an der Martin-Luther-Universität Halle eine Professur für Rehabilitationspädagogik, gleichzeitig übernahm er die Leitung des Instituts bis zu seinem Ausscheiden im Jahr 1992. Er war Autor zahlreicher Bücher und Artikel, seine Bibliografie ist sehr umfangreich. Das Buch „Rehabilitationspädagogik Verhaltensgeschädigter" (1984, 1990), welches er gemeinsam mit Anita Gerth und einem Autorenkollektiv herausgab, war das Grundlagenbuch der Verhaltensgestörtenpädagogik in der DDR.

Günther Großmann setzte durch, dass für Kinder mit Verhaltensproblemen Klassen und später Sonderschulen gegründet wurden. Im Jahr 1984 wurden diese „Ausgleichsklassen", so die damalige korrekte Bezeichnung, gegründet und gesetzlich verankert.

Diese Fakten lesen sich zunächst wie ein glatter Durchlauf, wie folgerichtige Entwicklungen. Der Kampf um die Daseinsberechtigung einer solchen Disziplin in der DDR wird damit nicht sichtbar. Verhaltensprobleme in der sozialistischen Gesellschaft bedurften besonderer Begründungen. Deshalb auch der Begriff der Verhaltensschädigung. So schrieb Großmann 1983:

> „Die Autoren haben sich in Auswertung der eigenen Untersuchungsergebnisse und der vielfältigen Fachliteratur, aus der Verallgemeinerung praktischer Erfahrungen sowie in Übereinstimmung mit

dem Erkenntnisstand der Rehabilitationspädagogik und der Rehabilitationspädagogischen Psychologie veranlaßt gesehen, den Schädigungszustand eines Kindes in seiner Entwicklung zu betonen. Deshalb erfährt die Kausalität der Entstehung von Verhaltensschädigungen, die Einheit sozialer, neurophysiologischer und psychischer Faktoren in der nicht normalen kindlichen Entwicklung, besondere Aufmerksamkeit. Das Kausalitätsmodell ging davon aus, dass biotische Ursachen bei ungünstigen intra- und interpersonalen Bedingungen psychophysische Auswirkungen haben können, die zur Verhaltensschädigung führen." (Großmann, 1990, S. 6)

Anita Gerth, langjährige Mitarbeiterin Großmanns in Berlin bestätigte, dass Verhaltensschädigung als soziale oder schulische Kategorie in der DDR kaum geduldet wurde. Selbst Publikationen zum Thema Verhaltensschädigung waren nur im Verlag „Volk und Gesundheit" möglich, der eigentliche pädagogische Verlag „Volk und Wissen" publizierte zu diesem Themengebiet nicht. Die Konzentration auf die „biotischen" Entstehungsfaktoren rief bei Fachwissenschaftlern im westlichen Ausland teilweise Unverständnis hervor, Großmann stand gerade in der Wendezeit unter starkem Rechtfertigungsdruck. Er und seine Mitautoren wagten ein Erklärungsmodell, in dem nur zwischen den Zeilen eine Auseinandersetzung mit den sozialen Entstehungsfaktoren von Verhaltensschädigungen/ Verhaltensstörungen erkennbar wurde. Die nachfolgende schematische Übersicht über die Entstehung einer Verhaltensschädigung verdeutlicht dies sehr anschaulich.

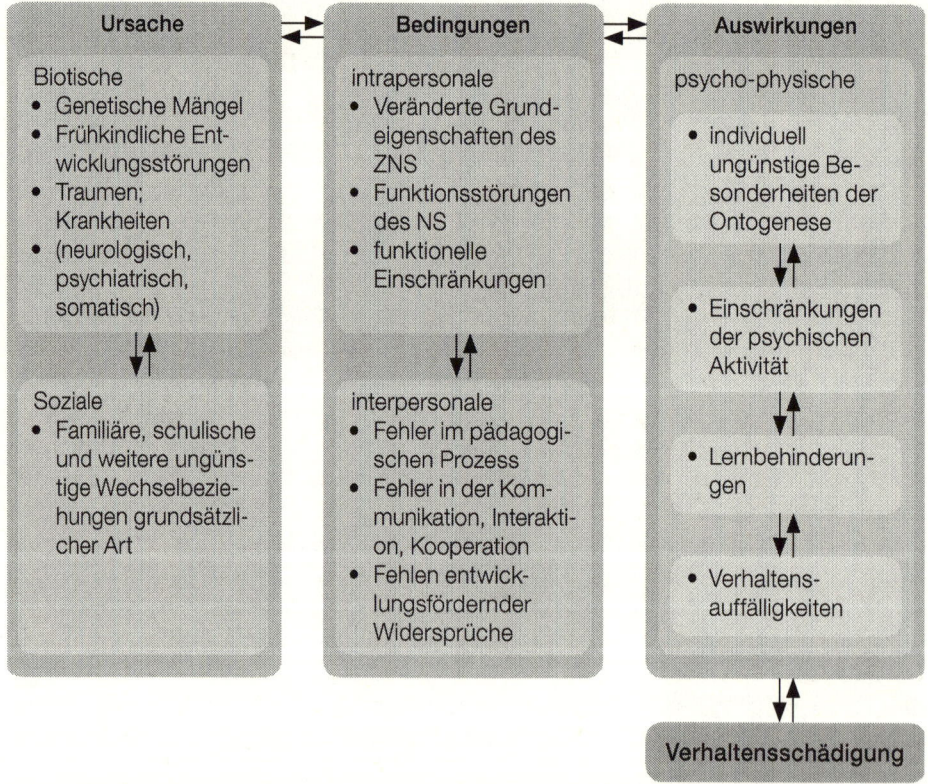

Abb. 1: Kausalitätsmodell zur Entstehung von Verhaltensschädigungen (Großmann & Gerth, 1990, S. 26)

Als biotische Belastungsfaktoren wurden frühkindliche Hirnschädigungen, Hirnfunktionsstörungen (damals als minimale cerebrale Dysfunktion bezeichnet), sowie verschiedene Formen des Psychosyndroms gezählt. Die Unterklassifikationen lesen sich teilweise wie das ICD 9 mit verschiedenen Störungsbildern. Hier werden sehr konkret Störungen benannt. Ebenfalls umfassend werden die psychischen Probleme beschrieben. Dabei wird auch die Wechselwirkung zwischen Verhaltensschädigung und Lernbehinderung analysiert. Sichtbar in seinem Kausalitätsmodell wird aber auch, dass auf die Konkretisierung sozialer Ursachen kaum eingegangen wird („ungünstige Wechselbeziehungen grundsätzlicher Art"). Ein Kompromiss, der die Etablierung der Pädagogik Verhaltensgeschädigter in der DDR ermöglichte. Im Jahr 1978 entwickelte Großmann ein Kompendium zur Diagnostik auffälligen Verhaltens. In zehn Syndromgruppen klassifizierte er Verhaltensweisen. Aus heutiger Sicht ein Klassifikationssystem, das für den schulischen Bereich wesentliche Kriterien lieferte. Dieses dynamische Model beinhaltete zu den einzelnen Verhaltensbereichen Entwicklungsstufen, so dass mit dem Kompendium ebenfalls förderdiagnostisch gearbeitet werden konnte.

Das besondere schulpolitische Verdienst Großmanns, die Einführung der Ausgleichklassen, ist teilweise noch heute in den östlichen Bundesländern in der Schulbezeichnung sichtbar. So manche Schule nennt sich noch wie damals „Schule mit Ausgleichsklassen". In diese Schule wurden „verhaltensgeschädigte Kinder im frühen Schulalter aufgenommen, bei denen so ausgeprägte Störungen im Sozial- und Leistungsverhalten" vorlagen, „dass ihre Persönlichkeitsentwicklung unter den Bedingungen der Regelschule nicht erfolgreich gefördert werden" konnte (Großmann & Gerth, 1990, S. 165). Innerhalb dieser Klassen sollten durch hilfreiche soziale Entwicklungsbedingungen die Auswirkungen biotischer Mängel gemindert oder kompensiert werden. Ausgleichklassen wurden sie genannt, da alle Kinder innerhalb von zwei, maximal drei Jahren an die Regelschule zurückgeführt werden sollten. Es war nie geplant, die Verweildauer zu verlängern.

Jeder Schritt in der Pädagogik Verhaltensgeschädigter war ein Ergebnis erbitterten Kampfes. Großmann selbst musste dabei nicht nur eine Niederlage hinnehmen. Dennoch – seinem Ziel, der Etablierung dieser Pädagogik – unterstellte er alles, auch sein Privatleben.

Trotz all dieser Auseinandersetzungen war er seinem Land, der DDR, sehr verbunden. Im Auftrag des Bildungsministeriums leistete er in Langzeitaufenthalten auf Kuba und in Angola umfassende Entwicklungshilfen beim Aufbau eines Sonderschulsystems und der dazu gehörigen Wissenschaft. Ehemalige Aspiranten aus beiden Ländern fühlen sich bis heute dem Institut für Rehabilitationspädagogik in Halle verbunden.

Allerdings wurde Günther Großmann gerade die Verbundenheit mit seinem Land in den Wendejahren zum Verhängnis. Obwohl er den Veränderungen gegenüber sehr offen war und neue Theorie- und Ausbildungsmodelle entwickelte, warf man ihm immer wieder Systemnähe vor und drängte ihn, die Universität zu verlassen. In der Zeit der Auseinandersetzung begründete er am Institut für Rehabilitationspädagogik der Martin-Luther-Universität Halle-Wittenberg die Fachrichtung und den Studiengang Verhaltensgestörtenpädagogik, entwickelte Studien- und Prüfungsordnungen. Mit Beginn seines 65. Lebensjahres, im Januar 1992, wurde er ohne weitere Würdigung in den Ruhestand versetzt. Es war eine Zeit, in der ein Teil seiner Mitarbeiter bzw. Mitarbeiterinnen entweder bereits entlassen waren oder für den Fortbestand des Institutes kämpften, so dass für das Durchsetzen einer angemessenen Verabschiedung der Person Günther Großmann kaum Kraftressourcen zur Verfügung standen.

Nach dem Ausscheiden aus der Universität zog sich Günther Großmann zurück. Die geringe Würdigung seiner Leistungen, die Ignoranz der Fachwissenschaft, aber auch sein nicht immer einfaches Wesen ließen ihn verbittern. Kontakt zu ihm war nur noch sehr wenigen vergönnt. Es war für uns alle ein wichtiges Ereignis, dass er an den Feierlichkeiten zur Eröffnung der neuen Institutsräume im Jahr 2007 teilnahm. Im Jahr 2017 verstarb Günther Großmann in Bad Kösen.

Literatur

Budnik, I., Opp, G. & Puhr, K. (2000). Transformationsprozesse in der schulischen Erziehungshilfe in Sachsen-Anhalt seit 1989. In S. Ellgar-Rüttgart & G. Wachtel (Hrsg.), *Zehn Jahre Sonderpädagogik und Rehabilitation im vereinten Deutschland* (S. 267-277). Neuwied u. Berlin: Luchterhand.

Großmann, G. & Gerth, A. (Autorenkollektiv/Hrsg.). (1990). *Rehabilitationspädagogik Verhaltensgeschädigter* (2. Aufl.). Berlin: Gesundheit GmbH.

Ines Budnik, Dr.
Martin-Luther-Universität Halle-Wittenberg
Wiss. Mitarbeiterin im Bereich Verhaltensgestörtenpädagogik seit dessen Gründung im Jahr 1990.

Geleitwort

Karl Heinz Benkmann

Sehr geehrte Kolleginnen und Kollegen!

Ich gratuliere zur Erstausgabe der demnächst im Klinkhardt Verlag erscheinenden „Wissenschaftlichen Jahreszeitschrift", die sich mit Themen einer Pädagogik bei Verhaltensstörungen befasst bzw. mit Aufgaben einer rehabilitationswissenschaftlichen Disziplin, die auf Hochschulebene den „Förderschwerpunkt emotionale und soziale Entwicklung" in Lehre und Forschung vertritt.

Das Vorhaben der Herausgeber ist vielversprechend. Sie gehen dabei von der Annahme aus, dass die Zeitschrift ein geeignetes Instrument sei, um dem Fach und seinem Zuständigkeitsbereich zu deutlicherer „Sichtbarkeit" zu verhelfen.

Wie in einem Informationspapier zu lesen ist, sind für jede Jahresausgabe Arbeiten und Berichte aus vier verschiedenen Themenbereichen vorgesehen. Differenziert wird nach:

„1. Originalia unter Peer Review, 2. Tagungsbeiträgen der jeweiligen BuDoKo[1] und weiteren Beiträgen aus dem Fach, 3. Buchbesprechungen, 4. Forum für Kurzberichte aus den Bundesländern".

Ich wünsche dem Herausgeberteam, dass durch die Auswahl und Bearbeitung der Aufsätze und Berichte wichtige Ergebnisse und Erkenntnisse gewonnen werden, die z.B. der Legitimierung, der wissenschaftlichen Fundierung und Positionierung der Gegenstandbereiche des Fachgebietes und/oder der Vermittlung von Orientierungshilfen für reflektiertes, professionelles Handeln in den Praxisfeldern dieser Disziplin dienen können.

Der große „Zugewinn" für das Fach, nun eine „eigene" Zeitschrift zu haben, ist – wie bereits angedeutet – hauptsächlich wohl auch darin zu sehen, dass dieses Publikationsorgan dazu beitragen kann, die Lehr- und Forschungstätigkeit im Bereich der Pädagogik bei Verhaltensstörungen zu intensivieren, etwa im Hinblick auf die Organisation, Gestaltung und Umsetzung inklusiver und exkludierender schulischer und außerschulischer Fördermaßnahmen sowie insbesondere auch in Bezug auf die empirische Forschung, wenn man bedenkt, dass auf diesem Gebiet seit langem ein erhebliches Defizit besteht.

Ein weiterer Zugewinn ist zu verzeichnen, wenn es gelingt, zum einen den Austausch innerhalb des Fachgebietes zu fördern, zum anderen das Fach auch außerhalb der eigenen Grenzen sichtbarer und seine Forschungsergebnisse und Diskurse aus der Zeitschrift noch einem größeren Interessent/innenkreis zugänglich zu machen.

Mit freundlichen Grüßen,
Prof. (em) Dr. Karl Heinz Benkmann

Prof. Dr. Karl-Heinz Benkmann war bis zu seiner Emeritierung 1993 an der PH Ruhr/ Universität Dortmund tätig. Er lebt in Dortmund.

---

1 BuDoKo = Bundesdozierendenkonferenz

Geleitwort

Günther Bittner

Mit Berufungsschreiben vom 21. Mai 1968 (also gerade 50 Jahre ist es her) bin ich auf eine „Dozentur für die Ausbildung von Lehrern an Sonderschulen für Verhaltensgestörte, Erziehungsschwierige und sittlich Gefährdete" an der Pädagogischen Hochschule Reutlingen berufen worden. So hieß das damals tatsächlich in Baden-Württemberg.

Zu diesem Amt kam ich wie die sprichwörtliche Jungfrau zum Kinde. Ich war Diplompsychologe, in Pädagogik bei Andreas Flitner in Tübingen promoviert, als Akademischer Rat am Pädagogischen Seminar dort tätig und auf dem Weg zur Habilitation. Ende 1966 hatte ich die Ausbildung zum analytischen Psychotherapeuten abgeschlossen. Lehrer oder gar Sonderschullehrer bin ich nie gewesen.

Die Aufgabe sollte es sein, eine Ausbildung im Aufbaustudiengang für Lehrer an Sonderschulen dieser neu zu etablierenden Fachrichtung zu konzipieren. Faktisch war dabei zunächst vor allem an Lehrer an den bereits seit langem bestehenden Heimschulen im Land, vor allem in kirchlicher Trägerschaft, gedacht; ambulante Tagesschulen waren erst für später ins Auge gefasst. Die Heil- bzw. neuerdings Sonderpädagogik war damals in einem grundlegenden Wandel begriffen: von der alten „Hilfsschulpädagogik" hin zu einer hochschulmäßig gelehrten, nach Behinderungsarten spezifizierten Sonderpädagogik, die an der PH Reutlingen die Fachrichtungen Lernbehinderte, Geistigbehinderte, Körperbehinderte und eben „Erziehungsschwierige und sittlich Gefährdete" umfasste.

Nun stelle man sich vor: ein junger Mann von gerade mal 31 Jahren, ohne jegliche Erfahrung in diesem speziellen pädagogischen Aufgabenbereich, mit Studentinnen und Studenten, die berufserfahrene Lehrerinnen und Lehrer und größtenteils älter waren als er. Kompetent war er allenfalls in der Kinderpsychologie, auch der Psychologie schwieriger Kinder (er hatte mit Begeisterung die Bücher von Aichhorn und Zulliger gelesen) und in der Allgemeinen Pädagogik, die er an der Universität zu lehren hatte. Praktische Erfahrungen besaß er in der psychoanalytischen Behandlung von Erwachsenen und in der psychoanalytisch fundierten Erziehungsberatung. In der Luft lagen damals Ideen von antiautoritärer Pädagogik – man schrieb ja das Jahr 1968. All dies zusammen genommen war das ein recht explosives Gemisch, aus dem er diese „neue" Pädagogik entwickeln sollte. Nun hatte er also ein Konzept für diese neue Lehrerbildung aus dem Boden zu stampfen.

Etwa gleichzeitig wurden ähnliche Dozenturen/Professuren in Köln (N. Kluge) und Dortmund (K.-H. Benkmann) eingerichtet, mit denen aber nur wenig Austausch bestand. In der Theorie waren wir nicht schlecht in Reutlingen, finde ich rückblickend. Mein Defizit im Hinblick auf die mir übertragene Aufgabe lag im völligen Mangel an Schulerfahrung. Darum war es für das Gelingen unseres Reutlinger Projekts entscheidend wichtig, dass alsbald mit Christoph Ertle und Volker Schmid zwei weitere Dozenten/Professoren berufen werden konnten, auch sie beide Psychoanalytiker, aber (das war an dieser Stelle das Entscheidende): beide waren vom Grundberuf her Lehrer mit Schul- und Unterrichtserfahrung.

Kaum in unseren neuen Ämtern angekommen, erreichte uns alsbald der ehrenvolle Auftrag, ein Gutachten für die Bildungskommission des Deutschen Bildungsrats über „Schule und Unterricht bei verhaltensgestörten Kindern" (Bittner, Ertle & Schmid, 1974) zu verfassen. Diese Gutachten zu den einzelnen sonderpädagogischen Teildisziplinen sollten die Grundlage für die Kommissionsempfehlungen „Zur pädagogischen Förderung behinderter und von Behinderung bedrohter Kinder und Jugendlicher" vom 14. Dezember 1973 bilden, die den Ausbau eines differenzierteren Sonderschulwesens zum Schwerpunkt hatten.

Da unser Gutachten gerade in die entgegengesetzte Richtung eines gestuften Systems von Erziehungshilfen ging, mit der „Sonderschule für Verhaltensgestörte" lediglich als ultima ratio, war es schon wegen dieser Grundtendenz den Auftraggebern wenig willkommen. Jakob Muth, der Vorsitzende der betreffenden Unterkommission, selbst ein „allgemeiner" Pädagoge und nicht ohne Sympathie für unsere Bestrebungen, bestätigt in seinem Vorwort zum Gutachtenband, dass sich gerade unser Gutachten „sehr stark (!) von überkommenen Vorstellungen der Sonderpädagogik löst" und dass ihm die Kommissionsempfehlung nur „einige Schritte weit gefolgt" sei (Muth, 1974, S. 7) – in meinen Augen eine diplomatische Umschreibung dafür, das Gutachten bei der Kommission glatt durchgefallen war.

Über das Gutachten hinaus habe ich auf die Entwicklung der universitären „Pädagogik bei Verhaltensstörungen" keinen direkten Einfluss mehr genommen. 1973 folgte ich einem Ruf auf einen Lehrstuhl für Erziehungswissenschaft mit dem Schwerpunkt „Entwicklungsprozesse" an der Universität Bielefeld, dem 1977 der Ruf auf einen allgemeinpädagogischen Lehrstuhl in Würzburg folgte. Ich habe allerdings die „Verhaltensgestörten" dorthin mitgenommen: sowohl bei den „Entwicklungsprozessen" in Bielefeld als auch in der Würzburger Allgemeinen Pädagogik blieben mir stets neben den „normalen" auch die „devianten" und misslingenden Entwicklungs- und Erziehungsprozesse präsent. Seit der Emeritierung 2005 bin ich nur noch Psychoanalytiker – jetzt auch hier „im Ruhestand".

Wenn ich – erstmals seit Jahrzehnten – dieses Gutachten von 1974 wieder lese und das jüngste Handbuch der „Pädagogik bei Verhaltensstörungen" (Ahrbeck & Willmann, 2009) danebenhalte, gewinne ich den Eindruck: jetzt, nach beinahe 40 Jahren, stellt sich die Verhaltensgestörtenpädagogik etwa so dar, wie wir sie uns im Gutachten vorgestellt hatten. So freut es mich zu lesen, dass diesem Gutachten bis in die Gegenwart hinein noch einige Aktualität zuerkannt wird (Lindmeier, 2009).

Für unsere Reutlinger Verhaltensgestörtenpädagogik hatte das bildungspolitisch gescheiterte Gutachten übrigens noch eine ganz spezielle Funktion: schon lange vor seiner Veröffentlichung kursierte es in maschinenschriftlicher Version; es war sogar die einzige meiner Schriften, von der je ein „Raubdruck" gemacht wurde (sogar in zwei Auflagen 1971 und 1974): Es war unser erstes akademisches Lehrbuch.

Die (heute überwiegend sogenannte) Pädagogik bei Verhaltensstörungen sehe ich weiterhin „im Schnittbereich" von Sonderpädagogik, Sozialpädagogik und allgemeiner Erziehungswissenschaft wie seinerzeit im Gutachten, und zusätzlich noch von Kinderpsychologie, Kinder- und Jugendlichenpsychiatrie und Kinder- und Jugendlichenpsychotherapie. Um es deutlich zu sagen: nach unserer damaligen und nach meiner heutigen Auffassung ist die *Pädagogik bei Verhaltensgestörten" von der Wissenschaftssystematik her keine genuin sonderpädagogische Disziplin.* Sie mag organisatorisch dort angegliedert sein (und meinetwegen auch bleiben), aber man muss realisieren, dass sie etwas substantiell Verschiedenes von Körperbehinderten-, Geistigbehinderten- usw. pädagogik ist.

Diese „sehr stark von überkommenen Vorstellungen der Sonderpädagogik" abweichende These (Muth, 1974, S. 7) soll im Folgenden weiter ausgeführt werden.

1. Die Konsequenzen daraus beginnen bereits bei der *Benennung des Adressatenkreises.* Die kurze Geschichte dieser Disziplin hat eine ganze Reihe teils skurriler Benennungsversuche hervorgebracht: Erziehungsschwierige und sittlich Gefährdete, Verhaltensgestörte bzw. Verhaltensauffällige, Verhaltensbehinderte, Kinder mit sozialem und emotionalem Förderbedarf usw.

Das Problem liegt darin, dass die Adressatengruppe so divergent ist, dass sie sich kaum auf einen gemeinsamen begrifflichen Nenner bringen lässt. Ähnlich sieht es Möckel (1988), der die Verhaltensgestörtenpädagogik für ein „schwer umgrenzbares Arbeitsgebiet" (S. 16) hält. Die sog. „Verhaltensgestörten" sind in der Hauptsache Kinder und Jugendliche, die im schulischen Alltag störend auffallen, also eher Störende als Gestörte sind. Sekundär sind solche Störer dann auch oftmals im Lernerfolg reduziert, ohne dass gravierende Intelligenzmängel vorliegen. Schließlich gibt es Sondergruppen, z.B. Kinder aus sozialen Randgruppen oder ausgesprochen kinderpsychiatrische oder kriminelle Fälle.

Es erscheint aussichtslos, für diese heterogene Klientel einen einleuchtenden (vor allem: für die Schulverwaltungen akzeptablen, d.h. in erster Linie verwaltungsrechtlich justiziablen) Oberbegriff zu finden. So entstehen die oben zitierten Begriffsverrenkungen. Ich habe diese Kinder seinerzeit alle miteinander „Problemkinder" (Bittner, 1994) genannt – ein Ausdruck, den ich nach wie vor gar nicht so schlecht finde, obwohl sich Verwaltungsjuristen die Haare raufen würden, wenn er sich durchsetzte.

Muth (1974) hatte schon richtig gesehen: unsere Vorstellungen einer Pädagogik bei Verhaltensstörungen waren „sehr" weit entfernt von einem rein sonderpädagogischen Fach, der sog. Verhaltensgestörtenpädagogik. Wir sahen sie im Gutachten (und ich sehe sie noch heute) im Schnittbereich von Sonderpädagogik, Allgemeiner Pädagogik und noch anderen Disziplinen. Von daher gesehen scheint mir das Thema „Verhaltensgestörte" *eher eine fächerübergreifende Problemstellung als ein besonderes Fach* zu bezeichnen. „Sonderpädagogisch" daran ist vor allem der Blickwinkel, der die Schulschicksale dieser Population ins Visier nimmt.

2. Die heute verbreitete sonderpädagogische Fächerbezeichnung spricht von *Pädagogik bei* Verhaltensstörungen (Lernbehinderungen, Körperbehinderungen usw.) – aber was wird hier unter Pädagogik verstanden? Doch nicht etwa die sog. Allgemeine Pädagogik, die Lehre von der Erziehung insgesamt? Von dieser hat sich die Sonderpädagogik im Zuge ihrer fortschreitenden Akademisierung zu ihrem eigenen Nachteil immer stolzer abgewandt. Sie hat eine eigene Dach-Wissenschaft über ihren sonderpädagogischen Zaunkönigreichen etabliert, das begriffliche Monstrum einer Allgemeinen Sonderpädagogik. Sollte diese etwa mit „Pädagogik" gemeint sein?

Diese Unstimmigkeit ist schon früher bemerkt worden: „Ist Sonderpädagogik Pädagogik?", hat Fröhlich (1994, S. 41 f.) aus unserer Würzburger Sicht skeptisch gefragt. Zu einem ähnlich skeptischen Urteil ist der Schweizer Heilpädagoge Haeberlin (2005) gekommen. „Mit der Konsequenz pädagogischer Orientierung scheinen einzelne Vertreter von heil- und sonderpädagogischen Fachrichtungen gelegentlich Mühe zu haben" (S. 12).

In der Geschichte der Erziehung und ihrer wissenschaftlichen Reflexion war die Erziehung des schwierigen Kindes immer schon Reflexionsgegenstand dieser sog. Allgemeinen Pädagogik, wie vor allem Rolf Göppel (1989) an den Beispielen von Pestalozzi und Herbart gezeigt hat. Ich hatte ihm (Bittner, 1989b) für seine Dissertation den „Auftrag" mit auf den Weg gegeben, die Verhaltensgestörtenpädagogik „abzuschaffen", d.h. zu zeigen, dass das Interesse für „schwierige Kinder" in der Pädagogik schon immer lebendig war, lebendig bleiben und nicht an eine spezielle Pädagogik abdelegiert werden sollte. Gut, dass er diesen „Auftrag" nicht allzu wörtlich genommen hat. Aber das Anliegen in meiner Würzburger Zeit war es schon, die „Allgemeine" und die Pädagogik „schwieriger Kinder" wieder näher zusammenzurücken. In diesem Punkt konnte ich mich – nicht ganz unvermuteter Weise – mit meinem früheren Reutlinger und späteren Würzburger Kollegen Andreas Möckel treffen, der an der Universität Würzburg den ersten und zunächst einzigen Lehrstuhl für Sonderpädagogik übernommen hatte. Wir spielten mehrfach den Gedanken durch, die „Allgemeine" und die „Sonder"-Pädagogik seien als zwei Seiten ein und derselben Medaille anzusehen: Devianzen aller Art seien nur auf dem Hintergrund normaler Entwicklungsverläufe (und umgekehrt) zu verstehen (vgl. unseren Disput in Möckel & Thalhammer, 1986, S. 170 f.). Noch 2007 hat Möckel (2007, S. 245 ff.) unter dem Leitbegriff „Heilpädagogik" erneut versucht, eine Brücke zur Allgemeinen Pädagogik hin zu schlagen. Leider hat dieser Austausch keine Fortsetzung gefunden. Je mehr sonderpädagogische Lehrstühle etabliert wurden, desto mehr entwickelte sich die Sonderpädagogik zu einem in sich selbst kreisenden Kosmos.

Jedenfalls bin ich auch nach dem Weggang von Reutlingen auf den allgemeinpädagogisch orientierten Lehrstühlen in Bielefeld und Würzburg aus voller Überzeugung Verhaltensgestörtenpädagoge geblieben. Ich denke, dass die Erscheinungen kindlicher und jugendlicher Devianz im Visier einer ganzen Reihe wissenschaftlicher Disziplinen stehen und erst in ihren gravierenderen schulischen Manifestationen zum Problem einer sonderpädagogischen Verhaltensgestörtenpädagogik werden.

3. Da, wie oben dargelegt, Problemkinder keine fest umrissene und definierbare Gruppe sind, sondern prinzipiell jedes Kind entwicklungsbedingt oder auf Grund besonderer Umstände und Lebenslagen zu gewissen Zeiten zum „Problemkind" werden kann, haben wir im Gutachten die monolithische Konzeption einer „Sonderschule für Verhaltensgestörte" abgelehnt und uns statt dessen für ein *gestuftes System pädagogischer und therapeutischer Hilfen ausgesprochen.* Dieses Postulat erscheint, wenn wir Ahrbeck und Willmann (2009) folgen, heute allgemein akzeptiert und in geradezu vorbildlicher Weise umgesetzt.

Heutzutage besteht eher die Gefahr, dass über dieses Ziel mit einer angeblich „menschenrechtlich" begründeten Forderung nach beinahe unbegrenzter *Inklusion* hinausgeschossen wird, einer Forderung, gegen die sich sowohl Ahrbeck mehrfach (u.a. Ahrbeck, 2016) als auch ich (Bittner, 2016) entschieden gewandt haben. Es mag an dieser Stelle erlaubt sein, auf die generelle bedenkliche Tendenz in der Sonderpädagogik warnend hinzuweisen, dass unter Überspringen von Sachargumenten angebliche Rechte von Behinderten umstandslos aus menschenrechtlichen Postulaten hergeleitet werden, anstatt, wie es wohl richtiger wäre, erst die Sachargumente abzuwägen und die „Menschenrechte" oder die „Würde der Person" und die diversen UN-Deklarationen – die heute mit Vorliebe zitiert werden, die aber keinen pädagogischen Gedankengang ersetzen – erst zu allerletzt ins Spiel zu bringen.

4. Die Pädagogik bei Verhaltensstörungen „muss" nicht, aber sie kann mit guten Gründen *psychoanalytische Pädagogik* sein. Diese „guten Gründe" sind zunächst historische: Verhaltensstörungen sind der Bereich, „in welchem sich die psychoanalytisch orientierte Pädagogik stets beheimatet fühlen konnte, waren doch Aichhorn, Redl und auch Zulliger

Vertreter, die mit Kindern und Jugendlichen aus diesem Bereich gearbeitet und darüber nachgedacht hatten" (Fröhlich, 1994, S. 71).

Wichtiger als die historische aber ist die systematische Begründung: während die klassischen sonderpädagogischen Disziplinen Erziehung und Bildung auf dem Hintergrund prinzipiell unaufhebbarer Handicaps (von der Blindheit bis zur geistigen Behinderung) zum Gegenstand haben, ist der Spielraum für Veränderungen in dem hier zur Diskussion stehenden Bereich erheblich größer. Eine Psychologie, die solche Veränderungen zum Gegenstand hat, ist unter anderem die Psychoanalyse.

Unleugbar war unser Reutlinger Konzept von Verhaltensgestörtenpädagogik psychoanalytisch inspiriert, auch wenn wir uns bemüht haben, das nicht allzu sehr an die große Glocke zu hängen. Trotz solcher Vorsicht sind uns an einigen Stellen wohl Übertreibungen unterlaufen, vor allem im Kapitel über den „Therapeutischen Unterricht" (Bittner, Ertle & Schmid, 1974, S. 85 ff.), wo der Begriff des Therapeutischen doch etwas überdehnt wurde.

Ich sehe die *uneliminierbaren psychoanalytischen Ingredienzen* der Verhaltensgestörtenpädagogik heute in zwei Punkten, einem beinahe selbstverständlich gewordenen und überhaupt nicht mehr als psychoanalytisch empfundenen, und einem immer noch fremdartigen, immer nur punktuell realisierbaren und kaum zu methodisierenden:

- Der erste Punkt ist der vielzitierte (und leider auch etwas aus der Mode gekommene) „pädagogische Bezug", der sich gleichermaßen auf Pestalozzi wie auf Aichhorn berufen kann und ohne den in pädagogischen Kontexten auch heute noch „nichts geht".
- Der zweite Punkt besteht in der grundsätzlichen Bereitschaft, Alltagsprobleme, die sich in der pädagogischen Interaktion fortlaufend stellen, im Blick auf nicht offen zutage liegende („unbewusste") Hintergrundgegebenheiten hin zu analysieren (bei sich selbst, nicht etwa sie dem Kind zu „deuten").

Ein Beispiel aus unserem Würzburger Projekt mit körperbehinderten Kindern (Bittner & Thalhammer, 1989, S. 150; hier das Protokoll von A. Kannicht in der Wiedergabe von Fröhlich, 1994, S. 139):

> Silke, ein spastisches neunjähriges Kind, wird vom Betreuer im Rollstuhl geschoben. Sie fahren im Hof vom Weg ab, Silke dirigiert den Betreuer. Als er zurück auf den Weg will, schreit sie begeistert, daß sie noch länger durch den Tiefschnee fahren wolle. Sie ist ganz bei der Sache; wenn sie ihre Anweisungen gibt, biegt sich ihr ganzer Körper im Rollstuhl. Dann soll der Betreuer Schneebälle formen. Sie hat die Idee, sie gegen die Scheiben zu werfen. Silke trägt die Schneebälle im Schoß, dann holt sie aus und wirft mit voller Wucht einen Ball gegen die Scheibe. Der Schneeball erreicht nur mit Mühe sein Ziel, in sanftem Bogen tropft er gegen die Scheibe. Trotzdem ist Silke außer sich vor Freude über ihre Unverfrorenheit. Der Betreuer muß ihren Rollstuhl schnell wegschieben, damit sie nicht entdeckt werden. Silke kann kaum genug bekommen. Immer mehr Schneebälle müssen geformt werden; sie läßt sich nah an eine Scheibe fahren, um dann nach am Wurf wieder schnellstens davon zu eilen.

Eine ganz banale Geschichte scheint dies auf den ersten Blick: Silke möchte etwas können, was alle anderen Kinder können: einen Schneeball ans Fenster werfen und dann wegrennen. Silke erlaubt das ihre Gelähmtheit nicht. Indem der Betreuer ihr seine gesunden Glieder zur Verfügung stellt, „kann" sie plötzlich etwas, was alle Kinder können – ein kindliches Potenz- oder gar Omnipotenzerleben wird dem Kind ermöglicht, wie dies Winnicott (1974) vom gesunden Säugling beschrieben hat, dessen Mutter solche Omnipotenzphantasien „praktisch zur Wirkung bringt" (S. 189). Es erscheint wichtig, dass der Betreuer ein zumindest implizites Verständnis gewinnt von der Bedeutung dessen, was er da für das Kind tut. Dazu könnte ihn die Psychoanalyse sensibilisieren.

Nun soll also diese akademische „Pädagogik der Verhaltensstörungen", die in meinen Augen kein sonderpädagogisches Fach, sondern eine Problemlage im Schnittbereich vieler Fächer darstellt, eine eigene Zeitschrift bekommen. Ich wünsche der neuen Zeitschrift, dass es ihr gelingen möge, ein Forum für viel fruchtbaren Streit und gute Diskussionen zu sein bzw. zu werden.

Literatur

Ahrbeck, B. (2016). Inklusion – ein unerfüllbares Ideal. In R. Göppel & B. Rauh (Hrsg.), *Inklusion. Idealistische Forderung Individuelle Förderung Institutionelle Herausforderung* (S. 46-60). Stuttgart: Kohlhammer.

Ahrbeck, B. & Willmann, M. (2009). *Pädagogik bei Verhaltensstörungen. Ein Handbuch.* Stuttgart: Kohlhammer.

Bittner, G. & Thalhammer, M. (Hrsg.) (1989a). *„Das Ich ist vor allem ein körperliches …".* Zum Selbstwerden des körperbehinderten Kindes. Würzburg: edition bentheim.

Bittner, G. (1989b). Geleitwort. In R. Göppel (Hrsg). *„Der Friederich, der Friederich …".* Das Bild des „schwierigen Kindes" in der Pädagogik des 19. und 20. Jahrhunderts (S. 1-4). Würzburg: edition bentheim.

Bittner, G. (1994). *Problemkinder. Zur Psychoanalyse kindlicher und jugendlicher Verhaltensauffälligkeiten.* Göttingen: Vandenhoeck & Ruprecht.

Bittner, G. (2016). „Inklusion" und andere große Worte – oder: das stumpf gewordene Seziermesser der psychoanalytischen Kritik. In R. Göppel, B. Rauh (Hrsg.), *Inklusion. Idealistische Forderung Individuelle Förderung Institutionelle Herausforderung* (S. 79-90). Stuttgart: Kohlhammer.

Bittner, G., Ertle, Ch. & Schmid, V. (1974). Schule und Unterricht bei verhaltensgestörten Kindern. In Deutscher Bildungsrat (Hrsg.), *Gutachten und Studien der Bildungskommission, Sonderpädagogik. Bd. 4* (S. 13-102) Stuttgart: Klett.

Fröhlich, V. (1994). *Psychoanalyse und Behindertenpädagogik.* Würzburg: Königshausen & Neumann.

Göppel, R. (1989). *„Der Friederich, der Friederich …". Das Bild des „schwierigen Kindes" in der Pädagogik des 19. und 20. Jahrhunderts.* Würzburg: edition bentheim.

Göppel, R. & Rauh, B. (Hrsg.) (2016). *Inklusion. Idealistische Forderung Individuelle Förderung Institutionelle Herausforderung.* Stuttgart: Kohlhammer.

Haeberlin, U. (2005). *Grundlagen der Heilpädagogik. Einführung in eine wertgeleitete erziehungswissenschaftliche Disziplin.* Stuttgart: UTB.

Lindmeier, B. (2009). Zur Geschichte der Verhaltensgestörtenpädagogik als universitäre Disziplin. In B. Ahrbeck & M. Willmann (Hrsg.), *Pädagogik bei Verhaltensstörungen. Ein Handbuch* (S. 21-26). Stuttgart: Kohlhammer.

Möckel, A. (1988, 2007). *Geschichte der Heilpädagogik.* Stuttgart: Klett-Cotta.

Möckel, A. & Thalhammer, M. (Hrsg.) (1986). *Gestörtes Lernen.* Würzburg: Königshausen & Neumann.

Muth, J. (1974). Einführung. In Deutscher Bildungsrat (Hrsg.), *Gutachten und Studien der Bildungskommission, Sonderpädagogik. Bd. 4* (S. 4-8). Stuttgart: Klett.

Winnicott, D.W. (1974). *Reifungsprozesse und fördernde Umwelt.* München: Kindler.

Prof. Dr. Günther Bittner war bis zu seiner Emeritierung 2005 an der Universität Würzburg tätig. Er lebt in der Nähe von Würzburg.

Geleitwort

Karl-J. Kluge

Von der E-Pädagogik zum emotional-prosozialen Förderer

Eine Hommage an alle ehemaligen E-Studierenden, ehemaligen und heutigen Kollegen im Fachgebiet und an alle E-Schüler und deren Eltern, die sich auf ein anderes Abenteuer einließen und verlässliche LernBEGLEITER wurden.

Die Kölner E-Pädagogik startete bereits 1964 in Berlin

1962 lernte ich in der Universität zu Gießen die Jena Plan-Pädagogik Peter Petersens kennen, einen führenden Vertreter der Reformpädagogik in Deutschland. An einer Berliner Förderschule arbeitete ich in den Jahren 1964-1966 in Förderklassen einer Heimschule auf der Grundlage der studierten Petersen-Pädagogik. Meine pädagogischen Aktivitäten wurden protokolliert und sozialqualitativ ausgewertet. Diese Auswertungen wurden zum Bestandteil meiner Dissertation, die von einem „Schüler" Peter Petersens (Professor Dr. Döpp-Vorwald) und Professor Dr. Ernst Bornemann, beide Universität zu Münster, begutachtet wurden (Kluge, 1969). Während der deutschsprachigen Fachtagung der Dozentinnen und Dozenten und Professorinnen und Professoren für Heilpädagogik in der Schweiz und Deutschland im Jahr 1967 fiel ich einem Professor der Abteilung für Heilpädagogik der Pädagogischen Hochschule Rheinland durch meinen Vortrag auf. Derselbe und seine Kollegen in der Abteilung für Heilpädagogik luden mich danach zu einem Vortrag mit Vorstellungsgesprächen nach Köln ein. Im September 1968 erfolgte die Berufung auf den Lehrstuhl für Erziehungsschwierigen-Pädagogik und die Ernennung zum Direktor am „Seminar für Lernbehinderten- und Geistigbehinderten-Pädagogik sowie Erziehungsschwierigen-Pädagogik". Zu einer Zeit, in der die „Außerparlamentarische Opposition" auch in Köln in den Vorlesungen und Seminaren sowie in anderen Gremien „sich Gehör verschaffte".

Ein Fach etabliert sich

Die Studierenden der Abteilung für Heilpädagogik waren Schulleiter und Lehrpersonen mit Unterrichtserfahrungen, die sich einem Ergänzungsstudium stellten. Mit dieser Gruppe Hochengagierter erarbeiteten wir „Ausbilder" (= Lehrstuhlinhaber, Mitarbeiter und Lehrbeauftragte) Grundwerte und Leitfäden für die erfolgreiche Rückkehr der Studierenden in die Schulpraxis und zum Aufbau der Sonderschulen für Erziehungshilfe im Rheinland.

Meine Dissertation mit dem Titel „Pädagogik der Schwererziehbaren" erschien 1973 in zweiter Auflage. 1970 übernahm ich zusätzlich zum Lehrstuhl die Leitung des „Heilpädagogischen Landesjugendheimes" in Viersen/Nrh. Über 100 Jugendliche im Alter bis zu 21 Jahren wurden jährlich in dem von mir neu entwickelten pädagogischen Programm „Demokratie in Funktion" im Landesjugendheim gefördert und aufgrund ihrer positiven Entwicklung alsbald wieder in ihre Familien integriert (Köhler-Saretzki, 2009).

Die Schwerpunkte der „Verhaltensauffälligen-Pädagogik" oder wie ich heute sage „Pädagogik reaktiven Verhaltens" wurde in den Jahren 1968-1998 immer wieder von Interessenten und Interessentinnen und Kritikern und Kritikerinnen auf ihre Effizienz begutachtet. Im Jahre 1998 wurde dann die Aufgabe der Sonderschullehrenden in „LernBEGLEITUNG" „umgemünzt". Denn die LernBEGLEITUNG konzentriert sich als Begriff auf ein differenziertes und umfassendes pädagogisches Weltbild, verbunden mit einem „anderen" Denk- und Interventionsmuster, das sich entwickelte und eingebrachte wurde. Dieser Ansatz hatte sich von der Wurzel her aus der „Kölner Pädagogik erwartungswidrigen Verhaltens" weiterentwickelt. Die Geschichte bzw. das Werden dieser (besonderen) Pädagogik durch und mit ihrer Forschungscrew zeichnet Katja Wibbeke (2008) in ihrer Dissertation mit dem Titel „LernBEGLEITUNG" nach.

Angestoßen durch den damals inflationären Gebrauch des Begriffes Paradigma (Kuhn, 1979) auf die Umfassenheit und Logik dieses sonderpädagogischen Paradigmas „LernBEGLEITUNG" wurde der Autor zur Weiterführung seines pädagogischen Programms aufgefordert. Dieses Programm wurde auf viele Arten in den Bereichen Sonderschule, Jugend- und Familienhilfe, Erwachsenenbildung, Jugendarbeit und Lehrerausbildung eingesetzt und erprobt. Aus der Praxis kam dann von Seiten der ausgebildeten Sonderschullehrerinnen und Sonderschullehrer die Bestätigung, dass die Kölner E-Pädagogik anwendbar sei. Die Studie von Wibbeke (2008) legte Wert darauf, den Nachweis herauszuarbeiten, dass die wissenschaftliche Tätigkeit der Lehrenden „Paradigma-Wert" besitzt.

Die Arbeit und Leistungen dieser „Kölner wissenschaftlichen Gemeinschaft" (i.S.v. Kuhn), der Lehrenden und Forschenden in der Abteilung für Heilpädagogik der Pädagogischen Hochschule Köln, später der Heilpädagogischen Fakultät der Universität zu Köln (1968–1998), darf nach Wibbeke mit Hilfe der 15 Kriterien (Kuhn, 1979) für eine vielschichtige und angemessene Anwendung des Kuhnschen Begriffes (1979), ein Paradigma dieser sonder- bzw. heilpädagogischen Fachrichtung zu sein, in Anspruch nehmen. Die „Pädagogik erwartungswidrigen Verhaltens" – heute „reaktiven Verhaltens" – von Schülerinnen und Schülern bzw. Lehrpersonen zeichnet sich bis heute dadurch aus, dass sich diese Kölner Lehrenden gemeinsam auf eine Zielrichtung einigten. Beispielsweise erforschten sie auf der Grundlage der Jena-Plan-Pädagogik (Petersen, 2011), der Themenzentrierten Interaktion (Cohn, 2013), der Humanistischen Psychologie und -Pädagogik den förderlichen Umgang mit Kindern, Jugendlichen und Eltern in besonderen Problemlagen sowie eine nachhaltige Ausbildung der Studierenden.

Unsere Forschergruppe, bestehend aus den Personen Karl-Josef Kluge, Bodo Januszewski und Klaus Fitting-Dahlmann sowie zahlreichen Lehrbeauftragten, hinterfragte in dieser Zeit nicht nur ihren Forschungsgegenstand, sondern ermöglichte sich auch eine spezialisierte und detaillierte Weiterarbeit an ihrem Leitthema. Das Leitthema Humanistische Psychologie und -Pädagogik in ihrer angewandten Grundhaltung und ihrem Menschenbild zog sich schon in den 1970iger und 1980iger Jahren durch alle Bereiche des Fachgebietes (Wibbeke, 2008). Hochschuldidaktische Innovationen setzten die Forschenden und Lehrenden mit Hilfe von Rogers Idee des „Lernens in Freiheit" (1988) sowie Reinhard & Anne-Marie Tauschs „Erziehungspsychologie" (Tausch & Tausch, 1998) bestmöglich um. Die Weiterentwicklung dieses Ansatzes erwies sich in der Hochschule als probat/effektiv und nachhaltig sowie in Schulen anwendbar. Dieser Ansatz beinhaltet Überzeugungen und Grundhaltungen der Humanistischen Psychologie und -Pädagogik genauso wie neurowissenschaftliche Erkenntnisse und die der jeweils aktuellen Lernpsychologie. Einhellig war man damals schon in der Kölner

Ausbildung von E-Lehrern überzeugt, dass Lernen sich optimal „hirngerecht" gestalten lässt. Mithilfe der Praxis und Forschung sowie über qualitative hermeneutische Arbeiten entstanden Veröffentlichungen, die teilweise zur Standardliteratur für die nachfolgenden Studentengenerationen wurden. Eine Anzahl der erarbeiteten Dokumentationen für Seminare und Trainings zeigt die Entwicklungs-/Lernfortschritte dieses jungen Faches und spricht für den Lehr- und Lernerfolg sowohl auf Seiten der Dozierenden als auch auf Seiten der Studierenden. Durch die besondere Art der Wissensweitergabe in Trainingsgruppen und durch ein Übereinstimmen in Denken und Tun im Fachgebiet wuchsen die Studierenden in die Überzeugung der Dozierenden und deren Vorbilder wie Peter Petersen, Carl Rogers, Martin Buber, Ruth Cohn, Reinhard und Annemarie Tausch sowie in die Angebote der Kolleginnen und Kollegen in den Nachbar-Universitäten hinein. Man darf schon davon sprechen, dass sie auch in ihrer sozialen Wahrnehmung dahingehend beeinflusst wurden, dass die Studierenden ihre Lernerfahrungen mit der Humanistischen Psychologie und -Pädagogik sowie der „Positiven Psychologie" auf ihre Vorstellungen bezüglich ihres zukünftigen Arbeitseinsatzes, nämlich Förderschulen bzw.im Umgang mit Kindern und Jugendlichen in besonderen Problemlagen, übertrugen.

„Mit 66 Jahren, da fängt das Leben an..." (U. Jürgens)

Der Antrag auf Verlängerung meiner Dienstzeit an der Universität zu Köln wurde von Seiten des Ministeriums für Wissenschaft und Forschung abgelehnt. Das Recht auf Lehre und Forschung blieb mir erhalten, weil meine Nachfolger Klaus Fitting-Dahlmann, Clemens Hillenbrand und Thomas Hennemann meinem Angebot nachkamen, im Fach „Erziehungshilfe und Emotional-Soziale Förderung" weiterhin zu lehren und zu forschen.
Und so entwickelte ich meine Ausbildungs- resp. Trainingsangebote: „Interaktive Workshops."

Ohne positive Gefühle keine positiven Lernerfolge
Weiterführend entwickelte sich die „Kölner Forschungsgemeinschaft E-Pädagogik" und etablierte den „erziehungstherapeutischen" Ansatz (Januszewski & Kluge, 1984). In demselben wird den Lernenden ermöglicht, sich selbst zu erfahren, sodass dieselben sich befähigen, durch ihre er- und durchlebten Erfahrungen handlungsfähiger- und wirksamer mit ihrer Zielgruppe im Beruf umzugehen. So werden z.B. (selbst)erlebte Emotionen nicht nur literarisch- theoretisch eingebracht, sondern zu vorderst und darüber hinaus Angebote vorgestellt, diese „am eigenen Leib" zu erleben. Mit diesem anderen Studienangebot innerhalb des Hochschulstudiums verwirklichte unsere Forschungsgemeinschaft für die Studierenden Praxisbezüge, denn bereits in den 1980er Jahren erlebten Studierende nach ihrem Studium den sogenannten „Praxisschock" (Fitting, 1989).
Diese schon in den 1970- und 1980er Jahren vorgetragenen Argumentationen bzgl. wirksamen Unterrichts in der Förderung „verhaltensauffälliger" Schülerinnen und Schüler kamen im Jahr 2000 in den offiziellen Verlautbarungen des Kultusministeriums an:

> „[...] die Persönlichkeit der Lehrkraft ist wesentlich für die Entwicklung der Beziehungen der Schülerinnen und Schüler zu Personen und Dingen. Die Lehrkräfte vermitteln durch ihre Haltung persönliche Orientierung. Sie bieten Schülerinnen und Schülern, die in Konflikten zu gesellschaftlichen Normen stehen, ihre Unterstützung bei der Entwicklung von Lebensperspektiven und der Übernahme gesellschaftlicher Normen und Werte an. Deshalb benötigen die Lehrkräfte wie die

Schülerinnen und Schüler zusätzlich Angebote, die sich auf die Weiterentwicklung und Stabilisierung ihrer Persönlichkeit beziehen. Dazu gehören das Verständnis für plötzlich wechselnde und extreme Verhaltensänderungen, das Überprüfen und Relativieren eigener Erwartungshaltungen an das Handeln im sozialen und emotionalen Bereich, das Vertrauen in die Leistungsfähigkeit der Schüler oder des Schülers, die Annahme der Schülerinnen und Schüler mit ihren vielfältigen Problemen und persönliche Zuwendung in belastenden Situationen, schließlich das Aushalten von Enttäuschungen und Rückschlägen" (KMK, 2000, S. 30f.).

Literatur

Cohn, R. (2013). *Von der Psychoanalyse zur themenzentrierten Interaktion:* von der Behandlung einzelner zu einer Pädagogik für alle (17. Aufl.), Stuttgart: Klett-Cotta.

Fitting, K. (1989). Ganzheitliches Lernen in der Fachrichtung: Diagnostik und Pädagogik erwartungswidrigen Verhaltens. In J. Bröcher, K. Fitting & B. Januszewski (Hrsg.) *Persönlichkeit oder Fachlichkeit. Eine Einführung in die aktuelle Verhaltensauffälligenpädagogik und Erziehungstherapie* (S. 9-14). München: Minerva

Januszewski, B. & Kluge, K.-H. (1984). *Ursprünge und Anfänge der Erziehungstherapie in Deutschland – Menschenbild, Hypothesen und Erfahrungen in der Anwendung der Humanistischen Psychologie.* München: Minerva.

Kluge, K.-J. (1969). *Pädagogik der Schwererziehbaren. Ein Beitrag zur Praxis und Theorie der Erziehungsschwierigenpädagogik.* Berlin: Marhold.

Köhler-Saretzki, T. (2009). *Heimerziehung damals und heute. Eine Studie zu Veränderungen und Auswirkungen der Heimerziehung über die letzten 40 Jahre!* Berlin: Pro Business.

KMK (2000). *Empfehlungen zum Förderschwerpunkt Emotionale und soziale Entwicklung.* Bonn: Kultusministerkonferenz.

Kuhn, T. (1979). *Die Struktur wissenschaftlicher Revolutionen.* Berlin: Suhrkamp.

Petersen, P. (2011). *Der kleine Jena-Plan einer freien allgemeinen Volksschule* (64. Aufl.). Weinheim: Beltz.

Rogers, C. (1988). *Lernen in Freiheit: zur inneren Reform von Schule u. Universität.* Frankfurt a. M.: Fischer.

Tausch, R. & Tausch, A.-M. (1998). *Erziehungspsychologie: Begegnung von Person zu Person.* Göttingen: Hogrefe.

Wibbeke, K. (2008). *LernBEGLEITUNG: Ein getestetes und erprobtes Programm zum Pädagogischen Wandel.* Münster/West: Waxmann.

Prof. Dr. Karl-Josef Kluge war bis zu seiner Emeritierung 1998 an der Universität zu Köln tätig. Er lebt in Köln.

III Orginalia

Meta-Analyse programmatischer-präventiver Förderung der emotionalen und sozialen Entwicklung in der Primarstufe

Dennis C. Hövel, Thomas Hennemann und Christian Rietz

Abstract

Im Gegensatz zu klinischen Einrichtungen ist die Schule für alle Kinder und Jugendliche zugänglich, sodass sie das wichtigste Setting für präventive Maßnahmen im Bereich der emotionalen und sozialen Entwicklung ist (Brezinka, 2003). Internationale Studien bestätigen die Wirksamkeit schulischer präventiver Förderung (u.a. Durlak, Weissberg, Dymnicki, Taylor & Schellinger, 2011; Sklad, Diekstra, Ritter & Ben, 2012). Bei der Übertragung dieser Befunde auf Schulen in Deutschland besteht jedoch das Problem, dass die Wirkung von Präventionsprogrammen nicht beliebig interkulturell übertragbar ist (Roosa, Dumka, Gonzales & Knight, 2002). Eine Überprüfung für das deutsche Schulsystem ist vor diesem Hintergrund indiziert.

Ziel dieser Arbeit ist es, die Wirksamkeit manualisierter, deutschsprachiger Präventionsprogramme für den Einsatz in der Schule meta-analytisch zu erfassen, überblicksartig darzustellen und den Einfluss spezifischer Moderatoren auf die Programmeffekte zu überprüfen. Der Vergleich der Effekte der unterschiedlichen Studien erfolgt mittels Cohens d (Cohen, 1988) und der anschließenden Berechnung der mittleren gewichteten Effektstärke nach Wilson (2011).

Entlang der inhaltlichen und methodischen Einschlusskriterien konnten insgesamt zwölf Programme für die Primarstufe identifiziert werden. Zu diesen liegen zusammen 13 Studien mit insgesamt 169 Gruppenvergleichen vor. Im Prä-Post-Vergleich liegt die durchschnittliche Effektstärke bei d_w=0.15. Für die Prä-Follow-up Analysen ergibt sich d_w=0.23. Zudem konnten relevante Einflüsse der Erhebungsmethode (r=.22) und der Präventionsebene (r=.39) festgestellt werden. Auf Programmebene lassen sich die schrittweise Erarbeitung eines sozialen Problemlösezirkels (r=.31) und die Anzahl der Einheiten (r=.33) als relevante Einflussfaktoren für die Wirksamkeit herausstellen. Implikationen für das Fach emotionale und soziale Entwicklung werden diskutiert.

Keywords

Schulische Prävention, sozial-emotionales Lernen, Grundschule, Meta-Analyse, Wirksamkeitsforschung

1 Einleitung

Eine der größten epidemiologischen Untersuchungen in Deutschland, die KIGGS-Studie (Hölling, Schlack, Petermann, Ravenssieber & Mauz, 2014), ermittelt bei 20.2% aller Kinder und Jugendlichen Merkmale von psychischen Auffälligkeiten. Diese Prävalenzrate hat sich im Zeitraum von 2003 bis 2012 nicht überzufällig verändert (Hölling et al., 2014). In der Altersgruppe zwischen sieben und zehn Jahren – der Kinder im Grundschulalter – ist diese Rate mit 23.1% sogar noch leicht erhöht (Hölling et al., 2014). In ihrer Studie zur Inanspruchnahme von ärztlichen und psychotherapeutischen Leistungen ermittelten Hintzpeter et al. (2014), dass nach Auskunft der Eltern bei lediglich 4.8% der Kinder im Alter von sieben bis zehn Jahren eine diagnostizierte psychische Störung vorliegt und von diesen wiederum nur 43.5% in psychologischer, psychotherapeutischer oder psychiatrischer Behandlung sind. Neben therapeutischen Hilfen, gibt es für Eltern im Rahmen des Kinder- und Jugendhilfegesetzes (SGB VIII) den Rechtsanspruch auf Hilfe zur Erziehung (HZE), wenn ein Kind z.B. von seelischer Behinderung bedroht oder betroffen ist. Im Rahmen dieser HZE Maßnahmen erhalten aber nur rund 4.2% (Statistisches Bundesamt, 2014) aller Kinder eine Unterstützung von Seiten des Jugendamtes. Diese Quoten lassen schlussfolgern, dass die Mehrheit der Grundschulkinder mit psychischen Störungen keine Unterstützung des Versorgungssystems und/oder des Jugendamtes erhalten.

Psychische Auffälligkeiten im Grundschulalter stehen hierbei in einem signifikanten Zusammenhang mit schulischen Problemen im weiteren Entwicklungsverlauf, insbesondere in der Sekundarstufe I (Krause et al., 2014). In diesem Kontext stellt sich die Schule als das wichtigste Setting für präventive Maßnahmen dar (Beelmann, 2008), vor allem, da sie, im Gegensatz zu klinischen Institutionen, für alle zugänglich ist (Brezinka, 2003). Darüber hinaus bietet die Schule für Präventivinterventionen eine Reihe von weiteren Vorteilen, die Reicher & Jauk (2012) wie folgt zusammenfassen:

- Durch die generelle Schulpflicht sind im Setting Schule nahezu alle Kinder und Jugendlichen erreichbar.
- Da Pädagoginnen und Pädagogen, Räume und häufig auch entsprechendes Material in Schulen bereits vorhanden sind, ist die Schule in Bezug auf Logistik und Ressourcen im Vergleich zu anderen Einrichtungen ein sehr ökonomisches Setting für präventive Maßnahmen. Insbesondere gezielte Prävention kann effizient eingesetzt werden, weil auch die Zielgruppen mit bereits entwickelten Auffälligkeiten die Schule besuchen.
- Prävention von psychischen Störungen entspricht zudem auch dem Bildungsauftrag der Schule. Soziales Lernen ist Element des schulischen Auftrags und besonders effektiv in Peergroups, wie sie die Schule bietet.

Dieser formulierte Bildungsauftrag findet sich auch in den Richtlinien und Lehrplänen wieder. So ist das soziale und emotionale Lernen vor allem in den Fächern Deutsch, Englisch, Sachunterricht, Religion, Kunst und Sport curricular verankert und wird häufig explizit von diesen eingefordert (Hennemann et al., 2017; Hillenbrand & Hennemann, 2006).

In ihrem Review zu metaanalytischen Befunden zum sozial-emotionalen Lernen resümieren Domitrovich, Durlak, Staley & Weissberg (2017), dass auch angesichts der Zeit, die Kinder in Schulen verbringen, diese Einrichtung ein wichtiger Ort für Präventionsbemühungen zur Förderung des Wohlbefindens ist.

1.1 Internationaler Forschungstand

Internationale Meta-Analysen bestätigen die Wirksamkeit schulischer präventiver Förderung emotionaler und sozialer Kompetenzen (u.a. Durlak et al., 2011; Sklad et al., 2012; Wilson, Lipsey & Derzon, 2003; Wilson & Lipsey, 2007), wobei das Alter und die Risikobelastung der geförderten Kinder (bei jüngeren Kinder mit erhöhten Risikobedingungen ergaben sich die stärkeren Effekte) Einfluss auf die Wirksamkeit nehmen (Wilson & Lipsey, 2007). Durlak et al. (2011) untersuchten in ihrer Meta-Analyse insgesamt 213 englischsprachig publizierte Studien zum sozial-emotionalen Lernen (SEL) in der Schule. Arbeiten, die in diese Meta-Analyse einbezogen wurden, bezogen sich auf Schülerinnen und Schüler (SuS) in der Altersgruppe von fünf bis 18 Jahre, bei denen bis dato keine Anpassungs- oder Lernprobleme festgestellt wurden. Zudem mussten die Studien eine Kontrollgruppe und ausreichende Daten zur Berechnung von Effektstärken enthalten. In ihrer Analyse der einzelnen Befunde ermittelten sie im Prä-Post-Vergleich eine durchschnittliche Effektstärke von d=0.24 (N=86) für den Aufbau prosozialen Verhaltens (PS), von d=0.22 (N=112) für die Reduktion von Verhaltensproblemen (VP) und von d=0.27 (N=35) für schulische Leistungen (SF). Für den Bereich des sozial-emotionalen Wissens (ES) berichten die Autoren eine mittlere Effektstärke von d=0.57 (N=68).

Eine weitere Meta-Analyse, ebenfalls zur Förderung emotionaler und sozialer Kompetenzen in der Schule, von Sklad und Kollegen (2012), kommt zu etwas stärkeren Effekten. Anders als die zuerst beschriebene Studie von Durlak und Kollegen (2011), schließen Sklad und Kollegen (2012) ausschließlich englischsprachige Studien in ihre Analyse mit ein, die peer-reviewed publiziert wurden. Die Autorengruppe errechnet durchschnittliche Effektstärken von d=0.39 (N=6) für den PS Aufbau, von d=0.43 (N=39) für die Reduktion von VP, von d=0.46 (N=10) für SF und von d=0.70 (N=31) für die ES Verbesserung, jeweils direkt nach der Maßnahme. Bedeutsame Einflussfaktoren für die unterschiedlichen Effekte könnten hierbei die Theoriearbeit und die daraus abgeleiteten Erhebungsinstrumente sein. So ermitteln u.a. Wilson & Lipsey (2007, S. 136) einen negativen Zusammenhang von r=-0.23 der Erhebungsmethode Schülerselbsteinschätzung und der Effektgröße einer Maßnahme.

Eine Generalisierbarkeit der Befunde der genannten Meta-Analysen auf Deutschland kann wegen unterschiedlicher sozialer, kultureller und gesellschaftlicher Rahmenbedingungen nur eingeschränkt vorgenommen werden (Roosa, Dumka, Gonzales & Knight, 2002). Roosa und Kollegen (2002) heben hierbei insbesondere die Passung einer Maßnahme für Minderheiten und Hochrisikogruppen hervor. Die Bevölkerungszusammensetzung sieht im US-amerikanischen Raum anderes aus, als in Deutschland. Beelmann, Pfost & Schmitt (2014, S. 2) empfehlen daher, Präventionmaßnahmen an die kulturellen und sozialen Kontexte anzupassen und entsprechend spezifisch zu evaluieren. Eine komplementäre Analyse für Deutschland ist vor diesem Hintergrund indiziert.

1.2 Einflussfaktoren auf die Wirksamkeit

Übereinstimmend identifizieren die internationalen schulischen Meta-Analysen (Durlak et al., 2011; Sklad et al., 2012) die gute Implementation einer Präventionsmaßnahme in den Schulalltag als zentralen Faktor für deren Wirksamkeit. Je genauer eine Maßnahme umgesetzt wurde, desto erfolgreicher war diese. Zum einen ist, um die Konzepttreue einer Maßnahme zu fördern, die Standardisierung durch Manualisierung ein wichtiges Element (Beelmann & Schmitt, 2012). Zum anderen weisen u.a. Denham & Burton (2003) darauf hin, dass ein erfahrungsorientiertes Ausprobieren und Erleben essenziell sind. Die Inhalte müssen in das

Geschehen der Klasse und vor allem in die dortige Beziehungsgestaltung mit einbezogen werden, sodass das vermittelte Wissen förderlich angewendet werden kann (Denham & Burton, 2003; Reicher & Jauk, 2012). Mit einem Regressionsgewicht von β=0.38 für den Faktor „inclass" belegen Wilson & Lipsey (2007, S. 139) die Berücksichtigung klasseninterner Komponenten in Programmen als sehr bedeutsam. Schultes, Stefanek, van de Schoot, Strohmeier & Spiel (2014) identifizieren im Zuge ihrer Evaluation des Viennese Social Competence (ViSC) Trainings einen signifikanten Einfluss dieser Faktoren auf eine positive Verhaltensveränderung, insbesondere in Problemsituationen. Hierbei scheinen auch die Durchführungsdauer und die Anzahl der Einheiten einen wesentlichen Einfluss auf die Wirksamkeit zu nehmen. Wilson & Lispey (2007, S. 141) ermitteln für „frequency of sessions per week" ein β=0.53. International kategorisiert die Meta-Analyse von Durlak et al. (2011) Programme dahingehend, ob sie den vier allgemeinen Praktiken folgen, die durch das Akronym SAFE dargestellt werden. Diese Praktiken beinhalten, ob die Förderung sequenziert, aktionsorientiert, spezifisch und explizit ist. Für Programme, die alle vier diese Aspekte enthielten, konnte eine signifikante Verbesserung des prosozialen Verhaltens der Kinder und Jugendlichen ermittelt werden, wohingegen Programme, denen alle vier Merkmale fehlten, in dieser Hinsicht nicht wirksam waren (Domitrovich et al., 2017). Zur Aufbereitung der Programminhalte entlang des SAFE-Akronyms, um sie sowohl für SuS als auch für Lehrpersonen und Eltern handhabbar zu machen, hat sich das (erweiterte) Modell der sozial-kognitiven Informationsverarbeitung (SKI; Crick & Dodge, 1994; Lemerise & Arsenio, 2000) als hilfreich erwiesen, sodass sich dieses Modell häufig in der Entwicklung aktueller Trainingsprogramme niederschlägt (Beelmann, 2017). Das SKI-Modell sequenziert die Informationsverarbeitung in sozialen Kontexten von der Wahrnehmung und Interpretation eines sozialen Hinweisreizes bis hin zur Handlungsplanung und Umsetzung in insgesamt sechs Teilschritte und zeichnet die emotional-affektiven Anteile an der Bewältigung dieser Schritte nach. Durch die Operationalisierung der einzelnen Phasen der SKI lassen sich „Problemlöseformeln (PLF)" entwickeln. Diese können die Inhalte von Programmen sequenziert darbieten, altersspezifische Aktivitäten benennen und sozial-emotionale Kompetenzen fokussieren, die mit den einzelnen Phasen im Zusammenhang stehen. Hierdurch lassen sich in der Trainings- sowie in Alltagssituationen explizite Fähigkeiten benennen und systematisch fördern, die für die sozial kompetente Bewältigung der einzelnen Teilschritte erforderlich sind.

1.3 Nationaler Forschungstand

Die aktuelle deutschsprachige Meta-Analyse von Beelmann und Kollegen (2014) wertet insgesamt 1.285 Effektstärken zu Interventions-Kontrollgruppen-Vergleichen aus und berechnet die durchschnittlichen, basierend auf dem Random-Effect-Model, gewichtete Effektstärken (d_w). Die stärksten Effekte innerhalb dieser Veröffentlichung ergaben sich einerseits im Wissen in Bezug auf den Präventionsgegenstand d_w=0.55 (N=37) und andererseits in der sozial-kognitiven Informationsverarbeitung d_w=0.32 (N=20). In Hinblick auf die Präventionsebene erweisen sich mit d_w=0.47 und d_w=0.41 selektive (N=20) und indizierte (N=14) Maßnahmen als wirksamer als universelle (N=126) mit d_w=0.21 (ebd., 9). Für das Präventionssetting Schule (N=108) insgesamt (alle Altersgruppen) zeigt sich mit einer durchschnittlichen Effektstärke von d_w=0.20 eine erhöhte Wirksamkeit im Vergleich zu beispielsweise d_w=0.14 in Jugend- und Gemeindezentren (N=3). Eine direkte Vergleichbarkeit zu den aktuellen internationalen Analysen ist jedoch nur sehr eingeschränkt möglich. Einerseits wurden von Beelmann et al. (2014) nicht nur Programme zur Förderung der emotionalen und sozialen Kompetenzen bei Kindern untersucht, sondern u.a. auch Elterntrainings, Informationsprogramme, Entspannungsverfahren, Erzieher- und Lehrertrainings und Wettbewerbe. Andererseits stellte die Schule neben z.B. Krankenhaus/Arztpraxis, Labor/Universitätsräumen, Jugend- bzw. Gemeindezentrum und Beratungsstellen nur einen Teil des Interventionssettings dar. Vor diesem Hintergrund ist eine dezidierte Analyse des Präventionssettings Grundschule noch ausstehend.

1.4 Forschungsfrage

In der Zusammenschau der dargestellten Ausgangslange existiert ein Forschungsdesiderat dahingehend, dass eine Meta-Analyse manualisierter Präventionsprogramme für die deutsche Primarstufe aktuell fehlt. Ziel dieser Arbeit ist es daher,

1. die Wirksamkeit manualisierter, deutschsprachiger Programme zur Förderung emotionaler und sozialer Kompetenz für den Einsatz in der Primarstufe meta-analytisch zu erfassen und überblickartig darzustellen sowie
2. den Einfluss von international belegten Einflussfaktoren (Erhebungsinstrumente, Präventionsebene, Alter, Anzahl der Einheiten und Durchführungsdauer, PLF) auf die Wirksamkeit dieser Programme zu untersuchen.

2 Methodik

2.1 Auswahlkritien

1. Das Präventionsprogramm liegt manualisiert und in deutscher Sprache vor.
2. Programm und Studien wurden zwischen 2000 und 2015 publiziert und es fokussiert die Zielgruppe der Primarstufe (Altersbereich 5-10 Jahre).
3. Das Programm ist im schulischenKontext einsetzbar und entweder auf die Prävention von psychischen Störungen (ADHS, Angst, Depression, dissoziales Verhalten) und/oder auf den Aufbau emotionaler und sozialer Kompetenzen (Emotionswahrnehmung, Emotionsregulation, Stressbewältigung, Selbstwirksamkeit, Problemlösen etc.) hin ausgerichtet.
4. Zum Programm liegt mindestens eine Evaluationsstudie vor, die folgende Merkmale aufweist:
   • mindestens (quasi-)experimentelles Prä-Post-Design,
   • quantitative, deskriptiv-statistische Daten (Mittelwert, Standardabweichung, Gruppengröße) und
   • Durchführung der Studie mit einem manualisierten Präventionsprogramm in deutscher Sprache.

2.2 Suche und Auswahl relevanter Arbeiten

In einem ersten Schritt wurde eine Recherche in den Datenbanken PSYNDEX, PSYINFO und FIS durchgeführt. Die Suche erfolgte mittels der Kombination von vier Suchbegriffen, die sich auf Präventionsprogramme *(*Programm*, *Training*, *Prävention*)* mit einem Bezug zur Förderung emotionaler und sozialer Kompetenzen bzw. der Reduktion von psychischen Störungen *(Verhaltensstörung*, Verhaltensauffälligkeit, Erziehungsschwierigkeit, Gefühlsstörung, Dissoziales Verhalten, externalisierende Störung*, Stress*, internalisierende Störung, emo*sozial* Kompetenz* Förderung*, Gewalt*, Depression*, Angst*, HKS, ADHS, ADS)*, die Grundschule als Umsetzungsort *(*Grundschul*, *Primar*)* und dem Vorliegen einer Evaluationsstudie

(Wirksamkeit*, Effekt*, Evaluation*, Befund*) bezogen. Darüber hinaus wurden relevante Meta-Analysen, systematische Reviews und Beiträge in Grundlagenliteratur im Themenfeld der Prävention von psychischen Störungen (v.a. Beelmann et al., 2014; Brezinka, 2003; Heinrichs, Saßmann, Hahlweg & Perrez, 2002; Gollwitzer, 2007; Reicher & Jauk, 2012; Schubarth, 2013) gesichtet und für die vorliegende Arbeit als relevante Programme mit in die Auswahl übernommen. Weiterhin wurden konkrete Namen von Programmen, die sich als bedeutsam gezeigt haben *(Verhaltenstraining für Schulanfänger, PRiGS, Lubo, 49 Handlungsmöglichkeiten, Freunde für Kinder, Training mit aggressiven Kindern)* in die Suche mit aufgenommen, wodurch auch englischsprachige Treffer generiert wurden. Insgesamt ergab die Recherche 350 Treffer.

Die Titel und Abstracts der Suchergebnisse wurden dann zuerst hinsichtlich der Passung zu den definierten Einschlusskriterien eins bis drei hin überprüft. Hierbei konnten insgesamt zwölf Präventionsprogramme identifiziert werden, die diese Kriterien erfüllen und in Tabelle 1 zusammengestellt sind. Zu diesen zwölf Programmen fanden sich insgesamt 27 publizierte Forschungsberichte. Von diesen mussten wiederum 15 Beiträge in Bezug auf das Einschlusskriterium vier wie folgt ausgeschlossen werden: Bei fünf Publikationen handelte es sich um dieselben Daten, die bereits in einem anderen Forschungsbericht veröffentlicht wurden, bei einer Studie fehlte der Vergleich zu einer Kontrollgruppe, in acht Forschungsberichten wurden nur unzureichende deskriptive statistische Werte berichtet und bei einer Studie wurden keine standardisierten Erhebungsinstrumente eingesetzt. Die Anzahl der Studien pro Programm sowie die Kennwerte Stichprobengröße, Anzahl der Fördereinheiten, Dauer der Förderung in Wochen, mögliche Follow-Up-Erhebung und das Untersuchungsdesign der eingeschlossenen 13 Studien sind ebenfalls in Tabelle 1 abgetragen.

Tab. 1: Überblick der berücksichtigten Präventionsprogramme

k_a/k^b	Programm/Studien	N	Einheiten	Dauer[c]	Follow-up[d]	Design
1/1	Anti-Stress-Training für Kinder (AST, Hampel & Petermann, 2003)					
	(Backhaus et al., 2010)[1]	102	7	6	1,5	BRCT[e]
0/3	Faustlos – Grundschule (FAUSTLOS, Cierpka & Schick, 2014)					
2/2	Freunde für Kinder (FREUNDE, Essau & Conradt, 2003)					
	(Pauschardt et al., 2011)	81	12	12	-	EWCT[f]
	(Essau et al., 2012)	638	10	10	6/12	BRCT[e]
0/1	Das Friedensstifter-Training: Grundschulprogramm zur Gewaltprävention (FRIEDEN, Gasteiger-Klicpera & Klein, 2016)					
1/2	Prosoziales Verhalten lernen: »Ich bleibe cool!« – ein Trainingsprogramm für die Grundschule (IBC, Roth & Reichle, 2008)					
	(Roth & Reichle, 2007)	143	9	9	4	CT[g]

$k_e{}^a$/k^b	Programm/Studien	N	Einheiten	Dauer^c	Follow-up^d	Design
3/5	Lubo aus dem All! 1 & 2 Klasse. Programm zur Förderung sozial-emotionaler Kompetenzen (LUBO, Hillenbrand et al., 2018)					
	(Hennemann et al., 2011)	458	31	15	6	BRCT^e
	(Hennemann et al., 2012)	88	31	15	6	BRCT^e
	(Hövel et al., 2015)	225	45	20	3	BRCT^e
1	Mich und Dich verstehen (MuDv, Bieg & Behr, 2005)					
	(Bieg, 2005)	470	9	16	2	BRCT^e
1	Prävention und Resilienzförderung in Grundschulen – PRiGS. Ein Förderprogramm (PRiGS, Fröhlich-Gildhoff et al., 2012)					
	(Fröhlich-Gildhoff & Rönnau-Böse, 2013)	226	10	16	-	CT^g
1	Schwierige Schüler – was kann ich tun?: 49 Handlungsmöglichkeiten bei Verhaltensauffälligkeiten (49-HM, Hartke & Vrban, 2014)					
	(Vrban & Hartke, 2009)	101	-^{h}	12	k.A.	CT^g
1/5	Training mit aggressiven Kindern (TAK, Petermann & Petermann, 2012)					
	(Petermann et al., 2008)	24	13+12^i	20	-	RCT^j
1/3	Verhaltenstraining für Schulanfänger: Ein Programm zur Förderung emotionaler und sozialer Kompetenz (VT-SA, Petermann et al., 2016)					
	(Petermann et al., 2005)	10	26	4	-	CT^g
1/2	Verhaltenstraining in der Grundschule: Ein Programm zur Förderung emotionaler und sozialer Kompetenzen (VT-GA, Petermann et al., 2013)					
	(v. Marées & Petermann, 2009)	85	26	13	12	CT^g

Anmerkungen: [a]Anzahl der Studien, die allen vier Einschlusskriterien entsprechen, [b]Anzahl der publizierten Studien zu einem Programm ohne Berücksichtigung des vierten Einschlusskriteriums, [c]Dauer in Wochen, [d]Follow-Up in Monaten, [e]BRCT = blockrandomisiertes Kontrollgruppen Design, [f]EWCT = Eigenwarte-Kontrollgruppen Design, [g]CT = Kontrollgruppendesign ohne zufällige Gruppenzuteilung, [h]in dieser Maßnahme gab es keine Gruppensitzungen, sondern nur eine Einzelförderung im regulären Unterricht, [i]Aufteilung in Einzel- und Gruppeneinheiten, [j]RCT = randomisiertes Kontrollgruppendesign

Alle Programme wurden im Rahmen der Studien durch den Personenkreis der Programmentwickler oder durch von diesen geschulten Personen umgesetzt. Alle Kontrollgruppen erhielten kein Treatment. Alle Wirksamkeitsstudien sind in Deutschland durchgeführt worden. Bis auf das Freunde Programm, sind auch alle Programme in Deutschland entwickelt und verlegt wurden. Freunde ist die deutschsprachige Adaption des FRIENDs Programms aus Australien.

2.3 Datenerfassung der ermittelten Studien

Die ermittelten Forschungsarbeiten wurden zunächst deskriptiv bzgl. des Publikationsmediums (Zeitschrift, Buch(abschnitt), Dissertation) und Publikationsdatums erfasst. Ferner wurden die Präventionsebene (universell, selektiv, indiziert), die Altersgruppe (5-6; 7-8; 9-10 Jahre), die Art der Stichprobengewinnung (anfallend, randomisiert), die Anzahl der Messzeitpunkte sowie die durchgeführten Einheiten und das Vorhandensein einer PLF dokumentiert. Zusätzlich wurde dokumentiert, ob es sich bei der jeweiligen Skala um einen Test oder um ein Beurteilungsverfahren im Selbst- oder Fremdurteil handelte.

Zu den in den Studien erhobenen abhängigen Variablen wurde das jeweilige Erhebungsinstrument registriert. Anschließend wurden die erfassten abhängigen Variablen (AVs) einem der vier Outcome Bereiche der internationalen Meta-Analysen zugeordnet: VP, ES, SF und PS.

2.4 Berechnung der Effektstärken

Zur Vergleichbarkeit der Effekte der unterschiedlichen Studien wurde mittels der in den publizierten Studien berichteten deskriptiven Daten Cohens d (Cohen, 1988) nach *Gleichung 1* berechnet.

$$d = \frac{\overline{x_1} - \overline{x_2}}{\sigma}$$

(1)

Cohens Formel bezieht sich ursprünglich auf gleiche Gruppengrößen. Da die Gruppengrößen der Experimental- und der Kontrollgruppe in fast allen Studien leicht differente Größen aufweisen, wurden zur Berechnung die korrigierte Effektstärke d_{korr} nach Klauer (1993) verwendet. Hierbei dient die gepoolte Streuung aus beiden Gruppen als Streuung. Ein weiterer Vorteil der korrigierten Effektstärken nach Klauer (1993) ist für die vorliegende Studie die Berücksichtigung und die Korrektur von bestehenden Vortestunterschieden ($d_{korr} = d_{nachtest} - d_{vortest}$). Um die so ermittelten Effektstärken der einzelnen Studien entsprechend der differenten Stichprobengrößen vergleichbar zu machen, wurden die mittleren Effektstärken nach Wilson (2011) berechnet. Zunächst wurden der Standardfehler der einzelnen Effektstärken ermittelt und anschließend die einzelnen Mittelwertsdifferenzen anhand ihres Standardfehlers ($w = \frac{1}{SE^2}$) gewichtet, um hieraus die mittleren Effektgrößen gemäß *Gleichung 2* zu bestimmen.

$$\overline{ES} = \frac{\sum w_i * d_i}{\sum w_i}$$

(2)

In die Meta-Analyse wurden ebenfalls Ergebnisse integriert, die nicht signifikant waren. Das Vorliegen und die Berücksichtigung dieser Ergebnisse erlauben einen „unverzerrteren" Blick auf die Interventionsprogramme dahingehend, dass häufig nur signifikante Ergebnisse publiziert werden und Eingang in Meta-Analysen finden (vgl. zur Problematik dieses sogenannten „Publikationsbias" z.B. Hussy, Schreier & Echterhoff, 2013, S. 161).

Die ermittelten $\overline{ES}$ wurden psychometrisch hinsichtlich der Passung eines Fixed- oder Random-Effect-Modell überprüft. Wenn alle Effektgrößen aus einer Population stammen, sollte „die Varianz der gefundenen Effektgrößen auf die Fehlervarianz zurückzuführen sein" (Sedlmeier & Renkewitz, 2013, S. 771f). Sollte dies nicht der Fall sein, empfehlen Sedlmeier & Renkwitz (2013) die Analyse von plausiblen Subgruppen, da sonst „Äpfel und Birnen" verglichen werden. Die Autoren raten ferner (2013, S. 766) die Kovariation zwischen den

Ausprägungen von potentiellen Moderatorvariablen und den jeweiligen Effektstärken zu analysieren. Hierfür empfehlen sie korrelations- und regressionsanalytische Verfahren. Eine Signifikanzprüfung erfolgt hierbei mittels t-Test und *ANOVA*. Effektgrößen werden einheitlich in *r* gemäß *Gleichung 3* angegeben (2013, S. 764):

$$r = \sqrt{\frac{t^2}{df+t^2}} \ \& \ r = \sqrt{\frac{F}{df+F}}$$

(3)

3 Ergebnisse

3.1 Deskriptive Befunde der Publikations- und Studienbeschaffenheit

Die Stichprobengröße beträgt für alle 13 Studien zusammen 2797 SuS. Der Mittelwert je Studie liegt bei 208 (*SD*=190) Kindern, in einem Intervall von *N*=10 bis *N*=638. Insgesamt nahmen 1538 Kinder an den Präventionsprogrammen teil und 1259 fungierten als Kontrollgruppe. Die Größe der einzelnen Stichproben, die Anzahl der durchgeführten Einheiten, die Umsetzungsdauer, eine mögliche Follow-Up-Erhebung und die Art der Stichprobengewinnung ist in Tabelle 1 verzeichnet. Über alle Forschungsberichte hinweg kamen 27 Erhebungsverfahren zur Erfassung der AVs – Wirkung der Programme – zum Einsatz. Insgesamt ergaben sich hierbei 168 AVs im Prä-Post-Vergleich. Das meist genutzte Erhebungsinstrument war die Child Behavior Checklist (*N*=35; 20.83%), gefolgt vom Strengths and Difficulties Questionnaires (*N*=27; 16.07%). Von den 168 AVs gehörten 98 (58,33%) in die Kategorie VP, 11 in den Bereich ES (6.55%), 15 (8.93%) zu den SF und 44 (26.19%) zum PS. Die weiteren deskriptiven Daten der eingeschlossenen Forschungsberichte finden sich in Tabelle 2.

Tab. 2: Kategorisierte deskriptive Daten der eingeschlossenen Studien

Kategorie	k_{es}
Publikationsmedium	
Fachzeitschrift	11
Dissertation	1
Monographie	1
Publikationsdatum	
2000-2005	1
2006-2010	6
2011-2015	6
Präventionsebene	
universell	7
selektiv	2
indiziert	4
Alter	
5-6 Jahre	2
7-8 Jahre	4
9-10 Jahre	7

Stichprobengewinnung	
anfallend	6
randomisiert	7
Art des Trainings	
Erarbeitung einer Problemlöseformel	5
keine Erarbeitung einer Problemlöse- formel	8

Anmerkungen: Anzahl der in diese Meta-Analyse eingeschlossenen Studien.

3.2 Allgemeine Wirksamkeit

Im Prä-Post-Vergleich liegt die durchschnittliche Effektstärke bei d_w=0.15 mit einer Varianz von 0.09 und einem Standardfehler von 0.004. Für die Prä-Follow-up Erhebungen ergibt sich im Mittel eine Effektgröße von d_w=0.23. Die Differenz der Varianz und des SE ist ungleich null, sodass Unterschiede zwischen den Effektgrößen nicht allein auf den Messfehler zurückzuführen sind und unterschiedliche Subgruppen betrachtet werden. Die Befunde hierzu sind in Tabelle 4 dargestellt.

Ein genereller signifikanter Unterscheid zwischen den Effekten des Prä-Post- und des Prä-Follow-up-Vergleichs konnte nicht festgestellt werden (p>.05, t=0.56, df=165). Für die Reduktion Verhaltensproblemen besteht jedoch ein bedeutsamer Unterschied zwischen den Messzeitpunkten. Die Effekte des Prä-Follow-up-Vergleichs fallen mit d_w=0.23 signifikant (p<0.05, t=1.97, df=138) größer aus, als die des Prä-Post-Vergleichs mit d_w=0.11.

Potentielle Moderatorvariablen der Effektgröße finden sich in Tabelle 4. Indizierte Maßnahmen sind mit d_w=0.39 (Prä-Post-Vergleich) effektiver als selektive (d_w=0.29) und universelle (d_w=0.11). Auch im Prä-Follow-Up-Vergleich sind indizierte Maßnahmen (d_w=0.51) erfolgreicher als selektive (d_w=0.27) und universelle (d_w=0.20). Die Präventionsebene hat mit r=.39 (p<.001, F=30.53, df=167) einen bedeutsamen Einfluss auf die Effektgröße. Demgegenüber haben die drei für die Primarstufe kategorisierten Altersgruppen (r=.08, p>.05, F=1.12, df=167) und die Art der Stichprobengewinnung (r=.15, p>.05, t=1.90, df=165) keinen überzufälligen Einfluss auf die Effekte. Die Größe der Effekte wird jedoch von der Erhebungsmethode (r=.22, p<.001, F=8.31; df=167) moderiert. Effekte aus Tests und Fremdbeurteilungen fallen größer aus, als die aus Selbsteinschätzungen. Eine Zusammenschau der gewichteten, aggregierten Effekte der eingeschlossenen Programme findet sich in Tabelle 3.

Tab. 3: Überblick der Effekte auf Programmebene

Programm[a]/ Outcome	d_w t2[b]	Min-Max t2	k_{es} t2[d]	d_w t3[c]	Min-Max t3	k_s t3[d]
Gesamt[e]	0.15	-0.93-1.66	168	0.23	-0.65-1.20	74
VP[f]	0.11	-0.93-1.66	98	0.23	-0.65-1.20	42
ES[g]	0.32	0.07-1.13	44	0.13	-0.06-0.58	10
SF[h]	0.23	-0.30-0.90	15	0.42	0.13-0.80	6
PS[i]	0.15	-0.80-1.17	11	0.24	-0.36-0.78	16
AST	0.09	-0.93-0.77	7	0.06	-0.65-0.58	7
VP[f]	-0.54	-0.93-0.10	4	-0.37	-0.65-0.10	4
ES[g]	0.34	0.18-0.77	3	0.22	0.10-0.58	3

Programm[a]/ Outcome	d_w t2[b]	Min-Max t2	k_{es} t2[d]	d_w t3[c]	Min-Max t3	k_s t3[d]
FREUNDE	0.11	-0.14-0.57	27	0.23	-0.15-0.57	20
VP[f]	0.11	-0.14-0.57	22	0.20	-0.15-0.57	17
ES[g]	0.14	0.07-0.18	3	0.10	0.03-0.14	3
PS[i]	0.17	0.15-0.20	2			
IBC	0.21	-0.05-0.40	10	0.13	-0.36-0.61	10
VP[f]	0.22	0.18-0.26	5	0.33	0.13-0.61	5
PS[i]	0.20	-0.05-0.40	5	-0.08	-0.36-0.33	5
LUBO	0.36	-0.45-1.13	25	0.41	-0.06-1.20	24
VP[f]	0.23	-0.45-0.72	9	0.50	0.13-0.80	9
ES[g]	0.68	0.44-1.13	4	0.11	-0.06-0.52	4
SF[h]	0.42	-0.12-0.82	11	0.32	-0.06-0.78	11
PS[i]	0.30	-0.11-0.79	7	0.43	0.05-0.78	7
MuDv	0.05	-0.39-0.55	23			
VP[f]	-0.08	-0.39-0.39	16			
ES[g]	0.39		1			
SF[h]	-0.13	-0.30-0.05	2			
PS[i]	0.35	0.16-0.55	4			
PRiGS	0.09	-0.80-1.16	23			
VP[f]	0.39	-0.44-1.16	10			
SF[h]	-0.16		1			
PS[i]	-0.12	-0.80-0.64	12			
49-HM	0.18	0.04-0.30	7	0.10	-0.22-0.35	7
VP[f]	0.17	0.04-0.30	2	0.17	0.00-0.35	2
SF[h]	0.27	0.27-0.28	2	0.31	0.30-0.31	2
PS[i]	0.13	0.04-0.23	3	-0.08	-0.22-0.16	3
TAK	0.39	-0.28-1.17	34			
VP[f]	0.26	-0.26-0.51	20			
SF[h]	0.34	-0.28-0.90	5			
PS[i]	0.59	0.21-1.17	9			
VT-SA	0.58	0.08-1.66	6			
VP[f]	0.69	0.30-1.66	5			
PS[i]	0.08		1			
VT-GS	0.04	-0.18-0.30	6	0.36	0.24-0.65	6
VP[f]	0.09	-0.05-0.30	5	0.30	0.24-0.38	5
PS[i]	-0.18		1	0.65		1

Anmerkungen: [a]Abkürzung des Programms entsprechend Tabelle 1, [b]gewichtete aggregierte Effektstärke der Prä-Post-Vergleiche, [c]gewichtete aggregierte Effektstärke der Prä-Follow-Up-Vergleiche, [d]Anzahl der Gruppenvergleiche, [e]Mittel aller zwölf Programme, [f]VP=Reduktion Verhaltensprobleme, [g]ES=Aufbau emotional-sozialen Wissens, [h]SF=Verbesserung schulischer Fertigkeiten, [i]PS=Verbesserung prosozialen Verhaltens.

3.3 Befunde auf Programmebene

Einen bedeutsamen Unterschied gibt es hinsichtlich der Effektivität der einzelnen Programme, wie in Tabelle 3 zu sehen ist. Die Spanne der mittleren Effektstärken liegt hier in einem Bereich von d_w=0.04 bis d_w=0.58.

Tab. 4: Überblick der Effekte in Abhängigkeit spezifischer Moderatorvariablen

Moderatorvariablen	r^a	d_w t2[b]	Min-Max t2	k_{es} t2[d]	d_w t3[c]	Mi-Max t3	k_{es} t3[d]
Präventionsebene	.39***						
indiziert		0.39	-0.28-1.66	56	0.51	0.13-0.80	8
selektiv		0.29	-0.45-1.13	17	0.27	-0.22-1.20	17
universell		0.11	-0.93-1.16	95	0.20	-0.65-0.87	49
Alter	.08						
5-6		0.29	-0.45-1.13	26	0.25	-0.36-1.20	26
7-8		0.18	-0.93-1.66	45	0.37	-0.65-0.80	15
9-10		0.11	-0.39-1.17	97	0.20	-0.22-0.65	33
Stichprobengewinnung	.15						
anfallend		0.17	-0.80-1.66	93	0.16	-0.36-0.65	17
randomisiert		0.14	-0.93-1.13	75	0.24	-0.65-1.20	51
Erhebungsmethode	.22***						
Test		0.21	-0.93-1.13	31	0.28	-0.65-1.20	24
Fremdeinschätzung		0.13	-0.80-1.66	107	0.23	-0.15-0.80	38
Selbsteinschätzung		0.11	-0.36-1.00	30	0.02	-0.36-0.48	12
Einheiten	.33***						
mehr/gleich 25		0.33	-0.45-1.66	71	0.40	-0.06-1.20	30
weniger/gleich 12		0.10	-0.93-1.16	97	0.18	-0.65-0.61	44
Art des Trainings	.31**						
erarbeitet PLF[e]		0.34	-0.45-1.66	37	0.39	-0.06-1.20	30
keine PLF[e] enthalten		0.11	-0.93-1.17	131	0.10	-0.65-0.61	44

Anmerkungen: [a]r=Korrelationskoeffizient, [b]gewichtete aggregierte Effektstärke der Prä-Post-Vergleiche, [c]gewichtete aggregierte Effektstärke der Prä-Follow-Up-Vergleiche, [d]Anzahl der Gruppenvergleiche, [e]PLF=Problemlöseformel, sequenzierter Ablauf für schrittweisen Alltagstransfer, * p<.05** p<.01, *** p<.001.

Auf Programmebene stellt sich die schrittweise Erarbeitung eines sequenzierten sozialen Problemlöseprozesses als relevanter Einflussfaktor für die Wirksamkeit einer Maßnahme dar. Programme in denen eine entsprechende PLF erarbeitet wird, sind im Mittel (d_w=0.34) signifikant erfolgreicher (p<.01, t=2.42, df=53) als Programme, die einen solchen Zirkel nicht erarbeiten (d_w=0.11). Der Einfluss einer PLF beträgt r=0.31. Auch hinsichtlich der Anzahl an Einheiten einer Maßnahme ergibt sich ein bedeutsamer Zusammenhang (r=0.33, p<.001, F=20.40, df=167) zur Wirkung (die lineare Regression basiert auf der tatsächlichen Anzahl an Trainingseinheiten; post-hoc wurden auf Datenbasis die beiden nachfolgenden Gruppen gebildet). Programme mit nur bis zu zwölf Sitzungen erzielen im Schnitt einen Effekt von d_w=0.10. Demgegenüber fällt die durchschnittliche Effektstärke bei Maßnahmen mit mehr als 24 Einheiten mit d_w=0.34 signifikant (p<.000, t=4.81, df=134) größer aus.

4 Diskussion

Insgesamt lassen sich die beiden Forschungsfragen dieser Arbeit positiv beantworten. Für den deutschen Sprachraum liegen rund ein Dutzend Programme für den Einsatz in der Grundschule vor und diese führen im Mittel zu praktisch bedeutsamen Effekten. Die emotionalen und sozialen Kompetenzen der Kinder verbessern sich ebenso wie deren schulischen Fertigkeiten mit kleinem Effekt. Ein substanzieller Rückgang von psychosozialen Problemen ist vor allem in den Langzeiteffekten (im Prä-Follow-up-Vergleich) zu sehen. Kritisch ist hierbei jedoch anzumerken, dass nur acht der 13 eingeschlossenen Studien eine Follow-up Erhebung durchgeführt haben. Dies hat sich zwar in den letzten Jahren verbessert – 2007 bemängelt Gollwitzer noch, dass weniger als die Hälfte aller Studien nur eine Follow-Up Untersuchung beinhalteten (Gollwitzer, 2007) – jedoch erscheint die aktuelle Quote immer noch als zu gering. Insbesondere der Rückgang der Problembelastung wird i.d.R. durch eine Fremdeinschätzung zu psychosozialen Symptomen ermittelt. Gerade in Bezug auf eine mögliche Urteilsänderung (Aronson, Wilson & Akert, 2014) der Bezugspersonen hinsichtlich der Auffälligkeiten ihrer Kinder ist es wichtig, dass die SuS Zeit haben das in den Präventionsprogramm erlernte Wissen in alltäglichen Situationen auszuprobieren, umzusetzen und Kompetenzen aufzubauen, sodass eine positive Verhaltensveränderung überhaupt wahrgenommen werden kann.

Neben der Anzahl der Einheiten stellt sich erwartungskonform das Vorhandensein einer PLF, welche die schrittweise Erarbeitung des sozialen Problemlösens unterstützt und den Transfer der Trainingsinhalte in den Schulalltag ermöglicht, als ein wichtiger Prädiktor für den Erfolg einer Maßnahme dar (Durlak et al., 2011; Domitrovich et al., 2017). Bei der zukünftigen (Weiter-)Entwicklung von Präventionsprogrammen sollte daher u.a. ein Schwerpunkt auf die Konzeption solcher Problemlöseformeln gelegt und Lehrkräften eine gezielte Anleitung angeboten werden, wie sie diese Formel in den schulischen Alltag integrieren und sowohl für die Lehrer-Schüler als auch für die Schüler-Schüler-Interaktion nutzbar machen können.

4.1 Methodenkritik

Das prinzipielle Problem, das darin besteht, dass viele Studien ohne signifikante Befunde nicht „findbar" publiziert werden, ist sicherlich auch in dieser Meta-Analyse nicht gelöst worden, wurde aber bei der Entwicklung der Suchstrategie und der operativen Durchführung der Recherche reflektiert und bestmöglich berücksichtigt.

Ein weiteres Problem besteht gerade in dem in dieser Arbeit behandelten Gegenstandsbereich, in der schier unermesslichen Fülle von Operationalisierungen der abhängigen Variablen. Hier wird die Präzision der Analysen sicherlich durch Unschärfen in der Operationalisierung und somit in Bezug auf die Vergleichbarkeit eingeschränkt. Diesem Problem wurde mit intensiver Theorie- und Operationalisierungsarbeit begegnet, wobei aber auch hier sicherlich keine perfekte Lösung gefunden werden konnte.

Neben den beiden genannten Limitationen ist für die Forschungsgemeinschaft neben den Inhalten der Präventionsprogramme sicherlich aber auch das Studiendesign der Evaluationen eine zukünftige „Baustelle". Bei 169 abhängigen Variablen in nur 13 Forschungsberichten und einer Spannbreite von Effektstärken von $d=-0.93$ bis $d=1.66$ liegt die Vermutung nahe, dass die Auswahl der jeweiligen Erhebungsinstrumente nicht immer analog an die Trainingsinhalte und -ziele geknüpft waren, sondern vielmehr nur eine distale Abbildung stattfand: Entwicklung vollzieht sich in Wechselwirkung von Vulnerabilität und Stressoren einerseits und Resilienz und Ressourcen andererseits. Mit Erhebungsinstrumenten wie der CBCL oder dem SDQ wird vor allem „global" auf die Bilanz dieser multifaktoriellen Entwicklungsformel, die aktuelle Gesamtbelastung, geschaut. Insgesamt liegt mit 128 AVs im Bereich der Beurteilungsverfahren aktuell ein Schwerpunkt im wahrgenommenen Verhalten. Demgegenüber werden sekundäre Vulnerabilitäts- (z.B. maladaptive Emotionsregulationsstrategien) und Resilienzfaktoren (z.B. adaptive Emotionsregulationsstrategien) in nur 31 AVs erfasst. Für zukünftige Forschungsgruppen stellt sich in diesem Kontext eine Weiterentwicklung, Kenntnis und Nutzung von diagnostischen Instrumenten, welche die emotionalen und sozialen Fertigkeiten der Kinder kompetenzorientiert erfassen können, als indiziert dar. Hilfreich könnten in diesem Zusammenhang die Schlussfolgerungen zum BMBF Förderschwerpunkt Präventionsforschung sein. Die Autorengruppe Pawils, Robra & Berger (2015) resümiert 1) die Relevanz einer Standardisierung der Wirkevaluation, 2) die Verständigung über die Wahl der Outcomevariablen und 3) die Erhebung der Nachhaltigkeit der eingesetzten Konzepte. Konzepttreue und Implementationsgüte, die als weitere zentrale Einflussfaktoren international bestätigt sind (u.a. Wilson & Lipsey, 2007), wurden in keiner der Studien im deutschsprachigen Raum adäquat kontrolliert.

4.2 Ausblick

Die Förderung emotionaler und sozialer Kompetenzen ist sicherlich auch ohne manualisierte Programme möglich. Standardisierte Programme sind jedoch, wie in diesem Beitrag gezeigt, eine erfolgsversprechende Alternative. Für die Praxis besteht allerdings die Herausforderung, dass Programme bekannt und vorhanden sein müssen. Mittels Onlineumfrage unter Grundschullehrkräften stellten Grumm, Hein & Fingerle (2013) fest, dass nur rund 25% der Befragten genau ein Programm zur Förderung emotionaler und sozialer Kompetenzen kannten und den Übrigen keine manualisierten Programme bekannt waren. Der Fachbereich des Förderschwerpunkts emotionale und soziale Entwicklung sollte entsprechende Programme und deren pädagogisches Entwicklungspotential daher breiter in Aus- Fort- und Weiterbildung thematisieren.

Domitrovich et al. (2017) resümieren in ihrem Review meta-anlytischer Befunde zum SEL, dass weitere Forschung erforderlich ist, um zu bestimmen, wie individuelle und kontextuelle Faktoren in Schuleinrichtungen interagieren, um den Verhaltensänderungsprozess für verschiedene Gruppen von SuS zu erleichtern oder zu behindern. Um dieser Forderung nachzukommen, ist eine deutliche Ausweitung und vor allem standortübergreifende Wirksamkeitsforschung notwendig. Die Datenlage könnte so insgesamt verbessert werden, um die erfassten abhängigen Variablen feiner graduiert und nach expliziten emotionalen und sozialen Kompetenzmodellen, wie z.B. dem Modell von Döpfner (1989) oder umfassenden Definition wie von Beelmann (2017), zu kategorisieren. Die dementsprechend kategorisierten Daten könnten dann pfadanalytisch (Sedlmeier & Renkewitz, 2013) ausgewertet werden, um den Einfluss der verschiedenen Moderatorvariablen gleichzeitig zu untersuchen. Hierdurch können nicht nur direkte, sondern auch indirekte Effekte aufgedeckt werden (ebd., S. 663). Voraussetzung hierfür ist eine bereite Verständigung der Forschungsgemeinschaft, insbesondere in der Fachwissenschaft des Förderschwerpunkts emotionale und soziale Entwicklung, sowohl hinsichtlich der Evaluationsstandards als auch eines Theoriemodells zur Wirkung von emotionalen und sozialen Förderprogrammen.

Literatur

Aronson, E., Wilson, T. & Akert, R. (2014). *Sozialpsychologie (8. Aufl.)*. München: Pearson Studium.

*Backhaus, O., Petermann, F. & Hampel, P. (2010). Effekte des Anti-Stress-Trainings in der Grundschule. *Kindheit und Entwicklung, 19*, 119-128. https://doi.org/10.1026/0942-5403/a000015

**Barrett, P., Webster, H. & Turner, C. (2003). *Freunde für Kinder. Trainingsprogramm zur Prävention von Angst und Depression*. München: Ernst Reinhardt.

Beelmann, A. (2008). Prävention im Schulalter. In B. Gasteiger-Klicpera & J. Klicpera (Hrsg.), *Sonderpädagogik der sozialen und emotionalen Entwicklung* (S. 442-464). Göttingen: Hogrefe.

Beelmann, A. (2017). Entwicklung und Förderung der Sozialentwicklung im Vor- und Grundschulalter. In B. Kracke & P. Noack (Hrsg.), *Handbuch Entwicklungs- und Erziehungspsychologie* (S. 1-16). Heidelberg: Springer-Velag.

Beelmann, A. & Schmitt, C. (2012). Einflussfaktoren auf die Effektivität. In M. Fingerle & M. Grumm (Hrsg.), *Prävention von Verhaltensauffälligkeiten bei Kindern und Jugendlichen. Programme auf dem Prüfstand* (S. 120-141). München: Ernst Reinhardt.

Beelmann, A., Pfost, M. & Schmitt, C. (2014). Prävention und Gesundheitsförderung bei Kindern und Jugendlichen. Eine Meta-Analyse der deutschsprachigen Wirksamkeitsforschung. *Zeitschrift für Gesundheitspsychologie, 22*, 1-14. https://doi.org/10.1026/0943-8149/a000104

*Bieg, S. (2003). *Emotionale Sensitivität für Grundschüler. Entwicklung und Evaluation eines Trainings*. Dissertation: Universität Erlangen-Nürnberg.

**Bieg, S. & Behr, M. (2005). *Mich und Dich verstehen. Ein Trainingsprogramm zur Emotionalen Sensitivität bei Schulklassen und Kindergruppen im Grundschul- und Orientierungsstufenalter*. Göttingen: Hogrefe.

*Bowi, U., Ott, G. & Tress, W. (2008). Faustlos - Gewaltprävention in der Grundschule. *Praxis der Kinderpsychologie und Kinderpsychiatrie, 57*, 509-520.

Brezinka, V. (2003). Zur Evaluation von Präventivinterventionen für Kinder mit Verhaltensstörungen. *Kindheit und Entwicklung, 12*, 71-83. https://doi.org/10.1026//0942-5403.12.2.71

**Cierpka, M. & Schick, A. (2014). *FAUSTLOS - Grundschule. Ein Curriculum zur Förderung sozial-emotionaler Kompetenzen und zur Gewaltprävention* (3. Aufl.). Göttingen: Hogrefe.

Cohen, J. (1988). *Statistical Power Analysis for the Behavioral Sciences* (2. Aufl). Hillsdale: Lawrence Erlbaum Associates.

Denham, S. & Burton, R. (2003). *Social and emotional prevention and intervention programming for preschoolers*. New York: Springer.

Domitrovich, C. E., Durlak, J. A., Staley, K. C. & Weissberg, R. P. (2017). Social-Emotional Competence: An Essential Factor for Promoting Positive Adjustment and Reducing Risk in School Children. *Child Development, 88*, 408-416. https://doi.org/10.1111/cdev.12739

Döpfner, M. (1989). Soziale Informationsverarbeitung - ein Beitrag zur Differenzierung sozialer Inkompetenzen. *Zeitschrift für Pädagogische Psychologie, 3*, 1-8.

Durlak, J. A., Weissberg, R. P., Dymnicki, A. B., Taylor, R. D. & Schellinger, K. B. (2011). The Impact of Enhancing Students' Social and Emotional Learning: A Meta-Analysis of School-Based Universal Interventions. *Child Development, 82*, 405-432. https://doi.org/10.1111/j.1467-8624.2010.01564.x

**Essau, C. & Conradt, J. (2003). *FREUNDE für Kinder*. München: Ernst Reinhardt.

*Essau, C., Conradt, J., Sasagawa, S. & Ollendick, T. (2012). Prevention of Anxiety Symtoms in Children: Results from a Universal School-Based Trial. *Behavior Therapy, 43*, 450-464.

*Fröhlich-Gildhoff, K. & Rönnau-Böse, M. (2013). Förderung der Lebenskompetenz und Resilienz in Kindertageseinrichtung und Grundschule. *Frühe Bildung, 2*, 172-184. https://doi.org/10.1026/2191-9186/a000114

**Fröhlich-Gildhoff, K., Becker, J. & Fischer, S. (2012). *Prävention und Resilienzförderung in Grundschulen-PRiGS. Ein Förderprogramm*. München: Ernst Reinhardt.

**Gasteiger-Klicpera, B. & Klein, G. (2016). *Das Friedensstifter-Training: Grundschulprogramm zur Gewaltprävention* (3 Aufl.). München: Ernst Reinhardt.

*Gerken, N., Natzke, H., Petermann, F. & Walter, H.-J. (2002). Verhaltenstraining für Schulanfänger: Ein Programm zur Primärprävention von aggressiven und unaufmerksamen Verhalten. *Kindheit und Entwicklung, 11*, 119-128. https://doi.org/10.1026//0942-5403.11.2.119

Gollwitzer, M. (2007). Ansätze zur Primär- und Sekundärprävention aggressiven Verhaltens bei Kindern und Jugendlichen. In M. Gollwitzer, J. Pfetsch, V. Schneider, A. Schulz & T. S. Ulrich (Hrsg.), *Gewaltprävention bei Kindern und Jugendlichen* (S. 141-157). Göttingen: Hogrefe.

Grumm, M., Hein, S. & Fingerle, M. (2013). Schulische Präventionsprogramme: Eine Onlinebefragung an hessischen Grundschulen zu Nutzung und Beurteilung. *Psychologie in Erziehung und Unterricht, 60*, 81-93. http://dx.doi.org/10.2378/peu2013.art07d

**Hampel, P. & Petermann, F. (2003). *Anti-Stress-Training für Kinder* (2 Aufl.). Weinheim: Beltz.

**Hartke, B. & Vrban, R. (2015). *Schwierige Schüler - was kann ich tun?: 49 Handlungsmöglichkeiten bei Verhaltensauffälligkeiten* (10 Aufl.). Hamburg: Persen.

Heinrichs, N., Saßmann, H., Hahlweg, K. & Perrez, M. (2002). Prävention kindlicher Verhaltensstörungen. *Psychologische Rundschau, 53*, 170-183. https://doi.org/10.1026//0033-3042.53.4.170

*Hennemann, T., Hillenbrand, C. & Hens, S. (2011). Kompetenzförderung zur universellen Prävention von Verhaltensstörungen in der schulischen Eingangsstufe: Evaluation des kindorientierten Präventionsprogramms „Lubo aus dem All". *Zeitschrift für Grundschulforschung, 4*, 113-125.

*Hennemann, T., Hillenbrand, C., Franke, S., Hens, S., Grosche, M. & Pütz, K. (2012). Kinder unter erhöhten emotional-sozialen und kognitiven Risiken als Herausforderung für die Inklusion: Evaluation einer selektiven Präventionsmaßnahme in der schulischen Eingangsstufe. *Empirische Sonderpädagogik*, 129-146.

Hennemann, T., Hövel, D., Casale, G., Hagen, T. & Fitting-Dahlmann, K. (2017). *Fördern lernen. Schulische Prävention im Bereich Verhalten* (2. Aufl.). Stuttgart: Kohlhammer.

*Hens, S. (2010). *Prävention von Verhaltensstörungen. Entwicklung, Durchführung und Evaluation eines universellen Trainingsprogramms zur Förderung der sozial-emotionalen Kompetenzen in der Eingangsstufe.* Dissertation: Universität Köln.

**Hillenbrand, C., Hennemann, T., Hens, S. & Hövel, D. (2018). *Lubo aus dem All! 1 & 2 Klasse. Programm zur Förderung sozial- emotionaler Kompetenzen* (4. Aufl.). München: Ernst Reinhardt.

Hintzpeter, B., Metzner, F., Pawils, S., Bichmann, H., Kamtsiuris, P., Ravens-Sieberer, U., . . . group, T. B. (2014). Inanspruchnahme von ärztlichen und psychotherapeutischen Leistungen durch Kinder und Jugendliche mit psychischen Auffälligkeiten. Ergebnisse der BELLA-Studie. *Kindheit und Entwicklung, 23*, 229-238. https://doi.org/10.1026/0942-5403/a000148

Hölling, H., Schlack, R., Petermann, F., Ravens-Sieber, U. & Mauz, E. (2014). Psychische Auffälligkeiten und psychosoziale Beeinträchtigungen bei Kindern und Jugendlichen im Alter von 3 bis 17 Jahren in Deutschland - Prävalenz und zeitliche Trends zu 2 Erhebungszeitpunkten (2003-2006 und 2009-2012). *Bundesgesundheitsblatt - Gesundheitsforschung - Gesundheitsschutz, 57*, 807-819. https://doi.org/10.1007/s00103-014-1979-3

*Hövel, D. C. (2014). *Adaption und Evaluation des Präventionsprogramms „Lubo aus dem All!" für Kinder mit hohen Risikobelastungen.* Dissertation: Universität Oldenburg.

*Hövel, D. C., Hennemann, T., Casale, G. & Hillenbrand, C. (2015). Das erweiterte LUBO-Schultraining in der Förderschule: Evaluation ein der indizierten Präventionsmaßnahme in der Primarstufe der Förderschule. *Empirische Sonderpädagogik*, 117-134.

Hussy, W., Schreier, M. & Echterhoff, G. (2013). *Forschungsmethoden in Psychologie und Sozialwissenschaften für Bachelor* (2. Aufl.). Berlin, Heidelberg: Springer.

Klauer, K. (1993). *Denktraining für Jugendliche. Ein Programm zur intellektuellen Förderung. Handanweisung.* Göttingen: Hogrefe.

*Klein, G. (2008). *Evaluation eines Aggressionspräventionsprogramms für die Grundschule: Das Friedensstifter-Training.* Dissertation: Pädagogische Hochschule Weingarten.

Krause, C., Hohmann, C., Grabenhenrich, L., Forster, J., Bauer, C. P., Hoffmann, U., . . . Keil, T. (2014). Verhaltensauffälligkeiten mit 9 Jahren zur Vorhersage von Schulproblemen im Alter von 11 und 15 Jahren. *Kindheit und Entwicklung, 23*, 220-228. https://doi.org/10.1026/0942-5403/a000147

*v. Marées, N. & Petermann, F. (2009). Förderung sozial-emotionaler Kompetenzen im Grundschulalter. *Kindheit und Entwicklung, 18*, 244-253. https://doi.org/10.1026/0942-5403.18.4.244

*v. Marées, N. & Petermann, F. (2010). Effektivität des „Verhaltenstrainings in der Grundschule" zur Förderung sozialer Kompetenz und Reduktion von Verhaltensproblemen. *Praxis der Kinderpsychologie und Kinderpsychiatrie, 59*, 224-241. https://doi.org/10.13109/prkk.2010.59.3.224

*Natzke, H. & Petermann, F. (2009). Schulbasierte Prävention aggressiv-oppositionellen und dissozialen Verhaltens: Wirksamkeitsüberprüfung des Verhaltenstrainings für Schulanfänger. *Praxis der Kinderpsychologie und Kinderpsychiatrie, 58*, 34-50. https://doi.org/10.13109/prkk.2009.58.1.34

*Pauschardt, J., Eimecke, S. D. & Mattejat, F. (2011). Indizierte Prävention internalisierender Störungen. Wirksamkeit eines kognitiv-verhaltenstherapeutischen Ansatzes bei Kindern. *Kindheit und Entwicklung, 20*, 103-110. https://doi.org/10.1026/0942-5403/a000046

Pawils, S., Robra, B. P. & U., B. (2015). Kinder und Jugendliche-Präventive Maßnahmen wirken. *Gesundheitswesen, 77*, 49-53. https://doi.org/10.1055/s-0033-1354400

**Petermann, F. & Petermann, U. (2012). *Training mit aggressiven Kindern* (13. Aufl.). Weinheim: Beltz.

**Petermann, F., Koglin, U., Natzke, H. & v. Marées, N. (2013). *Verhaltenstraining in der Grundschule: Ein Programm zur Förderung emotionaler und sozialer Kompetenzen* (2. Aufl.). Göttingen: Hogrefe.

**Petermann, F., Natzke, H., Gerken, N. & Walter, H.-J. (2016). *Verhaltenstraining für Schulanfänger: Ein Programm zur Förderung emotionaler und sozialer Kompetenz* (4. Aufl.). Göttingen: Hogrefe.

Petermann, F., Niebank, K. & Scheithauer, H. (2004). *Entwicklungswissenschaft. Entwicklungspsychologie, Genetik, Neuropsychologie.* Berlin: Springer.

*Petermann, F., Petermann, U., Besier, T., Goldbeck, L., Büttner, P., Krause-Leipoldt, C. & Nitkowski, D. (2008). Zur Effektivität des Trainings mit aggressiven Kindern in Psychiatrie und Jugendhilfe. *Kindheit und Entwicklung, 17*, 182-189. https://doi.org/10.1026/0942-5403.17.3.182

*Petermann, U., Kamau, L., Nitkowski, D. & Petermann, F. (2013). Die Effektivität des Trainings mit aggressiven Kindern im Rahmen einer Hochschulambulanz. *Kindheit und Entwicklung, 22*, 174-180. https://doi.org/10.1026/0942-5403/a000114

*Petermann, U., Krummrich, M. Z., Meier, C., Petermann, F. & Nitkowski, D. (2010). Das Training mit aggressiven Kindern als schulbasiertes Präventionsprogramm. *Psychologie in Erziehung und Unterricht, 57*, 132-143. https://doi.org/10.2378/peu2010.art10d

*Petermann, U., Natzke, H., Petermann, F. & Brokhausen, S. (2005). Prävention von aggressiven und unaufmerksamen Verhalten: Ein Verhaltenstraining für Schulanfänger. *Zeitschrift für Heilpädagogik*, 210-217.

*Petermann, U., Nitkowski, D., Polchow, D., Pätel, J., Roos, S., Kanz, F.-J. & Petermann, F. (2007). Langfristige Effekte des Trainings mit aggressiven Kindern. *Kindheit und Entwicklung, 16*, 143-151. https://doi.org/10.1026/0942-5403.16.3.143

*Petermann, U., Petermann, F., Büttner, P., Krause-Leipoldt, C. & Nitkowski, D. (2008). Effektivität kinderverhaltenstherapeutischer Maßnahmen in der Jugendhilfe: Das Training mit aggressiven Kindern. *Verhaltenstherapie, 18*, 101-108. https://doi.org/10.1159/000125193

Reicher, H. & Jauk, M. (2012). Programme zur Förderung sozialer Kompetenz im schulischen Setting. In M. Fingerle & M. Grumm (Hrsg.), *Prävention von Verhaltensauffälligkeiten bei Kindern und Jugendlichen. Programme auf dem Prüfstand* (S. 29-48). München: Ernst Reinhardt.

Roosa, M. W., Dumka, L. E., Gonzales, N. A. & Knight, G. P. (2002). Cultural/ethnic issues and the prevention programs scientist in the 21st century. *Prevention and Treatment, 5*, 1-13. https://doi.org/10.1037/1522-3736.5.1.55a

*Roth, I. (2006). *Förderung prosozialer Verhaltensweisen und konstruktiver Konfliktlösestrategien bei Kindern im Grundschulalter: „Ich bleibe cool" - Konzeption und Evaluation eines Trainingsprogramms zur Prävention aggressiven Verhaltens*. Dissertation: Universität Trier.

*Roth, I. & Reichle, B. (2007). Beziehungsorientierte Intervention am Beispiel des „Ich bleibe cool"-Trainings zur Förderung prosozialer Verhaltensweisen und konstruktiver Konfliktlösestrategien bei Kindern im Grundschulalter. *Praxis der Kinderpsychologie und Kinderpsychiatrie, 56*, 463-482. https://doi.org/10.13109/prkk.2007.56.5.463

**Roth, I. & Reichle, B. (2008). *Prosoziales Verhalten lernen: »Ich bleibe cool!« - ein Trainingsprogramm für die Grundschule*. Weinheim: Beltz.

*Schick, A. & Cierpka, M. (2003). Faustlos: Evaluation eines Curriculums zur Förderung sozial-emotionaler Kompetenzen und zur Gewaltprävention in der Grundschule. *Kindheit und Entwicklung, 12*, 100-110. https://doi.org/10.1026//0942-5403.12.2.100

*Schick, A. & Cierpka, M. (2055). Faustlos: Evaluation of a curriculum to prevent violence in elementary schools. *Applied ans Preventive Psychology, 11*, 157-165. https://doi.org/10.1016/j.appsy.2005.05.001

Schultes, M.-T., Stefanek, E., van de Schoot, R., Strohmeier, D. & Spiel, C. (2014). Measuring Implementation of a school-based violence prevention program. Fidelity and teachers' responsiveness as predictors of proximal outcomes. *Zeitschrift für Psychologie, 222*, 49-57. https://doi.org/10.1027/2151-2604/a000165

Sedlmeier, P. & Renkewitz, F. (2013). *Forschungsmethoden und Statistik*. Hallbergmoos: Pearson.

Sklad, M., Diekstra, R., Ritter, M. & Ben, J. (2012). Effectiveness of school-based universal social, emotional, and behavioral programs: do they enhance students' development in the area of skill, behavior, and adjustment? *Psychology in the Schools, 49*, 892-909. https://doi.org/10.1002/pits.21641

Statistisches Bundesamt. (2014). Statistiken der Kinder- und Jugendhilfe. Erzieherische Hilfe, Eingliederungshilfe für seelisch behinderte junge Menschen, Hilfe für junge Volljährige. Verfügbar unter: https://www.destatis.de/DE/Publikationen/Thematisch/Soziales/KinderJugendhilfe/ErzieherischeHilfe5225112137004.pdf

*Vrban, R. & Hartke, B. (2009). Schwierige Schüler - 49 Handlungsmöglichkeiten bei Verhaltensauffälligkeiten. Ergebnisse eines Forschungsvorhabens zur Entwicklung und Evaluation von Planungshilfen zur Unterstützung des Lehrerhandelns. *Zeitschrift für Heilpädagogik*, 54-63.

Wilson, D. B. (2011). Effect Size Calculation and Elementary meta-Analysis. Verfügbar unter: http://www.campbellcollaboration.org/images/pdf/plain-language/D_Wilson_ES_Calculations___Elementary_Intro.pdf

Wilson, S. & Lipsey, M. (2007). School-based interventions for aggressive and disruptive behavior: Update of a meta-analysis. *American Journal of Preventive Medicine, 33*, 130-143. https://doi.org/10.1016/j.amepre.2007.04.011

Wilson, S. Lipsey, M. & Derzon, J. (2003). The effects of schoolbased information processing interventions on aggressive behavior: A meta-analysis. *Journal of Consulting and Clinical Psychology, 71*, 138-149. https://doi.org/10.1037//0022-006X.71.1.136

Anmerkungen. **In dieser Arbeit berücksichtigte Präventionsprogramme. *Für die Meta-Analyse gesichtete Wirksamkeitsstudien.

Schulklima und Pädagogik bei Gefühls- und Verhaltensstörungen: Aktueller Forschungsstand und erste Ergebnisse bei Schülerinnen und Schülern mit Symptomverhalten

Gino Casale und Thomas Hennemann

Abstract

Das Schulklima wird mittlerweile seit einigen Jahrzehnten aus verschiedenen wissenschafts-theoretischen Perspektiven erforscht. Relativ gut gesichert ist dabei unter anderem, dass ein positives Schulklima einen schützenden Einfluss auf die psychosoziale Gesundheit der an Schule beteiligten Akteure (v.a. Schülerinnen und Schüler, Lehrkräfte, Eltern) hat. Damit hat das Thema eine unmittelbare Relevanz für die Pädagogik bei Gefühls- und Verhaltensstö-rungen bzw. die Arbeit im Förderschwerpunkt der Emotionalen und sozialen Entwicklung (ESE). Der vorliegende Beitrag arbeitet die Bedeutung des Schulklimas für die Pädagogik bei Gefühls- und Verhaltensstörungen heraus. Dafür wird zunächst der aktuelle Forschungsstand zusammengefasst. Davon ausgehend werden wissenschaftliche Herausforderungen herausge-arbeitet. Anschließend wird anhand einer empirischen Studie mit Schülerinnen und Schü-lern aus der Sekundarstufe I aufgezeigt, inwiefern diese Herausforderungen wissenschaftlich adressiert werden können. Die Ergebnisse der Studie weisen darauf hin, dass signifikante Zusammenhänge zwischen der Intensität von Symptomen einer Gefühls- und Verhaltensstö-rung und dem Schulklima bestehen. Außerdem unterscheiden sich Schülerinnen und Schü-ler am Gymnasium und an der Förderschule mit dem Schwerpunkt Emotionale und soziale Entwicklung signifikant in ihrer Wahrnehmung des Schulklimas. Der Beitrag schließt mit einer Diskussion hinsichtlich der Besonderheiten zur Schulklimaforschung in der Pädagogik bei Verhaltensstörungen.

Keywords

Schulklima, Gefühls- und Verhaltensstörungen

> „There is harmony in school [...] when they all love one another, speak peaceably
> and kindly, and try to do each other good. [...] A school is a family, [...]
> and they ought to feel towards each other as brothers and sisters."
> (*Youth Companion*, 1828, S. 136).

1 Theoretische Hinführung

1.1 Begriffsklärung Schulklima

Die Frage danach, unter welchen Bedingungen die Schule einen lern- und entwicklungsför-
derlichen Ort des sozialen Miteinanders darstellen kann, ist seit Bestehen des institutionellen
Lernens von Interesse. Einen entscheidenden Einfluss haben in diesem Kontext die Qualität
und der Charakter des Schullebens, die im wissenschaftlichen Kontext mit verschiedenen
Begrifflichkeiten bezeichnet werden. Ein etablierter und häufig genutzter Begriff ist der des
Schulklimas. Es existieren verschiedene, teils sehr unterschiedliche Definitionen von Schulklima (Ramelow, Currie & Felder-Puig, 2015). Dennoch lässt sich ein definitorischer Kern extrahieren, der aus verschiedenen Konzeptionen sowie den bisherigen Erkenntnissen der Forschung zum Schulklima resultiert. Das Schulklima ist demzufolge ein schulorganisatorisches
und mehrdimensionales Konstrukt (z. B Wang & Degol, 2016). Es repräsentiert die Qualität
sowie den Charakter des Schullebens, basiert auf den im Schulkontext gemachten Erfahrungen der beteiligten Akteure und gilt als Ausdruck der Normen, Ziele, Werte, Einstellungen,
Beziehungen, Lehr- und Lernpraktiken, Sicherheit sowie strukturellen Bedingungen an der
Schule (Cohen, McCabe, Michelli & Pickeral, 2009, S. 182).

Das Schulklima kann dahingehend von der *Schulkultur* abgegrenzt werden, als dass die
Schulkultur die *geteilten Werte, Einstellungen und Überzeugungen* der an Schule beteiligten
Akteure (d.h. Schülerinnen und Schüler, Eltern, pädagogisches Personal) darstellt, während
das Schulklima die *Wahrnehmungen* der Akteure hinsichtlich dieser Aspekte beschreibt (van
Houtte, 2005). Beide Konstrukte korrelieren miteinander, wenngleich kein direkter rezipro-
ker Effekt angenommen werden kann (Glisson, 2000; van Houtte, 2005).

In Abgrenzung zur Schulkultur und ausgehend vom definitorischen Kern verschiedener Konzeptionen definieren wir Schulklima also als

> die Wahrnehmungen von Schülerinnen und Schülern, dem pädagogischen Personal und
> den Eltern in Bezug auf
> 1. die Lehr- und Lernqualität an der Schule (z.B. Unterrichts- und Förderangebote),
> 2. die Gemeinschaft (z.B. die Beziehungen zwischen den Schülerinnen und Schülern
>   und den Erwachsenen),
> 3. der strukturellen und physischen Lernumwelt (z.B. Projektwochen, äußeres Erschei-
>   nungsbild) und
> 4. der Sicherheit (z.B. Gewalt und Mobbing).

Diese Wahrnehmungen repräsentieren die Kultur einer Schule, d.h. die geteilten Werte, Einstellungen und Überzeugungen von Schülerinnen und Schülern, Eltern und dem
pädagogischen Personal. Schulklima stellt also ein subjektives (d.h. individuell wahrge-
nommenes), multiperspektivisches (d.h. für verschiedene Personengruppen relevantes)
und mehrdimensionales (d.h. sich auf verschiedene Bereiche beziehendes) Konstrukt dar.

Im Folgenden werden vier empirisch abgesicherte Dimensionen von Schulklima (Lehr- und Lernqualität, Gemeinschaft, strukturelle und physische Lernumwelt, Sicherheit) kurz beschrieben.

Lehr- und Lernqualität an der Schule. Diese Dimension bezeichnet die Qualität der „akademischen Atmosphäre" (Wang & Degol, 2016, S. 317) und bezieht sich auf die Lehrpläne, die Unterrichtsmethoden, die Ausbildung der Lehrkräfte und schulinterne Fort- und Weiterbildungskonzepte. Die Lehr- und Lernqualität einer Schule definiert sich dadurch, wie Lehr- und Lernprozesse an einer Schule gestaltet und unterstützt werden. Wenngleich der Großteil der Arbeiten zum Schulklima diese Dimension auf akademisches Lernen anwendet, kann sie auch auf den Bereich des sozial-emotionalen Lernen bzw. auf die Förderung von Verhalten erweitert werden. Die Lehr- und Lernqualität einer Schule stellt die einflussreichste Dimension des Schulklimas dar (Thapa, Cohen, Guffey & Higgins-D′Alessandro, 2013) und kann in die Bereiche Schulleitungshandeln, Lernen und Lehren sowie Fort- und Weiterbildung unterteilt werden (Wang & Degol, 2016).

Gemeinschaft. Unter der Gemeinschaft einer Schule werden im Kern die Beziehungen und Interaktionen der beteiligten Akteure untereinander verstanden. Es lassen sich vier Teilbereiche der Schulgemeinschaft extrahieren: (1) die Qualität der interpersonalen Beziehungen (z.B. Vertrauen, Respekt, Wertschätzung), (2) die Verbundenheit zur Schule (z.B. das Zugehörigkeitsgefühl zur Schulgemeinschaft), (3) das Anerkennen von Vielfalt (z.B. durch ein Bewusstsein, die Wertschätzung und Akzeptanz von kulturellen Verschiedenheiten) und (4) externe Partnerschaften (z.B. eine hohe Eingebundenheit der Eltern). Insbesondere in der Pädagogik bei Gefühls- und Verhaltensstörungen haben Aspekte der Gemeinschaft, wie z.B. Interaktionen mit den Lehrkräften aber auch der Peers untereinander einen hohen Stellenwert (Weiß, Kollmannsberger & Kiel, 2013; Opp & Puhr, 2003; Perren, von Wyl, Stadelmann, Bürgin & von Klitzing, 2006).

Strukturelle und physische Lernumwelt. Hierunter werden strukturelle, organisationale und physische Merkmale der Schule verstanden, z.B. die Gestaltung der Räumlichkeiten, die Größe der Schule (einschl. der Klassengrößen) sowie die Verfügbarkeit von Ressourcen (z.B. Leithwood & Jantzi, 2009; Oaks & Saundars, 2002). Diese Merkmale können z. T. nur indirekt von Schülerinnen und Schülern wahrgenommen werden (bspw. die Verfügbarkeit von Ressourcen), lassen sich allerdings z. T. objektiv erfassen (bspw. Lehrkraft-Schülerinnen/Schüler-Verhältnis). Die Gestaltung der Räumlichkeiten oder die Qualität des Lehr- und Lernmaterials stellen relevante und von Schülerinnen und Schülern direkt wahrnehmbare Variablen dar.

Sicherheit. Die Sicherheit einer Schule lässt sich durch die physische und emotionale Sicherheit sowie dazugehörigen Prozeduren zum Umgang mit Disziplinproblemen operationalisieren (z.B. Devine & Cohen, 2007). Schülerinnen und Schüler fühlen sich im schulischen Umfeld insbesondere dann sicher, wenn Konflikte gewaltfrei gelöst werden (können), wenig bis gar kein Mobbing zu verzeichnen ist und sie das Gefühl haben, dass die Erwachsenen an der Schule konsequent auf eine Einhaltung der Regeln achten (z.B. Opp & Puhr, 2003).

1.2 Schülerinnen und Schüler mit Gefühls- und Verhaltensstörungen

Die Begriffsbildung in der Pädagogik bei Gefühls- und Verhaltensstörungen wird nach wie vor kritisch diskutiert (Herz, 2014). In der theoretischen wie praktischen Arbeit werden verschiedene Definitionen für das Phänomen angewendet, die sowohl bei Myschker & Stein (2014) als auch bei Hillenbrand (2008) übersichtlich dargestellt sind. Die Kritik bezieht sich schwerpunktmäßig darauf, dass viele der verwendeten Begriffe stigmatisieren könnten und der Komplexität, Heterogenität und Individualität der Zielgruppe nicht ausreichend gerecht werden (Hillenbrand, 1996). Diesen Kritikpunkten ist zuzustimmen, allerdings bedarf es einer Terminologie, die die interdisziplinäre Kommunikation und Arbeit mit der Zielgruppe ermöglicht (Hillenbrand, 1996).

Der vom US-amerikanischen Fachverband Council for Children with Behavior Disorders (CCBD) vorgeschlagene fachwissenschaftliche Begriff Gefühls- und Verhaltensstörung bietet den Vorteil einer interdisziplinären Verständigungsebene (Forness & Knitzer, 1992, zit. nach Opp, 2003, S. 509f.). In den Klassifikationssystemen ICD-10 der Weltgesundheitsorganisation (WHO) und DSM-V der American Psychiatric Association (APA) sind Kriterien und Symptome definiert, die die Absicherung der Diagnose von Gefühls- und Verhaltensstörungen leiten. In diesem Zusammenhang sind mindestens drei Kriterien für die Diagnose zu beachten:

• die Intensität, d.h. längere Zeitdauer und höherer Schweregrad der Symptome;
• die Ökologie, d.h. die Symptome treten in min. zwei Settings auf, von denen eines die Schule ist und
• die Integration, d.h. für die Teilhabe an der Gesellschaft sind spezifische Hilfen erforderlich.

Spezifische Störungsbilder, wie z.B. eine Aufmerksamkeitsdefizit-Hyperaktivität-Störung (ADHS) oder eine Angststörung können nach Myschker & Stein (2014) in externalisierendes (nach außen gerichtet und unterreguliert) und internalisierendes (nach innen gerichtet und überreguliert) Verhalten kategorisiert werden. Diese Kategorien sind empirisch abgesichert (Achenbach & Edelbrock, 1978) und treten in Abhängigkeit von Diagnosekriterien und Informant bei ungefähr 20% aller Kinder und Jugendlichen auf, wobei internalisierende Auffälligkeiten häufiger als externalisierende Auffälligkeiten auftreten (z.B. Forness, Freeman, Paparella, Kauffmann & Walker, 2012; Husky et al., 2018; Ravens-Sieberer et al., 2015). Schülerinnen und Schüler mit Gefühls- und Verhaltensstörungen bzw. entsprechenden Symptomen sind also eine Zielgruppe im schulischen Alltag, die unabhängig vom formal vergebenen sonderpädagogischen Förderbedarf (bundesweit ca. 1%; KMK, 2018) einer besonderen pädagogischen Zuwendung bedürfen.

2 Forschungsüberblick: Zusammenhang von Schulklima und der Entwicklung von Schülerinnen- und Schülermerkmalen

2.1 Effekte bei externalisierenden Verhaltensproblemen

Insgesamt ist der schützende Einfluss eines positiven Schulklimas bei Schülerinnen und Schülern mit externalisierenden Verhaltensproblemen umfassend untersucht worden. In einer meta-analytischen Untersuchung von Reaves, McMahon, Duffy & Ruiz (2018) wurde eine mittlere negative Korrelation ($r = -0.32$) zwischen dem allgemeinen Schulklima und der Ausprägung externalisierender Verhaltensprobleme berechnet. Unter Berücksichtigung des zeitlichen Verlaufs war dieser Effekt zwar geringer, aber nach wie vor statistisch signifikant ($r = 0.20$; Reaves et al., 2018). Nachfolgend werden die Effekte aus weiteren Studien nach den Dimensionen des Schulklimas differenziert dargestellt.

Lehr- und Lernqualität an der Schule. Verschiedene Studien konnten einen Effekt der Lehr- und Lernqualität einer Schule auf die Ausprägung externalisierender Verhaltensprobleme der Schülerinnen und Schüler nachweisen. Beispielsweise zeigten McEvoy & Welker (2000), dass sich durch eine lernförderliche Unterrichtstruktur die devianten Verhaltensweisen im Unterricht reduzieren lassen. In Schulklassen, deren Unterricht auf ein Verstehen der Inhalte ausgerichtet war, ließ sich eine signifikante Reduktion aggressiven und störenden Verhaltens nachweisen (Kaplan, Gheen & Midgley 2002; Reis, Trockel & Mulhall, 2007; Wang, 2009). Wenn Schülerinnen und Schüler den Unterricht als unterstützend wahrnahmen, z.B. durch gezieltes und wertschätzendes Feedback, hing dies mit weniger problematischem Unterrichtsverhalten – sowohl in der Lehrkraft- als auch in der Schülereinschätzung – zusammen (Wang & Dishion, 2012). Schließlich konnten Gregory, Cornell & Fan (2011) zeigen, dass eine hohe Lehr- und Lernqualität mit weniger Disziplinproblemen im Unterricht und weniger Schulverweisen zusammenhing (Gregory et al., 2011).

Gemeinschaft. Die Gemeinschaft an einer Schule (die Beziehungen untereinander, das Verbundenheitsgefühl zur Schule sowie die Anerkennung von Vielfalt) konnte ebenfalls als bedeutsamer Faktor zur Reduktion externalisierender Verhaltensprobleme herausgearbeitet werden. Dieser Effekt scheint insbesondere relevant für die Prävention und Reduktion von aggressiv-dissozialen Verhaltensweisen, wie z.B. Mobbing und Gewalt. So wurden an Schulen mit einer positiv wahrgenommenen Schulkohäsion sowie einer hohen Verbundenheit der Schülerinnen und Schüler zur Schule weniger Mobbing- und Gewalterfahrungen sowie insgesamt weniger aggressiv-dissoziale Verhaltensweisen gezeigt (Brookmeyer, Fanti & Heinrich, 2006; Zaykowski & Gunter, 2012). Positive Beziehungen der Schülerinnen und Schüler untereinander sowie mit dem pädagogischen Personal korrelierten negativ mit störenden Verhaltensweisen (Reinke & Herman, 2002) und positiv mit der allgemeinen psychischen Gesundheit (Ravens-Sieberer et al., 2009). Reaves und Kollegen (2018) ermittelten in ihrer Meta-Analyse eine mittlere Korrelation von $r = -0.21$ zwischen der Qualität der persönlichen Beziehungen an einer Schule und delinquenten Verhaltensweisen. Fühlten sich Schülerinnen und Schüler durch das pädagogische Personal unterstützt, ließen sich weniger Schulverweise an einer Schule feststellen (Gregory et al., 2011). Ein positiver Zusammenhang zwischen einem schlechten Schulklima und aggressiv-dissozialen Verhaltensweisen wurde durch die Anbindung an eine deviante Peergroup sowie ein hohes Ausmaß an Sensation-Seeking mediiert (Wang u.a., 2017). So konnte mit längsschnittlich erhobenen Daten mittels Regressionsanalysen gezeigt werden, dass ein niedriges Schulklima zu mehr Aggression und mehr devianter Peergroup-Anbindung führt, wenn sich die Schülerinnen und Schüler durch ein hohes Sensation-Seeking auszeichnen (Wang, Zhang, Chen, Zhu & Liu, 2017).

Strukturelle und physische Lernumwelt. In Bezug auf die Lernumwelt existieren überwiegend Studien, die Effekte von strukturellen Merkmalen, wie z.B. das Verhältnis von Lehrkräften zu Schülerinnen und Schülern (z.B. Bradshaw et al., 2009), untersuchen. So konnte gezeigt werden, dass derartige strukturelle Merkmale (Lehrkraft-Schüler-Verhältnis, Ort der Schule, sozioökonomischer Status der Schülerschaft) einen starken Prädiktor für Mobbing darstellen (Bradshaw et al., 2009). In der Meta-Analyse von Reaves und Kollegen (2018) konnte ein geringer Zusammenhang zwischen dem äußeren Erscheinungsbild der Schule und delinquenten Verhaltensweisen ermittelt werden ($r = -0.14$). Ein höherer Effekt ließ sich für den Zusammenhang zwischen dem äußeren Erscheinungsbild der Schule und der Schulverweigerung ($r = -0.21$) und aggressiv-dissozialen Verhaltensweisen ($r = -0.29$) nachweisen (Reaves et al., 2018).

Sicherheit. Die wahrgenommene Sicherheit an einer Schule scheint ebenfalls mit der Ausprägung aggressiv-dissozialer Verhaltensweisen zusammenzuhängen (Wang & Degol, 2016). Die Effekte wurden insbesondere auf Mobbing und Gewalt an Schulen untersucht. So ließen sich an Schulen mit hoher wahrgenommener Sicherheit weniger aggressive Verhaltensweisen und weniger Fälle von Mobbing und Viktimisierung verzeichnen (z.B. Elsaesser, Gorman-Smith & Henry, 2013; Gottfredson, Gottfredson, Payne & Gottfredson 2005). In der Meta-Analyse von Reaves und Kollegen (2018) betrug die mittlere Korrelation zwischen der Dimension der Sicherheit und delinquenten Verhaltensweisen der Schülerinnen und Schüler $r = -0.25$.

2.2 Effekte bei internalisierenden Verhaltensproblemen

Insgesamt ist die Evidenzlage zum Einfluss des Schulklimas bei internalisierenden Verhaltensproblemen im Vergleich zu den externalisierenden Verhaltensproblemen relativ dünn. Häufig bezogen sich Studien weniger explizit auf internalisierende Verhaltensprobleme, sondern stärker auf die emotionale und mentale Gesundheit, deren Operationalisierung teilweise durch überregulierte Verhaltensweisen, wie z.B. depressives oder ängstliches Verhalten gekennzeichnet ist. Beispielsweise zeigten Aldridge & McChesney (2018) einen Zusammenhang zwischen dem allgemeinen Schulklima und dem emotionalen Wohlbefinden sowie dem depressiven und ängstlichen Symptomverhalten.

Lehr- und Lernqualität an der Schule. Vergleichsweise unerforscht sind die Zusammenhänge zwischen der Lehr- und Lernqualität einer Schule und dem internalisierenden Problemverhalten der Schülerinnen und Schüler. Wang (2009) konnte zeigen, dass eine Fokussierung des Unterrichts auf das Verstehen der Lerninhalte anstatt einer ausschließlichen Fokussierung der Lernleistung mit weniger depressiven Symptomen der Schülerinnen und Schüler korreliert. In einer Studie von Bilz (2013) konnte dieser Effekt wechselseitig dadurch bestätigt werden, als dass die Wahrnehmung einer überfordernden Lernumgebung durch die Schülerinnen und Schüler mit der Ausprägung internalisierender Verhaltensprobleme zusammenhing.

Gemeinschaft. Der Einfluss der Gemeinschaft auf internalisierende Verhaltensprobleme erscheint am besten erforscht. Wang & Degol (2016, S. 332) betonen: „The quality of interpersonal relationships within the school is one of the most robust predictors of psychological adjustment". Damit meinen sie insbesondere Merkmale, die auf internalisierende Verhaltensprobleme hinweisen oder mit diesen konsistent zusammenhängen, wie z.B. Stress oder Coping. Studien zeigten Effekte einer hohen Verbundenheit zur Schule auf das emotionale Wohlbefinden (Freeman et al., 2009) sowie Zusammenhänge zwischen der Qualität der Beziehungen zwischen Schülerinnen und Schülern sowie Lehrkräften einer Schule und der Stressbewältigung sowie der Valenz der Einstellungen (Flanagan & Stout, 2010; Ruus et al., 2007; Suldo, Thalji-Raitano, Hasemeyer, Gelley & Hoy, 2013).

Strukturelle und physische Lernumwelt. Der Einfluss dieser Dimension ist vergleichsweise unerforscht (Wang & Degol, 2016). Unseres Wissens konnte lediglich Bilz (2008) zeigen, dass schulstrukturelle Faktoren, wie die Schul- und Klassengröße mit internalisierenden Verhaltensproblemen von Schülerinnen und Schüler positiv korrelieren.

Sicherheit. Es konnte gezeigt werden, dass an Schulen mit klaren Verhaltensregeln, Disziplin und einer wahrgenommenen allgemeinen Sicherheit weniger Stress, Angst und Depression nachweisbar waren (Graham, Bellmore & Mize, 2006; Ozer & Weinstein, 2004). Andersherum zeigt sich, dass an Schulen mit vielen Konflikten, die sich auf die wahrgenommene Sicherheit auswirken, das Depressionsrisiko der Schülerinnen und Schüler erhöht ist (Kasen, Cohen, Chen, Johnson & Crawford, 2009).

3 Schlussfolgerungen

Aus den bisherigen Ausführungen wird deutlich, dass bei der Erforschung des Schulklimas die empirisch abgesicherten Dimensionen Lehr- und Lernqualität, Gemeinschaft, Lernumwelt und Sicherheit differenziert berücksichtigt und operationalisiert werden. Schülerinnen und Schüler scheinen von einer positiven Wahrnehmung spezifischer Aspekte des Schulklimas zu profitieren, insbesondere in Bereichen, in denen Schülerinnen und Schüler mit Gefühls- und Verhaltensstörungen erhebliche Probleme haben. Die Erforschung des Schulklimas bei Schülerinnen und Schüler könnte daher wichtige Erkenntnisse liefern, um Förderung und Unterricht mit dieser Zielgruppe zu optimieren Allerdings liegen bislang nur unzureichend Studien vor, die die Wahrnehmung des Schulklimas aus Sicht von Schülerinnen und Schülern mit Gefühls- und Verhaltensstörungen bzw. einer entsprechenden Belastung erfassen (LaSalle, George, McCoach, Polk & Evanovich, 2016). Allerdings ist zu vermuten, dass insbesondere diese Zielgruppe die oben genannten spezifischen Dimensionen von Schulklima negativer einschätzen als ihre unbelasteten Mitschülerinnen und Mitschüler und die gefundenen Effekte damit nur begrenzt generalisierbar sind. Die vorliegende Untersuchung adressiert dieses Desiderat durch die folgenden Fragestellungen.

4 Empirische Überprüfung: Schulklima aus Sicht von Schülerinnen und Schülern mit Gefühls- und Verhaltensstörungen

4.1 Fragestellungen und Hypothesen

1. Besteht ein Zusammenhang zwischen dem von Schülerinnen und Schülern selbstberichteten Symptomverhalten einer Gefühls- und Verhaltensstörung sowie der Wahrnehmung spezifischer Dimensionen des Schulklimas?

   Wir gehen von einem negativen und bedeutsamen Zusammenhang zwischen dem selbstberichtetem Symptomverhalten sowie spezifischer Dimensionen des Schulklimas aus. Gleichzeitig erwarten wir Unterschiede in der Stärke des Zusammenhangs in Abhängigkeit von der jeweiligen Dimension.

2. Bestehen Unterschiede in der Wahrnehmung spezifischer Dimensionen des Schulklimas zwischen Schülerinnen und Schülern vom Gymnasium und der Förderschule für Emotionale und soziale Entwicklung?

   Wir gehen davon aus, dass Schülerinnen und Schüler der Förderschule eine stärkere psychosoziale Belastung aufweisen und daher das Schulklima negativer wahrnehmen als ihre Mitschülerinnen und Mitschüler am Gymnasium. Diese Unterschiede erwarten wir in allen Dimensionen.

4.2 Stichprobe und Vorgehensweise

An der Studie nahmen insgesamt $n = 601$ (46,5%) Schülerinnen und $n = 683$ (53,5%) Schüler der Sekundarstufe I teil. Die Schülerinnen und Schüler wiesen ein durchschnittliches Alter von $m = 13,19$ Jahren ($s = 1,84$, $min = 9$, $max = 19$) auf. 46,5% ($n = 601$) der Stichprobe war weiblich. 28,6% ($n = 366$) hatten einen Migrationshintergrund. Der Großteil der Schülerinnen und Schüler ($n = 1163$; 89,2%) besuchte zum Zeitpunkt der Befragung ein

Gymnasium, die restlichen Schülerinnen und Schüler besuchten eine Förderschule mit dem Schwerpunkt Emotionale und soziale Entwicklung (n = 121; 10,8%). Die Schülerinnen und Schüler kamen jeweils zu vergleichbaren Anteilen aus den Jahrgangsstufen fünf bis zehn.

Die Datenerhebung erfolgte im Juni 2017. Insgesamt nahmen ein Gymnasium und sechs Förderschulen mit dem Schwerpunkt Emotionale und soziale Entwicklung aus Nordrhein-Westfalen freiwillig an der Befragung teil. Die Schulen wurden durch geschulte Projektmitarbeiterinnen und Projektmitarbeiter rekrutiert, es handelt sich also um eine anfallende Stichprobe. Die Schulleitungen der teilnehmenden Schulen erhielten ein Informationsschreiben einschließlich der entsprechenden Fragebögen für die Schülerinnen und Schüler. Diese wurden dann von den Klassenlehrkräften im Unterricht ausgegeben, unmittelbar im Anschluss daran bearbeitet und von der Klassenlehrkraft wieder eingesammelt. Die Schulleitungen sendeten alle Fragebögen an die Projektleitung zurück.

4.3 Erhebungsinstrumente

Schulklima. Zur Erfassung des Schulklimas wurde der im Rahmen einer größeren, internationalen Forschungsinitiative (*Cross-Cultural School Climate Study; CCSCS*) entwickelte Beurteilungsbogen für Schülerinnen und Schüler der Sekundarstufe eingesetzt. Der Bogen erfasst mit 44 Items die Dimensionen zur Lehr- und Lernqualität (Beispielitem: „Meine Schule stellt hohe Leistungsansprüche"), zur Schulgemeinschaft („Die Lehrkräfte an der Schule behandeln alle Schülerinnen und Schüler fair"), zur Lernumwelt („Mein Schulgebäude ist in einem guten Zustand") sowie zur Sicherheit („Die Schülerinnen und Schüler an meiner Schule prügeln sich oft"). Die Einschätzung der Items erfolgt auf einer vierstufigen Skala (1 = stimme überhaupt nicht zu, 2 = stimme teilweise nicht zu, 3 = stimme teilweise zu, 4 = stimme voll und ganz zu). Der Fragebogen wurde in einem aufwändigen interkulturellen Adaptationsprozess entwickelt und hinsichtlich seiner Faktorenstruktur und internen Konsistenz positiv evaluiert (LaSalle et al. , 2018). Im vorliegenden Datensatz war die vierfaktorielle Struktur abbildbar. Die interne Konsistenz der Skalen fiel mit Cronbach's α-Werten von 0,72 (Schulgemeinschaft), 0,76 (Lernumwelt) und 0,73 (Sicherheit) für drei Skalen angemessen aus. Lediglich für die Skala zur Lehr- und Lernqualität ergab sich ein unbefriedigender Wert für Cronbach's Alpha von 0,54.

Symptomverhalten. Die Erfassung des Symptomverhaltens erfolgte im Selbstbericht durch die Schülerinnen und Schüler. Genutzt wurde eine interkulturell adaptierte Version des Georgia Student Health Survey (GSHS; LaSalle & Meyers, 2016). Der Bogen erfasst insgesamt acht Symptomverhaltensweisen, deren Auftretenshäufigkeit über die letzten 30 Tage von den Schülerinnen und Schülern in sieben Kategorien eingeschätzt werden (0 Tage - 1 oder 2 Tage - 3 bis 5 Tage - 6 bis 9 Tage - 10 bis 19 Tage - 20 bis 29 Tage - alle 30 Tage). Die Verhaltensweisen adressieren externalisierende Symptome (z.B. „Wie oft hast du dich in den letzten 30 Tagen so unkontrolliert verhalten, dass du oder andere hätten verletzt werden können?") sowie internalisierende Symptome („Wie oft hast du in den letzten 30 Tagen starke Sorgen und Ängste empfunden, die dich in deinem Alltag beeinträchtigt haben?"), die jeweils zu einer Skala für internalisierendes (INT) und externalisierendes (EXT) Verhalten sowie zu einem Gesamtproblemwert (GES) aggregiert werden.

4.4 Datenanalyse

Fragestellung 1. Zur Prüfung der Zusammenhänge zwischen dem selbstberichteten Symptomverhalten und der Wahrnehmung des Schulklimas wurden die Korrelationen zwischen den Mittelwerten der Skalen EXT, INT und GES mit den vier Skalen zur Erfassung des Schulklimas berechnet. Aufgrund der nicht gegebenen Normalverteilung wurde die nonparametrische Korrelation nach Spearman berechnet. Um Schulformunterschiede zu kontrollieren, wurden zusätzlich Analysen separiert nach Schulform gerechnet. Aufgrund der gleichzeitigen Testung von insgesamt zwölf Hypothesen (vier Variablen zum Schulklima x drei Variablen zum Symptomverhalten) wurde das α-Fehler-Niveau anhand der sequentiellen Bonferroni-Korrektur nach Holm (1979) sowohl für die Gesamtgruppe als auch jeweils für Schülerinnen und Schüler des Gymnasiums und der Förderschule korrigiert.

Fragestellung 2. Zur Prüfung der Unterschiede in der Wahrnehmung spezifischer Dimensionen des Schulklimas von Schülerinnen und Schüler am Gymnasium und an der Förderschule wurde der Mann-Whitney-U-Test zum Vergleich der zentralen Tendenzen der verschiedenen Dimensionen des Schulklimas angewendet. Auch bei diesem Analyseschritt wurde das α-Fehler-Niveau sequentiell korrigiert.

4.5 Ergebnisse

Die Mittelwerte der Skalen zum Schulklima (Tabelle 1) liegen über alle Schulen hinweg bei m =2,20 (s = 0,69; Lernumwelt), m = 2,97 (s = 0,53; Lehr- und Lernqualität), m = 3,02 (s = 0,45; Gemeinschaft) und m = 3,14 (s = 0,77; Sicherheit).

Tab. 1: Mittelwerte und Standardabweichungen der Dimensionen des Schulklimas insgesamt, am Gymnasium und an der Förderschule

	insgesamt (n = 1284)		Gymnasium (n = 1163)		Förderschule (n = 121)	
	m	s	m	s	m	s
Lehr- und Lernqualität	2,97	0,53	2,96	0,53	3,10	0,55
Gemeinschaft	3,02	0,45	3,02	0,43	2,99	0,56
Lernumwelt	2,20	0,69	2,11	0,64	2,91	0,70
Sicherheit	3,14	0,77	3,22	0,72	2,50	0,91

Anmerkung: m = Mittelwert, s = Standardabweichung

4,9% aller Schülerinnen und Schüler (n = 63) berichten von Symptomen einer Gefühls- und Verhaltensstörung an zehn oder mehr Tagen im Monat (Tabelle 2). Differenziert nach der Erscheinungsform weisen 6,3% (n = 82) bedeutsame externalisierende und 11,0% (n = 142) internalisierende Symptome auf. Erwartungskonform berichten an Förderschulen mehr Schülerinnen und Schüler von bedeutsamen Symptomen als am Gymnasium. Diese unterschiedlichen Verteilungen sind für externalisierendes Symptomverhalten sowie für den Gesamtproblemwert signifikant.

Tab. 2: Anteil an Schülerinnen und Schülern, die an mindestens zehn Tagen im Monat von bedeutsamen Symptomen einer Gefühls- und Verhaltensstörung berichten

	insgesamt (n = 1284)		Gymnasium (n = 1163)		Förderschule (n = 121)	
	n	%	n	%	n	%
EXT (> = 10 Tage/Monat)	82	6,3	57	4,9	25	17,7
INT (> = 10 Tage/Monat)	142	10,9	121	10,4	21	14,9
GES (> = 10 Tage/Monat)	63	4,8	48	4,1	15	10,6

Anmerkung: EXT = externalisierende Symptome, INT = internalisierende Symptome, EXT = Gesamtproblemwert

Fragestellung 1. Über alle Schülerinnen und Schüler hinweg lassen sich statistisch signifikante negative Korrelationen zwischen dem Gesamtproblemwert und den externalisierenden Symptomen mit allen Skalen zum Schulklima ermitteln (Tabelle 3). Die Effekte liegen im kleinen bis mittleren Bereich. Dies bedeutet, dass Schülerinnen und Schüler das Schulklima schlechter wahrnehmen, wenn sie häufig von psychosozialen Problemen allgemein und insbesondere im externalisierenden Bereich berichten. Die Korrelation zwischen den Symptomskalen und den Dimensionen zur Gemeinschaft und zur Sicherheit sind dabei konsistent stärker als die Korrelationen zwischen den Symptomen und der Lehr- und Lernqualität sowie der Lernumwelt.

Tab. 3: Korrelationen zwischen selbstberichteten Symptomen und dem Schulklima (Spearman's r[a])

	Lehr- und Lernqualität			Gemeinschaft		
	Ges	Gym	FS	Ges	Gym	FS
EXT	-0,19**	-0,21**	-0,17	-0,35**	-0,36**	-0,30**
INT	-0,10**	-0,12**	0,01	-0,25**	-0,28**	-0,02
GES	-0,16**	-0,19**	-0.10	-0,35**	-0,38**	-0,20*

	Lernumwelt			Sicherheit		
	Ges	Gym	FS	Ges	Gym	FS
EXT	-0,13**	-0,19**	-0,12	-0,22**	-0,25**	-0,22**
INT	-0,04	-0,07*	0,06	-0,30**	-0,36**	0,33**
GES	-0,10**	-0,16**	-0,03	-0,33**	-0,38**	0,30**

Anmerkung: EXT = externalisierende Symptome, INT = internalisierende Symptome, EXT = Gesamtproblemwert. [a] kleiner Effekt: ab r = 0,1, mittlerer Effekt: ab r = 0,3, großer Effekt: ab r = 0,5; * = signifikant auf dem 5%-Niveau, ** = signifikant auf dem 1%-Niveau. Ges = Gesamtstichprobe, Gym = Gymnasium, FS = Förderschule.

Differenziert nach der Schulform lassen sich bei Schülerinnen und Schülern am Gymnasium zwischen allen Skalen signifikante negative Zusammenhänge ermitteln. Auch hier sind die Korrelationen zu den Dimensionen Gemeinschaft und Sicherheit am stärksten. Für die Förderschülerinnen und Förderschüler ergeben sich signifikante negative Zusammenhänge zwischen dem Gesamtproblemwert sowie den externalisierenden Symptomen und der Skala zur Gemeinschaft. Zwischen den externalisierenden Symptomen und der Lehr- und Lernqualität ist ebenfalls ein kleiner, signifikanter Zusammenhang feststellbar. Kein Zusammenhang ist zur Wahrnehmung der Lernumwelt erkennbar. Erwartungswidrig gibt es einen positiven Zusammenhang zwischen allen Symptomskalen und der wahrgenommenen Sicherheit an der Förderschule. Dies bedeutet, dass die Sicherheit an der Förderschule von den Schülerinnen und Schülern, die häufiger von psychosozialen Symptomen berichten, besser wahrgenommen wird.

Fragestellung 2. Signifikante Unterschiede der Verteilung der zentralen Tendenz zwischen Schülerinnen und Schülern am Gymnasium und der Förderschule ergeben sich in den Dimensionen Lehr- und Lernqualität, Lernumwelt und Sicherheit (Tabelle 1). In den Dimensionen zur Lehr- und Lernqualität sowie zur Lernumwelt zeigen die Schülerinnen und Schüler eine positivere Wahrnehmung. Die Sicherheit wird am Gymnasium höher beurteilt. Keine statistisch bedeutsamen Unterschiede ergeben sich hinsichtlich der Wahrnehmung der Gemeinschaft.

4.6 Zusammenfassende Diskussion der Ergebnisse

Hinsichtlich Fragestellung 1 kann generell bestätigt werden, dass Schülerinnen und Schüler das Schulklima negativer wahrnehmen, je häufiger sie von Symptomen einer Gefühls- und Verhaltensstörung berichten. Diese Zusammenhänge sind für die Teilskalen der Gemeinschaft und der Sicherheit stärker als für jene der Lehr- und Lernqualität und der Lernumwelt. Für den internalisierenden Symptombereich sind die Zusammenhänge schwächer bzw. überhaupt nicht vorhanden. Außerdem lassen sich schulspezifische Besonderheiten dahingehend erkennen, dass die Zusammenhänge bei Schülerinnen und Schülern am Gymnasium stärker als bei Förderschülerinnen und Förderschülern ausgeprägt sind. Dieser Befund könnte darauf hinweisen, dass das Gymnasium als situatives Bedingungsfeld (noch) nicht auf den Umgang mit Verhaltensproblemen bei Schülerinnen und Schülern ausgerichtet ist und sich diese Zielgruppe dementsprechend vernachlässigt fühlt. Insbesondere am Gymnasium herrschen ein hoher Leistungsdruck, eine hohe Selbstständigkeitserwartung sowie die Erwartung von Disziplin und Ordnung (Böhm-Kasper & Weishaupt, 2002). Gerade in diesen Dimensionen haben Schülerinnen und Schüler mit Verhaltensstörungen jedoch häufig Probleme.

Weiterhin zeigt sich, dass sich die Förderschülerinnen und Förderschüler sicherer fühlen, je häufiger sie von Symptomen einer psychischen Störung berichten. Ähnliches wurde bereits in einer qualitativen Studie, in der Schülerinnen und Schüler das Zugehörigkeitsgefühl an der Förderschule stärker wahrnahmen als an einer Regelschule, berichtet (Pesonen, Kontu, Saarinen & Pirttimaa, 2016). Dieser positive Zusammenhang könnte darauf hinweisen, dass die Förderschule von hochbelasteten Kindern und Jugendlichen als Schonraum wahrgenommen wird. Eine weitere Erklärung für diesen überraschenden Befund könnte sein, dass sich Förderschulen per definitionem generell schulweit ausrichten und Förderkonzepte implementieren, in denen Regeln und Verfahrensweisen systemweit umgesetzt werden. Dies wurde in der vorliegenden Studie allerdings nicht kontrolliert und sollte in zukünftigen Studien unbedingt berücksichtigt werden.

Eine Analyse der Unterschiede zwischen Schülerinnen und Schülern vom Gymnasium und der Förderschule zeigt, dass die Lehr- und Lernqualität und die Lernumwelt an der Förderschule höher wahrgenommen wird. Dies könnte damit zu erklären sein, dass am Gymnasium ein höherer Leistungsdruck vorherrscht, der von den Schülerinnen und Schülern tendenziell eher als belastend empfunden wird (Böhm-Kasper & Weishaupt, 2002). Weiterhin könnte dieser Befund auch mit einer stärkeren Individualisierung an der Förderschule, insbesondere hinsichtlich der Bezugsnormorientierung bei Leistungsbeurteilungen sowie Förder- und Unterrichtsangeboten zur erklären sein. Die Sicherheit wird von den Schülerinnen und Schülern am Gymnasium höher wahrgenommen. Dieser Befund könnte damit zusammenhängen, dass an der Förderschule häufiger externalisierende Symptomverhaltensweisen, wie z.B.

aggressiv-dissoziales Verhalten und Mobbing, berichtet werden, die wiederum einen Einfluss auf die Wahrnehmung der Sicherheit haben könnten (z.B. Klein, Cornell & Konold, 2012). Keine Unterschiede lassen sich bei der Wahrnehmung der Schulgemeinschaft feststellen.

5 Limitationen

Insgesamt lassen sich mindestens drei methodische und inhaltliche Limitationen dieser Studie feststellen. Erstens wurde die Stichprobe nur aus einer relativ kleinen Anzahl an Schulen generiert (ein Gymnasium, sechs Förderschulen). Für diese Schulen wurden keine schulweiten Faktoren kontrolliert und die Vergleichbarkeit kann somit nicht gewährleistet werden. Beispielsweise kann die Umsetzung evidenzbasierter Förderkonzepte durchaus einen indirekten Einfluss auf das wahrgenommene Klima an einer Schule haben (z.B. Reicher & Matischek-Jauk, 2018). Außerdem ist die Generalisierbarkeit durch die relativ kleine Anzahl an Schulen limitiert. Zukünftige Untersuchungen zum Schulklima sollten unbedingt systemische Faktoren (z.B. Lehrkraft-Schülerinnen/Schüler-Verhältnis) miterheben und eine ausreichend große Anzahl an Schulen berücksichtigen, so dass eine Analyse unter Berücksichtigung des genesteten Designs generalisierbare Aussagen hervorbringen kann.

Zweitens wurden in dieser Studie ausschließlich die Wahrnehmungen der Schülerinnen und Schüler berichtet. Für eine umfassende Untersuchung des Schulklimas an einer Schule sollten jedoch noch weitere Personengruppen, wie z.B. das pädagogische Personal und die Eltern miteinbezogen werden, da sich die Einschätzung des Schulklimas zwischen den Personengruppen unterscheiden kann (z.B. Konold, 2018).

Drittens weisen die in dieser Studie gefundenen Ergebnisse ausschließlich darauf hin, dass es spezifische Zusammenhänge zwischen Gefühls- und Verhaltensstörungen und dem Schulklima sowie Unterschiede in der Wahrnehmung je Schulform gibt. In einem nächsten Schritt wäre wichtig zu überprüfen, welche Faktoren zu diesen Zusammenhängen und Unterschieden führen. In diesem Kontext könnten qualitative Studien, die auf konkrete Faktoren fokussieren (z.B. das Vertrauen der Schülerinnen und Schüler; Fingerle, Röder & Rinnert, 2018; Müller, 2017), hilfreich sein.

6 Praktische Implikationen

Die im vorliegenden Beitrag berichteten Ergebnisse liefern erste wichtige Implikationen für die praktische Arbeit mit Schülerinnen und Schülern mit Gefühls- und Verhaltensstörungen. Erstens weisen die Befunde darauf hin, dass das Schulklima wesentlich mit Symptomen einer Gefühls- und Verhaltensstörung zusammenhängt. Die Entwicklung eines positiven Schulklimas, z.B. durch eine pädagogische Geschlossenheit im Kollegium, eine hohe Schülerinnen-, Schüler- und Elternbeteiligung oder fordernde und fördernde Lernstrukturen, könnte also auch die sozial-emotionale Entwicklung der Kinder und Jugendlichen positiv bedingen. Zweitens deuten die hier berichteten Ergebnisse darauf hin, dass der negative Zusammenhang zwischen dem Symptomverhalten und der Wahrnehmung des Schulklimas am Gymnasium deutlich stärker ist als an der Förderschule. Eine stärkere Berücksichtigung der individuellen Lern- und Entwicklungsbedarfe von Schülerinnen und Schülern mit derartigen Problemlagen auch an eher leistungsorientierten Schulformen könnte demnach bereits einen förderlichen Einfluss sowohl auf das allgemeine Klima als auch auf die sozial-emotionale Entwicklung haben. Gerade im Zuge inklusiver Reformationsprozesse sollten Gymnasien demnach die Ermöglichung der Förderung sozial-emotionaler Kompetenzen und den Umgang mit Verhaltensproblemen, bspw. durch Professionalisierungsangebote für das pädagogische Personal, als Schulentwicklungsaufgabe begreifen. Zudem könnte auch die Stärkung der Psychoedukation der pädagogischen Akteure an den Schulen ein bedeutsamer Gelingensfaktor darstellen.

7 Fazit und Ausblick

Im vorliegenden Beitrag wurde die Bedeutsamkeit des Schulklimas für die Pädagogik bei Gefühls- und Verhaltensstörungen herausgearbeitet. Dafür wurde zunächst eine Klärung der Begrifflichkeiten vorgenommen und ausgewählte Befunde zur Relevanz des Schulklimas im Umgang mit Gefühls- und Verhaltensstörungen präsentiert. Davon ausgehend wurden Ergebnisse einer Studie vorgestellt, in der Zusammenhänge zwischen der Ausprägung von Gefühls- und Verhaltensstörungen und der Wahrnehmung des Schulklimas bei Schülerinnen und Schülern der Sekundarstufe 1 nachgewiesen wurden. Weiterhin ließen sich Unterschiede zwischen Schülerinnen und Schülern am Gymnasium und der Förderschule aufzeigen. Die Befunde replizieren zum einen bisherige Forschungsbefunde zum Thema und verdeutlichen, dass die Wahrnehmung verschiedener Teildimensionen des Schulklimas je nach Erscheinungsform der Symptome variiert. Außerdem weisen sie auf schulformspezifische Unterschiede hin, die sich dergestalt ausdrücken, dass die Zusammenhänge zwischen Intensität von Störungssymptomen und der Wahrnehmung des Schulklimas an der Förderschule schwächer sind bzw. eine stärkere Ausprägung der Symptome zu einer besseren Wahrnehmung in einzelnen Dimensionen führen kann. Dies könnte ein Hinweis darauf sein, dass hoch belastete Schülerinnen und Schüler sich an der Förderschule wohl fühlen und das Klima positiv beurteilen. Zukünftig sollte das Schulklima für die Zielgruppe differenzierter und längsschnittlich untersucht werden. Weiterhin sollten moderierende Faktoren (z.B. Förder- und Unterrichtskonzepte, Einsatz evidenzbasierter Methoden) kontrolliert werden und damit wissenschaftlich fundierte Handlungsimplikationen abgeleitet werden.

Literatur
Achenbach, T. M. & Edelbrock, C. S. (1978). The classification of child psychopathology: a review and analysis of empirical efforts. *Psychological bulletin, 85* (6), 1275-1301.

Aldridge, J. M. & McChesney, K. (2018). The relationships between school climate and adolescent mental health and wellbeing: a systematic literature review. *International Journal of Educational Research, 88,* 121-145.

Bilz, L. (2008). *Schule und psychische Gesundheit. Risikobedingungen für emotionale Auffälligkeiten von Schülerinnen und Schülern.* Wiesbaden: Verlag für Sozialwissenschaften.

Bilz, L. (2013). Die Bedeutung des Klassenklimas für internalisierende Auffälligkeiten von 11-bis 15-Jährigen. Selbstkognitionen als Vermittlungsvariablen. *Psychologie in Erziehung und Unterricht, 60* (4), 282-294.

Böhm-Kasper, O. & Weishaupt, H. (2002) Belastung und Beanspruchung von Lehrern und Schülern am Gymnasium. *Zeitschrift für Erziehungswissenschaft, 5(3),*472-499. https://doi.org/10.1007/s11618-002-0062-2

Bradshaw, C. P., Sawyer, A. L. & O'Brennan, L. M. (2009). A social disorganization perspective on bullyingrelated attitudes and behaviors: the influence of school context. *American Journal of Community Psychology, 43,* 204–220.

Brookmeyer, K. A., Fanti, K. A. & Henrich, C. C. (2006). Schools, parents, and youth violence: A multilevel, ecological analysis. *Journal of clinical child and adolescent psychology, 35* (4), 504-514.

Cohen, J., McCabe, L., Michelli, N. M. & Pickeral, T. (2009). School climate: Research, policy, practice, and teacher education. *Teachers college record, 111* (1), 180-213.

Dadaczynski, K. (2012). Stand der Forschung zum Zusammenhang von Gesundheit und Bildung. *Zeitschrift für Gesundheitspsychologie, 20,* 141-153

Devine, J. F. & Cohen, J. (2007). *Making your school safe: Strategies to protect children and promote learning.* Teachers College Press.

Elsaesser, C., Gorman-Smith, D. & Henry, D. (2013). The role of the school environment in relational aggression and victimization. *Journal of Youth and Adolescence, 42* (2), 235-249.

Esposito, C. (1999). Learning in urban blights: School climate and its effect on the school performance of urban, minority, low-income children. *School Psychology Review, 28* (3), 365.

Fingerle, M., Röder, M.; & Rinnert, K. (2018). ANDERS. Ratingscales on the perceived acceptance of students (Sek I, Sek II) by their class-mates and teachers. Presentation, *International Conference on Inclusion* - University of Wuppertal - July, 13th-14th, 2018.

Flanagan, C. A. & Stout, M. (2010). Developmental patterns of social trust between early and late adolescence: Age and school climate effects. *Journal of Research on Adolescence, 20* (3), 748-773.

Forness, S. R., Freeman, S. F., Paparella, T., Kauffman, J. M. & Walker, H. M. (2012). Special education implications of point and cumulative prevalence for children with emotional or behavioral disorders. *Journal of Emotional and Behavioral Disorders, 20* (1), 4-18.

Freeman, J. G., Samdal, O., Klinger, D. A., Dur, W., Griebler, R., Currie, D. & Rasmussen, M. (2009). The relationship of schools to emotional health and bullying. *International journal of public health, 54* (2), 251-259.

Glisson, C. (2000). Organizational climate and culture. R. J. Patti (Hrsg.). *The handbook of social welfare management.* Thousand Oaks: Sage Publishing, 195 – 218.

Gottfredson, G. D., Gottfredson, D. C., Payne, A. A. & Gottfredson, N. C. (2005). School climate predictors of school disorder: Results from a national study of delinquency prevention in schools. *Journal of research in crime and delinquency, 42* (4), 412-444.

Graham, S., Bellmore, A. D. & Mize, J. (2006). Peer victimization, aggression, and their co-occurrence in middle school: Pathways to adjustment problems. *Journal of abnormal child psychology, 34* (3), 349-364.

Gregory, A., Cornell, D. & Fan, X. (2011). The relationship of school structure and support to suspension rates for Black and White high school students. *American Educational Research Journal, 48* (4), 904-934.

Herz, B. (2014). Pädagogik bei Verhaltensstörungen: An den Rand gedrängt. *Zeitschrift für Heilpädagogik, 65* (1), 4-14.

Hillenbrand, C. (2008). *Einführung in die Pädagogik bei Verhaltensstörungen* (4. Aufl.). Stuttgart: UTB.

Hillenbrand, C. (1996). Deskription und Programm - zur Problematik des Begriffs „Verhaltensstörung". *Sonderpädagogik, 26* (4), 194-207.

Holm, S. (1979). A simple sequentially rejective multiple test procedure. *Scandinavian journal of statistics, 6* (1), 65-70.

Hoy, W. K., Tarter, C. J. & Hoy, A. W. (2006). Academic optimism of schools: A force for student achievement. *American educational research journal, 43* (3), 425-446.

Husky, M. M., Boyd, A., Bitfoi, A., Carta, M. G., Chan-Chee, C., Goelitz, D., … Kovess-Masfety, V. (2018). Self-reported mental health in children ages 6-12 years across eight European countries. *European Child & Adolescent Psychiatry, 27* (6), 785-795. https://doi.org/10.1007/s00787-017-1073-0

Kaplan, A., Gheen, M. & Midgley, C. (2002). Classroom goal structure and student disruptive behaviour. *British journal of educational psychology, 72* (2), 191-211.

Kasen, S., Cohen, P., Chen, H., Johnson, J. G. & Crawford, T. N. (2009). School climate and continuity of adolescent personality disorder symptoms. *Journal of Child Psychology and Psychiatry, 50* (12), 1504-1512.

Klein, J., Cornell, D. & Konold, T. (2012). Relationships between bullying, school climate, and student risk behaviors. *School Psychology Quarterly, 27 (3)*,154-169.

Konold, T. (2018). A multilevel MTMM approach to estimating the influences of contextual factors on trait and informant-based method effects in assessments of school climate. *Journal of Psychoeducational Assessment, 36* (5), 464-476.

Kultusministerkonferenz (KMK, 2018). *Sonderpädagogische Förderung in Schulen 2007-2016. Sekretariat der Ständigen Konferenz der Länder in der Bundesrepublik Deutschland.* Zugegriffen am 29.11.2018. Verfügbar unter: https://www.kmk.org/fileadmin/Dateien/pdf/Statistik/Dokumentationen/Dok_214_SoPaeFoe_2016.pdf

La Salle, T. P. & Meyers, J. (2016). Elementary Student Perceptions of School Climate and Associations with Individual and School Factors. *School Psychology Forum, 10* (1), 55-65.

Leithwood, K. & Jantzi, D. (2009). A review of empirical evidence about school size effects: A policy perspective. *Review of educational research, 79* (1), 464-490.

Ma, X. & Wilkins, J. L. (2002). The Development of Science Achievement in Middle and High School: Individual Differences and School Effects. *Evaluation review, 26* (4), 395-417.

McEvoy, A. & Welker, R. (2000). Antisocial behavior, academic failure, and school climate: A critical review. *Journal of Emotional and Behavioral disorders, 8* (3), 130-140.

Müller, T. (2017). „Ich kann niemandem mehr vertrauen." Konzepte von Vertrauen und ihre Relevanz für die Pädagogik bei Verhaltensstörungen. Bad Heilbrunn: Klinkhardt.

Myschker, N. & Stein, R. (2014). *Verhaltensstörungen bei Kindern und Jugendlichen*(7. Auflage). Stuttgart: Kohammer.

Oakes, J. & Saunders, M. (2002). *Access to textbooks, instructional materials, equipment, and technology: Inadequacy and inequality in California's public schools*. UC Los Angeles: UCLA's Institute for Democracy, Education, and Access.

Opp, G. & Puhr, K. (2003). Schule als fürsorgliche Gemeinschaft. In G. Opp (Hrsg.), *Arbeitsbuch schulische Erziehungshilfe* (S.109-144). Bad Heilbrunn: Klinkhardt.

Opp, G. (2003). Symptomatik, Ätiologie und Diagnostik bei Gefühls- und Verhaltensstörungen. In A. Leonhardt & F. Wember (Hrsg.), *Grundfragen der Sonderpädagogik: Bildung - Erziehung - Behinderung. Ein Handbuch* (S. 504-517). Weinheim: Beltz.

Ozer, E. J. & Weinstein, R. S. (2004). Urban adolescents' exposure to community violence: The role of support, school safety, and social constraints in a school-based sample of boys and girls. *Journal of Clinical Child and Adolescent Psychology, 33* (3), 463-476.

Perren, S., von Wyl, A., Stadelmann, S., Bürgin, D. & von Klitzing, K. (2006). Associations between behavioral/emotional difficulties in kindergarten children and the quality of their peer relationships. *Journal of the American Academy of Child and Adolescent Psychiatry, 45* (7), 867-876. https://doi.org/10.1097/01.chi.0000220853.71521.cb

Pesonen, H., Kontu, E., Saarinen, M. & Pirttimaa, R. (2016). Conceptions associated with sense of belonging in different school placements for Finnish pupils with special education needs. *European Journal of Special Needs Education, 31* (1), 59-75.

Ramelow, D., Currie, D. & Felder-Puig, R. (2015). The assessment of school climate: Review and appraisal of published student-report measures. *Journal of Psychoeducational Assessment, 33* (8), 731-743.

Ravens-Sieberer, U., Freeman, J., Kokonyei, G., Thomas, C. A. & Erhart, M. (2009). School as a determinant for health outcomes–a structural equation model analysis. *Health Education, 109* (4), 342-356.

Ravens-Sieberer, U., Otto, C., Kriston, L., Rothenberger, A., Döpfner, M., Herpertz-Dahlmann, B., ... & Klasen, F. (2015). The longitudinal BELLA study: design, methods and first results on the course of mental health problems. *European child & adolescent psychiatry, 24* (6), 651-663.

Reaves, S., McMahon, S. D., Duffy, S. & Ruiz, L. (2018). The test of time: A meta-analytic review of the relation between school climate and problem behavior. *Aggression and violent behavior, 39*, 100-108.

Reicher, H. & Matischek-Jauk, M. (2018). Sozial-emotionales Lernen in der Schule. In M. Huber & S. Krause (Hrsg.), *Bildung und Emotion* (S. 249-268). Wiesbaden: Springer VS.

Reinke, W. M. & Herman, K. C. (2002). Creating school environments that deter antisocial behaviors in youth. *Psychology in the Schools, 39* (5), 549-559.

Reis, J., Trockel, M. & Mulhall, P. (2007). Individual and school predictors of middle school aggression. *Youth & Society, 38* (3), 322-347.

Ruus, V. R., Veisson, M., Leino, M., Ots, L., Pallas, L., Sarv, E. S. & Veisson, A. (2007). Students Well-Being, Coping, Academic Success, and School climate. *Social Behavior and Personality: an international journal, 35* (7), 919-936.

Salle, T. L., George, H. P., McCoach, D. B., Polk, T. & Evanovich, L. L. (2018). An Examination of School Climate, Victimization, and Mental Health Problems Among Middle School Students Self-Identifying With Emotional and Behavioral Disorders. *Behavioral Disorders, 3*, 383–392.

Suldo, S. M., Thalji-Raitano, A., Hasemeyer, M., Gelley, C. D. & Hoy, B. (2013). Understanding middle school students life satisfaction: Does school climate matter? *Applied research in quality of life, 8* (2), 169-182.

Thapa, A., Cohen, J., Guffey, S. & Higgins-D'Alessandro, A. (2013). A review of school climate research. *Review of educational research, 83* (3), 357-385.

Van Houtte, M. (2005). Climate or culture? A plea for conceptual clarity in school effectiveness research. *School effectiveness and school improvement, 16* (1), 71-89.

Wang, M. T. & Degol, J. L. (2016). School climate: A review of the construct, measurement, and impact on student outcomes. *Educational Psychology Review, 28* (2), 315-352.

Wang, M. T. & Dishion, T. J. (2012). The trajectories of adolescents' perceptions of school climate, deviant peer affiliation, and behavioral problems during the middle school years. *Journal of Research on Adolescence, 22* (1), 40-53.

Wang, Z., Yu, C., Zhang, W., Chen, Y., Zhu, J. & Liu, Q. (2017). School climate and adolescent aggression: A moderated mediation model involving deviant peer affiliation and sensation seeking. *Personality and Individual Differences, 119*, 301-306.

Wang, M. T. (2009). School climate support for behavioral and psychological adjustment: testing the mediating effect of social competence. *School Psychology Quarterly, 24* (4), 240-251.

Weiß, S., Kollmannsberger, M. & Kiel, E. (2013). Lehrerin/Lehrer im Förderschwerpunkt Emotionale und soziale Entwicklung - Ein Anforderungsprofil aus Sicht von Lehrkräften und Ausbildungspersonen. *Heilpädagogische Forschung, 39* (4), 199-209.

Worrell, F. C. & Hale, R. L. (2001). The relationship of hope in the future and perceived school climate to school completion. *School Psychology Quarterly, 16* (4), 370.

Zaykowski, H. & Gunter, W. (2012). Youth victimization: School climate or deviant lifestyles? *Journal of interpersonal violence, 27* (3), 431-452.

IV Tagungsbeiträge und weitere Fachbeiträge

50 Jahre „Pädagogik bei Verhaltensstörungen" – eine Geburtstagslaudatio mit kritischem Blick auf das Selbstverständnis der Disziplin

Marc Willmann

Abstract

Die Disziplingeschichte der Pädagogik bei Verhaltensstörungen kann diskursanalytisch in drei Entwicklungsetappen skizziert werden. Die wissenschaftshistoriographische Analyse des noch jungen Fachgebiets wird im vorliegenden Beitrag angereichert durch eine Rekonstruktion seiner universitären Denominationskultur sowie eine Zusammenschau der Lehr- und Handbücher, die von den Lehrstuhlinhabern veröffentlicht wurden.

Keywords

Pädagogik bei Verhaltensstörungen, Wissenschaftsgeschichte, Diskursanalyse, Lehr- und Handbuchwissenschaft

1 Einleitung: Entwicklungsetappen der Disziplingeschichte

Die Geschichte der Pädagogik bei Verhaltensstörungen als universitäre Disziplin lässt sich in drei Etappen nachzeichnen (Willmann, 2018): Die erste Etappe *(Konstitutionsphase)* beginnt mit der Einrichtung erster Hochschuldozenturen im Jahr 1964 in Ostdeutschland und ein Jahr später in Westdeutschland sowie der Gründung des ersten Universitätslehrstuhls im Jahr 1968, gefolgt von einem sukzessiven Ausbau des Fachgebiets in den nächsten rund 25 Jahren. Zur Zeit der deutschen Wiedervereinigung ist das Fach an den meisten sonderpädagogischen Studienstätten in Westdeutschland durch eigene Lehrstühle vertreten und mit der Schaffung entsprechender Professuren an den ostdeutschen Universitäten in den Jahren 1993 bis 1999 ist der universitäre Implementationsprozess abgeschlossen und die Disziplin hat sich institutionell etabliert (zweite Etappe: *Konsolidierungsphase).* Die dritte Etappe beschreibt die gegenwärtige *Antinomie-Phase,* „in der die Fachwissenschaft in ihrer fachkategorialen Ausrichtung unter den Vorzeichen der Inklusion in eine Legitimationskrise gerät, die zugleich aber Chancen für eine disziplinäre Neuausrichtung bietet" (Willmann, 2018, S. 194).

Die wissenschaftshistorische Rekonstruktion der Disziplingeschichte als Entwicklung in drei aufeinanderfolgenden Etappen wird im Folgenden ausführlicher dokumentiert. Unter der Fragestellung nach Kontinuitäten und Wandel im Selbstverständnis der Disziplin werden die Denominationen der Universitätslehrstühle sowie der einschlägigen Lehr- und Handbücher der Lehrstuhlinhaber und -inhaberinnen skizziert.

2 Denominationskultur: die Lehrstühle von 1968 bis 2018

In den ersten vierzig Jahren ist die Denominationskultur des Fachgebiets durch den Leitbegriff „Verhaltensstörungen" geprägt; für die letzten beiden Dekaden zeichnet sich jedoch ein Substitutionsprozess ab, bei dem sich der bildungsadministrative Begriff („Förderschwerpunkt emotional-soziale Entwicklung") zusehends durchsetzt (siehe Tab. 1).

Tab. 1: Chronologische Übersicht der Professuren und Lehrstühle für das erziehungswissenschaftliche Fach Sonderpädagogik mit dem Schwerpunkt Pädagogik bei Verhaltensstörungen an den Pädagogischen Hochschulen und Universitäten in Deutschland

Jahr der Berufung	Dozent/in bzw. Lehrstuhlinhaber/in	Hochschule/ Universität	Bezeichnung des Lehrgebiets bzw. Denomination der Professur	Einfach-/ Mehrfachdenomination	Quellennachweis
Die erste Lehrstuhlgeneration (1. Etappe 1964-1989)					
1964	Günther Großmann	Humboldt-Universität zu Berlin	„Verhaltensgestörtenpädagogik"	einfach	[1]
1965	Karl-Heinz Benkmann	Pädagogischen Hochschule Ruhr	„Lernbehinderten- und Erziehungsschwierigenpädagogik"	doppelt	[2]
1968	Günther Bittner	Pädagogische Hochschule Reutlingen	„Verhaltensgestörtenpädagogik"	einfach	[3]

Jahr der Berufung	Dozent/in bzw. Lehrstuhlinhaber/in	Hochschule/ Universität	Bezeichnung des Lehrgebiets bzw. Denomination der Professur	Einfach-/ Mehrfach- denomination	Quellennachweis
1968	Karl-Josef Kluge	Universität zu Köln	„Erziehungsschwierigen-pädagogik"	einfach	[4]
1970	Volker Schmid	Pädagogische Hochschule Reutlingen	„Verhaltensgestörten-pädagogik"	einfach	[5]
1971	Otto Speck	Pädagogische Hochschule München und Ludwig-Maximilians-Universität München	„Sonderschulpädagogik mit den Fachrichtungen Verhaltensgestörtenpädagogik sowie Lern-, Geistig- und Körperbehindertenpädagogik" ab 1973 wird die PH in die Ludwig-Maximilians-Universität integriert und der Lehrstuhl erhält die neue Denomination „Sonderpädagogik mit dem Schwerpunkt Geistigbehinderten- und Verhaltensgestörtenpädagogik"	dreifach, später doppelt	[6]
1972	Josef R. Schultheis	Pädagogische Hochschule Kiel	„Heilpädagogik mit dem Schwerpunkt Verhaltensgestörtenpädagogik"	einfach	[7]
1973	Helmut Reiser	Johann Wolfgang v. Goethe Universität Frankfurt am Main	„Didaktik bei Lern- und Verhaltensstörungen" spätere Denomination als „Erziehungswissenschaft mit dem Schwerpunkt Heilpädagogik bei Lern- und Verhaltensstörungen"	doppelt	[8]
1973	Christoph Ertle	Pädagogische Hochschule Reutlingen	„Verhaltensgestörten-pädagogik"	einfach	[9]
1973	Hans-Joachim Martikke	Universität Hannover	„Verhaltensgestörten-pädagogik"	einfach	[10]
1975	Norbert Myschker	Universität Hamburg	„Erziehungswissenschaft unter besonderer Berücksichtigung der Verhaltensgestörten-pädagogik"	einfach	[11]
1980	Norbert Myschker	Freie Universität Berlin	„Sonderpädagogik unter besonderer Berücksichtigung der Verhaltensgestörten-pädagogik"	einfach	[12]
1980	Herbert Goetze	Universität Hamburg	„Verhaltensgestörten-pädagogik"	einfach	[13]

Jahr der Berufung	Dozent/in bzw. Lehrstuhlinhaber/in	Hochschule/ Universität	Bezeichnung des Lehrgebiets bzw. Denomination der Professur	Einfach-/ Mehrfach-denomination	Quellennachweis
1982	Heinz Neukäter	Carl von Ossietzky Universität Oldenburg	„Sonderpädagogik unter besonderer Berücksichtigung der Verhaltensgestörtenpädagogik"	einfach	[14]
1984	Erich Hußlein	Julius-Maximilians-Universität Würzburg	„Verhaltensgestörtenpädagogik"	einfach	[15]
Die zweite Lehrstuhlgeneration (2. Etappe 1990-2008)					
1992	Herbert Goetze	Universität Kiel	„Verhaltensgestörtenpädagogik"	einfach	[16]
1993	Wolfgang Mutzeck	Universität Leipzig	„Verhaltensgestörten- und Lernbehindertenpädagogik"	doppelt	[17]
1993	Konrad Bundschuh	Ludwig-Maximilians-Universität München	„Verhaltensgestörtenpädagogik und Geistigbehindertenpädagogik"	doppelt	[18]
1993	Herbert Goetze	Universität Potsdam	„Verhaltensgestörtenpädagogik"	einfach	[19]
1994	Günther Opp	Martin-Luther-Universität Halle-Wittenberg	„Verhaltensgestörtenpädagogik"	einfach	[20]
1994	Bernd Ahrbeck	Humboldt-Universität zu Berlin	„Verhaltensgestörtenpädagogik"	einfach	[21]
1994	Manfred Wittrock	Universität Rostock	„Allgemeine Sonder- und Heilpädagogik und Verhaltensgestörtenpädagogik"	doppelt	[22]
1995	Birgit Herz, geb. Warzecha	Universität Hamburg	„Erziehungswissenschaft unter Berücksichtigung der Sonderpädagogik/ Schwerpunkt Verhaltensgestörtenpädagogik"	einfach	[23]
1995	Walter Spiess	Universität Kiel	„Verhaltensgestörtenpädagogik"	einfach	[24]
1995	Ulrike Petermann	Technische Universität Dortmund	„Verhaltensgestörtenpädagogik"	einfach	[25]
1996	Helmut Reiser	Universität Hannover	„Pädagogik bei Verhaltensstörungen"	einfach	[26]
1999	Winfried Palmowski	Universität Erfurt	„Allgemeine Sonderpädagogik, Pädagogik bei Erziehungsschwierigkeiten und Integration"	doppelt + Integration	[27]

Jahr der Berufung	Dozent/in bzw. Lehrstuhlinhaber/in	Hochschule/ Universität	Bezeichnung des Lehrgebiets bzw. Denomination der Professur	Einfach-/ Mehrfachdenomination	Quellennachweis
2002	Manfred Wittrock	Carl von Ossietzky-Universität Oldenburg	„Pädagogik bei Verhaltensstörungen"	einfach	[28]
2002	Henri Julius	Johann Wolfgang Goethe-Universität Frankfurt am Main	„Verhaltensgestörtenpädagogik"	einfach	[29]
2002	Christiane Hofmann	Justus-Liebig Universität Gießen	„Erziehungswissenschaft mit dem Schwerpunkt Lernbehindertenpädagogik unter Berücksichtigung der Verhaltensgestörtenpädagogik"	doppelt	[30]
2003	Roland Stein	Julius-Maximilians-Universität Würzburg	„Sonderpädagogik mit dem Schwerpunkt Verhaltensgestörtenpädagogik"; seit 2009 denominiert als „Pädagogik bei Verhaltensstörungen"	einfach	[31]
2003	Clemens Hillenbrand	Universität zu Köln	„Professur für Pädagogik und Didaktik bei Menschen mit sonderpädagogischem Förderbedarf im emotionalsozialen Handel und Erleben"	einfach	[32]
2004	Henri Julius	Universität Rostock	„Allgemeine Sonderpädagogik mit Schwerpunkt Pädagogik bei Verhaltensstörungen"	einfach	[33]
2007	Werner Bleher	Pädagogische Hochschule Ludwigsburg	„Pädagogik und Didaktik, Förderschwerpunkt soziale und emotionale Entwicklung"	einfach	[34]
2008	Stephan Ellinger	Johann Wolfgang v. Goethe-Universität Frankfurt am Main	„Erziehungswissenschaften mit dem Schwerpunkt Didaktik und Pädagogik bei Verhaltensstörungen"	einfach	[35]
Die dritte Lehrstuhlgeneration (3. Etappe 2009-2019)					
2009	Birgit Herz, geb. Warzecha	Gottfried Wilhelm Leibniz Universität Hannover	„Pädagogik bei Verhaltensstörungen"	einfach	[36]
2010	Christoph de Oliveira Käppler	Technische Universität Dortmund	„Soziale und Emotionale Entwicklung in Rehabilitation und Pädagogik/Psychische und Verhaltensstörungen"	einfach	[37]

Jahr der Berufung	Dozent/in bzw. Lehrstuhlinhaber/in	Hochschule/ Universität	Bezeichnung des Lehrgebiets bzw. Denomination der Professur	Einfach-/ Mehrfachdenomination	Quellennachweis
2011	Reinhard Markowetz	Ludwig-Maximilians-Universität München	„Sonderpädagogik mit den Schwerpunkten Pädagogik bei geistiger Behinderung und Pädagogik bei Verhaltensstörungen"	doppelt	[38]
2012	Thomas Hennemann	Universität zu Köln	„Erziehungshilfe und sozial-emotionale Entwicklungsförderung"	einfach	[39]
2012	Joachim Bröcher	Universität Flensburg	„Pädagogik bei Verhaltensstörungen/schulische Erziehungshilfe"	einfach	[40]
2012	Elisabeth von Stechow	Justus-Liebig Universität Gießen	„Erziehungswissenschaft mit dem Schwerpunkt Beeinträchtigung der emotional-sozialen Entwicklung"	einfach	[41]
2013	Andrea Dlugosch	Universität Koblenz Landau	„Pädagogik bei erschwertem Lernen und auffälligem Verhalten"	doppelt	[42]
2013	Christian Huber	Universität Potsdam	„Inklusionspädagogik/ Förderschwerpunkt Emotional-Soziale Entwicklung"	einfach + Inklusion	[43]
2014	Désirée Laubenstein	Universität Paderborn	„Sonderpädagogische Förderung und Inklusion in der Schule unter besonderer Berücksichtigung des Förderschwerpunkts Emotionale und Soziale Entwicklung"	einfach + Inklusion	[44]
2015	Christian Huber	Bergische Universität Wuppertal	„Rehabilitationswissenschaften/ Förderschwerpunkt Emotional-soziale Entwicklung"	einfach	[45]
2016	Satyam Antonio Schramm	Universität Potsdam	„Inklusionspädagogik/ Förderschwerpunkt emotionale und soziale Entwicklung"	einfach + Inklusion	[46]
2016	David Zimmermann	Humboldt Universität zu Berlin	Pädagogik bei psychosozialen Beeinträchtigungen	einfach	[47]
2017	Kathrin Mahlau	Universität Greifswald	„Erziehungswissenschaft/ Sonderpädagogik und Inklusion in den Förderschwerpunkten Lernen, Sprache und sozial-emotionale Entwicklung"	dreifach + Inklusion	[48]

Jahr der Berufung	Dozent/in bzw. Lehrstuhlinhaber/in	Hochschule/ Universität	Bezeichnung des Lehrgebiets bzw. Denomination der Professur	Einfach-/ Mehrfachdenomination	Quellennachweis
2018	Marc Willmann	Universität Leipzig	„Förderung und Unterricht im Kontext von Inklusion unter besonderer Berücksichtigung von Förderbedarfen in der emotionalen und sozialen Entwicklung"	einfach + Inklusion	[49]
2018	Susanne Jurkowski	Universität Erfurt	„Inklusive Bildungsprozesse mit Schwerpunkt emotionale und soziale Entwicklung"	einfach + Inklusion	[50]
2018	Daniel Mays	Universität Siegen	„Erziehungswissenschaft mit Schwerpunkt Förderpädagogik („Emotionale und soziale Entwicklung")"	einfach	[51]
2019	Sascha Hein	Freie Universität Berlin	„Entwicklung im Kindes- und Jugendalter mit dem Schwerpunkt emotionale und soziale Entwicklung"	einfach	[52]
Laufende/nicht abgeschlossene Verfahren					
20xx	*N.N.*	*Universität Paderborn*	*„Emotionale und soziale Entwicklung in der inklusiven Schule"*	*einfach + Inklusion*	–
20xx	*N.N.*	*Martin-Luther-Universität Halle-Wittenberg*	*„Pädagogik bei Gefühls- und Verhaltensstörungen"*	*einfach*	–
20xx	*N.N.*	*Carl von Ossietzky Universität Oldenburg*	*„Pädagogik und Didaktik der Emotionalen und Sozialen Entwicklung unter besonderer Berücksichtigung inklusiver Bildungsprozesse"*	*einfach + Inklusion*	–
20xx	*N.N.*	*Universität Regensburg*	*„Pädagogik bei Verhaltensstörungen einschließlich inklusiver Pädagogik"*	*einfach + Inklusion*	–

Anmerkung zur Zusammenstellung der Übersicht:
Die Aufstellung enthält alle Universitätslehrstühle, die in der Denomination eindeutig einen Bezug zur sonderpädagogischen Fachrichtung Pädagogik bei Verhaltensstörungen/Erziehungshilfe respektive zum sonderpädagogischen Förderschwerpunkt emotionale/soziale Entwicklung führen. Eingeschlossen sind Lehrstühle mit einer Doppel- oder Mehrfachdenomination, ausgeschlossen Juniorprofessuren sowie Lehrstühle, die denominativ und/oder inhaltlich dem Fachgebiet nahestehen, aber nicht fachkategorial ausgewiesen sind. Hierzu zählen beispielsweise die Professuren „Sonderpädagogik mit Schwerpunkt Diagnose und Förderung" sowie „Erziehung und Bildung im Kontext sozialer Marginalisierung", die Michael Urban 2011 an der Universität Bielefeld bzw. 2013 an der Frankfurter Goethe-Universität angenommen hat oder die Professur für „Erziehungswissenschaft mit dem Schwerpunkt erschwerte Lern- und Entwicklungsbedingungen", auf die Carmen Zurbriggen im Oktober 2017 von der Universität Bielefeld berufen wurde.

Die durchnummerierten Quellennachweise (s. letzte Spalte) befinden sich auf S. 90-91.

Bis zur Gegenwart sind insgesamt 52 Berufungen im Fachgebiet erfolgt. Hiervon war 34 Mal das klinische Begriffskonzept „Verhaltensstörungen" Teil der Denomination. Dabei zeigt sich über den Zeitraum der ersten beiden Etappen eine große Kontinuität: 30 der 35 Professuren zwischen 1964 bis 2008 waren der „Verhaltensgestörtenpädagogik" respektive „Pädagogik bei Verhaltensstörungen" gewidmet. Gegen Ende der zweiten Etappe wird erstmals das bildungsadministrative Begriffskonstrukt des emotional-sozialen Förderbedarfs eingeführt, das sich in der dritten Etappe auf mittlerweile 14 Professuren ausgeweitet hat. Gemeinsam mit dieser Entwicklung wird zusehends vermehrt auch der Inklusionsbegriff zu einem Leitbegriff in der fachwissenschaftlichen Denominationspraxis: seit der sehr frühen Widmung des Erfurter Lehrstuhl im Jahr 1999 – damals allerdings unter dem Begriff der „Integration" – konnte sich in der Folgezeit inzwischen der „Inklusionsbegriff" etablieren: zehn Professuren tragen mittlerweile das entsprechende Additivum.

Diese Entwicklung ist Richtung einer veränderten Denominationskultur, verläuft allerdings nicht ungebrochen, wie die aktuellen Ausschreibungsverfahren an der Martin-Luther-Universität Halle-Wittenberg („Pädagogik bei Gefühls- und Verhaltensstörungen") und an der Universität Regensburg („Pädagogik bei Verhaltensstörungen einschließlich inklusiver Pädagogik") belegen.

Alternative Denominationen wie „Erziehungsschwierigkeiten", „Erziehungshilfe", „auffälliges Verhalten" oder „psychosoziale Beeinträchtigungen" bleiben so gut wie singuläre Erscheinungen.

In einer Großzahl der Fälle (45 der Fachprofessuren) wurden die Lehrgebiete mono-kategorial ausgewiesen. Mehrfachdenominationen bleiben bislang eine Ausnahmeerscheinung: eine Doppeldenomination, bei der das Fachgebiet gemeinsam mit einer weiteren sonderpädagogischen Fachrichtung zusammengefasst wird, liegt in neun Fällen vor. Drei- oder Vierfachdenominationen sind jeweils nur einmal erfolgt.

3 Lehrbücher als „Spiegel der Disziplin"

Lehrbücher der Erziehungswissenschaften können als „ein Spiegel der Disziplin" (Kauder & Vogel, 2015a) betrachtet werden. Mittels Lehrbuchanalyse lassen sich die „Genealogie der Ideen und der Klassiker, das Selbstbild der Disziplin, ihre Forschungsfragen und Methoden" herausarbeiten (Hilbig & Schumann, 2015, S. 49). Die Rekonstruktion des Lehrbuchwissens kann – der wissenssoziologischen Tradition von Ludwik Fleck (Hilbig & Schumann, 2015) folgend – die in der Disziplin vorherrschenden Denkkollektive und Denkstile nachzeichnen. Dabei ist allerdings durchaus umstritten, was einzelne Charakteristika sind, die Lehrbücher ihrem Wesen nach miteinander verbindet: „was als Lehrbuch zu verstehen ist bzw. verstanden werden soll variiert erheblich von Autor zu Autor" (Kauder & Vogel, 2015b, S. 7). Eine mögliche Gemeinsamkeit kann in Zielsetzung, Funktion und Adressatenkreis gesehen werden. So stellt Vogel (2015, S. 139) fest: „Akademische Lehrbücher sind kein Ort des disziplinären Diskurses, aber sie bilden seine Ergebnisse ab, in ‚didaktisierter' Form, die den Studierenden Zugang zum Stand des disziplinären Wissens ermöglicht [...]". Als Einführungswerke liefern sie „im Unterschied zu wissenschaftlichen Handbüchern [...] kein Panorama des aktuellen Forschungsstands und ggf. kontroverser Forschungsdiskurse, aber eine repräsentative Auswahl des gesicherten Wissensstandes und vor allem eine Einführung in die Ordnung dieses Wissens [...]" (Vogel, 2015, S. 144).

Vorliegende Analysen zur erziehungswissenschaftlichen Lehrbuchkultur führen unter anderem zu der Erkenntnis, dass „die ‚Axiomatisierung des Wissens' in der Pädagogik [...] nicht sehr ausgeprägt" (Papenkort, 2015, S. 28) ist, was – unter anderem – auf systematische Gründe zurückgeführt wird. Diesen Gedanken aufgreifend ist Pädagogik nicht als reine empirische Wissenschaft zu betrachten, sondern vor allem als Reflexionswissenschaft. Entsprechend unterscheiden sich pädagogische von den Lehrbüchern anderer, vor allem den naturwissenschaftlichen Disziplinen (Kauder, 2015).

Im Transfer auf die hier zu betrachtende erziehungswissenschaftliche Subdisziplin einer (Sonder-)Pädagogik bei Verhaltensstörungen stellt sich analog die Frage nach dem pädagogischen Selbstverständnis der Disziplin, die ihren Ausgangspunkt im klinischen Begriffskonzept findet. Die ersten Werke aus der Konstitutionsphase der Disziplin als Universitätswissenschaft ab etwa Mitte der 1960 Jahre (exemplarisch: Großmann & Schmitz, 1966; Kluge, 1969; Bittner, Ertle & Schmid, 1974) sind als frühe Versuche einer fachsystematischen Grundlegung zu lesen. Dabei führt die enorme Fülle an Fachpublikationen zum Thema bereits von Anbeginn weniger zu einer wachsenden Klarheit als vielmehr zu einer erheblichen Begriffskonfusion (Schultheis, 1974; Tornow, Broda & Nöthen, 1979; Myschker 1981).

Von den Lehrstuhlinhabern des Fachs an deutschen Universitäten liegen bis in die Gegenwart insgesamt neun Werke vor, die – in einem engeren Sinne – als didaktisch gestaltete Einführungswerke in die Fachwissenschaft gelten können (siehe Tab. 2).

Tab. 2: Lehrbücher der Lehrstuhlinhaber zum Fachgebiet Pädagogik bei Verhaltensstörungen/Förderschwerpunkt emotionale und soziale Entwicklung

Lfd. Nr.	Erste Auflage	Aktuelle Auflage	Autor	Kurztitel
1.	1978	–	Martikke	Die Rehabilitation der Verhaltensgestörten
2.	1979	–	Speck	Verhaltensstörungen, Psychopathologie und Erziehung
3.	1981	–	Benkmann*	Grundlegungsprobleme der Verhaltensgestörtenpädagogik
4.	1984	1990 (2. Aufl.)	Großmann* et al.	Rehabilitationspädagogik Verhaltensgeschädigter
5.	1993	2018 (8. Aufl.)	Myschker	Verhaltensstörungen bei Kindern und Jugendlichen
6.	1999	2008 (4. Aufl.)	Hillenbrand	Einführung in die Verhaltensgestörtenpädagogik
7.	2000	–	Mutzeck	Verhaltensgestörtenpädagogik und Erziehungshilfe
8.	2001	–	Goetze	Grundriß der Verhaltensgestörtenpädagogik
9.	2008	2017 (5. Aufl.)	Stein	Grundwissen Verhaltensstörungen

* Karl-Heinz Benkmann und Günther Großmann waren formal keine Lehrstuhlinhaber, sondern die ersten beiden Dozierenden für das Fachgebiet vor der Einrichtung der ersten ordentlichen Universitätslehrstühle (siehe Tab. 1)

Die vorliegende Auswahl ist naturgemäß selektiv. Die Begrenzung auf Lehrbücher in einem engeren Sinne exkludiert eine ganze Reihe von Schriften der Lehrstuhlinhaber aus der ersten Generation, die für die Entwicklung der Disziplin von großer Bedeutung sind, die aber nicht dem Formalkriterium eines Lehrbuchs entsprechen. Hierzu ist unbedingt das Bildungsgutachten der Reutlinger Professoren zu zählen (Bittner et al., 1974). Weitere Werke der Lehrstuhlinhaber zu den zentralen Themen Schule, Unterricht und Didaktik (z.B. Hußlein, 1983; Petermann, 1994; Reiser & Lotz, 1995; Warzecha, 1997; Bröcher, 1997; Opp, 2003; Reiser, Willmann & Urban, 2007), Förderpädagogik und Prävention (etwa: Goetze, 2010; Hennemann, Hövel, Casale, Hagen & Fitting-Dahlmann, 2015; Mahlau, Voß & Hartke, 2016), kasuistische Analysen (Opp, Helbig & Speck-Hamadan, 1999; Wittrock & Vernooij, 2004; Ahrbeck & Rauh 2006), Integration und Inklusion (Mutzeck & Pallasch, 1984; Stein & Müller, 2015) sowie spezifischen Theorieansätzen (z.B. Speck, 1991; Reiser, 2006; Palmowski, 2007) entsprechen ebenfalls nicht dem Lehrbuchkriterium.

Die beiden einzigen Lehrbücher zur Didaktik im Förderschwerpunkt emotional-soziale Entwicklung (Stein & Faas, 1999; Hillenbrand, 1999a) erfüllen zwar das Lehrbuchkriterium, beziehen sich aber nicht auf das Fach als Ganzes, sondern eben auf einen Teilaspekt und sind ebenfalls nicht in der Liste aufgeführt. Schließlich sind auch die Schriften zum Fach mit Lehrbuchcharakter exkludiert, die nicht von Lehrstuhlinhabern des Fachgebiets verfasst worden sind (Klink, 1962; Müller, 1962; Atzesberger & Frey, 1978; Havers, 1978; Tiedemann, 1980; Schmid, 1985 – um nur einige zu nennen).

Konzentrieren wir uns auf die selektierten Lehrbücher der Lehrstuhlinhaber zum Fachgebiet, dann sticht zunächst ins Auge, dass alle neun Werke den Verhaltensbegriff im Titel führen. Trotz ähnlicher Betitelung unterscheiden sich die ersten vier Lehrbücher allerdings sehr stark voneinander. Martikke (1978, S. 6) stellt „ausgewählte Sichtweisen" – zuvörderst die Perspektive der Ich-Psychologie – vor und leitet hieraus im fünften Kapitel schließlich „rehabilitative Maßnahmen bei Verhaltensgestörten" ab. Hierzu im Kontrast stehen die Werke von Otto Speck und Karl-Heinz Benkmann, die sich beide sehr stark an erzieherischen Fragestellungen orientieren. Herauszuheben ist die Arbeit von Speck (1979), der in seinen „Grundlagen zu einer Verhaltensgestörtenpädagogik" – so der Untertitel des Werkes – eine erste umfassende Fachsystematik vorlegt. Das Werk beeindruckt zudem durch seine pädagogische Ausrichtung; dem Autor gelingt es wie kaum einem anderen in der Folgezeit die verschiedenen Themen immer wieder auf erziehungstheoretische Fragestellungen zurückzuführen. Mit Blick auf die Lehrbücher der Fachwissenschaft gelingt damit zweifelsohne eine Besonderheit, die in einem späteren Werk (Speck, 1991) eine würdige Fortsetzung findet. Ebenfalls aus dieser Anfangszeit der ersten Lehrbücher stammt die Arbeit von Benkmann (1981). Auch in dieser Schrift, die als Lehrbrief für die Fernuniversität Hagen konzipiert ist, stehen pädagogische Fragestellungen im Mittelpunkt der Ausführungen. Dabei ist der Lehrbrief vielen anderen Lehrbüchern des Fachgebiets auch in didaktischer Hinsicht weitaus überlegen. Ebenfalls zu den ersten Lehrbüchern zählt die von Günther Großmann und seinem Team verfasste „Rehabilitationspädagogik Verhaltensgeschädigter" (Großmann & Autorenkollektiv, 1984). Das Werk trägt nicht nur das Alleinstellungsmerkmal, das einzige Lehrbuch zum Fach aus der ehemaligen DDR zu sein. In dem Buch wird auch die systematische Herangehensweise, die Großmann bereits in vielen eigenen Vorarbeiten geleistet hatte (sehr früh bereits in Großmann & Schmitz, 1966), fortgeführt. Insbesondere die in der Schrift vorgelegten eigenen empirischen Ergebnisse und die hieraus abgeleitete Typologie von Verhaltensauffälligkeiten nach unterschiedlichen Syndromgruppen findet in der zeitgenössischen Forschung im deutschsprachigen Raum Anfang der 1980er Jahre kaum einen Vergleich. Eine Rezeption der Untersuchung wie auch der anderen Beiträge ostdeutscher Fachvertreterinnen fand in Westdeutschland allerdings nicht statt.

Knapp zehn Jahre später erscheint das bislang vielleicht bedeutungsvollste Lehrbuch der Fachrichtung: der bemerkenswerte Erfolg von Norbert Myschkers „Verhaltensstörungen bei Kindern und Jugendlichen" (Erstauflage 1993) spiegelt sich nicht allein in der Auflagenhöhe wider. Vor allem die Systematik des Werkes dürfte der Grund dafür sein, dass „der Myschker", der mittlerweile in der achten Auflage vorliegt, nicht nur im Lehrbetrieb, sondern ebenso in der fachwissenschaftlichen Diskussion vielfach rezipiert wird. Es ist insofern wohl keine Übertreibung, wenn der Verlag das Lehrbuch auf dem Umschlagtext sogar mit einem Handbuch gleichstellt.

Mit Blick auf die Auflagenhöhe kommen nur zwei Lehrbücher annähernd in diese Sphären: die „Einführung in die Verhaltensgestörtenpädagogik" von Hillenbrand (1999b; bis heute vier Auflagen) sowie das „Grundwissen Verhaltensstörungen" von Stein (2008; mittlerweile in fünfter Auflage). Beide Lehrbücher folgen im Wesentlichen der von Myschker etablierten Fachsystematik; Unterschiede liegen eher im didaktischen Aufbau: Hillenbrands Lehrbuch folgt – wie auch alle weiteren Lehrbücher zu den anderen sonderpädagogischen Fachrichtungen, die in der Verlagsreihe erschienen sind – einem stark ausgeprägten, fast schon überdidaktisierten Prinzip, bei dem der Haupttext durchgängig mittels Marginalien (meist Schlagworte oder Symbole) ergänzt wird. Das Stein'sche Lehrbuch hält sich nicht mit derartigen Didaktisierungen auf, sondern bietet einen profunden Überblick, der vertiefend die komplexen Zusammenhänge des Fachs darlegt.

Zwischen diesen beiden zuletzt zitierten Lehrbüchern sind die Werke von Wolfgang Mutzeck und Herbert Goetze erschienen. Beide Lehrbücher bieten einen systematischen Einblick in die zentralen Themenbereiche und Fragestellungen der Fachwissenschaft, wobei Mutzeck (2000) einen merklichen Schwerpunkt auf die Diagnostik und Beratung legt, wohingegen Goetze (2001) ausgewählte Störungsbilder und Unterrichtsmodelle ausführlich behandelt.

Legt man die neun Lehrbücher der Fachwissenschaft nebeneinander, so kann zumindest auf der formalen Ebene ein Konsens hinsichtlich der Fachbezeichnung ausgemacht werden, denn alle vorliegenden Werke tragen ausnahmslos den klinischen Begriff der „Verhaltensstörungen" (bzw. mit der Besonderheit der Begriffstradition in der ostdeutschen Rehabilitationspädagogik „Verhaltensschädigung") im Titel. Legt man das Lehrbuchwissen der Fachwissenschaft alleine zugrunde, versteht sich die Disziplin offensichtlich als „Pädagogik bei Verhaltensstörungen" und bleibt damit in ihrem Selbstverständnis aus der Gründungsphase – nahezu ungebrochen (aus der „Verhaltensgestörtenpädagogik" wird gemäß people-first-Sprachregulation die „Pädagogik bei Verhaltensstörungen") – treu. Damit steht die Betitelungskultur bei Lehrbüchern der Fachwissenschaft in merklicher Differenz zu der veränderten Denominationskultur, die im Fachgebiet seit den letzten etwa 15 Jahren zu beobachten ist. Allerdings sind in dieser Zeit – mit einer Ausnahme (Stein, 2008) – keine neuen Lehrbücher von den Lehrstuhlinhabern und -inhaberinnen mehr erschienen.

4 Das Fach als „Handbuchwissenschaft"

Handbücher der Fachwissenschaft können als Medium für einen vertieften Diskurs innerhalb der Disziplin verstanden werden. Dabei bieten sie zugleich Raum für die Behandlung sehr spezieller Fragestellungen und behandeln auch kontroverse Standpunkte. Im Gegensatz zu der didaktischen Form und Funktion eines Lehrbuchs als Propädeutik und Einführung steht insofern „bei Handbüchern, die für gewöhnlich zugleich Sammelwerke sind [...], die Fachinformation im Vordergrund" (Papenkort, 2015, S. 15). Als Nachschlagewerke mit Orientierungsfunktion markieren Handbücher – gemeinsam mit den Wörterbüchern einer Disziplin – die „Handbuchwissenschaft" (Fleck, 1980, S. 148; zit. nach Papenkort, 2015, S. 17). Rund 50 Jahre nach der Etablierung als universitäre Disziplin liegen für das Fachgebiet der Pädagogik bei Verhaltensstörungen vier Handbücher vor, die unter Beteiligung von Lehrstuhlinhabern herausgegeben wurden und an denen die meisten der Lehrstuhlvertreter und -vertreterinnen auch jeweils in Autorenschaft mitgewirkt haben (siehe Tab. 3).

Tab. 3: Handbücher der Lehrstuhlinhaber zum Fachgebiet Pädagogik bei Verhaltensstörungen/Förderschwerpunkt emotionale und soziale Entwicklung im deutschsprachigen Raum

Lfd. Nr.	Erste Auflage	Aktuelle Auflage	Herausgeber	Kurztitel
1.	1989	1993 (2. Aufl.)	Neukäter/Goetze	Pädagogik bei Verhaltensstörungen
2.	2008	–	Gasteiger-Klicpera/ Julius/Klicpera	Sonderpädagogik der sozialen und emotionalen Entwicklung
3.	2010	–	Ahrbeck/Willmann	Pädagogik bei Verhaltensstörungen
4.	2014	–	Feuser/Herz/Jantzen	Emotion und Persönlichkeit

Auf jeweils mehr als 1000 Seiten werden in den Handbüchern von Goetze und Neukäter (1989) sowie Gasteiger-Klicpera, Julius und Klicpera (2008) zentrale Themen des Fachgebiets behandelt. Umfang und Ausrichtung beider Handbücher vermitteln eindrucksvoll das weite Themenfeld des Fachs, das sich im Schnittbereich unterschiedlicher Institutionen, Professionen und Disziplinen bewegt und bereits insofern überkomplex erscheint. Das Datum der Veröffentlichung beider Handbücher markiert jeweils einen Übergangspunkt zwischen einzelnen historiographischen Entwicklungsetappen der Disziplingeschichte (Willmann 2018). Trotz einiger Unterschiede im Aufbau und der inhaltlichen Schwerpunktsetzung (Das erste Handbuch gibt den Querschnittsthemen deutlich mehr Raum; insbesondere organisatorische Aspekte und der Bereich der außerschulischen Erziehungshilfe werden hier diskutiert. Das zweite Handbuch widmet hingegen ein ganzes Hauptkapitel der Vorstellung spezifischer klinischer Störungsbilder.) weisen die beiden ersten Handbücher die Gemeinsamkeit auf, dass der Erziehungsbegriff bemerkenswert konturlos bleibt. Pädagogische und insbesondere didaktische Fragestellungen bilden in beiden Handbüchern weniger einen roten Leitfaden. Sie werden beinahe schon in eigene Hauptkapitel ausgelagert: als Container für die pädagogisch-didaktischen Themen dient im ersten Handbuch der dritte Hauptabschnitt mit dem Titel „Unterricht bei Schülern mit Verhaltensstörungen". Im zweiten Handbuch ist es der „Teil VII: Schule und Unterricht". Die Beiträge in den übrigen Kapiteln der beiden Handbücher behandeln Pädagogik und Didaktik – mal mehr, mal weniger – am Rande mit.

Mit etwa 340 bzw. 400 Seiten unterscheiden sich die beiden neueren Handbücher nicht nur vom Umfang, sondern auch in der inhaltlichen Zielsetzung von den ersten beiden Handbüchern. Das Handbuch von Ahrbeck & Willmann (2010) folgt in seinem Aufbau der etablierten Fachsystematik, wobei sich aber die einzelnen Beiträge in einem jeden der insgesamt acht Hauptkapitel sehr viel stärker an erziehungstheoretischen Fragestellungen orientieren. Das Handbuch von Feuser, Herz & Jantzen (2014) liegt gewissermaßen quer zur Fachsystematik der drei vorausgegangenen Handbücher: dem Selbstverständnis der „Behindertenpädagogik als synthetische Humanwissenschaft" folgend (Feuser et al., 2014, S. 9) zielt die Zusammenstellung der Beiträge auf den Versuch, das Bedingungsgefüge der Persönlichkeitsentwicklung in seiner Gesamtheit unter besonderer Berücksichtigung des Stellenwertes der Emotionen herauszuarbeiten. Gemeinsam ist den beiden neueren im Vergleich mit den beiden älteren Handbüchern, dass sie auch das Thema Inklusion stärker in den Fokus rücken.

In der Betitelung weisen zwei der vier Handbücher das Fachgebiet als „Pädagogik bei Verhaltensstörungen" aus (Goetze & Neukäter, 1989; Ahrbeck & Willmann, 2010). Das Handbuch von Gasteiger-Klicpera, Julius und Klicpera (2008) hingegen greift die Förderschwerpunktterminologie auf. In völliger Abkehr der beiden konkurrierenden Begriffslinien trägt das Handbuch von Feuser und Kollegen (2014) den Titel „Emotion und Persönlichkeit".

Ungeachtet der Betitelung erweist sich in der Gesamtschau der vier Handbücher das Begriffskonzept der Verhaltensstörungen als Leitbegriff für das Selbstverständnis der Fachwissenschaft: die große Mehrheit der Beiträge argumentiert unter expliziter oder impliziter Bezugnahme auf diesen Begriff, wohingegen die Förderschwerpunktterminologie eher in ihrer Bedeutung und Wirksamkeit als verwaltungsrechtliche Kategorie adressiert wird.

5 Disziplinäre Leitbegriffe und verborgene Diskurse

Die vorliegende Analyse belegt ein zunehmendes Auseinanderdriften in den sprachlichen Regularien der Fachdisziplin: während in zentralen Publikationen der Fachwissenschaften – untersucht wurden die Lehr- und Handbücher der Lehrstuhlinhaber – ungebrochen das klinische Begriffskonzept von „Verhaltensstörungen" als Leitmotiv vorherrscht, zeichnet sich in der Denominationskultur des Fachgebiets in den letzten 15 Jahren eine Trendwende ab, bei der sich die bildungsadministrative Sprachregelung (Förderschwerpunkt emotional-soziale Entwicklung; KMK, 2000) durchzusetzen scheint: seit der ersten Denomination im Jahr 2003 werden die Lehrstühle in der Fachwissenschaft zusehends für den Förderschwerpunkt emotional-soziale Entwicklung, häufig in Verbindung mit dem Zusatz „Inklusion" denominiert.

Die sich hiermit abzeichnende Kehrtwende in der bildungspolitisch motivierten Denominationspraxis steht damit in einem merklichen Widerspruch zur Diskussionskultur in der Fachrichtung selbst. Während die Begriffsfassung des sonderpädagogischen Förderschwerpunkts emotional-soziale Entwicklung eine Engführung auf schulische Themenstellungen mit sich bringt, verstehen viele Fachvertreter das Fachgebiet als ein weites Feld, das explizit das System der außerschulischen Erziehungshilfen (vor allem die Kinder- und Jugendhilfe sowie die Kinder- und Jugendpsychiatrie) inkludiert. Diese Orientierung bedingt zugleich, dass das klinische Begriffskonzept als ein zentraler Referenzpunkt der fachwissenschaftlichen Diskussion dient.

Mit der Fokussierung auf das Begriffskonzept der Verhaltensstörungen gehen zugleich eine anhaltende Dominanz psychologischer Erklärungsansätze sowie die ausgeprägte Affinität zu therapeutischen Ansätzen einher. Pädagogische Sichtweisen und erziehungstheoretische Reflexionen drohen dabei zusehends in den Hintergrund gedrängt zu werden (kritisch hierzu: Schad, 2008; Willmann, 2012; Müller & Stein 2018). Die vorliegende Rekonstruktion scheint zu bestätigen, dass die pädagogische Orientierung in der Fachdisziplin schon immer eine Minderheitentradition war (Lindmeier, 2010).

Es stellt sich allerdings die Frage, inwieweit die bildungspolitisch forcierte Neuschöpfung der sonderpädagogischen Kategorie eines emotional-sozialen Förderbedarfs hier eine Abhilfe bereitzustellen vermag. In Abkehr von einer primär medizinisch geprägten Terminologie (Behinderung, Verhaltensstörung) erscheint der Förderbegriff zunächst weniger defizitär und individualisierend. Allerdings, und das ist entscheidend, ändert sich mit der Zuschreibung eines „emotional-sozialen Förderbedarfs" gegenüber einer „Verhaltensstörung" letztlich nur das Sprachspiel, nicht aber die Askription auf das Individuum. Denn beide Begriffskonzepte verlegen die „Störung" bzw. den „Förderbedarf" ätiologisch-kausal in das Subjekt und in der Folge sind auch die Interventionsmodelle in der Regel vorrangig auch auf das Subjekt ausgerichtet: kindzentrierte Maßnahmen zur individuellen sonderpädagogischen Förderung, soziale Trainings und Therapie stellen die zentralen Methoden dar. Ein pädagogischer Auftrag aber, der nicht von vornherein die Erklärungsgenese festschreibt, ist aus beiden Sprachregelungen nur schwerlich abzuleiten.

Alternative Begriffskonzepte, die auf einen pädagogischen Auftrag jenseits des defekten Subjekts verweisen, konnten sich bis heute nicht durchsetzen. Ein heißer Kandidat wäre in diesem Zusammenhang der Begriff der „Erziehungshilfe", der einen hinreichend klaren Unterstützungsbedarf formuliert, ohne am „gestörten" oder „förderbedürftigen" Kind ansetzen zu müssen. Der Begriff ermöglicht eine Respezifikation, die den professionellen Auftrag zurückverweist auf eine systemische Betrachtungsebene: „hilfebedürftig" sind damit nicht nur und auch nicht vorrangig die indizierten „Problemkinder", sondern gleichsam alle am Erziehungsprojekt beteiligten Personen wie ebenso das Erziehungssystem als Ganzes. Genau darin liegt der Auftrag einer „Pädagogik der Erziehungshilfe".

Literatur

Ahrbeck, B. & Rauh, B. (Hrsg.) (2006). *Der Fall des schwierigen Kindes. Therapie, Diagnostik und schulische Förderung verhaltensgestörter Kinder und Jugendlicher.* Weinheim: Beltz.

Ahrbeck, B. & Willmann, M. (Hrsg.) (2010). *Pädagogik bei Verhaltensstörungen. Ein Handbuch.* Stuttgart: Kohlhammer.

Atzesberger, M. & Frey, H. (1978). *Verhaltensstörungen in der Schule. Erscheinungsformen, Diagnostik, Behandlung.* Stuttgart: Klett.

Benkmann, K.-H. (1981). *Grundlegungsprobleme der Verhaltensgestörtenpädagogik. 1. Kurseinheit: Verhaltensstörungen als pädagogisches Problem.* Hagen: Fernuniversität, Gesamthochschule.

Bittner, G., Ertle, C. & Schmid, V. (1974). Schule und Unterricht bei verhaltensgestörten Kindern. In Deutscher Bildungsrat (Hrsg.), *Gutachten und Studien der Bildungskommission* (S. 13–102). Stuttgart: Klett.

Bröcher, J. (1997). *Lebenswelt und Didaktik. Unterricht mit verhaltensauffälligen Jugendlichen auf der Basis ihrer (alltags-)ästhetischen Produktionen.* Heidelberg: Schindele/Winter.

Feuser, G., Herz, B. & Jantzen, W. (Hrsg.) (2014). *Emotion und Persönlichkeit. Enzyklopädisches Handbuch der Behindertenpädagogik, Band 10.* Stuttgart: Kohlhammer.

Fleck, L. (1980). *Entstehung und Entwicklung einer wissenschaftlichen Tatsache. Einführung in die Lehre vom Denkstil und Denkkollektiv.* Frankfurt a. M.: Suhrkamp. [Original 1935 in Basel: Schwabe].

Gasteiger-Klicpera, B., Julius, H. & Klicpera, C. (Hrsg.) (2008). *Sonderpädagogik der sozialen und emotionalen Entwicklung. Handbuch Sonderpädagogik* (Bd. 3). Göttingen: Hogrefe.

Goetze, H. (2001). *Grundriß der Verhaltensgestörtenpädagogik.* Berlin: Marhold.

Goetze, H. (2010). *Schülerverhalten verändern. Bewährte Methoden der schulischen Erziehungshilfe.* Stuttgart: Kohlhammer.

Goetze, H. & Neukäter, H. (1989) (Hrsg.). *Pädagogik bei Verhaltensstörungen. Handbuch der Sonderpädagogik* (Bd. 6). Berlin: Marhold/Spiess.

Großmann, G. & Autorenkollektiv (1984). *Rehabilitationspädagogik Verhaltensgeschädigter. Grundlagen der Bildung, Erziehung und Rehabilitation verhaltensgeschädigter Kinder und Jugendlicher.* Berlin: VEB Volk & Gesundheit.

Großmann, G. & Schmitz, W. (1966). *Sonderpädagogik verhaltensgestörter hirngeschädigter Kinder.* Berlin: VEB Volk & Gesundheit.

Havers, N. (1978). *Erziehungsschwierigkeiten in der Schule. Klassifikation, Häufigkeit, Ursachen und pädagogisch-therapeutische Maßnahmen.* Weinheim: Beltz.

Hennemann, T., Hövel, D., Casale, G., Hagen, T. & Fitting-Dahlmann, K. (2015). *Schulische Prävention im Bereich Verhalten.* Stuttgart: Kohlhammer.

Hilbig, H. & Schumann, K. (2015). Die Rolle von Lehrbüchern in Ludwik Flecks Lehre von Denkstil und Denkkollektiv. In P. Kauder & P. Vogel (Hrsg.), *Lehrbücher der Erziehungswissenschaft – ein Spiegel der Disziplin?* (S. 43-50). Bad Heilbrunn: Klinkhardt.

Hillenbrand, C. (1999a). *Didaktik bei Unterrichts- und Verhaltensstörungen.* München: Reinhardt.

Hillenbrand, C. (1999b). *Einführung in die Verhaltensgestörtenpädagogik.* München: Reinhardt.

Hußlein, E. (1983). *Schule und Unterricht für Kinder und Jugendliche mit Verhaltensstörungen.* Würzburg: Königshausen & Neumann.

Kauder, P. & Vogel, P. (Hrsg.) (2015a). *Lehrbücher der Erziehungswissenschaft – ein Spiegel der Disziplin?* Bad Heilbrunn: Klinkhardt.

Kauder, P. & Vogel, P. (Hrsg.) (2015b). Einleitung. In P. Kauder & P. Vogel (Hrsg.), *Lehrbücher der Erziehungswissenschaft – ein Spiegel der Disziplin?* (S. 7-13). Bad Heilbrunn: Klinkhardt.

Kauder, P. (2015). Die historische und systematische Unwissenschaftlichkeit von naturwissenschaftlichen Lehrbüchern im Spiegel von Thomas S. Kuhns Lehrbuchkritik der 1960er-Jahre. In P. Kauder & P. Vogel (Hrsg.), *Lehrbücher der Erziehungswissenschaft – ein Spiegel der Disziplin?* (S. 51-61). Bad Heilbrunn: Klinkhardt.

Klink, J.-G. (1962). *Schwererziehbarkeit und Erziehungsschwierigkeit in der Schule, Begriffliche und phänomenologische Klärung. Formen und Probleme schulischer Sondereinrichtungen für erziehungsgestörte Kinder in Deutschland.* Hamburg: Verlag der Gesellschaft der Freunde des Vaterländischen Schul- und Erziehungswesens.

Kluge, K.-J. (1969). *Pädagogik der Schwererziehbaren. Ein Beitrag zur Praxis und Theorie der Erziehungsschwierigenpädagogik.* Berlin: Marhold.

KMK (2000). *Empfehlungen zum Förderschwerpunkt Emotionale und soziale Entwicklung.* Bonn: Kultusministerkonferenz.

Lindmeier, B. (2010). Zur Geschichte der Verhaltensgestörtenpädagogik als universitäre Disziplin. In B. Ahrbeck & M. Willmann (Hrsg.),*Pädagogik bei Verhaltensstörungen. Ein Handbuch* (S. 21-26). Stuttgart: Kohlhammer.

Mahlau, K., Voß, S. & Hartke, B. (Hrsg.) (2016). *Grundlagen und Förderung im Bereich der emotionalen und sozialen Entwicklung.* Hamburg: Kovač.

Martikke, H.-J. (1978). *Die Rehabilitation der Verhaltensgestörten.* München: Reinhardt.

Müller, R. G. E. (1962). *Das erziehungsschwierige Schulkind. Beurteilung und Behandlung.* München: Ehrenwirth.

Müller, T. & Stein, R. (Hrsg.) (2018). *Erziehung als Herausforderung. Grundlagen für die Pädagogik bei Verhaltensstörungen.* Bad Heilbrunn: Klinkhardt.

Mutzeck, W. (2000). *Verhaltensgestörtenpädagogik und Erziehungshilfe.* Bad Heilbrunn: Klinkhardt.

Mutzeck, W. & Pallasch, W. (1984). *Integration verhaltensgestörter Schüler. Praktische Modelle und Versuche.* Weinheim: Beltz.

Myschker, N (1981). Zum Selbstverständnis der Verhaltensgestörtenpädagogik. Kritische Rezensionen. *Zeitschrift für Heilpädagogik, 32*(6), 410-424.

Myschker, N. (1993). *Verhaltensstörungen bei Kindern und Jugendlichen. Erscheinungsformen – Ursachen – Hilfreiche Maßnahmen.* Stuttgart: Kohlhammer.

Opp, G. (Hrsg.) (2003). *Arbeitsbuch schulische Erziehungshilfe.* Bad Heilbrunn: Klinkhardt.

Opp, G., Helbig, P. & Speck-Hamdan, A. (1999). *Problemkinder in der Grundschule.* Bad Heilbrunn: Klinkhardt.

Palmowski, W. (2007). *Nichts ist ohne Kontext. Systemische Pädagogik bei „Verhaltensauffälligkeiten".* Dortmund: Modernes Lernen.

Papenkort, U. (2015). Darstellung der Pädagogik. Bibliographie deutschsprachiger Lehr-, Hand- und Wörterbücher 1945 bis 2012. In P. Kauder & P. Vogel (Hrsg.), *Lehrbücher der Erziehungswissenschaft – ein Spiegel der Disziplin?* (S. 15-31). Bad Heilbrunn: Klinkhardt.

Petermann, U. (Hrsg.) (1994). *Verhaltensauffällige Kinder. Didaktische und pädagogische Hilfen.* Salzburg: Müller.

Reiser, H. (2006). *Psychoanalytisch-systemische Pädagogik. Erziehung auf der Grundlage der themenzentrierten Interaktion.* Stuttgart: Kohlhammer.

Reiser, H. & Lotz, W. (1995). *Themenzentrierte Interaktion als Pädagogik.* Mainz: Grünewald.

Reiser, H., Willmann, M. & Urban, M. (2007). *Sonderpädagogische Unterstützungssysteme bei Verhaltensproblemen in der Schule.* Bad Heilbrunn: Klinkhardt.

Schad, G. (2008). Vom Verschwinden der Pädagogik im Wissenschaftsbetrieb der Verhaltensgestörtenpädagogik. In H. Reiser, A. Dlugosch & M. Willmann (Hrsg.), *Professionelle Kooperation bei Gefühls- und Verhaltensstörungen* (S. 29-41). Hamburg: Kovač.

Schmid, P. (1985). *Verhaltensstörungen aus anthropologischer Sicht. Elemente einer Psychologie und Pädagogik für Verhaltensgestörte.* Bern: Haupt.

Schultheis, J. R. (1974). Entwicklung und Vorkommenshäufigkeit von Leitbegriffen in der Verhaltensgestörtenpädagogik. *Heilpädagogische Forschung, 5*(5), 69-94.

Speck, O. (1979). *Verhaltensstörungen, Psychopathologie und Erziehung. Grundlagen zu einer Verhaltensgestörtenpädagogik.* Berlin: Marhold.

Speck, O. (1991). *Chaos und Autonomie in der Erziehung. Erziehungsschwierigkeiten unter moralischem Aspekt*. München: Reinhardt.

Stein, R. (2008). *Grundwissen Verhaltensstörungen*. Baltmannsweiler: Schneider.

Stein, R. & Faas, A. (1999). *Unterricht bei Verhaltensstörungen. Ein integratives didaktisches Modell*. Neuwied; Berlin: Luchterhand.

Stein, R. & Müller, T. (Hrsg.) (2015). *Inklusion im Förderschwerpunkt emotionale und soziale Entwicklung*. Stuttgart: Kohlhammer.

Tiedemann, J. (1980). *Sozial-emotionales Schülerverhalten. Verhaltensauffälligkeiten in der Schule*. München: Reinhardt.

Tornow, H., Broda, M. & Nöthen, W. (1979). Semantische Struktur von Bezeichnungen abweichender Kinder bei Lehrern und Fachleuten. *Heilpädagogische Forschung, 8*(2), 133-142.

Vogel, P. (2015). Die Rolle der Lehrbücher innerhalb der „Lehrgestalt" der Erziehungswissenschaft – eine Problemskizze. P. Kauder & P. Vogel (Hrsg.), *Lehrbücher der Erziehungswissenschaft – ein Spiegel der Disziplin?* (S. 139-153). Bad Heilbrunn: Klinkhardt.

Warzecha, B. (1997). *Grundlagen der Verhaltensgestörtenpädagogik, Teil II: eine unterrichtspraktisch orientierte Einführung*. Hamburg: LIT.

Willmann, M. (2012). *De-Psychologisierung und Professionalisierung der Sonderpädagogik. Kritik und Perspektiven einer Pädagogik für „schwierige" Kinder*. München: Reinhardt.

Willmann, M. (2018). Erziehungsschwierigkeiten im Fokus der Disziplin: der Fachdiskurs an den Universitätslehrstühlen in Deutschland von der Gründung bis in die Gegenwart. In: T. Müller & R. Stein (Hrsg.), *Erziehung als Herausforderung. Grundlagen für die Pädagogik bei Verhaltensstörungen* (S. 193-208). Bad Heilbrunn: Klinkhardt.

Wittrock, M. & Vernooij, M. (Hrsg.) (2004). *Verhaltensgestört. Perspektiven, Diagnosen, Lösungen im pädagogischen Alltag*. Paderborn u.a.: Schöningh.

Quellennachweise zu Tabelle 1

[1] Becker, Klaus-Peter / Große, Klaus-Dietrich (2007): Sechzig Jahre Pädagogik für Behinderte an der Humboldt-Universität zu Berlin. Ein geschichtlicher Abriss. Münster/New York/München/Berlin: Waxmann, S. 36. – [2] Persönliche Mitteilung durch Herbert Goetze per E-Mail – [3] G. Bittner, C. Ertle & V. Schmid (1974). Schule und Unterricht bei verhaltensgestörten Kindern. In: Deutscher Bildungsrat (Hrsg.). Gutachten und Studien der Bildungskommission. Umschlagtext. – [4] Kürschners Deutscher Gelehrten-Kalender. Bio-bibliographisches Verzeichnis deutschsprachiger Wissenschaftler der Gegenwart auf CD-Rom (vol. 22). München: Saur. – [5] G. Bittner, a.a.o. – [6] Persönliche Mitteilung durch Prof. Speck per Email vom 19.12.2011. – [7] E-Mail-Mitteilung durch das Landesarchiv Schleswig-Holstein vom 14.03.2012. – [8] Warzecha, B. (2002): Zur Relevanz des Dialogs in Erziehungswissenschaft, Behinderungspädagogik, Beratung und Therapie. Münster: LIT, S. 275ff. – [9] G. Bittner, a.a.O. – [10] Online verfügbar unter www.ifs.phil.uni-hannover.de/geschichte [Datum des Zugriffs: 30.06.2011]. – [11] Myschker, N. (1984): Verhaltensgestörtenpädagogik im Strafvollzug. Fernuniversität Gesamthochschule, Hagen, S. 4. – [12] Myschker, N. (1984): Verhaltensgestörtenpädagogik im Strafvollzug. Fernuniversität Gesamthochschule, Hagen, S. 4. – [13] Online verfügbar unter www.herbert-goetze.de/vita-2 [Datum des Zugriffs: 30.06.2011]. – [14] Wittrock, M. (1999): In memoriam Heinz Neukäter. In: Sonderpädagogik, 29 (4), 192-194. – [15] Informationsdienst Wissenschaft (2000): Pressemitteilung: Erich Hußlein wird 70. Online verfügbar unter: idw-online.de:8008/pages/de/news26974 [Datum des Zugriffs: 22.07.2011]. – [16] Online verfügbar unter www.herbert-goetze.de/vita-2 [Datum des Zugriffs: 30.6.11]. – [17] Online verfügbar unter http://d-nb.info/gnd/120287161 – [18] Online verfügbar unter www.edu.lmu.de/geistigbehindertenpaedagogik/personen/ehemalige/bundschuh/curriculum_vitae/index.html [Datum des Zugriffs: 01.06.2011]. – [19] Online verfügbar unter www.herbert-goetze.de/vita-2 [Datum des Zugriffs: 30.06.2011]. – [20] Persönliche Mitteilung durch Prof. Opp vom 14.12.2011 – [21] Becker & Große, a.a.O., S. 17. – [22] Online verfügbar unter de.wikipedia.org/wiki/Manfred_Wittrock [Datum des Zugriffs: 19.07.2011]. – [23] Forschung & Lehre 1996, Heft 1, S. 48; siehe auch online unter www.ifs.phil.uni-hannover.de/birgit_herz_vita.html [Datum des Zugriffs: 30.06.2011]. – [24] Persönliche Mitteilung durch Prof. Spiess vom 20.12.2011; siehe auch: Goetze, Herbert (2003): Editorial. In: Heilpädagogische Forschung, 2, 1. – [25] Online verfügbar unter www.zrf.uni-bremen.de/zkpr/BPF/main_sub4.html [Datum des Zugriffs: 30.06.2011]. – [26] In: Forschung & Lehre, 1996, Heft 9, S. 500. – [27] Jäpelt, B. & Schildberg, H. (Hrsg.): Wi(e)der die Erfahrung. Zum Stand der Kunst systemischer Pädagogik. Dortmund: Borgmann, S. 15-17. – [28] Online verfügbar unter de.wikipedia.org/wiki/Manfred_Wittrock [Datum des Zugriffs: 19.07.2011]. – [29] Online verfügbar unter www.sopaed.uni-rostock.de/personal/professorinnen/prof-dr-henri-julius/vita [Datum des Zugriffs: 19.07.2011]. – [30] In: Forschung & Lehre, 2002, Heft 12, S. 663. – [31] Online verfügbar unter www.sonderpaedagogik-v.uni-wuerzburg.de/personal/roland_stein/vita [Datum des Zugriffs: 19.07.2011]; vgl. auch: In: Forschung & Lehre, 2003, Heft 11, S. 617. – [32] In: Forschung & Lehre 2003, Heft 10, S. 565. – [33] In: Forschung & Lehre 2005, Heft 2,

S. 91. – [34] Persönliche Mitteilung durch Stephan Gingelmaier per E-Mail vom 14.11.2018. – [35] In: Forschung & Lehre, 2008, Heft 5, S. 326. – [36] In: Forschung & Lehre, 2009, Heft 5, S. 366. – [37] Online verfügbar unter www.fk-reha.tu-dortmund.de/fk13/de/Archiv/Meldungen_Mai_2010/Kaeppler/index.html [Datum des Zugriffs: 19.07.2011]; vgl. auch: Forschung & Lehre, 2010, Heft 7, S. 518. – [38] Online verfügbar unter www.edu.lmu.de/gvp/personen/markowetz/curriculum_vitae/index.html [Datum des Zugriffs: 20.12.2011]. – [39] In: Forschung & Lehre 2012, Heft 8, S. 746. – [40] In: Forschung & Lehre 2012, Heft 10, S. 838. – [41] In: Forschung & Lehre 2012, Heft 11, S. 926. – [42] Online verfügbar unter https://www.uni-koblenz-landau.de/de/landau/fb5/instfson/arbeitseinheiten/ab2-LV/mitarbeiter/dlugosch/lebenslauf-text [Datum des Zugriffs: 13.11.2018] – [43] Online verfügbar unter https://www.ifb.uni-wuppertal.de/arbeitsbereiche/es/huber.html [Datum des Zugriffs: 13.11.2018] – [44] https://kw.uni-paderborn.de/institut-fuer-erziehungswissenschaft/arbeitsbereiche/sonderpaedagogische-foerderung-und-inklusion-mit-dem-foerderschwerpunkt-emotionale-und-soziale-entwicklung [Datum des Zugriffs: 13.11.2018] – [45] Online verfügbar unter https://www.ifb.uni-wuppertal.de/arbeitsbereiche/es/huber.html [Datum des Zugriffs: 13.11.2018] – [46] Online verfügbar unter https://www.uni-potsdam.de/de/inklusion/ese/schramm/werdegang.html [Datum des Zugriffs: 13.11.2018] – [47] Online verfügbar unter https://www.reha.hu-berlin.de/de/personal/mitarbeiter/1689907/biographie [Datum des Zugriffs: 13.11.2018] – [48] Campus1456, Das Magazin der Universität Greifswald, Ausgabe 2017/02, Seite 24. – [49] In: Forschung & Lehre 2018, Heft 12. – [50] Online verfügbar unter: https://www.uni-erfurt.de/erziehungswissenschaften/fachgebiete/issp [Datum des Zugriffs: 13.11.2018] – [51] Querschnitt. Die Zeitung der Universität Siegen, Nr. 3, Oktober 2018, S. 2. – [52] https://www.ewi-psy.fu-berlin.de/news/rufannahme_w2_hein.html [Datum des Zugriffs: 15.03.2019]

Zum Selbstverständnis einer sonderpädagogischen Fachdisziplin:

Das Positionspapier der Forschenden und Lehrenden der „Pädagogik bei Verhaltensstörungen"/des Förderschwerpunkts „emotionale und soziale Entwicklung" an bundesdeutschen Hochschulen

Werner Bleher und Stephan Gingelmaier

Genese des Positionspapiers

Angeregt durch eine Initiative der Kolleginnen und Kollegen der Universität Würzburg wurde 2007 die Tradition der jährlich stattfindenden Bundesdozierendenkonferenz im Bereich Pädagogik bei Verhaltensstörungen/des Förderschwerpunkts emotionale und soziale Entwicklung wieder aufgegriffen und hat sich in der Folgezeit in Form einer festen und beliebten jährlichen Veranstaltungsreihe etabliert.

Die Konferenzen bieten seitdem einen offenen Rahmen, um aktuelle Entwicklungen in den Feldern Forschung und Lehre sowohl im schulischen als auch außerschulischen Bereich der Erziehungshilfen vorzustellen, zu diskutieren und weiter zu entwickeln. In Veranstaltungsformaten wie Vorträgen, Workshops, Kurzvorträgen, Barcamps und Posterpräsentationen haben die Mitarbeiterinnen und Mitarbeiter der einzelnen Studienstätten im deutschsprachigen Raum die Möglichkeit, ihre Arbeiten und wissenschaftlichen Erkenntnisse zu präsentieren.

Neben der vielschichtigen Innensicht auf das Fach wurden gezielt auch Expertinnen und Experten aus benachbarten Fachdisziplinen wie der Jugendhilfe, der Medizin, dem Jugendstrafvollzug, dem Recht, der Kriminalistik, der Psychologie, der Soziologie usw. als Referentinnen und Referenten eingeladen, um zu ausgewählten Themen zu sprechen und Außenperspektiven auf das Fach aufzuzeigen.

Bedingt durch gesellschaftliche und bildungspolitische Entwicklungen und die damit verbundenen Erwartungen an die Fachvertreterinnen und Fachvertreter veränderten sich die Aufgaben und Arbeitsfelder in den vergangenen Jahren zunehmend. Vor diesem Hintergrund entstand der Wunsch, eine Bestandsaufnahme zu den Praxisfeldern und Verantwortungsbereichen vorzunehmen, verbunden mit einer Selbstvergewisserung und fachwissenschaftlichen Standortbestimmung. Diese sollte als Arbeitsgrundlage formuliert und in einem Positionspapier festgeschrieben werden.

Ausgangspunkt für den Diskussionsprozess bildeten Fragen wie:

1. Für welches Klientel ist das Fach/sind die Fachvertreterinnen und Fachvertreter im Sinne einer Anwaltschaft zuständig?
2. Was sind die Spezifika dieses Faches?
3. Wie kann das Fach in der Öffentlichkeit, in Fachkreisen und den Nachbardisziplinen besser sichtbar werden?
4. Wie bereitet man Studierende des Faches auf die aktuellen beruflichen Herausforderungen am besten vor?
5. Welche Forschungsansätze sind zielführend und welche Forschungsfelder müssen besetzt werden?

Schnell wurde deutlich, dass den großen inhaltlichen und formalen Unterschieden der einzelnen Studienstätten Rechnung getragen werden muss. Diese drücken sich bereits in der Namensgebung der universitären Einheiten aus und setzen sich im Hinblick auf verschiedene Wissenschaftstraditionen, Bezugsdisziplinen, Forschungszugänge aber auch der Organisation oder der konkreten Ausstattung der Studienstätten fort. So zeigte sich der Prozess als spannende Suche nach dem Verbindenden, dem „Gemeinsamen im Unterschied" und letztlich nach dem sprichwörtlich kleinsten gemeinsamen Nenner.

Inhaltlich begab sich das Kollegium des Faches damit in einen intensiven und konstruktiven Austausch zur Selbstverortung, Selbstreflexion, Selbstbestimmung und zusehends auch der Außenpositionierung. Aufbauend auf Vorläuferpapieren und den Bundesdozierendenkonferenzen in Leipzig (2015), Köln (2016) und Dortmund (2017) wurde der Diskussionsprozess fortgesetzt, insbesondere durch partizipative Formate im Rahmen der Konferenzen.

Vor diesem Hintergrund entstand in den vergangenen Jahren in einem kritisch-konstruktiv geführten Diskussions- und Abstimmungsprozess ein Positionspapier, das im Sinne einer Momentaufnahme den aktuellen Stand der Diskussion zusammenfasst. Es dient – wie bereits erwähnt – der Selbstvergewisserung und Darstellung der Positionen und Aufgabenfelder gegenüber der (Fach-)Öffentlichkeit, der Bildungs- und Sozialpolitik, deren Verwaltungsorganen und den Nachbardisziplinen inklusive deren Organisationen (z.B. Träger der Jugendhilfe, Kinder- und Jugendpsychiatrie, Jugendstrafvollzug).

Im Rahmen der Bundesdozierendenkonferenz 2018 in Ludwigsburg konnte dieses Positionspapier in der vorliegenden Fassung nochmals überarbeitet und einstimmig verabschiedet werden.

Es hat folgenden Wortlaut:

Vorbemerkungen zum Positionspapier

Im vorliegenden Positionspapier werden das Selbstverständnis und die Relevanz der sonderpädagogischen Fachdisziplin Pädagogik bei Verhaltensstörungen/Förderschwerpunkt emotionale und soziale Entwicklung für schulische und außerschulische Bereiche zu Fragen der Bildung, Erziehung und Gesundheit ausgeführt.

Terminologisch ist es nach wie vor nur annähernd möglich, das Fachgebiet nicht stigmatisierend und seine Zielgruppen ausgrenzend zu beschreiben. Es ist bis heute im Bereich der Sonder- und Heilpädagogik bzw. der Rehabilitationswissenschaften beheimatet und umfasst aktuell (Stand: Juli 2018) insgesamt über 20 an Pädagogischen Hochschulen sowie Universitäten lokalisierte Lehrstühle. In Forschung und Lehre deckt das Fachgebiet der „Erziehungsschwierigenpädagogik/Verhaltensgestörtenpädagogik/Pädagogik mit dem Schwerpunkt emotional-sozialer Entwicklungsförderung/Förderschwerpunkt emotionale und soziale Entwicklung", wie seine sich im Wandel der Zeit ändernden Bezeichnungen lauteten, zunächst den Bedarf an Ausbildung von Lehrern und Lehrerinnen für die Schule für Erziehungshilfe bzw. entsprechende Sonderpädagogische Bildungs- und Beratungszentren ab. Dies bildet nach wie vor den Schwerpunkt in Lehre und Forschung des Faches. Parallel dazu entwickelten sich auch im außerschulischen Bereich Studiengänge mit heil- bzw. rehabilitationspädagogischem Profil. Damit einher ging auch die inhaltliche Ausweitung der Themenbereiche des Fachgebietes sowohl auf die außerschulischen Organisationsformen der erzieherischen Hilfen für junge Menschen wie auch die inhaltlichen, methodischen und evaluativen Fragen der Ausgestaltung dieser Hilfen in den Bereichen der Kinder- und Jugendhilfe, der Kinder-

und Jugendpsychiatrie sowie des Jugendstrafrechts. Eine intensive Kooperation und Vernetzung mit den Nachbardisziplinen und deren Expertise, insbesondere der Sozialen Arbeit, der Jugendhilfe, der Psychologie, Kinder und Jugendpsychiatrie und -psychotherapie, Soziologie, Kriminologie und Jugendgerichtshilfe hat eine lange Tradition in diesem sonderpädagogischen Fach und ist unverzichtbar.

Ethisch-normative Positionsbestimmung

Die ethisch-normativen Grundlagen ihres Fachgebiets sehen die Unterzeichner und Unterzeichnerinnen als Vertreter und Vertreterinnen der sonderpädagogischen Fachdisziplin „Pädagogik bei Verhaltensstörungen/Förderschwerpunkt emotionale und soziale Entwicklung (esE)" – jenseits aller im Fach vertretenen theoriespezifischen Menschenbilder – konkret in der UN-Menschenrechtscharta von 1948, der UN-Konvention über die Rechte von Kindern, der UN-Konvention zu Rechten von Personen mit Behinderung und Benachteiligung, der Europäischen Menschenrechtskonvention sowie der bundesdeutschen Verfassung.

Die Unterzeichner und Unterzeichnerinnen unterstützen als Vertreter und Vertreterinnen einer „Menschenrechtsprofession" mit ihren wissenschaftlich-theoretischen wie auch praktischen Beschreibungs-, Analyse-, Zielfindungs- und Handlungskonzeptionen den Ansatz eines gleichberechtigt-partizipativen Zugangs zu allseitiger Bildung und Erziehung ohne Stigmatisierungseffekte für alle jungen Menschen mit erhöhtem Förderbedarf, insbesondere im emotionalen Erleben und sozialen Handeln. Als „junge Menschen" verstehen die Unterzeichner und Unterzeichnerinnen dabei alle jungen Menschen im Geltungsbereich des SGB VIII, d.h. die Altersgruppe von 0 bis unter 27 Jahren, unabhängig von ihrer Herkunft und auch ihrem Aufenthaltsstatus in Deutschland. Die von den Unterzeichnern und Unterzeichnerinnen eingenommene ethische Grundhaltung unvoreingenommener Akzeptanz und Parteilichkeit für die betreffenden jungen Menschen begründet einen durchweg mehrperspektivischen Zugang zu als komplex biopsychosozial bedingt verstandenen Dimensionen des Verhaltens und Erlebens im Kontext eines an humanistischen Werten orientierten Menschenbildes.

Ausgangslage: Zielgruppe der Kinder/Jugendlichen in belastenden Lebenssituationen

Die Vertreter und Vertreterinnen des Faches bemühen sich originär um die Erhaltung als förderlich erkannter guter und um die Verbesserung als problematisch anzusehender Aufwuchs-, Lebens-, Lern- und Teilhabebedingungen aller jungen Menschen unter 27 Jahren. Deren gezeigtes Verhalten irritiert oft die soziale Umgebung, sei es der familiale, der schulische, der peer-group- und freizeitbezogene oder der arbeitsweltliche Kontext, und stellt gerade bei externalisierenden, andere massiv beeinträchtigenden Verhaltensweisen eine Belastung der eigenen Entwicklung sowie der sozialen Umgebung dar. Gleichzeitig jedoch beinhalten auch die internalisierenden, häufig eher unauffälligen, durch Rückzug und stilles Leiden gekennzeichneten Wahrnehmungs- und Verhaltensprobleme eine erhebliche Beeinträchtigung der personalen und sozialen Entwicklungs-, Bildungs- und Teilhabemöglichkeiten dieser jungen Menschen.

Nach den Erkenntnissen der Trauma-, Bindungs- Risiko- und Resilienzforschung weisen vor allem junge Menschen, deren Entwicklung in psychosozialen Problemlagen und dysfunktionalen Erziehungsmilieus – nicht nur ökonomisch prekär – stattfindet, ein hohes Risiko auf, mit ihrem emotionalen Erleben und sozialen Handeln ausgegrenzt zu werden, auf Unverständnis und Ablehnung zu stoßen und ggf. auch sanktioniert oder sogar strafrechtlich verfolgt zu werden. Als Begleitumstände der Beeinträchtigung gelingenden Aufwachsens festzustellen sind u.a. frühe Schwangerschaft, mangelhafte Fürsorge und problematische Bindungserfahrungen, psychosoziale Auffälligkeiten der primären Bezugspersonen, Drogenmissbrauch, niedriges Bildungsniveau, ablehnendes, feindseliges, inkonsistentes und vernachlässigendes Erziehungsmilieu, physische und psychische Gewalt, Verlust eines Elternteils oder Geschwisterkindes, schwierige Partnerschaft und Probleme bei der sozialen Integration in das unmittelbare Lebensumfeld sowie prekäre Lebenslagen, Armut und Fluchthintergründe. Bei allen begrifflichen und klassifikatorischen Schwierigkeiten der Epidemiologie gibt es auf der Basis des Kinder- und Jugendgesundheitssurveys des Robert-Koch-Instituts (KiGGS 2007, 2009, 2011, 2014) und weiterer einschlägiger Studien Hinweise auf einen Anteil von ca. 20% aller Heranwachsenden mit psychischen Belastungen, häufig in Kombination mit prekären Lebenslagen und belastenden Lebenserfahrungen. Längerdauernde auffällige Verhaltensweisen sind zumeist Symptome psychosozialer Beeinträchtigung im Kind-Umfeld-Bezug. Damit einher geht ein hohes Exklusionsrisiko für Kinder/Jugendliche mit erheblichen Beeinträchtigungen in der emotionalen und sozialen Entwicklung. Laut KMK-Statistik (KMK 2014, 2016, 2018) ist im schulischen Förderschwerpunkt der emotionalen und sozialen Entwicklung ein ansteigender Bedarf an spezialisierter schulischer Förderung bei gleichzeitig sich verstetigender sonderpädagogischer Unterversorgung betroffener Kinder/Jugendlicher zu verzeichnen. Analog zur Schule ist auch im Bereich der Jugendhilfe eine steigende Nachfrage nach ambulanten, teilstationären und stationären Hilfen zur Erziehung nach § 27-36a SGB VIII festzustellen.

Beeinträchtigungen des Erlebens und Verhaltens als Störungen des Person-Umfeld-Bezuges

Beeinträchtigungen und Risiken in der emotionalen und sozialen Entwicklung lassen sich u.a. nach zeitlichem Umfang, Intensität und situationsspezifischen Besonderheiten differenzieren und klassifizieren. Abweichungen von normativ umschriebenen alters- und kontextgerechten Entwicklungen sowie Dysfunktionalitäten im emotionalen Erleben und (sozialen) Handeln lassen sich als Ausdruck komplexer, mehrdimensionaler Wechselwirkungsprozesse zwischen intrapsychischer Verarbeitung und Repräsentation, interaktionellen Erfahrungen, ökonomischen und soziokulturellen Parametern und den Anforderungen der altersentsprechenden Bildungsinstitutionen (Kindergarten, Schule, Ausbildung, Arbeitswelt) sowie der verschiedenen Lebensbereiche und Lebenswelten interpretieren. Das Problempotential und die Komplexität bei Beeinträchtigungen in der emotionalen und sozialen Entwicklung – insbesondere bei traumatisierten Kindern und Jugendlichen – unterscheiden sich deutlich von primären Lern- oder Sprachschwierigkeiten sowie entsprechenden Förderbedarfen.

Ausprägungsformen und Schweregrad des von einem Expertenteam als auffällig beurteilten Erlebens und Verhaltens, aber auch der immer vorhandenen Stärken und Ressourcen erfordern, normativ gewendet, im Hinblick auf die Ermöglichung der Bildungs-, Selbstverwirklichungs- und Teilhaberechte, aber auch der sozialen Verpflichtungen des einzelnen jungen Menschen sowie seiner sozialen Umgebung eine gestufte sonderpädagogische Unterstützung auf der Grundlage einer individuellen, partizipativ und prozesshaft angelegten, diagnosegeleiteten Bildungs-, Erziehungs-, Förder-, bzw. Therapie- oder Vollzugsplanung. Ebenfalls erforderlich ist – je nach Ausgangslage – eine Abklärung hin zu medizinisch-therapeutischem Hilfebedarf, Bedarf an Hilfen zur Erziehung im Bereich der Jugendhilfe sowie bei straffälligen und strafmündigen jungen Menschen ab 14 Jahren ggf. auch Stellungnahmen zu geeigneten Maßnahmen im Bereich des Jugendstrafrechts und entsprechenden flankierenden Maßnahmen.

Diese grundlegende Voraussetzung steht über der Frage nach dem passenden Förderort. Angesichts des Umstandes, dass in jedem der ggf. beteiligten Fördersysteme (Schule, Kinder- und Jugendhilfe, Kinder- und Jugendpsychiatrie, Jugendstrafrecht) eigene Erziehungs-, Förder-, Hilfe-, Therapie- und Hilfepläne existieren bzw. vorgesehen sind, in denen jeweils auch die Kooperation mit den anderen Hilfesystemen vorgeschrieben ist, sind entsprechende nachvollziehbare partizipativ angelegte Abstimmungen bzw. Aushandlungsprozesse hinsichtlich einer zielführenden, in sich konsistenten, schlüssigen und nachhaltigen Förderplanung durchzuführen, um dysfunktionale Divergenzen und Abstimmungsfehler bzw. gegenseitiges Nichtwissen über die Hilfe- und Förderprozesse der jeweils anderen Beteiligten zu vermeiden. Grundsätzlich und gerade im Hinblick auf Systeme, deren Hintergrund zunächst ein nicht-pädagogischer ist (wie die des Jugendstrafrechts, aber auch der Kinder- und Jugendpsychiatrie), fordert das Fachgebiet „esE" individuumbezogen ein „Primat der Pädagogik" ein. Für zielgruppenadäquate Unterstützungsangebote bedarf es einer spezifischen, multidisziplinär angelegten sonderpädagogischen Expertise. Entsprechend stützt sich die forschend-untersuchende sowie erziehungspraktische Arbeit des Fachgebietes auf Erkenntnisse der Sonderpädagogik, der Schulpädagogik und der Pädagogik bei Verhaltensstörungen, der Entwicklungspsychologie und Entwicklungspsychopathologie, der Sozialen Arbeit und Sozialpädagogik, der Kinder- und Jugendhilfeforschung, der Kinder- und Jugendpsychiatrie, der Kriminologie sowie sozialwissenschaftlicher Erkenntnisse.

Zusammenfassung

Die Fachdisziplin Pädagogik bei Verhaltensstörungen/Förderschwerpunkt emotionale und soziale Entwicklung engagiert sich maßgeblich und nachhaltig für einen gleichberechtigten Zugang zu Bildung und Erziehung ohne Stigmatisierungseffekte für alle jungen Menschen mit erhöhtem Förderbedarf im emotionalen Erleben und sozialen Handeln in sehr unterschiedlichen Arbeitsfeldern und mit einer großen Bandbreite an spezifischen praxeologischen Zugängen. Sonderpädagogen und Sonderpädagoginnen sind folglich in den genannten Arbeitsfeldern vor komplexe Herausforderungen gestellt. Daher benötigen sowohl schulisch als auch außerschulisch orientierte Studierende und Lehrkräfte/Fachkräfte im Bereich Pädagogik bei Verhaltensstörungen/ Förderschwerpunkt emotional-soziale Entwicklung einschlägige Qualifikationen in den Bereichen Pädagogik, Pädagogik im Förderschwerpunkt emotionale und soziale Entwicklungsförderung, Sozialpädagogik und Soziale Arbeit, Didaktik und Methodik, Rechtsgrundlagen, Psychologie und psychologischer sowie pädagogischer Diagnostik, um ihrem Auftrag zur allseitigen Entwicklung und zur Befähigung junger Menschen zur Wahrnehmung ihrer demokratischen Bürgerrechte und -pflichten nachzukommen. Darüber hinaus ist die ethisch fundierte, theoretisch-hermeneutische und empirische Forschung in den genannten Arbeitsfeldern unabdingbar, um die spezifischen Beiträge des Fachgebietes sichtbar und für die Praxis nutzbar zu machen. Über die bisherige Vielfalt an Forschungsarbeiten wurden auch bislang schon wertvolle Impulse für eine veränderte (sonder-)

pädagogische Praxis gegeben. Für weitere Arbeits- und Forschungsbereiche ist eine Intensivierung der Forschung dringend angezeigt. Dies steht vor allem auch vor dem Hintergrund der Umsetzung der UN-Behindertenrechtskonvention. Die theoretische und empirische Erforschung der heterogenen institutionellen und personalen Systemebenen bietet disziplinübergreifende Ergebnisse für die erforderlichen zielgruppenangemessenen Veränderungen der sonder- und inklusionspädagogischen Praxis. Eine Stärkung dieser Forschungsbereiche ist nachdrücklich zu fordern. Gleichzeitig sind in diese Forschungen Sicherungen einzubauen, die einen Missbrauch dieser Erkenntnisse für undemokratische und menschenrechtsfeindliche Zwecke unterbinden.

Eine zusammenfassende Darstellung zu den Konsequenzen für die Qualifikation von Fachkräften für die verschiedenen Säulen der Bildung und Erziehung, d.h. der Schule, der Kinder- und Jugendhilfe, dem Bereich der Strafrechtspflege sowie der Kinder- und Jugendpsychiatrie (inkl. der Klinikschulen), findet sich in der Anlage des Positionspapiers. Weiterhin werden dort Konsequenzen für die Forschung exemplarisch aufgezeigt und anhand verschiedener Forschungsbereiche aufgelistet.

Schlussbemerkung

Im Sinne des vorliegenden Positionspapiers übernimmt die Ständige Konferenz der unterzeichnenden Dozentinnen und Dozenten die Anwaltschaft für psycho-sozial hoch belastete Kinder und Jugendliche im schulischen und außerschulischen Bereich.

Ludwigsburg, den 6.7.2018

Prof. Dr. Werner Bleher & JProf. Dr. Stephan Gingelmaier

Redaktion in Abstimmung mit der Ständigen Konferenz der Dozentinnen und Dozenten an sonderpädagogischen Studienstätten im Förderschwerpunkt der emotionalen und sozialen Entwicklung/Fachdisziplin der Pädagogik bei Verhaltensstörungen.

Es folgt die Anlage mit Konsequenzen des Positionspapiers für verschiedene Bereiche:

Anlage

Konsequenzen für die Lehrerbildung im Lehramt Sonderpädagogik

Sonderpädagoginnen und Sonderpädagogen im Förderschwerpunkt esE benötigen für ihren Bildungs- und Erziehungsauftrag daher fachspezifische Kompetenzen, die sie für die Arbeit in den folgenden Handlungsfeldern qualifizieren: Prävention und Intervention in schulischen und außerschulischen Settings und deren Übergänge (erfolgreiche Bewältigung von Transitionen), d.h. im Elementar-, Primar- und Sekundarbereich, in der Integrations- und Inklusionsarbeit, der beruflichen Rehabilitation und Benachteiligtenförderung, im Strafvollzug und bei der Resozialisation, in stationären und teilstationären Jugendhilfemaßnahmen, bei der deeskalierenden Krisenintervention, Trauma- und Intensivpädagogik sowie als Einzelfallhilfe in den Förderschulen bzw. Sonderpädagogischen Bildungs- und Beratungszentren esE. Daraus ergibt sich die Notwendigkeit einer interdisziplinären Kooperation mit medizinisch-therapeutischen Diensten, Jugendhilfeinstitutionen und dem Jugendstrafvollzug.

Die Arbeitsfelder von Sonderpädagoginnen und Sonderpädagogen im schulischen Förderschwerpunkt emotionale und soziale Entwicklung erstrecken sich auf alle Schularten und Bildungsgänge, insbesondere auf folgenden Schularten: Allgemeine Schulen, Förderschulen/Sonderpädagogische Bildungs- und Beratungszentren, Klinikschulen, Schulen im Strafvollzug, Berufliche Schulen und zwischengelagerte Beschulungsangebote wie Außenklassen, Trainingsklassen, Beobachtungsklassen, Intensivklassen, Kleinklassen sowie die Einzel- und Fernbeschulung im Bereich Jugendhilfe.

Konkret im Verlauf eines Lehramtsstudiums Sonderpädagogik zu erwerbende Kompetenzen sind in den Studien- und Prüfungsordnungen der einzelnen Studienstätten detailliert aufgelistet.

Konsequenzen für die Ausbildung im Bereich der außerschulischen Kinder- und Jugendhilfe

Außerschulische Arbeitsfelder von Sonderpädagoginnen und Soderpädagogen im Förderschwerpunkt esE erstrecken sich insbesondere auf das Feld „Hilfen zur Erziehung" in Tagesstätten und Heimeinrichtungen, intensivpädagogische und erlebnispädagogische Maßnahmen. Hinzu kommen spezifische Angebote in Maßnahmen und Einrichtungen der Frühförderung einschließlich inklusiver Kindertagesstätten, der Berufsvorbereitung und -ausbildung (Berufsbildungswerke oder andere außerbetriebliche Einrichtungen) und in Beratungsstellen.

Übergeordnet zu diesen bereichsspezifischen Kompetenzen für präventive, integrative und trauma- sowie intensivpädagogische Förderung muss ein spezifisches Expertenwissen vorgehalten werden, das Wissen und Kompetenzen über Diagnostik, Förderung, Beratung, Organisations- und Interaktionsformen sowie mehrperspektivisches Fallverstehen beinhaltet, um in multiprofessionellen Teams personen- und systemorientiert zu handeln. Diese Fachkräfte sind – in Kooperation mit Vertreterinnen und Vertretern der Nachbardisziplinen – verantwortlich für die Transparenz verbindlicher Förderstrukturen in interdisziplinären Kontexten sowie für die Durchführung, Koordination und Nachhaltigkeit präventiver und interventiver Maßnahmen für unterschiedliche Altersstufen und Entwicklungsphasen.

Konsequenzen für die Ausbildung im Bereich der außerschulischen Kinder- und Jugendpsychiatrie

Weitere Tätigkeitsfelder für sonderpädagogische Fachkräfte finden sich auch im kinder- und jugendpsychiatrischen Feld (z.B. in Tageskliniken oder in der stationären Unterbringung). Eine spezielle Qualifikation von Lehrkräften an Klinikschulen bzw. SBBZ im Klinikum gibt es bislang nur in Form einer Weiterqualifikation. Nur an wenigen Studienstätten gehören Lehrveranstaltungen zum Thema „Pädagogik bei Krankheit" zum Pflichtlehrangebot.

Konsequenzen für die Ausbildung im Bereich des Jugendstrafrechts

Außerschulische Arbeitsfelder mit dem inhaltlichen Schwerpunkt der Pädagogik bei Verhaltensstörungen finden sich ebenso im Bereich der ambulanten wie auch stationären Maßnahmen des Jugendstrafrechts in Jugendarrest- und Jugendstrafeinrichtungen, auch im Erwachsenenvollzug und in Projektalternativen zum Jugendstrafvollzug.

In der Regel arbeiten in Gefängnisschulen Lehrkräfte aller Lehrämter, d.h. der Sekundarstufe I und II sowie Sonderpädagoginnen und Sonderpädagogen. Deren Qualifikation bzw. Kompetenzprofil ist in den Studien- und Prüfungsordnungen der Lehramtsstudiengänge in den einzelnen Bundesländern verankert.

Konsequenzen für die Forschung

Für die wissenschaftliche Weiterentwicklung spezifischer Förder- und Unterstützungsangebote ist die Bereitstellung von Forschungsgeldern für bereichsspezifische sonderpädagogische Fragestellungen vonnöten. Ein erheblicher Bedarf besteht beispielsweise für Grundlagenforschung (Verbreitung und Erscheinungsformen von Verhaltensauffälligkeiten in den genannten Arbeitsfeldern des Förderschwerpunktes), diagnostische Fragestellungen, verstehende und evidenzbasierte Zugänge zu Hintergründen des Entstehens von Störungsdynamiken sowie die Weiterentwicklung und Implementation von Handlungsmöglichkeiten und Konzepten in den Bereichen (intensive, spezifische) Erziehung, Unterricht, Beratung, Kooperation und Vernetzung sowie intensivpädagogische Förderung.

An den sonderpädagogischen Studienstätten im Fach „Pädagogik bei Verhaltensstörungen/ Förderschwerpunkt emotionale und soziale Entwicklung" befassen sich die Abteilungen beispielsweise mit folgenden Forschungslinien: Unterrichtsforschung, außerschulische Forschungsfelder des Faches, Transitionsforschung, Forschung im Bereich Förderdiagnostik, Biografieforschung, Professionalisierung in der Lehrerbildung und von Sonderpägoginnen und Sonderpädagogen im außerschulischen Bereich.

Eine besondere Aufgabe sieht die Ständige Konferenz der Dozentinnen und Dozenten an sonderpädagogischen Studienstätten im Förderschwerpunkt der emotionalen und sozialen Entwicklung/Fachdisziplin der Pädagogik bei Verhaltensstörungen in der Nachwuchsförderung, indem junge Wissenschaftlerinnen und Wissenschaftler in die oben exemplarisch genannten Forschungsfelder gezielt eingebunden werden, um die erarbeiteten Wissensbestände sowohl fachintern als auch disziplinübergreifend weiter zu vermitteln und weiter zu entwickeln.

Überlegungen zur künftigen Positionierung einer Pädagogik bei Verhaltensstörungen bzw. des Förderschwerpunkts „Emotionale und soziale Entwicklung"

Philipp Walkenhorst

Abstract

Der universitär verankerte Förderschwerpunkt „emotional-soziale Entwicklungsförderung"
befindet sich derzeit in einer neuen Phase der Selbstverortung und Positionierung im Gefüge individueller und sozialer Hilfen für junge Menschen in erschwerten Lebenslagen.
Zunehmend wird deutlich, dass die Selbstbegrenzung des Faches allein auf die schulische
und schulbezogene Förderung seiner jungen Adressatinnen und Adressaten sowie ihres sozialen Umfeldes den oftmals komplexen Förderbedarfen und –notwendigkeiten nicht gerecht
wird. Unternommen wird der Versuch, skizzenhaft Zielgruppen, inhaltliche Umrisse und
Herausforderungen eines pädagogischen Fachgebietes zu bezeichnen, welche einerseits den
Tendenzen der Versäulung und des „Verschiebens" von sog. „Problemfällen der Erziehung"
durch einen strukturell-mehrperspektivischen Blick entgegenwirken, andererseits auch den
berechtigten sozialkritischen Diskursen hinsichtlich der Produktion gesellschaftlicher Abweichungen gerecht werden.

Keywords

Förderschwerpunkt „emotional-soziale Entwicklungsförderung", Gegenstandsbereiche, Zielgruppen, Rechtsgrundlagen, Förderplanung, Freiheitsspielräume des Aufwachsens, Säulen
professioneller Erziehung, mehrperspektivische Qualifizierung der Fachkräfte, ethisch-normative Verankerung des Fachgebietes, Inklusion als sozialpolitische Herausforderung.

1 Vorbemerkung

Der (inhaltlich zunächst schulbezogene) Förderschwerpunkt „Emotionale und soziale Entwicklung" bzw. die universitäre Entsprechung dieses Fachgebietes in Lehre und Forschung ist der jüngste Spross der Heil- und Sonderpädagogik bzw. Rehabilitationswissenschaften. Neben den naturgemäß immer neuen Anläufen und Versuchen, die Zielsetzungen und Zielgruppen dieses Fachgebietes näher und nicht-stigmatisierend zu beschreiben wie auch vor allem schulbezogene didaktische und methodische Lernhilfen und psychosoziale Begleitung sowie Unterstützungsansätze für die betroffenen jungen Menschen und ihre sozialen sowie materiellen Umgebungen zu entwickeln, befassen sich die Fachvertreterinnen und -vertreter seit einiger Zeit erneut mit der grundlegenden – und angesichts der Debatte um Gegenstand und Implikationen der Inklusion virulenten – Frage nach der Eigenständigkeit, Spezifik und möglichen inhaltlichen Bedeutung des eigenen Faches. Als Resultat u.a. der jährlichen Tagungen der Dozentinnen und Dozenten wurde im Hinblick auf die deutlichere Sichtbarkeit des Fachgebietes und seiner Anliegen die Denomination einer „Ständigen Konferenz der Dozentinnen und Dozenten an sonderpädagogischen Studienstätten ‚Pädagogik bei Verhaltensstörungen/Förderschwerpunkt emotionale und soziale Entwicklung'" als zusammenfassender Oberbegriff für die hochschulisch Lehrenden eingeführt. Unter diesem Dach können sich zukünftig die Lehrenden und Forschenden hinsichtlich der Belange ihres Arbeitsgebietes und vor allem seiner Adressatinnen und Adressaten öffentlich und im politischen Diskurs artikulieren. Ein Ergebnis der vielen dazu angestellten Überlegungen war es, eine gemeinsame programmatische Basis als Vorlage zur Tagung des Fachgebietes am 6. und 7.7.2018 in Ludwigsburg vorzulegen und zu erörtern. Die Kollegen W. Bleher & S. Gingelmaier von der PH Ludwigsburg entwickelten dazu auf der Grundlage vorausgegangener Arbeitspapiere in höchst verdienstvoller Weise ein grundlegendes (ebenfalls in dieser Ausgabe veröffentliches) Positionspapier zur Selbstvergewisserung des Faches, welches nach einer Reihe von Ergänzungen und Erweiterungen auf der Tagung in Ludwigsburg erörtert, leicht modifiziert und verabschiedet wurde.

Der Autor dieses Beitrags erlaubt sich nun an dieser Stelle in eher vorwissenschaftlicher, assoziierender Form unter grundlegendem Einbezug der aktuellen Überlegungen von Bleher & Gingelmaier (2018) einige weitere Anmerkungen und Fragen im Hinblick auf die Positionierung des Faches „Pädagogik bei Verhaltensstörungen/Förderschwerpunkt emotionale und soziale Entwicklung" zu formulieren. Am Rande und als ein kräftiger Seitenhieb auf alle Bestrebungen, selbst das akademische Arbeiten und Leben wirtschaftsökonomischen Verwertungsmechanismen zu unterwerfen und im schlechtesten quantitativen Sinn zu effektivieren, sei hier angemerkt, dass es häufig genau diese schönen und informellen Begegnungen zwischen Tür und Angel, auf den Fluren, im Café, beim Flanieren und Schlendern, ohne Zeitdruck und Zweckgebundenheit sind, welche die Geister beflügeln, kreative Phantasie freisetzen, Quer- und Neudenken ermöglichen.

2 Abgrenzungen

Schon begrifflich ist es nach wie vor nur annäherungsweise möglich, das Fachgebiet der „Sozial-emotionalen Entwicklungsförderung" nicht-stigmatisierend und seine Zielgruppen nicht-ausgrenzend zu beschreiben. Es ist bis heute im Bereich der Sonder- und Heilpädagogik bzw. der Rehabilitationswissenschaften beheimatet und umfasst aktuell (Stand: 2018) insgesamt mehr als 20 an Pädagogischen Hochschulen sowie Universitäten beheimatete Lehrstühle mit ihren jeweiligen Mitarbeiterinnen und Mitarbeitern (vgl. Bleher & Gingelmaier in dieser Ausgabe). In Forschung, Lehre und hochschulischer Verankerung deckte das Fachgebiet der „Verhaltensgestörtenpädagogik/Erziehungsschwierigenpädagogik/Pädagogik mit dem Schwerpunkte emotionale und soziale Entwicklung", wie einige seiner sich im Wandel der Zeit ändernden Bezeichnungen lauteten, zunächst vor allem den Bedarf an Lehre und Ausbildung von Lehrerinnen und Lehrern für die jüngste der sonder- bzw. förderpädagogischen Schulformen, die Schule mit dem Förderschwerpunkt emotional-soziale Entwicklung (stellvertretend für alle weiteren vergangenen und aktuellen Bezeichnungen), ab. Dieser Arbeitsbereich ist nach wie vor ein, wenn nicht DER Schwerpunkt von Lehre und Forschung des Fachgebietes. Allerdings entwickelten sich parallel dazu auch im außerschulischen Feld Studiengänge mit heil- bzw. rehabilitationspädagogischem Profil zunächst im Kontext von Diplom-, später auch im Bereich der BA- und MA-Studiengänge mit entsprechenden Schwerpunktsetzungen. Damit einher ging eine inhaltliche Erweiterung der Gegenstandsbereiche des Fachgebietes auf die außerschulischen institutionell-organisatorischen Realisierungsformen erzieherischer Hilfen für junge Menschen. Zu klären waren normative, inhaltliche, methodische und evaluative Fragen der Ausgestaltung dieser Angebote in den Bereichen der Kinder- und Jugendhilfe mit der Rechtsgrundlage des SGB VIII, der Kinder- und Jugendpsychiatrie (ggf. mit der Rechtsgrundlage der PsychKGs der Bundesländer) sowie des Jugendstrafrechts (mit den Rechtsgrundlagen des Jugendgerichtsgesetzes, der Jugendstrafvollzugsgesetze der Bundesländer bzw. den in den Justizvollzugsgesetzen implementierten Sonderbestimmungen zum Vollzug der Jugendstrafe sowie den Jugendarrestvollzugsgesetzen der Bundesländer, siehe auch weiter unten). Solche inhaltlichen Gegenstandserweiterungen deuteten sich schon in den 1980er Jahren u.a. im Beitrag von Myschker & Hoffmann (1984) über den Unterricht im Jugendstrafvollzug oder im von Goetze und Neukäter (1989) herausgegebenen Handbuch der Sonderpädagogik (Bd. 6: Pädagogik bei Verhaltensstörungen) an. In diesem Band befassten sich u.a., wenngleich in noch eher additiver Weise, Iben mit der Sozialpädagogik und Sozialen Arbeit im Feld der Pädagogik bei Verhaltensstörungen. Myschker sowie Hoffmann arbeiteten die Bedeutung des Förderortes „Schule im Jugendstrafvollzug" heraus, Speck lotete die Lokalisierung und Bandbreite der sonderpädagogischen Förderorte aus und Winkel untersuchte Möglichkeiten und Grenzen einer „Pädagogischen Psychiatrie".

3 Ausgangslagen: Die Zielgruppe der Kinder/Jugendlichen in belastenden Lebenssituationen und mit Beeinträchtigungen des Erlebens und Verhaltens

Als „junge Menschen" sollen hier alle jungen Menschen im Geltungsbereich des SGB VIII, d.h. die Altersgruppe von 0 bis unter 27 Jahren, unabhängig von ihrer Herkunft und auch ihrem Aufenthaltsstatus in Deutschland, bezeichnet werden. Grundsätzlich und auch faktisch erklärt sich die Pädagogik bei Verhaltensstörungen bzw. mit dem Förderschwerpunkt emotionale und soziale Entwicklung als zuständig für junge Menschen in belastenden Lebenslagen, mit Beeinträchtigungen des Erlebens und Verhaltens, mit erschwerten psychosozialen Bedingungen der Teilhabe und zugeschriebenen spezifischen Förder- und Begleitungsbedarfen. Sie bemüht sich originär um deren nachhaltig angelegte Erhaltung als auf normativer Ebene förderlich erkannter guter und um die Verbesserung normativ als problematisch anzusehender Aufwuchs-, Entwicklungs-, Lebens-, Lern- und Teilhabebedingungen dieser Menschen und ihrer sozialen Lebenskontexte. Diagnostizierende bzw. zuschreibende Institutionen und ihre jeweiligen Vertreterinnen und Vertreter sind z.B. Lehrerinnen und Lehrer sowie Sonderpädagoginnen und Sonderpädagogen im schulischen Kontext, fallführende Fachkräfte im Zuständigkeitsbereich der Jugendhilfe und Jugendrichterinnen und Jugendrichter, Fachkräfte der Jugendgerichtshilfe sowie die Fachdienste in den stationären Einrichtungen im Bereich des Jugendkriminalrechts. Zu nennen sind zudem Kinder – und Jugendpsychiaterinnen und -psychiater im Bereich der Kinder- und Jugendpsychiatrie. Diese – bezüglich ihrer Lebenslagen und Verhaltensweisen auch als „junge Menschen mit Erlebens- und Verhaltensstörungen" bezeichnete oder eben etikettierte Klientel zeigt oftmals Erlebens-, Verarbeitungs- und Verhaltensweisen, welche die soziale Umgebung irritieren und verstören. Sei es der familiale, der schulische, der peer-group- und freizeitbezogene, der arbeitsweltliche oder auch der professionell (förder-)pädagogische Kontext oder auch in den angrenzenden Bereichen der Jugendhilfe, der Kinder- und Jugendpsychiatrie sowie des Jugendstrafrechts. Insbesondere bei persistenten und generalisierten externalisierenden, andere in ihren Lebensvollzügen massiv beeinträchtigenden Verhaltensweisen ist eine Belastung der eigenen Entwicklung, der Teilhabemöglichkeiten sowie eine nicht nur vorübergehende Beeinträchtigung auch der näheren und weiteren sozialen Umgebung festzustellen. Gleichzeitig jedoch beinhalten auch die internalisierenden, häufig eher unauffälligen, durch Rückzug und stilles Leiden gekennzeichneten Wahrnehmungs-, Verarbeitungs- und Verhaltensprobleme eine erhebliche Beeinträchtigung der personalen und sozialen Entwicklungs-, Bildungs- und Teilhabemöglichkeiten dieser jungen Menschen.

Gerade weil das Fach sehr deutlich durch normative Bewertungen von Erlebens-, Verarbeitungs- und Verhaltensweisen geprägt ist, erscheint es für die Fachvertreterinnen und Fachvertreter als zwingend erforderlich, sich dieser Bewertungstatsache sehr bewusst zu sein. Dies insbesondere deshalb, weil die Lehrenden und Forschenden selbst in der Regel den sozialen Mittel- oder auch Oberschichten entstammen, aus diesem Erleben bzw. denkender Erfahrung und Verarbeitung sowie entsprechendem Agieren heraus auch ihre eigene, an diese Erfahrungen anknüpfenden Weltsichten und Bewertungsmaßstäbe entwickeln und dabei möglicherweise allzu leicht übersehen, dass einige der Lebenskontexte der im Mittelpunkt der Überlegungen stehenden jungen Menschen zunächst ganz andere Überlebens- und Durchsetzungsstrategien erforderten, als sie sich in den einschlägigen mittelschichtorientierten schulischen Lehrplänen und Förderprogrammen sowie zugehörigen Lebenswelten abbilden (vgl. zu dieser Problematik z.B. Hiller, 2007). Dieser Hinweis suspendiert jedoch in keiner Weise die Notwendigkeit fachlich qualifizierter und begründeter professioneller wie auch ehrenamtlicher Begleitung und Unterstützung der jungen Menschen in den schon genannten „Säulen professioneller Erziehung" (Schule, Kinder- und Jugendhilfe, Kinder- und Jugendpsychiatrie und Jugendstrafrecht, dazu Walkenhorst, 2015, S. 906f.). Diese wäre soweit als irgend möglich auf der Basis von Beteiligung der Betroffenen selbst sowie selbstverständlich ihrer Angehörigen und Personensorgeberechtigten zu realisieren, um zumindest die Optionen bzw. Entscheidungsmöglichkeiten des jungen Menschen hinsichtlich der eigenen Handlungs- und Lebensmöglichkeiten in dieser Gesellschaft zu erweitern und auch (möglichst gute) Erfahrungen mit den Fördersystemen, den sie repräsentierenden Berufstätigen und besonders den hinter diesen Systemen demokratisch-verfassungsorientierten Werten und Normen zu sammeln.

Unter rechtlicher Perspektive handelt es sich vor allem um diejenigen jungen Menschen, bei denen im schulrechtlichen Sinne ein Förderbedarf im Bereich der emotionalen und sozialen

Entwicklung festgestellt wurde und/oder im Bereich des Jugendhilferechts (SGB VIII) Hilfen zur Erziehung nach §§ 27 – 35 auf der Basis des Hilfeplanprozesses nach § 36 SGB VIII als erforderlich angesehen werden bzw. im Sinne des § 35a SGB VIII eine seelische Behinderung angenommen wird oder der junge Mensch von einer solchen bedroht erscheint. Im Bereich des Jugendstrafrechts geht es um junge Menschen, die zum Zeitpunkt ihrer Straftat 14 bis unter 18 Jahre alt waren bzw. 18- bis unter 21-Jährige (nach § 105 JGG), welche aufgrund ihres Entwicklungsstandes vom Jugendgericht nach § 105 Abs. 1 JGG dem Jugendalter zugeordnet wurden und sich in entsprechenden ambulanten oder stationären Maßnahmen und Einrichtungen des Jugendstrafrechtssystems befinden. Schließlich geht es um junge Menschen, die kurz- oder auch langzeitig in kinder- und jugendpsychiatrischen Einrichtungen zur Diagnosefeststellung und/oder Therapie untergebracht sind und ggf. den Regelungen der länderspezifischen PsychKGs unterliegen.

Vielleicht wäre angesichts dieser rechtlichen Abgrenzungen eine annäherungsweise Präzisierung der Zuständigkeit und des Arbeitsbereichs der Pädagogik mit dem Förderschwerpunkt „Emotional-soziale Entwicklung" dahingehend denkbar, dass es sich zum einen um Kinder, Jugendliche und junge Erwachsene im Geltungsbereich des SGB VIII handelt, also um junge Menschen unter 27 Jahren. Zum anderen wäre es im Hinblick auf die Auflösung einer allein „säulenspezifischen" Sichtweise denkbar, sich vor allem auf diejenige Kerngruppe junger Menschen zu beziehen, welche sich im Bereich der vorschulischen und schulischen/berufsschulischen sonderpädagogischen Förderung befinden sowie in mindestens einem weiteren der genannten Bereiche fachliche Förderung und Begleitung erfahren.

Nach den Erkenntnissen der Trauma-, Bindungs-, Risiko- und Resilienzforschung weisen vor allem junge Menschen, deren Erziehung und Entwicklung in psychosozialen Problemlagen und dysfunktionalen Erziehungsmilieus – nicht nur ökonomisch prekär – stattfindet, ein hohes Risiko auf, mit und in ihrem emotionalen Erleben und sozialen Handeln zumindest zeitweise ausgegrenzt zu werden, auf Unverständnis und Ablehnung zu stoßen, in ihren Lernmöglichkeiten eingegrenzt und ggf. auch sanktioniert oder sogar strafrechtlich verfolgt zu werden. Zumindest statistisch sind als Begleitumstände der Beeinträchtigung gelingenden Aufwachsens festzustellen u.a. frühe Schwangerschaft, mangelhafte Fürsorge und problematische Bindungserfahrungen, psychosoziale Auffälligkeiten der primären Bezugspersonen, Drogenmissbrauch, niedriges Bildungsniveau, ablehnendes, feindseliges, inkonsistentes und vernachlässigendes Erziehungsmilieu, physische und psychische Gewalt, Verlust eines Elternteils oder Geschwisterkindes, schwierige Partnerschaft und Probleme bei der sozialen Integration in das unmittelbare Lebensumfeld sowie stigmatisierende Lebenslagen und -umstände, Armut, Fluchthintergründe und sonstige zeitbedingte Entwicklungsbeeinträchtigungen. Hinzukommen als weitere nicht individuumbezogen Belastungen und Stressoren teilweise fehlende oder mangelnde Abstimmungen sowie ungeeignete Hilfemaßnahmen im System der Erziehungshilfen der Kinder- und Jugendhilfe, der Schule, der Kinder- und Jugendpsychiatrie sowie des Jugendstrafrechtssystems. Damit häufig verbunden ist die Weiterreichung bzw. das „Verschieben" (Holthusen, 2016, S. 4) „schwieriger" Fälle zwischen den Säulen professioneller Erziehung, verbunden mit immer neuen Abbrüchen helfender Beziehungsstrukturen und Bindungen.

Internalisierende wie externalisierende Problemverhaltensweisen können auch als Symptome einer in der Regel nicht nur auf den schulischen Kontext bezogenen psychosozialen Beeinträchtigung sowie nicht nur individuell bedingter erschwerter Lebenslagen im Kind/Jugendlichen-Umfeldbezug betrachtet werden. So ist es schon bemerkenswert, dass trotz aktuell relativ guter Wirtschaftslage z.B. bezüglich des Bereichs der Kinder- und Jugend-hilfe eine steigende Nachfrage nach ambulanten, teilstationären und stationären Hilfen zur Erziehung konstatiert wird. So nahm hinsichtlich der über den Allgemeinen Sozialdienst (ASD) der Jugendämter organisierten Hilfen zur Erziehung (ohne Erziehungsberatung) in den letzten Jahren die Zahl der jungen Menschen in den Hilfen seit 2010 um knapp 19% (rund 102.000 Fälle) zu. Der Anstieg zwischen den Jahren ist zwischen 2015 und 2016 mit 5% am höchsten. Zuvor wurden Veränderungen zwischen +1% und +3% beobachtet (Arbeitskreis Kinder- und Jugendhilfestatistik, 2018, Abschn. 2). Im schulischen Bereich wird in der KMK-Statistik (2016/2014) im Förderschwerpunkt der emotionalen und so-zialen Entwicklung ein ansteigender Bedarf an spezialisierter schulischer Förderung bei gleichzeitig sich verstetigender (sonder-)pädagogischer Unterversorgung betroffener junger Menschen angenommen. Verbunden ist dies mit einem hohen Exklusionsrisiko für diese Zielgruppe. Dagegen sind im Bereich der Straftatbegehungen von Kindern und Jugendlichen seit einigen Jahren abnehmende Tendenzen zu verzeichnen, wie auch die Belegungszahlen in den Jugendhafteinrichtungen kontinuierlich abgenommen haben. Diese durchaus disparat erscheinenden, in der Summe jedoch drohenden, vorliegenden und auch quantitativ wie qualitativ zunehmenden Multiproblemkonstellationen erfordern eine gerade in der Tradition der Pädagogik mit dem Förderschwerpunkt schon angelegte genuin mehrperspektivische, pädagogisch-entwicklungs- und umweltbezogene Phänomen- und Problembeschreibungen, entsprechend komplex und multidimensional angelegte Bedingungsanalysen und Legitima-tionen pädagogischer Interventionen und Begleitung sowie entsprechend ausgelegte und be-gründete Förder- und Begleitungsversuche.

4 Beeinträchtigungen des Erlebens und Verhaltens als Störungen des Person-Umfeld-Bezuges

Beeinträchtigungen und Risiken in der emotionalen und sozialen Entwicklung lassen sich u.a. nach zeitlichem Umfang, Intensität und situationsspezifischen Besonderheiten differen-zieren und klassifizieren, um zumindest ansatzweise einen gemeinsamen Bedeutungsinhalt dessen zu entwickeln, worüber sowohl im fachwissenschaftlich-alltagsdistanzierten als auch im pädagogisch-alltagsnahen Handlungskontext nachgedacht bzw. was mit welchem Zweck beleuchtet werden soll. Abweichungen von normativ als alters- und kontextgerechte Ent-wicklung beschriebenen sowie entsprechend definierte Dysfunktionalitäten im emotiona-len Erleben und (sozialen) Handeln lassen sich als Ausdruck komplexer, mehrdimensionaler Wechselwirkungsprozesse zwischen intrapsychischer Verarbeitung und Repräsentation, in-teraktionellen Erfahrungen, ökonomischen und soziokulturellen Parametern und den eben-falls normativ geprägten und sich wandelnden Anforderungen der altersentsprechenden Bil-dungsinstitutionen (Kindergarten, Schule, Ausbildung, Arbeitswelt) sowie der verschiedenen Lebensbereiche und Lebenswelten interpretieren. Das Problempotential und die Komplexität bei Beeinträchtigungen in der emotionalen und sozialen Entwicklung – nicht zuletzt bei traumatisierten Kindern und Jugendlichen – unterscheiden sich deutlich von z.B. primären Lern- oder Sprachschwierigkeiten sowie entsprechenden Förderbedarfen.

Ausprägungsformen und Schweregrad des mindestens von einem Fachteam mit (sonder-) pädagogischer und (entwicklungs-)psychologischer, ggf. auch psychiatrischer Expertise als auffällig zu beurteilenden Erlebens, Verarbeitens und Verhaltens erfordern, normativ gewen-det, eine gestufte (sozial- und sonder-)pädagogische Unterstützung auf der Grundlage einer individuellen, prozesshaft angelegten, partizipativ und ausgehandelt-diagnosegeleiteten Bildungs-, Erziehungs-, Förder-, Therapie- und Vollzugsplanung. Dies kann nur erfolgen im Hinblick auf die Ermöglichung der Bildungs-, Selbstverwirklichungs- und Teilhaberechte, aber auch der sozialen Verpflichtungen des einzelnen jungen Menschen sowie seiner sozialen Umgebung. Ebenfalls erforderlich sind – je nach Ausgangslage – eine Abklärung der Lebenslage bis hin zu medizinisch-psychiatrisch-therapeutischem Hilfebedarf, der Bedarf an Hilfen zur Erziehung im Bereich der Kinder- und Jugendhilfe sowie bei straffälligen und strafmündigen jungen Menschen ab 14 Jahren, ggf. auch geeignete Maßnahmen im Bereich des Jugendstrafrechts und entsprechenden flankierenden Maßnahmen.

Diese grundlegende Voraussetzung steht über der Frage nach dem passenden Förderort. Angesichts des Umstandes, dass in jedem der ggf. beteiligten Fördersysteme (Schule, Kinder- und Jugendhilfe, Kinder- und Jugendpsychiatrie, Jugendstrafrecht) eigene Erziehungs-, Förder-, Hilfe-, Therapie- und Hilfepläne existieren bzw. vorgesehen sind, die jeweils auch die Kooperationen mit den anderen Hilfesystemen zumindest programmatisch einschließen, ist über entsprechende nachvollziehbare Abstimmungen bzw. Aushandlungsprozesse hinsichtlich einer zielführenden, in sich konsistenten, schlüssigen und nachhaltigen Förderplanung nachzudenken. Vermieden werden sollen damit dysfunktionale Divergenzen und Abstimmungsfehler bzw. gegenseitiges Nichtwissen über die Hilfe- und Förderprozesse der jeweils anderen Beteiligten. Gleichzeitig ist angesichts der geradezu reflexhaft erhobenen Forderung nach Vernetzung und Kooperation der beteiligten Fachkräfte bzw. der dahinter stehenden Hilfesysteme immer wieder kritisch nachzufragen, inwieweit dieser institutionelle Austausch von Informationen, Diagnosen und Maßnahmen nicht auch dazu geeignet ist, die zum Aufwachsen notwendigen Freiheitsräume junger Menschen zu begrenzen und Entwicklungsprozesse zu stören. Belege für so manche Kollateralschäden durch zeitweise aus dem Ruder laufende Entwicklungsprozesse gerade im frühen und mittleren Jugendalter finden sich beispielsweise in den Fallstudien von Freyberg & Wolff (2005). Zu thematisieren ist hier immer auch die Frage einer letztlich unzulässigen Einengung wesentlicher individueller Entwicklungs- und Verselbständigungsprozesse unter dem Siegel der immer zustimmungsfähigen Prävention, um Nichtkonformität zu verhindern und zu exkludieren wie auch und möglicherweise eine in manchen Fällen vielleicht „gesunde" Entwicklung zu beeinträchtigen.

5 Mehrdimensionalität der Förderung und Begleitung

Schon die oben beschriebene Vielzahl und Heterogenität sowie lebensbereichsübergreifende beeinträchtigende Qualität entwicklungsbeeinträchtigender Faktoren legt die Notwendigkeit nahe, im Hinblick auf eine erforderliche, geeignete und die Verwirklichung der elementaren Menschen- und Kinderrechte ermöglichende pädagogische Förderung und Begleitung mehrperspektivisch, lebens- und handlungsfeldübergreifend zu denken und zu handeln. Ebenso sind die verschiedenen Akteure in den einzelnen Säulen professioneller Erziehung und Förderung junger Menschen unter den genannten Vorbehalten einzubeziehen. Allerdings ist auch hier wiederum darüber nachzudenken, inwieweit einerseits die in den Blick zu nehmenden Hilfeangebote in sich selbst und durch ihre institutionelle Anbindung den Kern der Ausgrenzung tragen. Dies gilt im Hinblick auf die betroffenen jungen Menschen, sofern ihnen damit ihr zeitweises Nichtgenügen hinsichtlich der an sie gestellten Erwartungen und Ansprüchen vor Augen gehalten wird. Und es gilt im Hinblick auf die Personensorgeberechtigten, denen damit, wenn schon nicht intentional, so doch funktional auch ihr eigenes Erziehungsversagen oder -ungenügen verdeutlicht wird. Ein Lippenbekenntnis zur Inklusion allein auf Basis abgeschaffter besonderer Förderstrukturen ist hier sicher wenig hilfreich und weiterführend. Auf der anderen Seite sind ebenso die ökonomischen Hintergründe und Verwertungsinteressen der an junge Menschen herangetragenen Bildungszumutungen und Lebensgestaltungserwartungen kritisch zu beleuchten. Auch ist die Frage zu stellen, in welcher kritischen Distanz sich eine – gerade mit diesen psychosozialen Auswirkungen eines neoliberalen Wirtschafts- und Staatsverständnisses und der damit verbundenen vollständigen Ökonomisierung des Daseins ständig konfrontierte – Pädagogik bei Verhaltensstörungen positionieren will.

Für zielgruppenadäquate Unterstützungsangebote bedarf es einer spezifischen, multidisziplinär angelegten sonder- und sozialpädagogischen Expertise. Zu fragen ist jedoch, WER dieser Expertise bedarf. Es ist ja durchaus zutreffend, im gegebenen Kontext den Akzent auf „Angebote" und nicht auf den organisatorisch-institutionellen Rahmen dieser Angebote, z.B. den Förderort „Schule", „Kinder- und Jugendpsychiatrie", „Einrichtungen der Kinder- und Jugendhilfe" oder, stellvertretend für das Jugendstrafrecht, den Förderort „Jugendstrafvollzug" zu setzen. Andererseits konkurrieren oder kooperieren an allen genannten Förderorten bzw. -bereichen sehr unterschiedliche Professionen im Hinblick auf die jeweiligen, ggf. bereichsspezifischen Deutungshoheiten und jeweiligen Handlungsgewissheiten und deren praktische Umsetzung. Sozialpädagoginnen und Sozialpädagogen kümmern sich um das soziale Miteinander der ihnen anvertrauten jungen Menschen und gestalten Zeiten und Aktivitäten vornehmlich, nicht nur im außerschulischen Bereich. Lehrerinnen und Lehrer bemühen sich darum, den jungen Menschen Schulbildung zu vermitteln und ihnen auch überlebensnotwendige schulische Abschlüsse zu ermöglichen. Sozialarbeiterinnen und Sozialarbeiter haben das soziale Umfeld der jungen Menschen im Blick, bieten den Eltern bzw. Erziehungsberechtigten Beratung und Hilfe an, vermitteln ggf. auch weitere Unterstützung und materielle wie auch immaterielle Hilfen. Psychologisch orientierte Therapeutinnen und Therapeuten helfen, fördern und begleiten mit ihren spezifischen entweder psychologisch, psychomotorisch oder wie auch immer ausgerichteten Spezialkenntnissen die jungen Menschen in umschriebenen Bereichen der psychischen sowie psychosozialen und körperlichen Entwicklung. Die Fachkräfte mit spezifisch sonderpädagogisch-erziehungshilfepädagogischer Ausbildung sowohl im schulischen als auch außerschulischen Bereich sind einerseits Spezialisten in der individuumorientierten gefühls-, verhaltens- und kognitionsbezogenen Förderung der benannten Kinder und Jugendlichen sowie ihrer jeweiligen sozialen Lebensbezüge. Andererseits sind sie ebenso Generalisten in Bezug auf das Arrangement von zielführenden Lernsituationen und -möglichkeiten eben nicht nur in schulischen, sondern auch außerschulischen (pädagogischen oder pädagogikaffinen) Settings wie der stationären Kinder- und Jugendhilfe unter Einbezug der freiheitsentziehenden Maßnahmen, der Schule für Kranke sowie der Alltagsgestaltung im Rahmen stationärer Einrichtungen der Kinder- und Jugendpsychiatrie sowie im Rahmen der stationären Einrichtungen des Jugendkriminalrechts (Jugendarrest, Untersuchungshaft und Strafhaft). Die fachliche Ausbildung sollte entsprechend – bei aller handlungsfeldspezifischen Ausrichtung – in der Dichotomie von schulischen und außerschulischen Förderarrangements damit immer auch die jeweiligen Sichtweisen, Interpretationsmuster und spezifischen Methodiken der benachbarten Fachgebiete in angemessenem Umfang in ihre Curricula aufnehmen.

6 Inhaltliche Konturen des Faches

Als besonderer und disziplinspezifischer Beitrag des Fachgebietes zur Entwicklung, Umsetzung und nachhaltigen Verankerung besonderer erzieherischer Hilfen für junge Menschen in erschwerten Lebenslagen und mit besonderem Förderbedarf im Bereich der emotionalen und sozialen Entwicklung kann das umfassende, sozialkritische, eine Verbindung von didaktisch-curricularen, methodischen und institutionell-organisatorischen Inhalten und Gegebenheiten bzw. Spielräumen der jeweiligen Förderorte einschließende, auf die durchgehende und individualisierte „Ermöglichung von Lernen" (Giesecke, 2015) abzielende Verständnis pädagogischer-therapeutischer Förderung angesehen werden. Die schulpädagogische Tradition des Fachgebiets legt es nahe, junge Menschen in erschwerenden Lebenslagen und mit zugeschriebenem emotionalem und sozialem Förderbedarf grundsätzlich und vor allem als in vielerlei Hinsicht Lernende zu verstehen. Damit stellt sich einerseits die Aufgabe, ihnen individuumbezogene, mit ihnen und ihren Personensorgeberechtigten abgestimmte Lernangebote und -kontexte zur Bewältigung ihrer altersspezifischen Entwicklungsaufgaben zu unterbreiten.

Gegenstände dieses Lernens sind die in den Länderschulgesetzen sowie den verschiedenen vorschulischen und schulischen Curricula bildungspolitisch vereinbarten Bildungsinhalte, welche für das Erreichen insbesondere der schulischen Bildungsziele als verbindlich angesehen werden. Hinzu kommen die Vertiefungen, Modifikationen und Erweiterungen dieser Inhalte durch die Lern-, Förder- und Bildungsangebote der außerschulischen „Säulen der Erziehung".

Sucht man nach einem Alleinstellungsmerkmal des Faches gegenüber den weiteren, o.g. Erziehungs- bzw. Förderbereichen, so ist dieses vielleicht darin zu finden, dass hier unter Einbezug der störungsspezifischen Merkmale und Beeinträchtigungen im Einzelfall hoch individualisierte methodisch-didaktische Ansätze zur Vermittlung von Bildung bzw. Bildungsinhalten in meist erschwerten Lebenslagen und eben genau für die Bewältigung derselben entwickelt, erprobt und formativ wie summativ evaluiert werden. So ist eine besondere Stärke bzw. möglicherweise auch ein Alleinstellungsmerkmal des Faches in der Funktion des (pädagogischen) Impulsgebers, von Innovation, Konzeptentwicklung für die benannten Zielgruppen in den unterschiedlichen ambulanten und stationären Settings der „Säulen professioneller Erziehung" zu sehen. Fluchtpunkt all dieser Bemühungen, welche immer auch kritisch die gegebenen institutionellen schulorganisatorischen und sonstigen institutionellen Rahmenbedingungen auf ihre Ermöglichung solcher Lehr-Lernprozesse in den Blick nehmen müssen und die sich durchaus weit über die eigentliche Schulpflichtzeit hinaus erstrecken können, ist es, Hilfestellung zu leisten, die altersspezifischen Entwicklungsaufgaben zu bewältigen sowie eine auch individuell befriedigende Teilhabe zu erreichen und ein sozial verantwortliches Leben führen zu können. Diese zentrale Aufgabenstellung, das „Lernen ermöglichen" (Gieseke, 2015), kann in einem übergreifenden Sinne auf alle Orte übertragen werden, an denen junge Menschen – und insbesondere solche unter erschwerten Lebensbedingungen – sich aufhalten und ggf. versorgt, begleitet, betreut und gefördert werden (sollen). Schulen, ambulante oder stationäre, gruppen- oder einzelfallbezogene Angebote und Interventionen sowie Hilfen zur Erziehung der Kinder- und Jugendhilfe, der Kinder- und Jugendpsychiatrie oder des Jugendstrafrechts werden damit primär und in Übereinstimmung mit ihren jeweiligen Rechtsgrundlagen als Orte arrangierter pädagogischer Lehr- und Lernprozesse angesehen, die es entsprechend den Rechtsgrundlagen und Professionsansprüchen auszugestalten gilt.

Im Unterschied zu psychotherapeutisch akzentuierten Förderansätzen liegt eine weitere Spezifik dieses pädagogischen Verständnisses in der zeitlich ggf. sehr langfristigen Anlage seiner Förderkonzeptionen, welche temporäre Umwege, Rückfälle, Wechsel der Förderorte, zeitweises Scheitern der Förderversuche, aber auch die Möglichkeit fachlicher Fehlplanungen und Irrwege in seine Überlegungen integriert und damit langfristig angelegte Förder- und auch personale Begleit- bzw. Bindungskonzeptionen im Blick hat. Insbesondere der Rückbezug aller Förderansätze und -versuche auf die im Folgenden beschriebenen ethisch-normativen Grundlagen des Fachgebietes reduziert die bei diesem Zugang latent vorhandene Gefahr des Übergewichts einer „fürsorglichen Belagerung" und Ausweitung sozialer Kontrolle gegenüber den Freiheitsrechten des Individuums.

7 Zur ethisch-normativen Positionsbestimmung

Pädagogisches Handeln – abwartend, begleitend, fördernd, präventiv, intervenierend, ermutigend und ggf. grenzsetzend – bedarf grundsätzlich und durchgehend einer ethisch-normativ-rechtlichen Legitimation. Die Feststellung und Festschreibung dessen, was Entwicklungsziel und Entwicklungsdefizit, was Risiko- und Schutzfaktore sind, was Förderziel und was zu Vermeidendes ist, wie, mit welchen Inhalten, Methoden und Settings agiert und reagiert werden soll, wie die grundlegenden und zeithistorisch gebundenen Metatheorien auf diese Definitionen Einfluss nehmen, ist erklärungs- und legitimationsbedürftig. Die dahinterstehenden, bekanntermaßen immer auch expliziten und/oder impliziten sowie vielfältig begründ-, aber auch kritisierbaren Vorstellungen verbergen allzu leicht die Grundsatzfrage danach, was als „normal", „positiv", „angemessen", „erwünscht" „kompetent" oder wie auch immer definiert werden soll. Ethisch-normative Grundlegungen des Fachgebiets „Pädagogik bei Verhaltensstörungen/Förderschwerpunkt emotionale und soziale Entwicklung" sind grundlegend und jenseits aller im Fachgebiet vertretenen theoriespezifischen Menschenbilder in der UN-Menschenrechtskonvention von 1948, der UN-Konvention über die Rechte von Kindern, der UN-Konvention zu Rechten von Personen mit Behinderung und Benachteiligung, der Europäischen Menschenrechtskonvention sowie der bundesdeutschen Verfassung repräsentiert. Darüber hinaus finden sich entsprechende Grundverständnisse und Orientierungen in den schon benannten Verfassungen der einzelnen Bundesländer, ihren Schulgesetzen, dem SGB VIII, den PsychKGs sowie dem Jugendgerichtsgesetz, den Jugendarrestvollzugsgesetzen und den Jugendstrafvollzugsgesetzen der Bundesländer. Weitere Quellen des regelmäßig bzw. kontinuierlich notwendigen normativ-ethischen Reflexionsprozesses finden sich in den einschlägigen Diskursen der Theorie der Sonder- und Heilpädagogik, ebenso in den einschlägigen Debatten affiner Wissens- und Lehrgebiete wie der Sozialen Arbeit, der Psychologie, der Soziologie, der Medizin, der Rechtswissenschaften, der Politikwissenschaften und der Philosophie, um nur einige zu nennen. Nachzudenken wäre sicherlich auch über eine eigene Professionsethik, um den Gefahren einer missbräuchlichen Anwendung des vorhandenen Änderungswissens und der Reduktion der Erkenntnishorizonte allein auf affirmative Anpassungsstrategien begegnen zu können.

Das Fachgebiet der Pädagogik bei Verhaltensstörungen sollte sich in jedem Fall und durchgängig bei all seinen Forschungs-, Entwicklungs- und Lehrtätigkeiten dessen bewusst sein, dass die gewonnenen didaktischen, methodischen und institutionell-organisatorischen Erkenntnisse auch im Kontext nicht-demokratischer oder diktatorischer Systeme zur Manipulation und/oder Unterdrückung junger Menschen und Festigung nicht-demokratischer

Herrschaftsausübung missbraucht werden können. Die Geschichte des Schulsystems, der Heimerziehung, der Kinder- und Jugendpsychiatrie und der Strafjustiz ist voller Beispiele dafür, wie in diesen Systemen junge Menschen in schlimmster Weise verführt, misshandelt, missbraucht, gedemütigt und physisch wie seelisch zerstört wurden und möglicherweise auch noch werden. Der zunehmende weltweit grassierende Populismus, das Hoffähigwerden von Rassismus, Fremdenfeindlichkeit, Lügen, Desinformationen und das Aufeinanderhetzen von Volksgruppen und Minderheiten als antisoziale, aber mittlerweile in menschenverachtender Weise wieder gängig gewordene Stilmittel der politischen Auseinandersetzung stellen gerade für ein Wissens- und Lehrgebiet, welches sich mit ohnehin stigmatisierten und nicht gerade als Sympathieträgern identifizierten jungen Menschen und ihren Angehörigen befasst, eine große Herausforderung dar. Daher ist das parteiliche Eintreten für die Entwicklungsbelange und Entwicklungsmöglichkeiten dieser Menschen im Besonderen und für die Grundwerte der Menschenrechte und der Verfassung im Allgemeinen einerseits unabdingbar und andererseits sicher auch ein Kernmerkmal dieses Fachgebiets.

So ist sein erkenntnisleitendes ethisch-normatives Interesse, wie schon angemerkt, eben nicht die unreflektierte Entwicklung und/oder Adaption von Methoden und Techniken zur Einpassung junger Menschen in vorgegebene gesellschaftliche, ökonomische, politische und strukturell-organisatorische, letztlich menschengemachte Gegebenheiten und Vorgaben. Vielmehr geht es einzig und allein um die Befähigung des jungen Menschen und ggf. seines sozialen Umfeldes. Diese Befähigung bezieht sich darauf, in einem komplexen, widersprüchlichen, wertunsicheren und krisenanfälligen, dabei jedoch den Menschenrechten und einem demokratisch-humanistischen Menschenbild verpflichteten Staatswesen sich im Rahmen der rechtlichen Rahmenbedingungen entfalten und in seiner je spezifisch gewollten Form daran teilhaben sowie seine Existenz materiell wie psychosozial sichern zu können. Damit einher geht die einerseits durch das Sozialstaatsprinzip gebotene, andererseits auch durch das Fachgebiet immer wieder einzufordernde Notwendigkeit, strukturelle, materielle und organisatorische Rahmenbedingungen zu schaffen und zu erhalten, die insbesondere für die als gefährdet bezeichneten jungen Menschen und ihr soziales Umfeld dauerhaft im Sinne einer Fallverantwortung oder institutionellen Treue die Möglichkeiten der Bildung, Erziehung, Entwicklungsförderung und sozialen Teilhabe zu gewährleisten, selbst im Falle zeitweisen Scheiterns der Förderprozesse und pädagogisch-therapeutischen Bemühungen. Der Geltungsbereich des SGB VIII steckt hier für alle jungen Menschen unter 27 Jahren ein begrüßens- und erhaltenswertes zeitliches Terrain ab.

Grundsätzlich richtet das Fachgebiet seine Aufmerksamkeit nicht allein auf die individuelle Förderung des einzelnen jungen Menschen und seiner unmittelbaren Lebens- und Erlebenswelt, sondern bezieht in seine Überlegungen immer auch makrosoziale und damit politisch-strukturelle Dimensionen und Risiken des Aufwachsens mit ein bzw. nimmt dazu auch kritisch Stellung und mischt sich ebenso aktiv in die entsprechenden konkreten gesellschaftlichen Planungs- und Organisationsprozesse ein.

Eine „Menschenrechtsprofession" (Staub-Bernasconi, 2007 für die Soziale Arbeit) der Pädagogik bei Verhaltensstörungen mit ihren wissenschaftlich-theoretischen wie auch praktischen Beschreibungs-, Analyse-, Zielfindungs- und Handlungskonzeptionen sollte den Ansatz eines gleichberechtigt-partizipativen Zugangs zu allseitiger Bildung und Erziehung weitmöglichst ohne Stigmatisierungseffekte für alle jungen Menschen mit erhöhtem Förderbedarf, insbesondere im emotionalen Erleben und sozialen Handeln weiterhin in den Mittelpunkt ihrer Forschung und Lehre stellen. Die berufsethische Grundhaltung unvoreingenommener Akzeptanz und Parteilichkeit für die betreffenden jungen Menschen begründet einen durchweg mehrperspektivischen Zugang des Fachgebietes zu – hier als komplex biologisch, psychisch und mikro- bzw. makrosozial und damit multifaktoriell bedingt verstandenen – Dimensionen des Verhaltens und Erlebens im Kontext eines an humanistischen Werten und Menschenrechten orientierten Menschenbildes. Damit ist die im Fachgebiet durchaus vertretene Heterogenität der theoretischen Zugänge, Interpretationsweisen und Förderansätze eine ausgesprochene Stärke, bildet sie doch die Komplexität menschlicher Seinsweisen sowohl in Forschung als auch in der Lehre ab und wird damit den Herausforderungen der Förderung im Einzelfall angemessen gerecht bzw. trägt zur Vermeidung unangemessener Einseitigkeiten der Betrachtungs- und Zugangsweisen bei.

Festzuhalten ist, dass die Pädagogik bei Verhaltensstörungen/der Förderschwerpunkt emotionale und soziale Entwicklung tatsächlich im Zuge des Ausdifferenzierungsprozesses der Wissenschaften ein eigenständiges Forschungs-, Wissens- und Lehrgebiet unter dem Dach der Sonder- bzw. Heilpädagogik bzw. Rehabilitationswissenschaften repräsentiert. Somit wären aus der fachspezifischen Sicht die näher und ferner angrenzenden Wissensbereiche, u.a. die Psychologie, Soziologie, Philosophie, Sozialarbeitswissenschaft und die Allgemeine Pädagogik als Bezugswissenschaften zu klassifizieren, deren Methoden der Erkenntnisgewinnung sowie jeweiligen Wissensbestände aus nächster Ferne und mit der gebotenen Distanz zu betrachten sind. Damit ergibt sich auch aus dieser Sicht nicht mehr die Frage, ob die Pädagogik im Förderschwerpunkt „Emotionale und soziale Entwicklung" sich reduzieren lässt auf lediglich ein praktisches Anwendungsfeld von in anderen, vor allem der Psychologie, gewonnenen Erkenntnissen. Eher besteht ihre Besonderheit darin, auf der Grundlage bzw. unter Zuhilfenahme der Bezugswissenschaften bzw. -disziplinen eigene umfassende theoretische, didaktisch und methodisch fundierte Förder- und Begleitungskonzepte zu entwickeln, zu erproben, zu evaluieren und letztlich wieder für pädagogische Settings im schulischen und außerschulischen Bereich zur Verfügung zu stellen.

Gleichzeitig muss das Fach auch darauf bedacht sein, nicht aus naheliegenden Gründen des Selbsterhalts jeder populistisch-alarmistischen Stimmung und Stimmungsmache zu folgen, ebenso die Sachverhalte der Spontanremission, des auch ohne Hilfestellung wieder Herauswachsens aus schwierigen Lebenszeiten mit in den Blick zu nehmen und das zuwartende und unaufdringliche Begleiten, Nicht-Intervenieren und Aushalten als eine wesentliche pädagogische Methodik neben solchen der aktiven Förderung, Prävention und Intervention zu verankern. Mit Sorge betrachtet der Verfasser Bestrebungen innerhalb des Fachgebietes, sich aus primär- bzw. universellpräventiver Perspektive nicht nur auf das Schulalter zu beziehen, sondern schon Kinder im Vorschulalter in den Blick zu nehmen und sie auf ein Funktionieren im schulischen Kontext vorzubereiten. Hier stellt sich gerade angesichts der Unbestimmtheit und der potentiellen Allzuständigkeit des Präventionsdenkens schon die Frage nach den zwingend notwendigen Freiräumen des Aufwachsens mit all ihren manchmal auch dramatischen und belastenden Erfahrungsgeschichten und „Kollateralschäden des Aufwachsens", die dennoch nicht pädagogischer Zumutungen und Aufdringlichkeiten bedürfen. Zumindest sind solche, durchaus wohlgemeinten, Programme Anlass, sich neben den drängenden methodisch-didaktischen Herausforderungen gerade der inklusiv intendierten schulischen Programmatik wieder einmal grundsätzlich der Frage zuzuwenden, wie nicht nur eine solche inklusiv gedachte und praktizierte Schule unter Einschluss und zum Wohle aller Beteiligten funktionieren könnte, sondern vor allem, ob das mit der schulischen Inklusion verbundene und gemachte Versprechen der Vorbereitung auf und des Lernens für eine entsprechend inklusiv gedachte und angelegte Gesellschaft eingelöst werden kann und soll. Hier besteht zweifellos die gesellschaftspolitische Aufgabe des Faches, sich zunächst auch als Anwalt derjenigen (jungen) Menschen zu verstehen, die sich gegen Ungleichheit, Marginalisierung und sozialen Ausschluss nicht wehren können, deren Erfahrung und Fähigkeiten von vornherein aber aktiv einbezogen werden sollen und sie so zu fördern, dass sie zunehmend sich selbst vertreten können (Labonté-Roset, 2016, S. 12).

Literatur

Arbeitskreis Kinder- und Jugendhilfestatistik (AKStat) (2018). *Monitor Hilfen zur Erziehung 2018. „Inanspruchnahme und Adressat(inn)en der erzieherischen Hilfen"*. Zugegriffen am 12.01.2019. Verfügbar unter: http://www.hzemonitor.akjstat.tu-dortmund.de/2-inanspruchnahme/21-erneut-ueber-1-mio-junge-menschen-in-den-hilfen-zur-erziehung/.

Freyberg von, T. & Wolff, A. (Hrsg.) (2005). *Störer und Gestörte. Band 1: Konfliktgeschichten nicht beschulbarer Jugendlicher*. Frankfurt a. M.: Brandes & Apsel.

Giesecke, H. (2015). *Pädagogik als Beruf – Grundformen pädagogischen Handelns* (12. Aufl.). München: Beltz Juventa.

Goetze, H. & Neukäter, H. (Hrsg.) (1989). *Handbuch der Sonderpädagogik. Band 6. Pädagogik bei Verhaltensstörungen*. Berlin: Wissenschaftsverlag Spiess.

Hiller, G. G. (2007). Aufriss einer kultursoziologisch fundierten, zielgruppenspezifischen Didaktik. In U. Heimlich & F. Wember (Hrsg.), *Didaktik des Unterrichts im Förderschwerpunkt Lernen. Ein Handbuch für Studium und Praxis* (S. 44-55). Stuttgart: Kohlhammer.

Holthusen, B. (2016). Vielfach auffällige straffällige junge Menschen – die Entwicklung der Gewaltprävention in den letzten 25 Jahren – aktuelle Diskussionen sowie künftige Bedarfe in der Gewaltprävention. In S. Voß & E. Marks (Hrsg.), *Internetdokumentation des Symposions „25 Jahre Gewaltprävention im vereinten Deutschland – Bestandsaufnahme und Perspektiven, Berlin*. Zugegriffen am 12.01.2019. Verfügbar unter: http://www.gewaltpraevention.de/dokumentation.

Labonté-Roset, C. (2016). *Soziale Arbeit als Menschenrechtsprofession. Vortrag auf der Tagung „Schön deutsch? Zivilgesellschaftliche Ansätze in der Auseinandersetzung mit Ideologien der Ungleichwertigkeit"* am 15.04.2016, Dresden. Zugegriffen am 04.01.2019. Verfügbar unter: http://www.weiterdenken.de/sites/default/files/uploads/2016/05/vortrag_labonte-roset.pdf.

Myschker, N. & Hoffmann, M. (1984). *Unterricht mit jugendlichen Inhaftierten*. Hagen: Fernuniversität.

Statistische Veröffentlichungen der Kultusministerkonferenz (2016). *Dokumentation Nr. 210 – Februar 2016: „Sonderpädagogische Förderung in Schulen 2005 bis 2014"*. Bearbeitet im Sekretariat der Kultusministerkonferenz. Zugegriffen am 14.01.2019. Verfügbar unter: https://www.kmk.org/fileadmin/Dateien/pdf/Statistik/Dokumentationen/Dok_210_SoPae_2014.pdf.

Staub-Bernasconi, S. (2007). Soziale Arbeit: Dienstleistung oder Menschenrechtsprofession? Zum Selbstverständnis Sozialer Arbeit in Deutschland mit einem Seitenblick auf die internationale Diskussionslandschaft. In A. Lob-Hüdepohl & W. Lesch (Hrsg.), *Ethik Sozialer Arbeit – Ein Handbuch* (S. 20-54). Paderborn: UTB/Schöningh.

Walkenhorst, P. (2015). Zum Verhältnis von Jugendhilfe und Jugendstrafrechtspflege – Versäulung oder gemeinsamer Förderauftrag? In T. Rotsch, J. Brüning & J. Schady (Hrsg.), *Strafrecht – Jugendstrafrecht – Kriminalprävention in Wissenschaft und Praxis. Festschrift für Heribert Ostendorf zum 70. Geburtstag am 7. Dezember 2015* (S. 901-915). Baden-Baden: Nomos.

Reflexionsfähigkeiten im Hochschulmilieu entwickeln.
Theorie, Forschung und Lehre

*David Zimmermann, Katharina Obens
und Ulrike Fickler-Stang*

Abstract

Der Beitrag beschäftigt sich mit theoretischen Überlegungen und praktischen Umsetzungs-ideen zur Frage der Förderung von Reflexionsfähigkeit im Rahmen von pädagogischer Professionalisierung in der Hochschule. Dazu werden zwei Projekte aus der Abteilung Pädagogik bei psychosozialen Beeinträchtigungen an der Humboldt-Universität zu Berlin vorgestellt, die eine kontinuierliche Thematisierung von (schulischen) Beziehungsprozessen in verschiedenen Lehrangeboten umsetzen: Das erste Praxisbeispiel stellt ein forschungsorientiertes Methoden-Seminar im Bachelor-Studium dar, in dessen Verlauf ein studentisches Interviewprojekt zu ethischen Fragen in sonderpädagogischen Forschungsprojekten durchgeführt wurde. Das Seminarkonzept bietet als „Best-Practice-Beispiel" Anregung zur Thematisierung von „praktischer Ethik", im Sinne der Identifikation und Aushandlung ethischer Fragen im Vollzug studentischer Forschungsprojekte, als universitäres Lehr-Lernarrangement. Das zweite Beispiel thematisiert Erkenntnisse und Ideen zur Professionalisierung im Praxissemester. Gemeinsam mit Studierenden wurde ein Reflexionsinstrument (für Studierende und begleitende Mentoren) ausgearbeitet, welches das Nachdenken über schulische Erfahrungen (u.a. zu Emotionen im Unterrichtsgeschehen sowie der Schüler-Lehrer-Beziehung) für die Studierenden anleitet und zugleich Daten zum Nachvollzug der Prozesse des Theorie-Praxis-Transfers für die Weiterentwicklung der universitären Lehre erhebt. Der Artikel schließt mit Überlegungen zu den Grenzen und Möglichkeiten der Entwicklung einer reflexiven Professionalität in der Hochschule als „affektivem Milieu", wobei die Frage thematisiert wird, wie ein affektives Umfeld für Dozierende und Studierende aussehen müsste, das eine Professionalisierung im Sinne des „reflective practitioner" zumindest erleichtert.

Keywords

Lehrerbildung, Professionalisierung, Reflexionsfähigkeit, Praxissemester, Partizipation an der Hochschule, Forschungsethik

1 Annäherungen an professionelle Reflexionsfähigkeit

Reflexion und Evaluation des unterrichtlichen Handelns und der eigenen Rolle sind für die Lehrkräfte unabdingbar, um *unbewusste* Handlungsmuster aufzudecken, *eigene Anteile* bei schwierigen Interaktionen bewusst zu machen und nach Möglichkeit Veränderungen *einzuleiten* (Sekretariat der Ständigen Konferenz der Kultusminister, 2000, S. 14).

Die Leitlinien der Kultusministerkonferenz zum Förderschwerpunkt „Emotionale und Soziale Entwicklung" betonen grundlegende Professionalisierungsaspekte für Fachkräfte der Arbeit mit psychosozial beeinträchtigten Menschen. Guter Unterricht, entwicklungsförderliche Beziehungsarbeit und die Subjektlogik integrierende Erziehungsarbeit beruhen diesen Annahmen zufolge auf einer umfänglichen Reflexion des schulischen Miteinanders. Dies inkludiert die Perspektivübernahme für die Schülerinnen und Schüler unter der Maßgabe, dass deren Lern- und Entwicklungsmöglichkeiten in erheblichem Maße durch unbewusste Psychodynamiken geprägt sind (denen wiederum reale äußere Beziehungserfahrungen zugrunde liegen). Von hoher Bedeutung ist hier, dass diese Reflexion nicht „nur" die Förderung emotionaler und sozialer Kompetenzen zum Ziel hat. Vielmehr lassen sich auch die Bedeutung von Unterrichtsgegenständen und ihre Vermittlung (Didaktik) nicht reflektieren, wenn die unbewussten Dynamiken unberücksichtigt bleiben (Neidhardt, 1977; Zimmermann, 2019). Deshalb muss ihre Wirkmächtigkeit zunächst einmal (an-)erkannt werden, um dann partiell entschlüsselt zu werden.

Andererseits umfasst „Reflexion" hier noch einen zweiten Aspekt: Sich „selbst von außen zu sehen", also die eigenen Bedürfnisse, Wünsche, Fantasien und Ängste, die den Unterricht mitprägen, in das intensive Nachdenken über das Interaktionsgeschehen einzubeziehen. Zwar lässt sich gut begründen, dass es pädagogische Fachkräfte immer auch mit dem eigenen „inneren Kind" zu tun hätten (Bernfeld, 1925/2013, S. 118). Gleichwohl ist affektive Verwicklung eigener innerer Repräsentanzen der Fachkräfte mit denen erheblich beeinträchtigter Kinder und Jugendlicher durchaus durch spezifische Emotionen wie Hilflosigkeit oder so genannte „goldene Fantasien" geprägt (Cohen, 2014; Zimmermann, 2018). Veränderungen im Beziehungsgeschehen und damit schlussendlich im Verhalten beruhen deshalb auf jener doppelbödigen Reflexion und können stets nur „eingeleitet", niemals hingegen geplant und in ihrer Wirkung berechnet werden.

Was bedeuten diese kursorischen Annäherungen an die KMK-Empfehlungen nunmehr für die hochschulische Bildung angehender Lehrkräfte mit dem Förderschwerpunkt „Emotionale und Soziale Entwicklung"? Zunächst einmal kann eine umfassende Professionalisierung in Anlehnung an das eben Geschriebene eigentlich nur in einer Verschränkung fachdidaktischer, erziehungswissenschaftlicher und spezifisch sonderpädagogischer Studienanteile gedacht werden. Unbestritten aber stellt die Internalisierung professioneller Reflexivität ein Kernparadigma der Ausbildung in der Pädagogik bei psychosozialen Beeinträchtigungen dar. Jenseits idealistischer Konzeptualisierungen umfassender Bildungsprozesse an der Hochschule kann eine solche Reflexivität besonders in studentischen Forschungsprojekten, Lehrveranstaltungen sowie in Begleitveranstaltungen zu Praxisbestandteilen des fachdisziplinären Studiums angebahnt und vertieft werden.

Der oben skizzierte Mehrebenencharakter einer reflexiven Professionalisierung in der Arbeit mit (erheblich) psychosozial beeinträchtigten Kindern und Jugendlichen erfordert eine Integration (selbst-)reflexiver Veranstaltungsformate in die universitäre Lehre bereits zu Beginn des Studiums. Erst ein kontinuierliches, auf intensives Nachdenken über Beziehungsprozesse ausgerichtetes Lehrangebot kann den zirkulären Prozess der Entwicklung von (Selbst-)Reflexionsfähigkeit bestmöglich unterstützen.

Unter dieser Perspektive werden im vorliegenden Artikel zunächst zwei Projekte aus der universitären Forschung und Lehre zur Förderung der Reflexionsfähigkeit vorgestellt und abschließend die Bedeutsamkeit eines hochschulischen Milieus als Kernbedingung für die Herausbildung pädagogischer Professionalität diskutiert. Der Beitrag stellt eine Weiterentwicklung eines gemeinsamen Panels der Abteilung „Pädagogik bei psychosozialen Beeinträchtigungen" der Humboldt-Universität zu Berlin zur 10. Konferenz der Dozentinnen und Dozenten der Pädagogik bei Verhaltensstörungen/Erziehungshilfe an der Pädagogischen Hochschule Ludwigsburg dar.

2 Projekt 1: „Selbstreflexionen lauschen", oder: Wie kann man Forschungsethik in der sonderpädagogischen Methodenlehre vermitteln?

Das Seminar-Forschungsprojekt zum Thema praktische Ethik in sonderpädagogischen Forschungsprojekten wurde im Wintersemester 2017/18 am Lehrstuhl Pädagogik bei Verhaltensstörungen der Universität Würzburg realisiert. Dazu wurde im Rahmen eines Methoden-Seminars eine qualitative Pilotforschung konzipiert und mit Studierenden im Bachelor-Studium durchgeführt[1]. Das Seminar war nach dem Konzept der „forschungsorientierten Lehre" konzipiert. Jenes Konzept beinhaltet nach Huber ein Lehrkonzept, das zur (studentischen) Forschungstätigkeit hinführt, Etappen und Methoden (qualitativer) Forschungsprozesse vermittelt und eine eigenständige Durchführung von Forschungsmethoden ermöglicht (Huber, 2014, S. 24f.). Dabei wurde ein aktuelles und gesellschaftlich relevantes Thema der Disziplin aufgegriffen: Die Vorstellungen von Forschungsethik von Forschenden in der Sonderpädagogik, ihre praktischen Fragen zu ethischen Problemen und die Frage nach der Notwendigkeit von Ethik-Richtlinien für die Disziplin. Dazu wurden im Dezember 2017 bis Februar 2018 Interviews mit sieben forschenden Sonderpädagogen (Master-Studentinnen und -Studenten; Doktoranden und einem Professor) und einer Behindertenrechtsaktivistin durchgeführt.

Im Seminar wurden so zentrale ethische Fragen in einer Art doppelter Reflexionsschleife thematisiert: Zum einen wurde in der Durchführung der Interviews und gemeinsamen Analyse im Seminar die Frage thematisiert, wie Forschende in der Sonderpädagogik ihre ethischen Fragestellungen in Bezug auf die eigene Forschungspraxis problematisieren (und welche Erkenntnisse Studierende gewinnen können, wenn man Interviews mit Forschenden durchführt). Zum anderen wurden die generierten Forschungsdaten hinsichtlich wesentlicher ethischer Fragestellungen der Sonderpädagogik ausgewertet.

Die Ergebnisse der Pilotierung in Form eines Werkstattberichts können – so die Hoffnung – erste Hinweise auf Schwachstellen in der universitären Vermittlung von Forschungsethik liefern und die Auseinandersetzung mit dem Thema in der Sonderpädagogik (in Form eines Best-Practice-Beispiels) weitergehend befördern.

---

1 An dieser Stelle möchte ich mich bei allen Studierenden für die engagierte Mitarbeit bedanken.

2.1 Reflexivität und Forschungsethik in der sonderpädagogischen Lehre

Aktuell gibt es in den Sozialwissenschaften eine lebhafte Diskussion zum Thema Reflexivität und Forschungsethik in der qualitativen Forschung (von Unger, Narimani & M'Bayo, 2014; von Unger, Dilger & Schönhuth 2016), die aber nur geringen Einfluss auf den sonderpädagogischen Diskurs hat. Dies ist für universitäre Professionalisierungsprozesse insbesondere deshalb bedauerlich, weil die Auseinandersetzung mit Forschungsprozessen nicht nur akademische Fragen tangiert. Vielmehr lassen sich im Rahmen studentischer Forschungsprojekte auch ethische Grundfragen pädagogischer Haltungen reflektieren, die für schulische wie außerschulische pädagogische Praxis von herausgehobener Bedeutung sind: Ethische Prinzipien wie Autonomie, Schadensvermeidung, Fürsorge und Gerechtigkeit (Beauchamp & Childress, 2001) können auch in einem Spannungsverhältnis zueinander stehen und werden in Forschungsprozessen in praktische Fragen „übersetzt" und damit erfahrbar (beispielsweise in die Frage „Wie formuliere ich meine Einwilligungserklärung, damit auch Menschen mit weniger Lesekompetenz sie verstehen?").

Forschungsethische Fragestellungen beziehen sich folglich in erster Linie auf die Gestaltung der Forschungsbeziehungen, den Umgang mit Informationen und den Schutz von persönlichen Daten. Grundsätze wie die Notwendigkeit der Einholung eines informierten Einverständnisses (u.a. von Menschen mit geistiger Behinderung) stellen in der sonderpädagogischen Forschung oftmals ein Problem dar. In Bezug auf die Anonymisierung besteht heute, aufgrund der weiteren Verbreitung sozialwissenschaftlicher Forschungsergebnisse über das Internet, die Gefahr, dass beispielsweise beforschte Schülerinnen und Schüler leichter identifiziert werden können.

Forschungsethische Fragen verlangen so nach der Reflexion eigener Wertvorstellungen und Einstellungen, auch in Bezug auf die oftmals marginalisierten Forschungsteilnehmerinnen und -teilnehmer. Nicht zuletzt die Geschichte der Sonderpädagogik als Disziplin macht deutlich, dass exkludierende Praktiken und der Mangel an Auseinandersetzung mit ethischen Fragen in sonderpädagogischen Forschungsprozessen und in der Praxis tiefgreifende ethische Problemfelder darstellen[2]. Trotzdem gibt es – beispielsweise im Gegensatz zur Psychologie oder Soziologie[3] – noch keine eigenständigen Ethik-Richtlinien für die Forschungspraxis oder Einrichtungen ethischer Kontrolle in der Sonderpädagogik (Stein & Müller, 2015, S. 162).

Im Zuge des Aufkommens der Disability Studies und der Inklusiven Forschung hielten zwar nichtexkludierende Forschungsparadigmen und neue Qualitätskriterien (mit einiger Verspätung) Einzug in die deutsche Forschungslandschaft (Buchner, Koenig & Schuppener, 2016, S. 13). Trotzdem werden erstens der Reflexion forschungspraktischer ethischer Fragestellungen im Studium immer noch wenig Raum zuerkannt; zweitens in vielen aktuellen Methoden-Lehrbüchern ethische Fragen nicht als gesondertes Thema behandelt (vgl. u.a. Koch & Ellinger, 2015; Katzenbach, 2016) sowie drittens Fragestellungen „nichtexklusiver Ethik" in der aktuellen Literatur zumeist nur in Hinblick auf grundlegende Fragestellungen der (Ge-

---

2 Zur (kritischen) Geschichte der sonderpädagogischen Forschung vgl. Biewer & Moser, 2016, S. 24f.; zur Mitarbeit von Sonderpädagogen an NS-Gesetzgebungen vgl. Hänsel, 2012, S. 243; zur Sozialwissenschaft allgemein vgl. von Unger, Narimani & M'Bayo, 2014, S. 16).

3 In diesem Zusammenhang kritisiert von Unger aber auch die Praxis in der Soziologie, wo zwar Anfang der 1990er-Jahre ein Ethik-Kodex formuliert wurde (BDS & DGS, 1993, https://www.soziologie.de/de/die-dgs/ethik/ethik-kodex/.), es aber in der Praxis den Forschenden weitestgehend selbst überlassen wird, sich zu kontrollieren. Das Ergebnis ist – so von Unger – „ein fortgesetzter Winterschlaf" der akademischen Selbstkontrolle (von Unger, Narimani & M'Bayo, 2014, S. 17).

schichte der) Profession und der Berufspraxis, nicht aber der Forschung diskutiert (Dederich & Schnell, 2011; Moser & Horster, 2011). Sammelbände mit gezielt inklusiver Ausrichtung (u.a. Buchner, Koenig & Schuppener, 2016) behandeln jedoch zentral die Reflexion von Wertvorstellungen Forschender, diskutieren Machtstrukturen in Forschungsprojekten oder bieten „Tipps" für die praktische Umsetzung inklusiver Forschungsprozesse (Williams, 2016; von Unger, 2016a, 2016b). Einige sonderpädagogische Lehrbücher behandeln zudem auch Fragen der Wissenschaftsethik (Stein & Müller, 2015).

2.2 Seminarkonzeption

Innerhalb des Seminars wurden zunächst die Methodenkenntnisse vermittelt, Sitzungen zum Thema Forschungsethik durchgeführt und dann gemeinsam Interviewfragen zur Forschungspraxis und möglicher ethischer Probleme in sonderpädagogischen Forschungsprojekten erarbeitet. Die (teilweise eigenständige) Durchführung der Interviews ermöglichte eine direkte Auseinandersetzung mit forschungsbezogenen, ethischen Reflexionsprozessen der Interviewten (aller sonderpädagogischen Fachrichtungen der Universität Würzburg).

Dazu wurden gemeinsam ein Interessens-Cluster erarbeitet und folgende Forschungsfragen formuliert:

1. Welche ethischen Fragen beschäftigen die Forschenden, die unter den besonderen Bedingungen des Feldes der Sonderpädagogik forschen?
2. Stichwort Reflexivität: Wie gestaltet sich ihr Umgang mit der eigenen Position und Verantwortlichkeit als Forscherin und Forscher und wie positioniert man sich gegenüber Qualitätskriterien der Forschung (Feldzugang, informierte Einwilligung etc.)?
3. Welche Herausforderungen und Barrieren der sonderpädagogischen Forschung bedingen insbesondere ethische Fragestellungen in der praktischen Projektumsetzung?
4. Welche Literatur zum Thema haben die Forschenden gelesen, welche Diskurse greifen sie auf, wenn sie ihre Forschungspraxis in Bezug auf ethische Problemfelder reflektieren?
5. Und: Wünschen sich die Forschenden konkrete ethische Richtlinien für die Sonderpädagogik (prozedurale Ethik) oder mehr Lehre/Reflexionsmöglichkeit zu ethischen Fragen in eigenen Forschungsprojekten im Studium (praktische Ethik)?

Im Anschluss wurden aus den Forschungsfragen gemeinsam Leitfäden für problemzentrierte Interviews (Witzel, 1985) sowie ein Interviewleitfaden für ein Interview mit einer Behindertenrechtsaktivistin erarbeitet, die zur Frage von Erfahrungen von Menschen mit Behinderungen in Forschungsprojekten und der Notwendigkeit von Ethik-Richtlinien von der Dozentin in Berlin interviewt wurde. Die Interviewpartnerinnen und Interviewpartner wurden u.a. gebeten aus ihren Forschungsprojekten zu erzählen, sie wurden gefragt, was für sie Ethik in der Forschung bedeutet und sie wurden ermutigt, mögliche eigene ethische Problemstellungen und ihre Lösungswege zu schildern.

Da neben Dozierenden auch Masterstudierende interviewt wurden, wurden Zusatzfragen, ob sich die Interviewpartnerinnen und -partner im Laufe ihres Studiums bereits mit dem Thema Forschungsethik auseinandergesetzt hätten und ob sie meinten, dass im Studium intensiver auf dieses Thema eingegangen werden sollte, in die Interviews integriert.

2.3 Die Ergebnisse der studentischen Mikroforschung: „Was bedeutet Ethik im Forschungsprozess für Sie?"

Die Interviews dauerten 12 bis 120 Minuten, wurden von studentischen Hilfskräften transkribiert und von Katharina Obens unter der Mitarbeit von Andrea Dietz mittels einer strukturierenden Inhaltsanalyse nach Mayring (2010)[4] ausgewertet. Dazu wurden computergestützt zu den einzelnen Fragestellungen induktive Kategorien gebildet und Interviews mithilfe von Ankerbeispielen codiert. Im Folgenden werden die Hauptergebnisse in knapper Form zusammengefasst und mittels der Ankerbeispiele dargestellt:

Zentrales Ergebnis der Mikroforschung ist, dass die befragten Master-Studierenden sich zunächst an den Grundsätzen der praktischen Ethik, bzw. dem kategorischen Imperativ von Kant orientieren. Eine Studierende drückte das in ihrer persönlichen Ethik-Definition (die wir hier als Ankerbeispiel darstellen) folgendermaßen aus: „[...] dass ich das Gefühl habe, dass ich da jetzt nichts verlange von den Leuten, was ich nicht auch machen würde".

Die vertiefte praktische Auseinandersetzung mit dem Thema Forschungsethik stellt sich nach unseren Ergebnissen insbesondere in der Qualifikationsphase ein, aber auch schon einzelne Master-Studierende teilten ihre Bedenken mit uns. Im Mittelpunkt stand dabei zumeist die Interviewer-Interviewten-Beziehung und eine befürchtete mögliche Retraumatisierung der belasteten Interviewpartnerinnen und -partner durch die Inhalte der Fragen, wie folgendes Ankerbeispiel darstellt:

> Zum Beispiel habe ich mir gedacht, ich habe halt eine Frage zu körperlichem Missbrauch, da habe ich mir gedacht: ‚Kann ich das fragen? Kann ich das nicht fragen? Löse ich da nicht was aus?

Im Blick auf beforschte Jugendliche (hier: junge Geflüchtete) in einem Forschungsprojekt wurde ein ganz anderes Verständnis vom Ablauf der Forschung bei den Befragten offenkundig, welches von den Forschenden viel Geschick und Sensibilität in der Vermittlung ihrer Forschungsinteressen abverlangte:

> Und dann haben wir kurz erzählt was wir machen und dann hat einer den Begriff Forschung gehört und hat das in den biologischen, medizinischen Bereich eingeordnet und hat dann gefragt: ‚Kommen wir dann in einen Käfig?' [...] Also da muss man wirklich in Kommunikation kommen und das erklären, was man vorhat.

Der interviewte Professor (als erfahrende Forscher) fasst ethische Fragen in erster Linie als Fragen des Datenschutzes (der neuen Datenschutz-Grundverordnung, DSGVO), der Beteiligung der Forschungsteilnehmerinnen und -nehmer und der Nutzerorientierung auf. Er thematisiert beispielsweise, dass noch vor wenigen Jahren in einem Forschungsprojekt zur Inklusion von Schülerinnen und Schülern mit geistiger Behinderung die Teilnahme derselben infrage gestellt wurde. Und kritisiert diese noch bis vor kurzem vorherrschende Praxis als Bevormundung. Mit der Gewissheit des Nutzens seiner Forschung für Menschen mit Behinderungen leitet der Befragte für sich auch die Rechtfertigung für sensiblere Fragen an die Forschungsteilnehmerinnen und -teilnehmer her. Demnach haben ihn „ethische Fragen im eigentlichen Sinne, zum Beispiel, dass wir sehr persönliche Daten abgefragt haben" nicht tiefgehend beschäftigt, weil „ich immer davon ausgegangen bin, dass mein Interesse ein Interesse daran ist, die Bildungs- und Entwicklungsmöglichkeiten für Menschen mit Behinderungen zu verbessern, zu erweitern." Die zeitliche Perspektive von Selbstreflexionsprozessen durch mehr Forschungserfahrung wurde zudem bei Fragen der Nutzerorientierung und der theoretischen Fundierung der praktischen ethischen Fragestellungen oder Untersuchungsde-

---

4 Das Ziel strukturierender Inhaltsanalyse ist, „bestimmte Aspekte aus dem Material herauszufiltern, unter vorher festgelegten Ordnungskriterien einen Querschnitt durch das Material zu legen oder das Material aufgrund bestimmter Kriterien einzuschätzen" (Mayring, 2010, S. 65).

signs relevant: Eine Beschäftigung mit der Nutzerorientierung stellte sich (im Rahmen dieser Mikrostudie) erst mit einer umfassenderen Forschungserfahrung ein. Dabei wurde von guten Erfahrungen mit Publikationen in Leichter Sprache berichtet. Auch geben die Nachwuchswissenschaftlerinnen und -wissenschaftler an, sich nicht mit ethischen Diskursen, z.B. aus den Disability Studies, bzw. mit den Richtlinien Inklusiver Forschung beschäftigt zu haben, was auf eine Unterrepräsentanz dieser Ansätze im Studium der Sonderpädagogik schließen lässt.

Die Entwicklung des Datenschutzes thematisiert der interviewte Professor und argumentiert, dass aus heutiger Perspektive ethisch relevante Fragestellungen unter den aktuellen Datenschutzrichtlinien vielleicht nicht mehr erhoben werden dürften. Dabei hat qualitative sonderpädagogische Forschung (beispielsweise aufgrund der geringen Anzahl an Förderschulen) Probleme mit der Anonymisierung. Der Befragte argumentierte am Beispiel eines Projektes aus dem Kollegenkreis folglich kritisch:

> Ein Projekt, was in allen Bundesländern erhoben werden sollte, war sexueller Missbrauch in Förderschulen [...]. Da weiß ich, dass das Projekt in vielen Bundesländern abgelehnt wurde, weil schon die Erhebung der Informationen in Bezug zur Behinderung und zum Wohnort der Schüler Rückschlüsse auf die Person hätte erlauben können.

Dadurch aber, dass jene sensiblen Daten nicht erhoben werden durften, sei eine durch die Forschung unter Umständen realisierbare Sensibilisierung für sexuellen Missbrauch in Förderschulen nicht möglich gewesen:

> Wir sind beim Datenschutz jetzt in der sonderpädagogischen Forschung in einer sehr schwierigen Situation, sobald man sehr bedeutsame, personennahe Fakten sammeln will, kommt man oft in die Situation, dass das nicht mehr gestattet ist [...]. Und damit werden aber diese Informationen nicht erhoben.

In Zeiten strenger Datenschutzrichtlinien auf der einen und großer Forschungsdatenbanken auf der anderen Seite stellt sich demnach merklich eine höhere Sensibilität, aber auch Kritik an der Praxis des Gesetzgebers und von Geldgebern ein: Eine Forschende formuliert demnach ihre Bedenken bezüglich der Abgabe ihrer sensiblen Daten (u.a. von Nichtregierungsorganisationen) an ein Forschungsdatenmanagement des Geldgebers der Drittmittelforschung. Zur Frage, ob im Studium der Sonderpädagogik eine intensivere Auseinandersetzung mit dem Thema Ethik angestrebt werden sollte, wird deutlich, dass jene Diskussion von der Hälfte der Befragten als eine Domäne der Pädagogik bei geistiger Behinderung angesehen wird. Bezogen auf Pädagogik bei Verhaltensstörungen/Pädagogik bei psychosozialen Beeinträchtigungen meint eine Befragte:

> Ich glaube, der Begriff Ethik fällt halt einfach nicht so oft, aber, wenn man sich das so ein bisschen übersetzt und weiterdenkt und ein bisschen über den Tellerrand schaut, dann sind das schon die Bereiche, die ja auch abgedeckt werden. Jetzt geht ja nun nicht jeder in die Forschung. Hauptschwerpunkt ist die Ausbildung auf Lehramt und [...] da ist jetzt Ethik in der sonderpädagogischen Forschung nicht das Thema, womit man sich so primär beschäftigt.

Die Masterstudierenden und Doktoranden befürworteten zwar eine Diskussion über ethische Forschungs-Indizes in der Sonderpädagogik, wünschten sich aber in erster Linie eine intensivere Auseinandersetzung mit forschungsethischen Fragen im Studium. Von professoraler Seite gab es Kritik an institutionalisierten Prüfverfahren – in erster Linie im Hinblick auf die umständlichen und zeitraubenden Verfahren der Schulbehörden. Alle Interviewpartnerinnen und -partner meinen zudem, dass keine eigenen Richtlinien für die Sonderpädagogik entwickelt werden sollten, sondern vielmehr die Pädagogik als Disziplin allgemein die besonderen Bedürfnisse von Schülerinnen und Schülern mit Förderbedarf in ethischen Richtlinien konsequent mitdenken sollte.

In diesem Sinne forderte die interviewte Behindertenrechtsaktivistin, bei den Haltungen der Forschenden anzusetzen. Sie sollten sich der eigenen Haltung zunächst bewusstwerden und sich auch im Prozess immer wieder vergewissern, ob die eigenen Forschungsprojekte nicht zumindest implizit weiterhin Menschen bevormunden:

> Also für sich, zu allererst die Haltung auch zu verinnerlichen, eben nichts über uns, ohne uns. Und immer wieder eine Schleife nehmen, auch wenn es dauert, auch wenn es mehr Zeit kostet und dadurch wahrscheinlich auch mehr Geld [...]. Also genauso wie es mein Anspruch ist. Wenn ich zum Beispiel etwas in Leichter Sprache entwickle, dann lass ich das gegenlesen. Immer. [...] Und frage: ‚Ist das in Ihrem Sinn?‘ [...] Also für mich ist Partizipation tatsächlich erst Partizipation, wenn ich auch etwas mitentscheiden kann und eben nicht nur dabei bin. Dabei sein ist in dem Fall wirklich nicht alles.

Konkret geht es dabei auch um praktische Fragen, wie die Reduktion von Barrieren für die Mitforscherinnen und Mitforscher:

> Also sich da wirklich reinzuversetzen und zu sagen ‚Wie müssen wir das anbieten?‘ Auch zum Beispiel Einwilligungserklärungen in barrierefreier Form. Das finde ich, das geht nicht ohne. Und für mich ist das so ein Standard, der umgesetzt werden muss.

2.4 Diskussion

Die Interviews ermöglichten den Studierenden wertvolle Einblicke in Prozesse der ethischen Selbstvergewisserung und der Suche nach eigenen Standpunkten der forschenden Sonderpädagoginnen und Sonderpädagogen. In der Erstellung der Interviewleitfäden und der Durchführung der Interviews konnten sie erste eigene Erkenntnisse sammeln und machten die Erfahrung, dass manche Interviewfragen sich in der konkreten Situation als sensibler herausstellten als zuvor antizipiert. Dabei konnte auch bereits im Seminar die Problematik der lediglich oberflächlichen Auseinandersetzung mit Forschungsethik im Sinne einer alleinigen Orientierung an institutionellen Prüfverfahren und Ethik-Kodizes diskutiert werden. Jene „Erfüllungspraxis" könnte – so unsere Befürchtung – eine nur vordergründige Illusion ethischer Forschungspraxis vorspiegeln. Stattdessen müsste ethisches Forschungshandeln als kritische und dialogische Aushandlung moralischer und politischer Fragen im Forschungsprozess verstanden werden (Cannella & Lincoln, 2011, S. 317). Nur dies rechtfertigt dann die begründete Hoffnung, dass die in studentischen Forschungsprojekten gewonnenen Erkenntnisse mit Blick auf relationale und gegenstandsbezogene Fragen von Forschenden und Beforschten auch auf andere, ebenso durch hierarchische Beziehungen geprägte professionelle Dynamiken reflektiert werden können.

Das Studierenden-Feedback zum Seminarende erlaubt aber Rückschlüsse auf die Wichtigkeit der Verschränkung eigener forschungspraktischer Tätigkeit in Methoden-Seminaren bereits im Bachelor-Studium (und so die prozessorientierte Hinwendung zum Thema Forschungsethik) und den Einbezug von Theorien aus den Disability Studies und Forschungsrichtlinien aus der Inklusiven Forschung in die sonderpädagogische Methodenlehre. Dazu kann die hier vorgenommene Beschreibung des Seminarkonzeptes und die Ergebnisse des Forschungsprojektes als „Best-Practice-Beispiel" der Weiterentwicklung der universitären Methodenlehre dienen. Damit einher geht die Hoffnung auf eine Intensivierung der Diskussion über Forschungsethik – jenseits der Regelungen zu pädagogischen Forschungsprojekten, die auf Landesebene bei den Schulaufsichtsbehörden einzuholen sind und je nach Schulgesetz und Datenschutzrichtlinien der Länder differieren[5]. Zentrale Fragen in Bezug auf „praktische Ethik" (ethics in practice) im Sinne der Identifikation und Aushandlung ethischer Fragen im Vollzug eines Forschungsprojekts sollten dabei nicht sein: „Was ist alles erlaubt und wie erfüllen wir die Datenschutzrichtlinien?", sondern vielmehr „Wie begegnen wir unseren Forschungsteilnehmerinnen und -teilnehmern?", „Wie gestalteten wir eine tragfähige und gleichberechtigte Beziehung zu den potentiell marginalisierten Menschen in unseren Forschungsprojekten?", „Wie planen wir erfolgreiche inklusive Forschungsprojekte?" und: „Wie verständigen wir uns mit allen Beteiligten über unsere ethischen Grundsätze und den Sinn und Zweck unserer Forschung?"

3 Projekt 2: „Besondere Kinder – besonderer Unterricht – besondere Reflexion?" Anforderungen an hochschulische Angebote im Rahmen studentischer Praxiserfahrungen in der Lehramtsausbildung

Das zweite hier vorzustellende Projekt steht im Zeichen der zunehmenden bundesweiten Verzahnung von theoretischen und praktischen Elementen im Master-Studium des sonderpädagogischen Lehramts (Müller, 2010; Schüssler et al., 2017). Der Beitrag stellt u.a. ein Instrument unterrichtlicher Reflexion vor, welches gemeinsam mit den Studierenden des Praxissemesters im Förderschwerpunkt emotional-soziale Entwicklung der Humboldt-Universität zu Berlin entwickelt worden ist und der ebenso simplen wie komplizierten Frage nachspürt, was das Besondere im Förderschwerpunkt sein könnte. Zudem setzt sich der Teilbeitrag damit auseinander, inwiefern sich durch die neu etablierten Strukturen intensivierter Praxisphasen in der Lehramtsausbildung die Anforderungen an hochschulische Angebote der Begleitung verändert haben und wie diese Angebote perspektivisch bedürfnisorientierter gestaltet werden können und müssen. Hier stehen in erster Linie die Bedürfnisse der Studierenden im Mittelpunkt, die sich den veränderten strukturellen Herausforderungen stellen müssen. Der Prozess professioneller Reflexion betrifft aber insofern nicht nur die Studierenden, die sich in ihrer Rolle als temporäres Mitglied eines Kollegiums einfinden müssen, sondern auch die Professionellen auf Seiten der Universität, die sich in ihrer Rolle als Praxisbegleitende ebenso neu definieren müssen.

Seit nunmehr drei Jahren (ab 2015) ist in Berlin – wie in vielen anderen Bundesländern auch – das Praxissemester fest im Studium der Lehramtsausbildung aller Fach- und Schulrichtungen etabliert, wobei der Zeitpunkt der Durchführung im Studium von Bundesland zu Bundesland zwischen Bachelor- und Masterstudium variiert. Die Studierenden erhalten damit in der Regel die Möglichkeit, ein gesamtes Semester innerhalb des Studiums in einer Schule zu absolvieren.

> Ziel des Praxissemesters ist eine stärkere Verknüpfung von Universität und Schulpraxis, daher sind die Studierenden in diesem Semester in vielfältige Aktivitäten involviert, die an verschiedenen Lernorten stattfinden. Im Rahmen der praxisbezogenen Aktivitäten an der Schule sammeln die Studierenden wertvolle Erfahrungen. Diese Aktivitäten und Erfahrungen werden durch begleitende Lerngelegenheiten vor- und nachbereitet sowie reflektiert [...] (Leitfaden Praxissemester, 2018, S. 7).

---

5 Eine Zusammenstellung der Regelungen der Länder finden Sie unter: https://www.forschungsdaten-bildung.de/genehmigungen.

Die im Zitat genannten Lerngelegenheiten werden maßgeblich durch ein enges Netz universitärer Angebote geschaffen. Wie dieses Netz konstruktiv und ergebnisorientiert genutzt werden kann, zeigt die gemeinsame Entwicklung eines begleitenden Reflexionsinstrumentes[6], welches die Studierenden auf verschiedenen Ebenen in ihrer Praxisphase einsetzen können, um selbstreflexive Prozesse anzuregen und Anschlüsse für Gespräche mit den begleitenden Lehrkräften zu stiften. Das Instrument ist ein Ergebnis der intensiven Zusammenarbeit über mehrere Semester zwischen Studierenden und Lehrenden der Abteilung Pädagogik bei psychosozialen Beeinträchtigungen der HU Berlin.

Das Praxissemester ist als intensive Phase für die Studierenden in ihrer Rollenfindung und in ihrer Professionalisierung ein markanter Ausbildungsabschnitt mit vielen Veränderungen, Erfahrungen und Fragen (u.a. Košinár, Leineweber & Schmid, 2016). Im Fach Sonderpädagogik und hier vor allem im Bereich Pädagogik bei psychosozialen Beeinträchtigungen (schulisch in Berlin: Förderschwerpunkt emotional-soziale Entwicklung) sind die Studierenden vor große Herausforderungen gestellt: Zum einen sind sie selbst noch Studierende, werden aber in den Schulen aufgrund des enorm hohen Bedarfs an sonderpädagogischer Expertise über nahezu alle Fachrichtungen hinweg oftmals mit einem Expertenstatus ausgestattet, der ihrem Studien-, Erfahrungs- und Persönlichkeitsstand nur bedingt entspricht. Die damit verknüpften Erwartungen aller Beteiligten können deswegen fast zwangsläufig „nur" enttäuscht werden, denn die Studierenden können und sollen den komplexen Herausforderungen in den Schulen, beispielsweise symbolisiert durch die Ebenen „strukturelle Verantwortung(slosigkeit)", „Institutionsentwicklung" und „Professionalisierung", nicht durch vorschnelle Handlungsideen begegnen. Zu dieser teils ungünstigen Rollendiffusion gesellt sich zum anderen die Tatsache, dass nunmehr der Transfer überwiegend theoretischen Wissens aus dem Hörsaal in praktisches Handeln umgesetzt werden soll, welches gleichzeitig theoretisch fundiert ist und bleibt. Dabei stellt sich aus Sicht der Studierenden zurecht die Frage, wie dieser Transfer gut gelingen kann und wie dieses Gelingen niedrigschwellig und schulalltagsorientiert überprüft werden kann. Die Frage des Transfers in die Praxis begleitet die universitäre Lehrkräftebildung zwar von Beginn an, doch mit der Einführung des Praxissemesters wird diese Diskussion zunehmend ins Studium und damit viel intensiver in die Hochschulen überführt. Schon aus dieser Verantwortung heraus, die bei allen Herausforderungen ungleich viele Chancen zu innovativen und dynamischen Entwicklungen birgt, soll und muss sich universitäre Lehre deutlich fokussierter als bisher dieser Thematik annehmen und gleichzeitig sowie fast unmittelbar hierzu auftretende Fragen in den zum Praxissemester parallel laufenden Begleitveranstaltungen verhandeln.

Darauf eine Antwort zu finden und den Studierenden zur Reflexion ein Instrument an die Hand zu geben, war der klar formulierte Auftrag der Studierenden an die hochschulische Praxisbegleitung und zugleich auch der Auftrag an die Lehrenden selbst, mit der inhaltlichen und organisatorischen Gestaltung von Lehrveranstaltungen auf die veränderten Anforderungen zu reagieren. Dabei waren die Intentionen aus Sicht der Studierenden zunächst mit anderen Schwerpunkten versehen als aus Sicht der Universitätslehrenden, das avisierte Ziel aber im Grund recht ähnlich: Es sollte ein Instrument entstehen, welches die Möglich-

---

6 Detaillierte Informationen zum Instrument finden sich in: Fickler-Stang, U. (2019). Professionalisierung von Studierenden in der Lehramtsausbildung im Förderschwerpunkt emotional-soziale Entwicklung – gemeinsam Räume für Reflexion entwickeln und gleichberechtigte Partizipation schaffen. In D. Zimmermann, U. Fickler-Stang, L. Dietrich und K. Weiland (Hrsg.), Professionalisierung für Unterricht und Beziehungsarbeit mit psychosozial beeinträchtigten Kindern und Jugendlichen (S. 51-62). Bad Heilbrunn: Klinkhardt.

keit bietet, über unterrichtliche Erfahrungen im Besonderen und schulische Erfahrungen im Allgemeinen zu reflektieren und damit zugleich Prozesse der Professionalisierung Studierender zu initiieren und zu begleiten. Denn Reflexion über Unterricht im Förderschwerpunkt emotional-soziale Entwicklung ist immer auch Reflexion über Beziehungen (zu sich selbst, zu anderen und zum Thema) und zugleich ein Nachdenken über das Besondere im Umgang mit herausfordernden Verhaltensweisen der Schülerinnen und Schüler. Daneben ist die Frage nach einer besonderen Didaktik und Methodik unterrichtlichen Handelns von theoretischer und praktischer Relevanz – sowohl in der „akademischen" Wissensvermittlung gegenüber Studierenden als auch in deren Erfahrung im nunmehr etablierten Praxissemester im Rahmen der Lehramtsausbildung in Berlin (und anderswo). Das Reflexionsinstrument ist dynamisch – sowohl im Umfang als auch im Inhalt und wird in Zusammenarbeit mit den Studierenden der jeweiligen Kohorte im Förderschwerpunkt modifiziert und angepasst. Es dient zum einen als Möglichkeit, schulische Erfahrungen im Allgemeinen und unterrichtliche Erfahrungen im Besonderen niedrigschwellig und ohne großen Zeitaufwand im Schulalltag zu reflektieren. Zum anderen kann es als Struktur- und Systematisierungsleitfaden für begleitende Reflexionsgespräche mit den Mentorinnen und Mentoren vor Ort in der Schule genutzt werden. Hierbei besteht die Möglichkeit, sich auf ausgewählte Aspekte (bspw. Reflexion der Beziehungsebene, der subjektiven Wahrnehmung, didaktisch-methodischer Aspekte, der Sprachbildung etc.) zu fokussieren oder ganzheitliche Einschätzungen vorzunehmen. Die ersten – noch nicht evaluierten – Rückmeldungen aus der Praxis (Studierende und begleitende Lehrkräfte in der Schule) zeichnen ein positives Bild zum Einsatz. Die Studierenden empfinden eine Systematisierung verschiedener Themen hilfreich, zumal sich da eigeninitiativ sehr ausgewählte Schwerpunkte finden lassen und die Studierenden gleichwohl auch ganz grundlegende eigene Stimmungen reflektieren können.

Der Reflexionsbogen soll hier nur in Auszügen vorgestellt werden[7]: Neben grundsätzlichen Informationen zu schulorganisatorischen und unterrichtlichen Rahmenbedingungen und einer ersten Einschätzung der Studierenden von sich als Lehrperson zielt der Bogen zwar auch auf didaktische Momente ab (u.a. Zeit- und Unterrichtsplanung, Methoden, Binnendifferenzierung, Sprachbildung, Materialien, Umsetzung Förderplanung u.v.m.), hat aber in einem breiten Spektrum die Reflexion der Beziehungsebene zwischen Lehrkraft und Schülerinnen und Schülern im Blick. Die folgenden Items sind nur ein Auszug aus dem Bogen, der auf vier verschiedene Ebenen fokussiert:

I   Schulorganisatorische und unterrichtliche Rahmenbedingungen der jeweiligen Stunde/ des jeweiligen Lehr-/Lernarrangements[8]
II   Reflexion der Lehrkraft von einer ersten, eher globalen Einschätzung der eigenen Emotionen hin zu einer vermehrt systematischen Beurteilung der eigenen Person[9]
III Reflexion der Beziehung zwischen Lehrkraft und den Schülerinnen und Schüler
IV   Reflexion des Ablaufs und der Qualität des Unterrichts mit dem Fokus auf didaktisch-methodische Aspekte

---

7 Die Autorin stellt die jeweils aktuelle Fassung gern zur Verfügung, bitte Kontakt aufnehmen. Einen ausführlichen Bericht finden Sie in: Fickler-Stang, U. (2019).
8 Darstellung des Bereichs I. „Schulorganisatorische…" fehlt aus textökonomischen Gründen.
9 Darstellung des Bereichs II. „Reflexion der Lehrkraft…" fehlt aus textökonomischen Gründen.

3.1 Illustrativer Auszug aus dem Reflexionsbogen[10] – Blick auf die Reflexion der Beziehung zu den Schülerinnen und Schülern (Ebene III) sowie der Qualität des Unterrichts (Ebene IV)

Ich…	stimmt völlig	stimmt eher	stimmt eher nicht	stimmt gar nicht	keine Antwort möglich
kann mögliche intensive (positiv/negativ) Gefühle gegenüber einzelnen Schülerinnen und Schülern (SuS) verstehen und reflektieren.	☐	☐	☐	☐	☐
spreche die SuS mit Namen an.	☐	☐	☐	☐	☐
versuche, die SuS zu motivieren.	☐	☐	☐	☐	☐
bin mir der sozialen Strukturen der Klasse bewusst.	☐	☐	☐	☐	☐
bin ehrlich den SuS gegenüber.	☐	☐	☐	☐	☐
beachte die Dynamik in der Klasse während der Interaktionen.	☐	☐	☐	☐	☐
habe Kenntnisse über die individuellen Lernstände auf kognitiver und sozialer Ebene der SuS.	☐	☐	☐	☐	☐
achte auf die Bedürfnisse der SuS.	☐	☐	☐	☐	☐
kenne wichtige biografische Ereignisse der SuS (v.a. im Förderschwerpunkt) und bleibe „auf dem Laufenden".	☐	☐	☐	☐	☐
kenne die (schul-)diagnostischen Ergebnisse der SuS.	☐	☐	☐	☐	☐
nutze Rituale und Routinen der Klasse und entwickle eigene.	☐	☐	☐	☐	☐
gestalte einen guten Stundenbeginn.	☐	☐	☐	☐	☐
entwerfe/nutze gehaltvolle Arbeitsblätter.	☐	☐	☐	☐	☐
habe eine Vorstellung von Phasen mit einem gewissen Maß an Flexibilität.	☐	☐	☐	☐	☐
teile den SuS mit, was wir gemeinsam in der Stunde tun werden.	☐	☐	☐	☐	☐
erhalte den Unterrichtsfluss und Kontakt zur Klasse.	☐	☐	☐	☐	☐
beachte bestimmte Sprachaspekte und achte auf Sprachbildung.	☐	☐	☐	☐	☐
ermögliche den SuS die Mitgestaltung der Unterrichtsplanung.	☐	☐	☐	☐	☐
ermögliche und überprüfe Lernzuwachs auf verschiedenen Niveaustufen.	☐	☐	☐	☐	☐

---

10 Stand: 12/2018; Bogen an der Stelle mit großen Item-Auslassungen (sonst numerisch logisch folgend und ausführlicher, beginnend hier bei 3.1 bis aktuell 3.20 usw.), da hier nur illustrativ gedacht.

Ich…	stimmt völlig	stimmt eher	stimmt eher nicht	stimmt gar nicht	keine Antwort möglich
differenziere nach Lernvoraussetzungen und achte auf Unter- und Überforderungen.	☐	☐	☐	☐	☐
setze sonderpädagogische Förderplanung methodisch fundiert um (eigene Haltung reflektieren, Zumuten & Halten, Fördernder Dialog, Szenisches Verstehen).	☐	☐	☐	☐	☐
…					

Ein aktuelles Ziel ist es, das Instrument noch deutlich zu differenzieren und mit Hilfe der Erfahrungen aus der Praxis an die konkreten Bedürfnisse der Studierenden und Professionellen in längeren Praxisphasen anzupassen. Erste Ergebnisse der Evaluation des Einsatzes sind am Ende des dritten Durchgangs im Praxissemester zu erwarten und diese Rückmeldungen fließen in die Weiterentwicklung ein.

Die Studienordnungen im Lehramtsmaster eröffnen neben einer Reihe von weniger flexiblen Lehrformaten die Möglichkeit, für die Studierenden eine über nahezu drei Mastersemester laufende Begleitung mit einem hohen Maß an personeller Kontinuität anzubieten. Im vorliegenden Fall ergab sich daraus ein strukturelles Angebot, die Studierenden – längerfristig als sonst im universitären Kontext üblich und vor allem möglich – in fast gleichbleibender Gruppengröße und -zusammensetzung zu begleiten. Dieses Angebot setzt sich aus vorbereitenden Veranstaltungen im Semester vor dem Praxisphasenbeginn, begleitenden Besuchen in den Praktikumsschulen und universitär verankerten Nachbereitungsseminaren zusammen, wobei die Seminargruppe dieselbe bleibt. Die damit verknüpfte längerfristige gemeinsame Arbeit von Studierenden und Universitätslehrenden war durch ein hohes Maß an Verbindlichkeit, einen sehr persönlichen Rahmen und hochrelevante Anteile reflexiver Auseinandersetzung mit dem Fokus auf individuelle Entwicklungen der Studierenden selbst geprägt. Dieses Format konnte in den drei bisherigen Durchgängen beibehalten werden, wird sich aber perspektivisch aufgrund der stetig steigenden Studierendenzahlen in der Lehramtsausbildung konzeptuell verändern (müssen). Das bisherige Setting bietet sowohl für die Studierenden als auch für die Universitätslehrenden ein erstaunliches Entwicklungspotential, denn der zum Teil fast schon intime Rahmen – bezieht man als Referenz die sonstigen Lehrveranstaltungen der Studierenden ein, die in der Regel von hohen Gruppengrößen, einer gewissen Fluktuation und einsemestriger Laufzeit geprägt sind – schafft Reflexions- und Erfahrungsräume für die Studierenden, die einen hohen Bezug zum angehenden professionellen Selbst haben.

Der Fokus der Begleitung im Praxissemester in der universitären Lehramtsausbildung der Abteilung „Pädagogik bei psychosozialen Beeinträchtigungen" an der HU Berlin liegt auf der Beziehungsarbeit mit emotional und sozial zum Teil schwer beeinträchtigten Schülerinnen und Schülern und der Vermittlung von Wissen über schwierige Beziehungen mit diesen, die von Destruktivität, Missbrauch, Misstrauen und Abbruchtendenzen geprägt sein können. Die Anerkennung einer unbedingt notwendigen pädagogischen Beziehung, die vielfach erst sehr langsam und teilweise paradox zu einem Arbeitsbündnis wird, ist die Voraussetzung für gelingende erzieherische und pädagogische Prozesse. Im Praxissemester geht es für die Studierenden vor allem darum, mit den besonderen Kindern und Jugendlichen, die hoch belastet sind und zunächst kaum in der Lage, adäquat auf Beziehungsangebote einzugehen. Diese Beziehungen sind häufig von beiden Seiten zunächst mit Widerständen verbunden und haben ein nicht unerhebliches Konfliktpotential. Damit korrespondiert die Tatsache, dass die Studierenden in ihrer Rolle zum Teil auch noch sehr verunsichert sind – so sind sie zwar im Studium schon relativ weit, aber immer noch Studierende. Gleichzeitig sind sie keine Referendarinnen und Referendare (diese Tatsache bedarf dauernder Vermittlung gegenüber den betreuenden Schulen) und auch nur temporär Teil des Kollegiums, zudem gibt es vielfältige Anforderungen an die Studierenden (seitens der Hochschule und der Schule), die nur unzureichend in ihren Profilen sowie dem damit verbundenen Arbeits- und Organisationsaufwand miteinander abgestimmt sind. Diese Mischung aus verschiedenen Rollen, verschiedenen Arbeitsanforderungen und dem zum Teil intensiven Umgang mit schwierigen Schülerinnen und Schülern kann zu einem Lernzuwachs aber mitunter auch einer enormen Verunsicherung der Studierenden führen, die unbedingt einen haltenden Rahmen benötigt. Da die Schulen gerade am Anfang des Praxissemesters von den Studierenden kaum als haltgebende Organisationen wahrgenommen werden, kommt an dieser Stelle den universitären Begleitveranstaltungen eine existentielle Rolle zu. Hier besteht für die Studierenden die Möglichkeit, ihre Erfahrungen zu reflektieren und ohne nachhaltige Konsequenzen zu äußern und sich mit Anderen in ähnlicher Situation auszutauschen. Der Auftrag an die Universitätslehrenden lässt sich relativ klar umreißen, denn diese sind aufgefordert, als haltende Institutionen die Entwicklungsprozesse mit allen Fragen, Konflikten und Erwartungen reflexiv zu begleiten. Die Hochschule sollte dabei als Milieu höchstmöglicher Unterstützung im Sinne eines „Haltens" und „Zumutens" fungieren. Das Setting der begleitenden Lehrveranstaltungen ist diesem Rahmen angemessen, denn es ist weitgehend bewertungs- und prüfungsfrei. Die Studierenden sind lediglich aufgefordert, nach Beendigung des Praxissemesters einen Praktikumsbericht zu verfassen, der nochmals die Möglichkeit bietet, fachlich-inhaltliche und persönliche Themen schriftlich zu reflektieren. Diese Bausteine universitären Angebots müssen sich perspektivisch als Beratungs- und Intervisionssettings professionalisieren, um die Studierenden adäquat in ihrem Prozess des Lehrerinnen- und Lehrer-Werdens zu unterstützen und zu begleiten.

Die Erfahrung der letzten Durchgänge des Praxissemesters hat mehr als deutlich gezeigt, dass sich die Anforderungen an hochschulische Angebote verändert haben. Um diesen Anforderungen gerecht zu werden, bedarf es auch auf professioneller Seite der Notwendigkeit selbstreflexiver Elemente und eines transparenten kollegialen Austauschs. Die Auseinandersetzung mit persönlichen (unbewussten) Überzeugungen, eingebettet in institutionelle Strukturen mit einem spezifischen Auftrag und nur schwer nivellierbaren Machtverhältnissen bringt auch für die Universitätslehrenden ambivalente Situationen mit sich, die Einfluss auf die Arbeit mit Studierenden haben. Hier muss und soll Hochschule eigene Entwicklungen initiieren, die einen hohen Rückbezug auf die Begleitung von Studierenden haben und diese positiv und haltend in universitäre Angebote integrieren. Dazu zählt nicht zuletzt die Bereitschaft, sich kritisch mit dem Selbstverständnis universitären Handelns auseinanderzusetzen. Letzteres geschieht mit der Erkenntnis, dass das Verhältnis zwischen Erziehenden oder Lehrenden und den zu Erziehenden und Lernenden einen entscheidenden Einfluss auf die Wirksamkeit pädagogischer Handlungsprozesse und Interventionen hat (Gröschner, Schmitt & Seidel, 2013). Die Vermittlung von Reflexionsfähigkeit allein durch die Betreuung im Praxissemester sicherstellen zu wollen, erscheint uns – in Anbetracht der vielfältigen Anforderungen im Praxissemester und der zeitgleich notwendigen Verarbeitung des „Praxisschocks" – allerdings als nicht zielführend. So kann erst in einer Verankerung in verschiedenen Elementen des Studiums und mittels einer vielschichtigen und vielstimmigen Anleitung zur Reflexivität, einer Reflexion von Hierarchien in Lehr-Lernprozessen (auch im Hochschulmilieu) sowie ausreichend innerer und äußerer Raum zum eigenständigen Nachdenken über pädagogische Beziehungen die Ausbildung von „reflective practitioners" (Schön, 1983) gelingen.

4 Reflexion als Leitparadigma pädagogischer Professionalität – gerade in der Hochschule

4.1 Fachliche, didaktische oder beziehungsbezogene Reflexion?

Das Schlagwort der „Reflexionsfähigkeit" gehört, wie nunmehr exemplarisch an Studienanteilen festgemacht, zum festen Kanon des pädagogischen Professionalisierungsdiskurses und spiegelt sich auch in den Handlungsempfehlungen der Kultusministerkonferenz wider. Der „reflective practitioner" (Schön, 1983) als Kernelement pädagogischer Professionalität erscheint damit alternativlos bzw. in den Worten der KMK „unabdingbar". Zwar handelt es sich beim Eingangszitat dieses Beitrags um die Empfehlungen zum Förderschwerpunkt „emotionale und soziale Entwicklung", wonach diese Empfehlungen keine Allgemeingültigkeit für pädagogische Erziehungs- und Beziehungsprozesse haben sollten, das ist allerdings kaum zu begründen.

Was genau mit Reflexionsfähigkeit gemeint ist, unterliegt im fachwissenschaftlichen Diskurs der Pädagogik bei psychosozialen Beeinträchtigungen allerdings einer erheblichen Bandbreite an Vorstellungen. Dies gilt noch einmal verstärkt, wenn der fachdisziplinäre als Teil des Professionalisierungsdiskurses für inklusive Bildung verstanden wird (Laubner & Lindmeier, 2017). Exemplarisch für die differenten Verständnisse von Reflexion seien folgende Zugriffe genannt:

– das Nachdenken über Rahmenbedingungen und gute Didaktik im Kontext von Classroom Management (Leidig & Hennemann, 2017),
– das sach- und vermittlungsbezogene Nachdenken in den Unterrichtsfächern unter Berücksichtigung des so genannten „student engagement" (Ruoho, Kuorelathi & Virtanen, 2016)
– das Nachdenken über das eigene professionelle Selbstverständnis (beliefs) (Moser, 2017)
– die emotionale und kognitive Rekonstruktion des unmittelbaren Interaktionsgeschehens zwischen Lehrenden und Lernenden unter Einbezug der weitgehend unbewussten Anteil (Würker, 2007).

Nach Terhardt (2011) und Lindmeier (2017) lassen sich jene Perspektiven den struktur- und kompetenztheoretischen sowie den berufsbiografischen Linien der Professionalisierungstheorie und -forschung zuordnen. Gleichwohl zeigen sich zahlreiche Überschneidungen: Im intensiven Nachdenken über professionelle *beliefs* müssen beispielsweise strukturelle Antinomien (Näheantinomie, Sachantinomie) als auch berufsbiografische Verwicklungen (demnach eigene Bedürfnisse und Nöte) umfänglich mitreflektiert werden. Ohne den Fokus auf solcherart „cross-kategoriales" Reflektieren kann das Nachdenken über das Unterrichts- und Beziehungsgeschehen sowie das professionelle Selbst Hilflosigkeit auslösen (z.B., weil das eigene Ideal unter den gegebenen Widersprüchen unerreicht bleiben muss). Oder Reflexion verkommt zur Wiedergabe gelernter Inhalte: „Ich reflektiere meinen Unterricht" oder „Hinter dem Verhalten steht ein guter Grund" sind dann Aspekte eines professionellen

Satzbaukastens, in dem Aussagen wie „Der sucht nur Aufmerksamkeit" zwar terminologisch ersetzt wurden, nicht aber mit Haltungen und Verstehen verbunden sind.

Fachliche, didaktische (dies inkludiert häufig strukturbezogene) und beziehungsorientierte (d.h. im engeren Sinn pädagogische) Reflexion bedingen sich also gegenseitig (Kunina-Habenicht et al., 2012). Während sich in einem Verständnis allgemeiner Lehrerinnen- und Lehrerbildung die Reflexion der Beziehungsdimension noch als „fachunspezifisch(es) Wissen" (Kunina-Habenicht et al., 2012, S. 652) katalogisieren und somit von den anderen Dimensionen abspalten lässt, gilt dies für den Förderschwerpunkt „Emotionale und Soziale Entwicklung" nicht. Die fachliche Expertise und die Reflexionsfähigkeit greifen unmittelbar ineinander und können tatsächlich nur gemeinsam ausgebildet werden (Zimmermann, 2019). Denn das, was psychosoziale Beeinträchtigung definiert, lässt sich ohne das verinnerlichte und situative Beziehungsgeschehen gar nicht konzeptualisieren (Herz & Zimmermann, 2015). Angesichts der eingangs erwähnten wechselseitigen Verschränkung von Unterrichtsgegenstand und Beziehungsdynamik ist eine solche Trennung aber ohnehin fragwürdig. Ein hierarchisierender Diskurs zwischen den Dimensionen Fachlichkeit und Erziehung, wie ihn Ilm, Rolf & Schick (2018) unter der Maßgabe eines „Primats der Fachlichkeit" (so der Titel) initiieren, mutet vor diesem Hintergrund doch arg anachronistisch an.

Unweigerlich muss eine solche Analyse des komplexen schulischen Beziehungsgeschehens wie der damit geforderten reflexiven Professionalität ganz spezifische und kaum diskutierte Auswirkungen auf die hochschulpädagogische Praxeologie haben. Dies kann und sollte über die einzelnen Forschungs- und Lehrangebote hinaus auch am gesamten hochschulischen Umfeld festgemacht werden.

4.2 Die Hochschule als „affektives Milieu"

Eine spezifische Bedeutung zur Entwicklung einer reflexiven Professionalität hat ganz offensichtlich das Hochschulmilieu. „Milieu" steht für einen Lehr- und Lernort, der persönliche Weiterentwicklung ermöglicht, dies gilt für Dozierende wie für Lernende (Krumenacker, 2002). Es beschreibt einerseits die Formen des Miteinanders von Studierenden und Lehrpersonen, aber auch Fragen der Räumlichkeit und gemeinsamer Zielsetzungen sowie hochschuldidaktischer Realisierungen.

Trotz umfänglicher Anpassungen der Lehrkräftebildung im letzten Jahrzehnt scheint die Frage des Milieus, in dem sich die Reflexivität der angehenden Professionellen entwickelt, in der Forschung und den strukturellen Vorgaben für die Lehrkräfteausbildung nahezu durchgängig ausgespart worden zu sein. Eine entsprechende Recherche über das Referenzsystem „FIS Bildung" legt nahe, dass der hochschulische Milieu-Diskurs primär soziologische Perspektiven (insbesondere jene der spezifischen Situation von Studierenden aus nicht-akademischen Elternhäusern unter Beachtung des Habitus-Konzepts) sowie Aspekte der Gender Studies (unter besonderer Beachtung von „typisch" weiblichen und männlichen Studienplatzwahlen) thematisiert (Gillessen, Keil & Pasternack, 2013; Lange-Vester & Sander, 2016). Eine Studie im Auftrag des Bildungsministeriums Mecklenburg-Vorpommern (Radisch et al., 2018), die Studienabbruchsquoten zwischen 30 und 85% im Lehramt belegt, arbeitet im Empfehlungsteil nur studienstrukturelle, dabei spezifisch Theorie-Praxis-Verschränkungs-Desiderata heraus. Dass die hohe Abbruchsquote durch das Hochschulmilieu selbst mitbedingt sein könnte, ignorieren die Autorinnen und Autoren.

Hirblinger (2017, S. 57) schreibt im Gegensatz dazu:

Die ‚Komponenten' einer solchen psychoanalytisch-pädagogischen Praxeologie – also die Formen der Wahrnehmungsverarbeitung, des Denkens und der pädagogischen Interventionen – können sich nur entfalten in einem Setting und in einem affektiven Umfeld, in dem Mentalisierung und Reflexionsfunktion in der Lehrerbildung auch durch das systemische Umfeld angemessen unterstützt werden.

Wie aber könnte nun ein affektives Umfeld für Dozierende und Studierende aussehen, das eine Professionalisierung im Sinne des „reflective practitioner" zumindest erleichtert? Thomas Müller (2018, S. 14f.) greift in einer differenzierten Ausbuchstabierung von „Erziehung" auf die aristotelischen Termini der „poiesis" und der „praxis" zurück. Während erstere auf das Produkt, demnach auf das Ergebnis fokussiert sei, gewinne „praxis" ihren Sinn bereits im gemeinsamen Sein in der pädagogischen Beziehung. Dies lässt sich nun ohne weitere Schwierigkeit auch auf die Frage des Hochschulmilieus übertragen:

> Gegenstand erziehungswissenschaftlicher Reflexion in der hier vorausgesetzten Bedeutung ist also ganz entschieden nicht Vorentwurf künftigen pädagogischen Handelns, sondern Hermeneutik einer pädagogischen Wirklichkeit, die im Augenblick des Darübersprechens immer schon vorgegeben ist. Freilich ist ein Ziel solcher Reflexion – neben der Einsicht in Sachverhalte – immer auch Ermöglichung künftigen pädagogischen Handelns (Henningsen, 1967, S. 55).

Genau dies – die Reflexion als zunächst unabhängig von Handlungsoptionen zu begreifen – stellt sich in der Praxis der Hochschullehre als äußerst herausfordernd heraus. Dies gilt besonders, wenn zahlreiche Studierende unangeleitet und nicht selten isoliert pädagogische Beziehungen gestalten müssen. Hier ist einerseits an die Praxisphasen im Studium selbst zu denken, die, wie oben beschrieben, häufig mit der Zuweisung einer Expertinnen- und Expertenrolle einhergehen. Andererseits arbeiten immer mehr Studierende während des Studiums in einschlägigen Tätigkeiten (Weiland, 2019). Hier entstehen zahlreiche Wünsche und Fantasien, die in die Seminare der Hochschule zurücktransferiert werden. Eine Lösungsorientierung (die ohnehin sehr prägend für die Pädagogik bei psychosozialen Beeinträchtigungen ist) als Paradigma von hochschulischer Professionalisierung ist also zunächst einmal nachvollziehbar.

Dennoch: Die langfristige Etablierung von reflexionsförderlichen Studienanteilen bedingt die Loslösung von einem „poiesis"-Modell hochschulpädagogischen Miteinanders. Das „praxis"-Paradigma in der Lehrkräfteausbildung billigt dem Verstehen wie auch dem hinreichend guten Ertragen von Nicht-Verstehen ausreichend Raum zu (Dörr, 2016, S. 49).

Ein förderliches hochschulisches Milieu ermöglicht also Lern- und Entwicklungsprozesse oft junger Studierender, die keinem vorab fixierten Ziel entsprechen. Dies lässt sich im komplexen und hierarchischen Beziehungsgefüge zwischen Professorinnen und Professoren, Dozierenden und Studierenden allerdings nur realisieren, wenn die Hochschule ein ebenso affektives Milieu für die dort Tätigen darstellt. Auf diese Parallelität von Entwicklungsprozessen hat (hier mit Blick auf Schule und Wohnheim) bereits Redl (1971/1987) hingewiesen. Für die Hochschulabteilungen heißt dies zwingend, dass die zentralen Bedürfnisse von Mitarbeitenden (was alle Statusgruppen umschließt) außerhalb der Lehre befriedigt werden müssen, damit Studierende nicht im Sinne der eigenen narzisstischen Stabilisierung „verwendet werden" (Trescher, 1990). Dies geschieht z.B. dann, wenn die Verinnerlichung des vom/von der Dozierenden präferierten Theorierahmens das eigentliche Ziel der Lehrveranstaltung zu sein scheint, nicht aber die Förderung autonomen Nachdenkens. Das affektive Milieu ist deshalb nicht zuletzt durch ein intensives Nachdenken und Nachspüren über Macht-Ohnmacht-

Prozesse innerhalb der Fachabteilungen geprägt. Geschieht dies in umfänglicher Art und Weise, so beinhaltet auch dies eine Reflexion struktureller Verantwortung(slosigkeit), einen kompetenztheoretischen Blickwinkel (was muss z.B. die Professorin/der Professor mitbringen, um ein Team gut leiten zu können?) als auch und insbesondere eine berufsbiografische Perspektive aller Akteure.

Diese kursorischen Annäherungen an ein Hochschulmilieu bedürfen unzweifelhaft der weiteren Ausbuchstabierung und eines Diskurses in der Scientific Community der Pädagogik bei psychosozialen Beeinträchtigungen.

Literatur

Beauchamp, T.L. & Childress, J.F. (Hrsg.). (2001). *Principles of Biomedical Ethics* (5th ed.). New York: Oxford University Press.

Bernfeld, S. (1925/2013). Sisyphos oder die Grenzen der Erziehung. In S. Bernfeld (Hrsg.), *Theorie und Praxis der Erziehung – Pädagogik und Psychoanalyse* (Bibliothek der Psychoanalyse, S. 11-130). Gießen: Psychosozial-Verlag.

Biewer, G. & Moser, V. (2016). Geschichte bildungswissenschaftlicher Forschung zu Behinderungen. In T. Buchner, O. Koenig & S. Schuppener (Hrsg.), *Inklusive Forschung – Gemeinsam mit Menschen mit Lernschwierigkeiten forschen* (S. 24-36). Bad Heilbrunn: Verlag Julius Klinkhardt.

Buchner, T., Koenig, O. & S. Schuppener (Hrsg.). (2016). *Inklusive Forschung – Gemeinsam mit Menschen mit Lernschwierigkeiten forschen*. Bad Heilbrunn: Verlag Julius Klinkhardt.

Cannella, G.S. & Lincoln, Y.S. (2011). Ethics, research regulations and critical social science. In N.K. Denzin & Y.S. Lincoln (Hrsg.), *The sage handbook of qualitative research* (S. 81-89). Los Angeles: Sage.

Cohen, Y. (2014). *Das traumatisierte Kind: Die zweite Geburt*. Schriften zur Psychotherapie und Psychoanalyse von Kindern und Jugendlichen: Bd. 26. Frankfurt am Main: Brandes & Apsel.

Dederich, M. & Schnell, M.W. (Hrsg.). (2011). *Anerkennung und Gerechtigkeit in Heilpädagogik, Pflegewissenschaft und Medizin – Auf dem Weg zu einer nichtexklusiven Ethik*. Bielefeld: transcript.

Dörr, M. (2016). Psychoanalytische Pädagogik. In W. Weiß, S.B. Gahleitner, T. Kessler & J. Koch (Hrsg.), *Handbuch Traumapädagogik* (S. 44-55). Weinheim u.a.: Beltz Juventa.

Fickler-Stang, U. (2019). Professionalisierung von Studierenden in der Lehramtsausbildung im Förderschwerpunkt emotional-soziale Entwicklung – gemeinsam Räume für Reflexion entwickeln und gleichberechtigte Partizipation schaffen. In D. Zimmermann, U. Fickler-Stang, L. Dietrich & K. Weiland (Hrsg.), *Professionalisierung für Unterricht und Beziehungsarbeit mit psychosozial beeinträchtigten Kindern und Jugendlichen* (S. 51-62). Bad Heilbrunn: Verlag Julius Klinkhardt.

Gillessen, J., Keil, J. & Pasternack, P. (Hrsg.). (2013). *Berufsfelder im Professionalisierungsprozess: Geschlechtsspezifische Chancen und Risiken*. Die Hochschule: Bd. 22. Jg. 1. Wittenberg: Institut für Hochschulforschung (HoF) an der Martin-Luther-Universität Halle-Wittenberg. URL: http://www.hof.uni-halle.de/journal/dhs113.htm. (Stand 18.01.2019)

Gröschner, A., Schmitt, C. & Seidel, T. (2013). Veränderung subjektiver Kompetenzeinschätzungen von Lehramtsstudierenden im Praxissemester. *Zeitschrift für Pädagogische Psychologie, 27*(1–2), 77–86.

Hänsel, D. (2012). Quellen zur NS-Zeit in der Geschichte der Sonderpädagogik. *Zeitschrift für Pädagogik, Ausgabe 02, 242*–261.

Heinemann, E., Grüttner, T. & Rauchfleisch, U. (Hrsg.). (2003). *Gewalttätige Kinder: Psychoanalyse und Pädagogik in Schule, Heim und Therapie*. Düsseldorf: Walter.

Henningsen, J. (1967). Peter stört. In A. Flitner & H. Scheuerl (Hrsg.), *Einführung in pädagogisches Sehen und Denken* (3. Aufl.). (Beltz-Taschenbuch Pädagogik, S. 51–70). Weinheim: Beltz.

Herz, B. & Zimmermann, D. (2015). Beziehung statt Erziehung? Psychoanalytische Perspektiven auf pädagogische Herausforderungen in der Praxis mit emotional-sozial belasteten Heranwachsenden. In R. Stein & T. Müller (Hrsg.), *Inklusion im Förderschwerpunkt emotionale und soziale Entwicklung* (Inklusion in Schule und Gesellschaft, S. 144–169). Stuttgart: Verlag W. Kohlhammer.

Hirblinger, H. (2017). *Lehrerbildung aus psychoanalytisch-pädagogischer Perspektive: Grundlagen für Theorie und Praxis*. Psychoanalytische Pädagogik: Bd. 46. Gießen: Psychosozial-Verlag.

Huber, L. (2014). Forschungsbasiertes, Forschungsorientiertes, Forschendes Lernen: Alles dasselbe? Ein Plädoyer für eine Verständigung über Begriffe und Unterscheidungen im Feld forschungsnahen Lehrens und Lernens. *Das Hochschulwesen 1+2*, 22–29.

Ilm, K., Rolf, F. & Schick, H. (2018). Primat der Fachlichkeit – Thesen und Argumente für ein neues Förderverständnis in der Sonderpädagogik. *Zeitschrift für Heilpädagogik, 69*, 542–552.

Katzenbach, D. (Hrsg.). (2016). *Qualitative Forschungsmethoden in der Sonderpädagogik*. Stuttgart: Verlag W. Kohlhammer.

Koch, K. & Ellinger, S. (Hrsg.). (2015). *Empirische Forschungsmethoden in der Heil- und Sonderpädagogik: Eine Einführung*. Stuttgart: Verlag W. Kohlhammer.

Košinár, J., Leineweber, S. & Schmid, E. (Hrsg.). (2016). *Professionalisierungsprozesse angehender Lehrpersonen in den berufspraktischen Studien*. Münster: Waxmann.

Krumenacker, F.-J. (2002). Professionalisierung im pädagogisch-therapeutischen Milieu. In U. Finger-Trescher, H. Krebs, B. Müller & J. Gstach (Hrsg.), *Professionalisierung in sozialen und pädagogischen Feldern. Impulse der psychoanalytischen Pädagogik* (Jahrbuch für psychoanalytische Pädagogik, S. 111–122). Gießen: Psychosozial-Verlag.

Kunina-Habenicht, O., Lohse-Bossenz, H., Kunter, M., Dicke, T., Förster, D., Gößling, J. et al. (2012). Welche bildungswissenschaftlichen Inhalte sind wichtig in der Lehrerbildung? *Zeitschrift für Erziehungswissenschaften, 15*(4), 649–682.

Lange-Vester, A. & Sander, T. (Hrsg.). (2016). *Soziale Ungleichheiten, Milieus und Habitus im Hochschulstudium* (1. Aufl.). Weinheim, Basel: Beltz Juventa.

Laubner, M. & Lindmeier, C. (2017). Forschung zur inklusionsorientierten Lehrerinnen- und Lehrerbildung in Deutschland: Eine Übersicht über die neueren empirischen Studien zur ersten, universitären Phase. *Sonderpädagogische Förderung heute. 1. Beiheft*, 154–201

Leidig, T. & Hennemann, T. (2017). Effektive Förderung zwischen Prävention und Intervention. In A. Methner, K. Popp & B. Seebach (Hrsg.), *Verhaltensprobleme in der Sekundarstufe. Unterricht – Förderung – Intervention* (S. 106–122). Stuttgart: Verlag W. Kohlhammer.

Leitfaden Praxissemester (2018). Herausgegeben von Freie Universität Berlin, Humboldt-Universität zu Berlin, Technische Universität Berlin & Universität der Künste Berlin. (3. überarb. Aufl.). URL: https://pse.hu-berlin.de/de/studium/praktika/ma/leitfaden-praxissemester-2018.pdf (Stand: 20.11.2018).

Lindmeier, B. (2017). Sonderpädagogische Professionalität und Inklusion. *Sonderpädagogische Förderung heute* (1. Beiheft), 51-77.

Mayring, P. (2010). *Qualitative Inhaltsanalyse. Grundlagen und Techniken* (11. aktualisierte und überarb. Aufl.). Weinheim: Beltz.

Moser, V. & Horster, D. (Hrsg.). (2011). *Ethik der Behindertenpädagogik – Menschenrechte, Menschenwürde, Behinderung. Eine Grundlegung*. Stuttgart: Verlag W. Kohlhammer.

Moser, V. (2017). Beliefs sonderpädagogischer Lehrkräfte. *Sonderpädagogische Förderung heute* (1. Beiheft), 202-217.

Müller, K. (2010). *Das Praxisjahr in der Lehrerbildung. Empirische Befunde zur Wirksamkeit studienintegrierter Langzeitpraktika*. Bad Heilbrunn: Verlag Julius Klinkhardt.

Müller, T. (2018). Erziehung als Herausforderung. Gegenstandsbestimmung und Fragen einer Theorie der Erziehung. In T. Müller & R. Stein (Hrsg.), *Erziehung als Herausforderung. Grundlagen für die Pädagogik bei Verhaltensstörungen* (S. 13-34). Bad Heilbrunn: Verlag Julius Klinkhardt.

Neidhardt, W. (1977). *Kinder, Lehrer und Konflikte: Vom psychoanalytischen Verstehen zum pädagogischen Handeln*. Weinheim: Juventa.

Radisch, F., Driesner, I., Arndt, M., Güldener, T., Czapowski, J., Petry, M. & Seeber, A. (Ministerium für Bildung Wissenschaft und Kultur Mecklenburg-Vorpommern) (Hrsg.). (2018). *Abschlussbericht Studienerfolg und -misserfolg im Lehramtsstudium*. URL: https://www.regierung-mv.de/Landesregierung/bm/Aktuell/?id=143876&processor=processor.sa.pressemitteilung (Stand: 05.11.2018).

Redl, F. (1971/1987). *Erziehung schwieriger Kinder. Beiträge zu einer psychotherapeutisch orientierten Pädagogik*. München: Piper.

Ruoho, K., Kuorelathi, M. & Virtanen, T. (2016). Student Engagement: Unterstanding Student Perspectives on Education. In D. Zimmermann, M. Meyer & J. Hoyer (Hrsg.), *Ausgrenzung und Teilhabe. Perspektiven einer kritischen Sonderpädagogik auf emotionale und soziale Entwicklung* (S. 105-116). Bad Heilbrunn: Verlag Julius Klinkhardt.

Schön, D. A. (1983). *The reflective practitioner: How professionals think in action*. New York: Basic Books.

Schüssler, R., Schöning, A., Schwier, V., Schicht, S., Gold, J. & Weyland, U. (Hrsg.). (2017). *Forschendes Lernen im Praxissemester. Zugänge, Konzepte, Erfahrungen*. Bad Heilbrunn: Verlag Julius Klinkhardt.

Sekretariat der Ständigen Konferenz der Kultusminister (KMK) (2000). *Empfehlungen zum Förderschwerpunkt Emotionale und Soziale Entwicklung*. URL: https://www.kmk.org/fileadmin/veroeffentlichungen_beschluesse/2000/2000_03_10-FS-Emotionale-soziale-Entw.pdf (Stand: 29.10.2018).

Stein, R. & Müller, T. (2015). Wissenschaftsethik. In R. Stein & T. Müller (Hrsg.), *Wissenschaftstheorie für Sonderpädagogen. Ein Arbeitsbuch zu Theorien und Methoden* (S. 159-168). Bad Heilbrunn: Verlag Julius Klinkhardt.

Terhart, E. (2011). Lehrerberuf und Professionalität. Gewandeltes Begriffsverständnis – neue Herausforderungen. *Zeitschrift für Pädagogik, 57* (Beiheft), 202-224.

Trescher, H.-G. (1990). Theorie und Praxis der Psychoanalytischen Pädagogik. Mainz: Matthias-Grünewald-Verlag.

Unger, H. von (2016a). Gemeinsam forschen – Wie soll das gehen? Methodische und forschungspraktische Hinweise. In T. Buchner, O. Koenig & S. Schuppener (Hrsg.), *Inklusive Forschung – Gemeinsam mit Menschen mit Lernschwierigkeiten forschen.* (S. 54-68). Bad Heilbrunn: Verlag Julius Klinkhardt.

Unger, H. von (2016b). Reflexivity beyond regulations. Teaching research ethics and qualitative methods in Germany. *Qualitative Inquiry, 22* (2), 87-98.

Unger, H. von; Narimani, P. & M'Bayo. R. (Hrsg.). (2014). *Forschungsethik in der qualitativen Forschung Reflexivität, Perspektiven, Positionen.* Wiesbaden: Springer-Verlag

Unger, H. von; Dilger, H. & Schönhuth, M. (2016). Ethikbegutachtung in der sozial- und kulturwissenschaftlichen Forschung? Ein Debattenbeitrag aus soziologischer und ethnologischer Sicht. Forum Qualitative Sozialforschung/Forum: *Qualitative Social Research, 17* (3). URL: http://dx.doi.org/10.17169/fqs-17.3.2719 (Stand: 25.04.2019).

Weiland, K. (2019). Studierende in schwierigen psychosozialen Lebenslagen – Anforderungen an eine inklusive Hochschule. In D. Zimmermann, U. Fickler-Stang, L. Dietrich & K. Weiland (Hrsg.), *Professionalisierung für Unterricht und Beziehungsarbeit mit psychosozial beeinträchtigten Kindern und Jugendlichen* (S. 85-95). Bad Heilbrunn: Verlag Julius Klinkhardt.

Williams, V. (2016). Being a researcher with intellectual disabilities: the hallmarks of inclusive research in action. In T. Buchner, O. Koenig & S. Schuppener (Hrsg.), *Inklusive Forschung – Gemeinsam mit Menschen mit Lernschwierigkeiten forschen* (S. 231-246). Bad Heilbrunn: Verlag Julius Klinkhardt.

Witzel, A. (1985). Das problemzentrierte Interview. In G. Jüttemann (Hrsg.), *Qualitative Forschung in der Psychologie: Grundfragen, Verfahrensweisen, Anwendungsfelder* (S. 227-255). Weinheim: Beltz.

Würker, A. (2007). *Lehrerbildung und szenisches Verstehen: Professionalisierung durch psychoanalytisch-orientierte Selbstreflexion.* Baltmannsweiler: Schneider-Verlag Hohengehren (Zugl.: Darmstadt, Techn. Univ., Diss).

Zimmermann, D. (2018). Pädagogische Konzeptualisierungen für die Arbeit mit sehr schwer belasteten Kindern und Jugendlichen. *VHN, 87*(4), 305–317.

Zimmermann, D. (2019). Professionalisierung für Unterricht und Beziehungsarbeit mit psychosozial beeinträchtigten Kindern und Jugendlichen – eine Einführung. In D. Zimmermann, U. Fickler-Stang, L. Dietrich & K. Weiland (Hrsg.), *Professionalisierung für Unterricht und Beziehungsarbeit mit psychosozial beeinträchtigten Kindern und Jugendlichen* (S. 12-22) Bad Heilbrunn: Verlag Julius Klinkhardt.

Repräsentationen der Lehrer-Schüler-Beziehung aus Sicht von Lehrpersonen

Janet Langer und Marlen Eisfeld

Abstract

Die Qualität der Lehrer-Schüler-Beziehung gilt in der Forschung als unbestrittene Einflussvariable auf die kindliche Entwicklung. Dies gilt insbesondere für Kinder mit Entwicklungsbeeinträchtigungen, für die eine sichere Beziehung zu einer außerfamiliären Bezugsperson entwicklungsförderlich wirken kann. Die Qualität der Beziehung lässt sich dabei am besten aus unterschiedlichen Blickwinkeln erfassen. In der vorliegenden explorativen Untersuchung werden daher verschiedene methodische Zugänge eingesetzt. Die Ergebnisse deuten auf Unterschiede in der Beziehungsqualität, je nach eingesetztem Erhebungsverfahren hin.

Keywords

Bindungsverhalten, Fürsorgeverhalten, Lehrer-Schüler-Interaktion, Methode

1 Grundlagen von Bindungsbeziehungen

Die Qualität der Eltern-Kind-Bindung ist mit der sozial-emotionalen und kognitiven Entwicklung des Kindes assoziiert. Demnach weisen Kinder mit unsicheren oder traumatischen Bindungserfahrungen häufiger sprachliche und kognitive Defizite auf (Eisfeld, 2014; van Ijzendoorn, Dijkstra & Bus, 1995), entwickeln eine geringere Sozialkompetenz sowie Verhaltensauffälligkeiten (Groh et al. 2014; Groh, Roisman, Ijenzendoorn, Bakerman-Kranenburg & Fearon, 2012) im Vergleich zu Kindern mit sicheren Bindungserfahrungen. Es erscheint daher nicht verwunderlich, dass Kinder mit einem Förderbedarf in der sozial-emotionalen Entwicklung aber auch im Lernen signifikant häufiger eine unsichere und desorganisierte Bindung zu ihren primären Bindungspersonen aufweisen als Kinder ohne Förderbedarf (Julius, 2009; 2014). Um diesem Entwicklungsrisiko entgegen zu wirken, wären sichere und somit entwicklungsförderliche Beziehungserfahrungen zu außerfamiliären Bezugspersonen wie Lehrpersonen für diese Kinder notwendig. Allerdings scheint der Prozess der Transmission von Bindung auf sekundäre Beziehungen oftmals der Herstellung qualitativ hochwertiger Sozialbeziehungen entgegen zu stehen (Julius, 2015). Psychologische und physiologische Mechanismen scheinen hierbei sowohl auf Seiten des Kindes aber auch der Lehrperson bedeutsam zu sein (Langer, 2017). Zu den psychologischen Mechanismen in Beziehungen gehören die kognitiven Schemata und Verhaltensmuster. Die Basis des menschlichen Sozialverhaltens wird im basalen Mittel- und Vorderhirn verortet. Dort existiert ein Netzwerk von Gehirnkernen zur instinktiven Steuerung u.a. von Bindung, Exploration und Fürsorge (Newman, 1999). Diese angeborenen Verhaltensmuster werden wiederum durch Schlüsselreize aktiviert. Zum Beispiel löst der Stress des Kindes das Bedürfnis nach Nähe zu einer Bezugsperson aus, ein unbekannter Reiz das Explorationsbedürfnis (als Grundlage des Lernens) und das Weinen des Kindes die Fürsorge der Bezugsperson (George & Solomon, 2008). Hauptfunktion des Bindungsverhaltenssystems ist die Herstellung von Sicherheit und Stressregulation. Passend dazu verfolgt das Fürsorgeverhaltenssystem der Bindungsperson das Ziel, das Überleben des Nachwuchses zu sichern. Als komplexes soziales Lebewesen besitzt der Mensch genetisch präformierte, offene Verhaltenssysteme, die sich erfahrungsabhängig entwickeln und dadurch an die soziale Umwelt anpassen (Bretherton, 2012, S. 67). Die vier Bindungsmuster im Kindesalter stellen solche optimalen Anpassungen an die Fürsorgeumwelt des Kindes dar. Die sichere Bindung ist dabei jene angeborene Strategie, die durch die Fürsorge einer optimal schützenden und autonomiefördernden Fürsorgeperson gefestigt wird. Die unsicher-vermeidende Bindung ist eine Anpassung an Erfahrungen chronischer Zurückweisung. Die unsicher-ambivalente Bindung beruht auf dem Muster inkonsistenter Fürsorgeerfahrungen. Die unsicher-desorganisierte Bindung ist hingegen eine Anpassung des Bindungsverhaltenssystems an Erfahrungen von Gewalt und Vernachlässigung.

Das innere Regelsystem des Bindungs- und Explorationsverhaltenssystems ist das internale Arbeitsmodell von Bindung, auf dessen Grundlage das Kind Strategien zur Herstellung von Sicherheit und Schutz entwickelt. Ein elementarer Bestandteil ist dabei die Vorhersage der Responsivität und Verfügbarkeit der Fürsorgeperson sowie der Bereitschaft der Fürsorgeperson, das Explorationsstreben des Kindes zu akzeptieren (Bowlby, 2006a, 2006b). Da sich das internale Arbeitsmodell von Bindung maßgeblich auf der Grundlage von Fürsorgeerfahrungen entwickelt, wird es als komplementär zur späteren Fürsorgepraxis der erwachsenen Person angesehen (Collins & Read, 1994, S. 55). In den Fürsorgepraktiken spiegelt sich demnach die internale Repräsentation von Fürsorge auf der Grundlage selbst erlebter früher

Bindungs- und Fürsorgeerfahrungen der erwachsenen Person aber auch gegenwärtige Interaktionserfahrungen mit dem Kind wider. Fürsorgeverhaltensmuster lassen sich nach dem Grad der Feinfühligkeit unterscheiden. Dabei ist die flexible Fürsorge die primäre Strategie, welche durch ein hohes Maß an Feinfühligkeit gekennzeichnet ist. Die sekundären Fürsorgemuster sind hingegen durch kognitive Abwehrstrategien der kognitiven Abtrennung oder Deaktivierung gekennzeichnet (George & Solomon, 2008). Sowohl das innere Arbeitsmodell von Bindung als auch das innere Arbeitsmodell von Fürsorge sind theoretische Konstrukte. In der Praxis lassen sich jedoch Aussagen über deren Qualität sowohl aus dem Verhalten der Person in bindungsrelevanten bzw. Stresssituationen als auch im sprachlichen Diskurs über bindungsrelevante Ereignisse in Erfahrung bringen (Grossmann & Grossmann, 2008).

2 Transmission von Bindung auf die Lehrer-Schüler-Beziehung

Außerfamiliäre Betreuungskontexte schaffen aufgrund der fehlenden physischen Präsenz der primären Bindungsperson und vielfältiger Anforderungen bei vielen Kindern das Bedürfnis nach Unterstützung durch alternative Fürsorgepersonen (Lynch & Cicchetti, 1997). Dies scheint im besonderen Maße für jüngere Kinder aber auch für Kinder mit Entwicklungsrisiken zu gelten (Verschueren & Koomen, 2012). Bindung wird von Seiten des Kindes zu einer Person ausgebildet, von der schutzgebendes Verhalten erwartet wird (Berlin, Cassidy & Appleyard, 2008). Fürsorgepersonen gelten somit als sichere Basis, die es Kindern ermöglichen, frei zu explorieren und bei Bedarf Bindungsbedürfnisse zu befriedigen. Mit dieser Sicherheit als Grundlage werden Bindungsbeziehungen hergestellt (Booth, Kelly, Spicker & Zuckerman, 2003). Lehrpersonen füllen so für einen gewissen zeitlichen Rahmen eine konsistente und vorhersagbare Rolle im Leben der Kinder aus. Zajac und Kobak (2006) bezeichnen Lehrpersonen deshalb als „ad hoc Bindungsfiguren" (S. 380). Vieles spricht dafür, dass es sich dabei um eine Beziehung mit bindungsbezogenen Dynamiken handelt (Mayseless, 2005). Ungeachtet dessen ist die Beziehung zwischen Lehrperson und Kind der primären Bindungsbeziehung immer zeitlich nachgeordnet, d.h. das Kind besitzt bereits eine kognitive Repräsentation der primären Bindungsbeziehung (Howes & Spieker, 2008). Auch wenn in der Bindungsforschung die Struktur der internalen Arbeitsmodelle bisher nicht abschließend geklärt ist, so deuten Forschungsergebnisse jedoch auf Ähnlichkeiten zwischen dem primären internalen Arbeitsmodell der Eltern-Kind-Beziehung und sich nachfolgend entwickelnden kognitiven Repräsentationen hin (Ahnert, Pinquart & Lamp. 2006). In Anbetracht der risikoerhöhenden Wirkung unsicherer Eltern-Kind-Beziehungen wäre eine stabile Bindungsbeziehung dieser Kinder zu sekundären Fürsorgepersonen für die gesunde Entwicklung der Kinder dringend erforderlich. Dem entgegen steht jedoch der Prozess der Transmission von Bindung (Julius, 2015). Aufgrund der Funktion internaler Arbeitsmodelle zur vorausschauenden Planung von Situationen werden neue Bezugspersonen an bestehende Modelle angepasst, unabhängig von der Funktionalität dieser Modelle (Bowlby, 2001). So zeigen sich signifikante Zusammenhänge zwischen dem bindungsbezogenen Verhalten des Kindes gegenüber der primären und sekundären Bindungsperson (DeMulder, Denham, Schmidt & Mitchell, 2000; O´Connor & McCartney, 2006). Darüber hinaus belegen Studien, dass Lehrpersonen komplementär zum bindungsbezogenen Verhalten des Kindes reagieren (Beetz & Julius, 2013; Langer 2017). Auch die Einschätzungen der Beziehungsqualität zum Kind aus Sicht der primären und sekundären Bindungsfigur weisen Übereinstimmungen auf (Lynch & Cicchetti, 1997; O´Connor, Scott, McCormick & Weinberg, 2014).

3 Relevanz der Beziehungsqualität zur Lehrperson für die kindliche Entwicklung

Die Persönlichkeitsentwicklung des Individuums ist zu jedem Zeitpunkt der Entwicklung von den gegebenen Interaktionen des Individuums mit der Fürsorgeumwelt abhängig (Bowlby, 2006b, S. 22). Wenn also angenommen wird, dass die Lehrer-Schüler-Beziehung einer Bindungsbeziehung ähnelt, dann ist anzunehmen, dass auch die Qualität der Beziehung zur Lehrperson die Entwicklung des Kindes beeinflusst.

Darauf deuten bisherige Forschungsergebnisse hin, wonach die Qualität der Beziehung zur Lehrperson der entscheidende Mechanismus zu sein scheint, der einen Einfluss auf die Anpassungsleistung aller Kinder an den Kontext Schule hat (Pianta, Stuhlman & Hamre, 2007). Insbesondere die frühe Schulzeit scheint von besonderer Relevanz zu sein (Pianta & Walsh, 1996). Empirische Evidenzen belegen einen Einfluss der Qualität der Lehrer-Schüler-Beziehung auf das Sozialverhalten und die Lernerfolge des Kindes. Positive Beziehungen sind im Kontext von Schule geprägt von einer feinfühligen, responsiven Lehrperson, die bindungsbezogene Bedürfnisse des Kindes differenziert wahrnimmt und unmittelbar reagiert. Somit wird das Explorationsbedürfnis des Kindes unterstützt und Stress reguliert. Beziehungen negativer Qualität sind hingegen durch weniger einfühlsames Verhalten von Lehrpersonen und mehr unsicheren Bindungsstrategien seitens des Kindes gekennzeichnet. Eine positive Beziehung zur Lehrperson hat demnach einen moderierenden Einfluss auf die Entwicklung von Verhaltensproblemen des Kindes (O'Connor et al. 2014; Skalická, Belsky, Stenseng & Wichstrom, 2015). Hinsichtlich des schulischen Erfolges stellt die Qualität der Beziehung zu Lehrpersonen zudem eine jener Variablen dar, die nach Hattie (2009) den stärksten Effekt auf die Schulleistungen besitzen. Erste Untersuchungen deuten darauf hin, dass die psychophysiologische Basis, die durch die Eltern-Kind-Bindung geprägt wird, ebenfalls auf die Beziehung zur Lehrperson übertragen wird (Langer, 2017). Eine Vielzahl an Studien belegen wiederum, dass nur die sichere Bindung eine optimale Strategie zur Stressregulation darstellt. In unsicheren Bindungsbeziehungen wird das Explorationsverhaltenssystems des Kindes nicht hinreichend gut aktiviert, woraus schulische Misserfolge resultieren können (Julius, Beetz, Kotschral, Turner & Uvnäs-Moberg, 2014).

4 Methode

Aufgrund der Relevanz der Lehrer-Schüler-Beziehung für die kindliche Entwicklung stellt sich die Frage, welche Qualität diese aus Sicht von Lehrpersonen einnimmt. Zur Erfassung der Beziehungsqualität sind unterschiedliche methodische Ansätze denkbar. Die vorliegende explorative Untersuchung zielt auf einen methodischen Vergleich der Innen- und Außensicht auf die Beziehung. Auf der kognitiven Ebene der Repräsentation der Lehrkraft und auf der Ebene der subjektiven Wahrnehmung stellt sich die Frage: Wie schätzen Lehrpersonen die Qualität der Beziehung zu ihren Schülerinnen und Schülern in der inklusiven Grundschule ein? Für eine objektive Sicht von außen auf die Beziehungsqualität wird die Innensicht der Lehrperson durch Verhaltensbeobachtungen ergänzt. Hierbei wird der Frage nachgegangen, welches Fürsorgeverhalten Lehrpersonen in bindungsrelevanten Situationen gegenüber ihren Schülerinnen und Schülern zeigen. Zur Überprüfung der Fragestellung ist der Zusammenhang zwischen der mentalen Repräsentation der Lehrer-Schüler-Beziehungen, der Wahrnehmung der Beziehungsqualität und dem Fürsorgeverhalten der Lehrpersonen in realen Unterrichtssituationen von Bedeutung.

4.1 Stichprobe und Untersuchungsablauf

An präventiven Grundschulen in Deutschland und Österreich konnten sieben Lehrerinnen und eine männliche Lehrkraft für die explorative Studie gewonnen werden. Auch wenn die Berufserfahrungen (M = 9.6 Jahre, SD = 4.9 Jahre) und das Alter (M = 39.2 Jahre, SD = 12.1 Jahre) der Lehrkräfte variierten, bestanden die Beziehungen mindestens vier Monate. Die Lehrpersonen wählten selbst ein Kind aus, das sie als auffällig im Verhalten eingeschätzt haben.

4.2 Messinstrumente

4.2.1 Teacher Relationship Interview (TRI, Pianta, 1997)

Für die Erhebung der mentalen Repräsentation der Beziehung aus bindungstheoretischer Sicht wurde der TRI durchgeführt. Es ist ein halbstandardisiertes Interviewverfahren, das durch die Narrative eine affektive Beziehungsdimension messbar macht. Mittels der drei Dimensionen Inhalt, Verarbeitung und Affekt kann das internale Modell von Beziehung erhoben werden (Spilt, 2010). Dabei werden Skalenwerte von 1 bis 7 vergeben. Hohe Werte auf der Dimension Inhalt und Verarbeitung weisen auf eine pädagogisch feinfühlige Interaktion und der Fähigkeit der Lehrperson hin, offen über die Beziehung zum Kind zu sprechen. Dagegen deuten hohe Werte auf der Dimension Affekt auf eine negative Beziehungswahrnehmung hin. Lehrpersonen zeigen sich in der Beziehung dann eher hilflos oder feindselig gegenüber dem Kind. Im Rahmen der Studie erfolgte die Interpretation des Interviews mittels konsensueller Kodierung (Schmidt, 1997) innerhalb der Forschungsgruppe. Dieses Vorgehen wird mit der geringen Fallzahl begründet. Daten zur Inter-Rater-Reliabilität sprechen für einen akzeptablen Wert, so erreichten vier Auswertende eine prozentuale Übereinstimmung von 81 Prozent und einen κ= .52 (Stuhlman & Pianta 2002). Stuhlman & Pianta (2002) sowie Spilt (2010) gehen trotz weniger Studien von einer konvergenten und diskriminanten Validität aus. Ergebnisse des TRI, die mit den Antworten aus dem STRS in Bezug gesetzt wurden, korrelierten auf den komplementären Dimensionen beider Testverfahren.

4.2.2 Student Teacher Relationship Scale (STRS, Pianta, 2001)

Mittels STRS wurde die subjektive Beziehungswahrnehmung der Lehrkraft zum ausgewählten Kind erfragt. Insgesamt beinhaltet der Fragebogen 28 Items, die in ihrem Ausmaß auf einer fünfstufigen Likertskala (von 1 „trifft absolut nicht zu" bis 5 „trifft voll zu") eingeschätzt werden. Die Summe der Likertskalenwerte bilden einen Rohwert, welcher mit Hilfe von Normwerttabellen über Perzentilwerte interpretiert wird. Anhand von den drei Dimensionen Konflikt, Nähe und Abhängigkeit soll die Beziehungsqualität reflektiert werden. Dabei wird jedes Item entsprechend der Dimensionen zugeordnet. So zielt z.B. folgende Fragstellung auf die Dimension Konflikt ab: „Dieses Kind wird mir gegenüber schnell ärgerlich". Items, die der Dimension Nähe zugeordnet sind, lassen folgende Formulierungen zu: „Wenn ich das Kind lobe, strahlt es stolz" oder „Dieses Kind möchte mir gefallen". Zur Dimension Abhängigkeit gehört beispielsweise „Dieses Kind reagiert heftig, wenn es von mit getrennt wird". Hohe Werte (ab Perzentile 75) auf der Dimension Nähe deuten darauf hin, dass die Lehrperson sich selbst als soziale Unterstützung für das Kind sieht. Sehr hohe Werte (ab Perzentile 75) der Dimensionen Konflikt und Abhängigkeit deuten auf problematische Beziehungsstrukturen hin. Bezüglich der Gütekriterien ist der STRS insgesamt als ein reliables und valides Testverfahren einzuschätzen (Pianta, 2001). Allerdings wird darauf hingewiesen, dass die Gütekriterien für die Subskala „Anhänglichkeit" nicht umfassend erfüllt sind, weshalb im Folgenden auf die Darstellung eines Gesamtwertes verzichtet wird (Günther, 2012).

4.2.3 Beobachtungen im Unterricht

Unterstützt durch Beobachtungsprotokolle wurden offene, auf die Unterrichtseinheit begrenzte, zielgerichtete Unterrichtsbeobachtungen durchgeführt. Ziel der Beobachtungen waren bindungsrelevante Interaktionen zwischen Lehrperson und Kind, die Aufschluss über das Fürsorgeverhalten der Lehrpersonen lieferten. Zu bindungsrelevanten Interaktionen zählen Stresssituationen, die potentiell das Bindungsverhaltenssystem des Kindes aktivieren z.B. wenn das Kind Misserfolg erlebt und traurig ist. Als Leitfrage wurde daher die Qualität des Fürsorgeverhaltens der Lehrpersonen in Bezug auf das Explorations- und Bindungsverhalten der Kinder im Unterrichtssetting beobachtet. Ausgewertet wurden die Protokolle auf deskriptiver Ebene für jede Lehrperson. Regelmäßiger verbaler Austausch über die Beobachtungsinhalte ergänzt die Wahrnehmungen der Beobachtenden. Eine Bewertung der Gütekriterien ist nur eingeschränkt möglich. Für möglichst objektive Beobachtungen tragen das einheitliche Format und die Leitfragen bei. Darüber hinaus wird durch einen gemeinsamen Austausch der Beobachtenden über das Gesehene und die Introspektionen während der Beobachtung die Objektivität erhöht.

5 Ergebnisse

Die Daten der kognitiven Repräsentationen, gemessen mit dem TRI (siehe Abb. 1) zeigen im Mittel hohe bis moderate Ausprägungen der Dimensionen. Hohe Skalenwerte (5-7) auf den Dimensionen „Inhalt" und „Affekt" sprechen für eine hohe Ausprägung der jeweiligen Dimension. Für die Dimension Inhalt mit einem Median von 5.3 (*IQA* = 2.9) bedeutet diese Ausprägung, dass die Lehrkräfte ein Bewusstsein über die Bedürfnisse der Kinder haben und pädagogisch feinfühlige Strategien ableiten können. Auf der Affektdimension (*Md* = 3.8, *IQA* = 3.2) weist der Median auf eine weniger starke Ausprägung des Konstrukts hin, dies deutet im Mittel auf eher gemischte Gefühle der Lehrpersonen gegenüber den Kindern hin. Die Dimension Verarbeitung (*Md* = 4.8, *IQA* = 3.2) lässt Schlussfolgerungen auf die Kohärenz des eigenen Arbeitsmodells von Bindung zu. Hohe Werte auf der Verarbeitungsdimension im TRI sprechen demnach für ein kohärentes Arbeitsmodell, in dem offen über eigene und fremde Zustände gesprochen werden kann. Auf dieser Dimension erweisen sich die Lehrpersonen II, IV, VII und VIII als eher offen und kohärent, während das Arbeitsmodell der Beziehung von Lehrperson I, III, V und VI weniger offen und kohärent ist.

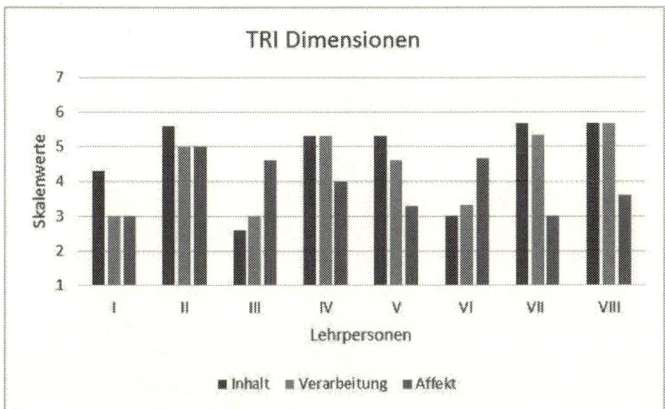

Anmerkungen: Werte der Dimensionen liegen zwischen 1 (sehr gering) bis 7 (sehr hoch ausgeprägt)

Abb. 1: Kognitive Repräsentationen, gemessen mit dem TRI (*N* = 8)

Ergebnisse des Fragebogens STRS (siehe Abb. 2) liegen im Median auf den Dimensionen Konflikt (*Md* = 92.5, *IQA* = 88) und Abhängigkeit (*Md* = 82.5, *IQA* = 41.3) im oberen Perzentilbereich, geprägt von einer hohen Varianz in den Daten. Dagegen liegen die Werte der Dimension Nähe (*Md* = 10.5, *IQA* = 4) im unterem Perzentilbereich. Zusammenfassend lässt sich erkennen, dass alle Lehrpersonen bis auf Lehrperson I die Beziehung zum jeweiligen Kind als konflikthaft wahrnehmen. Zusätzlich interpretieren die Lehrpersonen II, IV, V, VII und VIII das Verhalten des jeweiligen Kindes als stark anhänglich. Eine geringe Ausprägung auf der Skala „Nähe" bei allen Lehrpersonen außer Lehrperson I und V deutet zudem auf die Wahrnehmung einer negativen Beziehungsqualität zum Kind hin.

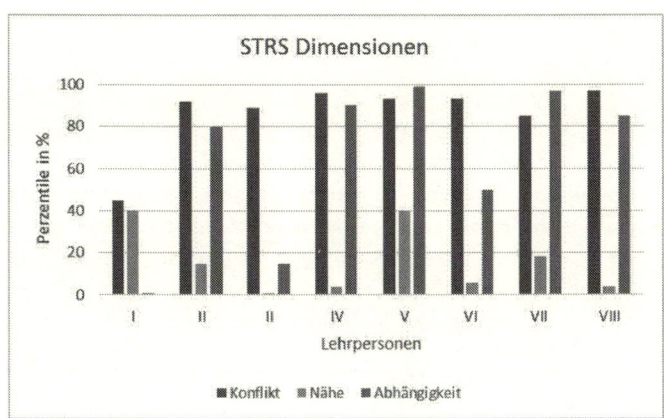

Anmerkungen: Perzentilwerte ≥ 75 Prozent auf den Skalen Konflikt und Anhänglichkeit und Perzentilwerte ≤ 25 Prozent auf der Skala Nähe deuten auf eine negative Beziehungsqualität hin.

Abb. 2: Wahrnehmung der Beziehungsqualität, gemessen mit dem STRS (*N* = 8)

Beobachtungen im Unterricht

Die freie Unterrichtsbeobachtung ermöglicht eine Sicht auf die Beziehung von der Lehrperson zum jeweiligen Kind aus der Außenperspektive. Die Lehrpersonen I, III, V und VI fielen in der Beobachtung durch vorwiegend reaktives Verhalten in Bezug auf das Verhalten des Kindes auf. Im Gegensatz dazu verhielten sich die Lehrpersonen II, IV, VII und VIII eher feinfühlig in Bezug auf das bindungsbezogene Verhalten der Kinder. Bei den Lehrpersonen I, III, V und VI war wiederum ein deutlich distanziertes Verhalten zu dem jeweiligen Grundschulkind erkennbar. Darüber hinaus fiel die Lehrperson III durch einen wenig feinfühligen Umgang mit dem Kind auf, der überwiegend von aversiven Reaktionen auf das bindungsbezogene Verhalten des Kindes geprägt war. Im Gegensatz dazu lassen die Beobachtungen zu den Lehrpersonen IV, V und VII darauf schließen, dass das jeweilige Kind von der Lehrperson viel Aufmerksamkeit, mehr individuelle Zeit und körperliche Nähe erfährt.

Vergleicht man die Ergebnisse des TRI und STRS zeigen sich Unterschiede in der Beschreibung der Beziehung aus Sicht der Lehrpersonen. Während die Beziehung zum Kind im STRS überwiegend konfliktbelastet und anhänglich beschrieben wird, sehen sich die Lehrpersonen im TRI als überwiegend feinfühlig und responsiv im Umgang mit dem Kind. Dennoch wird die Nähe zum Kind, gemessen mit dem STRS, als überwiegend gering bewertet. Gleichzeitig deutet die Ausprägung auf der affektiven Dimension im TRI im Mittel auf positive (z.B. Freude) und negative Gefühle (z.B. Ärger, Wut) gegenüber dem Kind hin, was sich jedoch bei einem Großteil der Lehrpersonen nicht auf ihre Rolle als sichere Basis und sicherer Hafen für das Kind auszuwirken scheint. Dies deckt sich auch mit der Unterrichtsbeobachtung. Lehrpersonen, die im TRI ein offenes, kohärentes Arbeitsmodell aufwiesen, verhielten sich in der Unterrichtsbeobachtung feinfühliger und sensitiver im Umgang mit den Kindern, auch wenn diese durch störendes Verhalten auffielen. Lediglich die Ergebnisse der Lehrperson III zur Beziehungsqualität aus Innen- als auch Außenperspektive sind übereinstimmend zu bewerten.

6 Diskussion

Die Ergebnisse der vorliegenden Untersuchung verweisen auf widersprüchliche Aussagen über die Beziehungsqualitäten. Laut Ergebnissen des TRI scheinen sich die Lehrpersonen überwiegend als sichere Basis und sicherer Hafen für die Kinder zu sehen. Im Gegensatz dazu verweisen die Ergebnisse im STRS mehrheitlich auf negative Beziehungsqualitäten zwischen Lehrkraft und Kind. Ursächlich für diesen Widerspruch könnten die unterschiedlichen methodischen Zugänge des STRS und TRI sein. Der STRS gilt als bisher einziger validierter und standardisierter Fragebogen zur Erhebung der Qualität der Lehrer-Schüler-Beziehung (Pianta, 2000). Glüer (2013) weist jedoch darauf hin, dass der STRS nicht ausschließlich Bindungsaspekte innerhalb der Beziehung erfasst. Demnach ist es möglich, dass sich Verhaltensauffälligkeiten, denen gestörte Bindungs- und Beziehungserfahrungen zugrunde liegen können (Herz & Zimmermann, 2015), in den Antworten im STRS widerspiegeln. In der vorliegenden Stichprobe wiesen fünf der acht Kinder eine mit der Teachers Report Form (TRF, Döpfner, Plück, Achenbach & Kinnen, 2014) diagnostizierte Verhaltensstörung auf. Die Beziehungen zu den auffälligen Kindern wurden von der Lehrperson II und den Lehrpersonen V bis VIII als konflikthaft und anhänglich beschrieben. Dies entspricht dem Stand der Forschung, wonach Verhaltensauffälligkeiten von Kindern mit der Qualität der Beziehung zur Lehrperson assoziiert sind (O'Connor, Collins & Supplee, 2012). Die Fragen im STRS beziehen sich auf das bindungsbezogene Verhalten des Kindes gegenüber der Lehrkraft (z.B.: „Dieses Kind reagiert heftig, wenn es von mir getrennt wird"). Aufgrund dessen, dass der STRS das Verhalten der Kinder erfragt, könnten die Antwortmuster die Verhaltensauffälligkeiten der Kinder und nicht ihr bindungsbezogenes Verhalten widerspiegeln. Dies legt auch die Vermutung nahe, dass mit dem STRS die Transmission von bindungsbezogenen und anderen Verhaltensweisen des Kindes auf die Beziehung zur Lehrperson erfasst werden und nicht die kognitive Repräsentation der Beziehung aus Sicht der Lehrkraft. In zukünftigen Untersuchungen sollten daher sowohl das Ausmaß an Verhaltensauffälligkeiten als auch das primäre Bindungsmuster des Kindes erhoben werden, um die Ergebnisse im STRS mit diesen in Beziehung setzen zu können. In der Bindungsforschung stehen Fragebögen zur Erhebung von Bindungsstilen in der Kritik, sind doch die Antworten im Fragebogen durch subjektive Informationsverarbeitungsprozesse beeinflusst. Antworten auf einen Fragebogen sind damit Ausdruck der Zugänglichkeit des internalen Arbeitsmodells von Bindung und der Kognition, nicht jedoch des internalen Arbeitsmodells an sich. Letzteres lässt sich nur durch die Diskursanalyse des Interviews erheben (Höger, 2002). Mit dem TRI liegt wiederum ein Interviewverfahren vor, das eine Diskursanalyse ermöglicht. Aus bindungstheoretischer Sicht müssen die internalen Arbeitsmodelle von Bindung und Fürsorge, die das jeweilige Verhaltenssystem steuern, über bindungsrelevante Stressoren aktiviert werden, um Aussagen über deren Qualität zu erhalten. Dass im TRI eher eine kognitive Repräsentation der bindungsrelevanten Verhaltenssysteme aktiviert wird, bestätigt zudem das Ergebnis der Verhaltensbeobachtung. Auch wenn sich die Lehrpersonen überwiegend als feinfühlig und responsiv gegenüber dem Kind einschätzten, deuten die Ergebnisse der Verhaltensbeobachtung auf einen Zusammenhang zwischen dem sensitiven Fürsorgeverhalten der Lehrpersonen und der Kohärenz des internalen Arbeitsmodells hin. Demnach verhielten sich Lehrpersonen, deren Antworten im TRI auf Abwehrmechanismen hinwiesen weniger feinfühlig gegenüber den Kindern. In zukünftigen Untersuchungen sollten jedoch die bisherigen Beobachtungen um systematische Verhaltensbeobachtungen ergänzt werden. So ließen sich weitere Mechanismen klären, die einen Einfluss auf die Qualität der Beziehung zum Kind haben.

Literatur

Ahnert, L., Pinquart, M. & Lamp, M. E. (2006). Security of children's relationships with nonparental care providers: A meta-analysis. *Child Development, 77*, 664-679.

Beetz, A. & Julius, H. (2013). Bindungstheoretisch basierte Beobachtungen von Lehrerverhalten in der Arbeit mit verhaltensauffälligen Kindern und Jugendlichen. *Heilpädagogische Forschung, 39* (1), 26-36.

Berlin, L. J., Cassidy, J. & Appleyard, K. (2008). The Influence of Early Attachments on Other Relationships. In J. Cassidy & P. R. Shaver (Hrsg.), *Handbook of Attachment. Theory, Research, and Clinical Implications* (S. 333-347). New York: Guilford Press.

Booth, C. L., Kelly, J. F., Spieker, S. J. & Zuckerman, T. G. (2003). Toddlers' Attachment Security to Child-Care Providers. The Safe and Secure Scale. *Early Education & Development, 14* (1), 83-100.

Bowlby, J. (2001). *Das Glück und die Trauer. Herstellung und Lösung affektiver Bindungen.* Klett-Cotta.

Bowlby, J. (2006a). *Bindung.* München u.a.: Reinhardt.

Bowlby, J. (2006b). *Trennung. Angst und Zorn.* München u. Basel: Reinhardt.

Bretherton, I. (2012). Zur Konzeption innerer Arbeitsmodelle in der Bindungstheorie. In G. Gloger-Tippelt (Hrsg.), *Bindung im Erwachsenenalter. Ein Handbuch für Forschung und Praxis* (S. 65-92). Bern u.a.: Huber.

Collins, N. L. & Read, S. R. (1994). Cognitive Representations of Attachment. The Structure and Function of Working Models. In K. Bartholomew & D. Perlman (Hrsg.), *Attachment Processes in Adulthood* (S. 53-90). London: Jessica Kingsley Publishers.

DeMulder, E. K., Denham, S., Schmidt, M. & Mitchell, J. (2000). Q-sort assessment of attachment security during the preschool years: Links from home to school. *Developmental Psychology, 36* (2), 274-282.

Döpfner, M., Plück, J., Achenbach, T. M. & Kinnen, C. (2014). *CBCL/6-18R, TRF/6-18R, YSR/11-18R: Deutsche Schulalter-Formen der Child Behavior Checklist von Thomas M. Achenbach. Elternfragebogen über das Verhalten von Kindern und Jugendlichen (CBCL/6-18R), Lehrerfragebogen über das Verhalten von Kindern und Jugendlichen (TRF/6-18R), Fragebogen für Jugendliche (YSR/11-18R)*. Göttingen u.a.: Hogrefe.

Eisfeld, M. (2014). *Bindung und IQ. eine empirische Studie zum Bindungsverhalten von Kindern im Grundschulalter.* Universität Rostock. Rostock.

George, C. & Solomon, J. (2008). The Caregiving System: A Behavioral Systems Approach to Parenting. In J. Cassidy & P. R. Shaver (Hrsg.), *Handbook of Attachment. Theory, Research, and Clinical Implications* (S. 833-856). New York: Guilford Press.

Glüer, M. (2013). *Beziehungsqualität und kindliche Kooperations- und Bildungsbereitschaft. Eine Studie in Kindergarten und Grundschulen.* Wiesbaden: VS Verlag für Sozialwissenschaften.

Groh, A. M., Fearon, R. P., Bakermans-Kranenburg, M. J., van Ijzendoorn, M. H., Steele, R. D. & Roisman, G. I. (2014). The significance of attachment security for children's social competence with peers: a meta-analytic study. *Attachment & Human Development, 16* (2), 103-136.

Groh, A. M., Roisman, G. I., van Ijzendoorn, M. H., Bakermans-Kranenburg, M. J. & Fearon, R. P. (2012). The Significance of Insecure and Disorganized Attachment for Children's Internalizing Symptoms: A Meta-Analytic Study. *Child Development, 83* (2), 591-610.

Grossmann, K. & Grossmann, K. E. (2008). *Bindungen. Das Gefüge psychischer Sicherheit* (4. Aufl.). Stuttgart: Klett-Cotta.

Günther, C. (2012). *Bindung und Lernbehinderung. Der Einfluss von Bindungsqualität auf Beziehungsgestaltung und Sozialverhalten.* Münster: Waxmann.

Hattie, J. A. C. (2009). *Visible Learning. A synthesis of over 800 meta-analysis relating to achievement.* London: Routledge.

Herz, B. & Zimmermann, D. (2015). Beziehung statt Erziehung? Psychoanalytische Perspektiven auf pädagogische Herausforderungen in der Praxis mit emotional-sozial belasteten Heranwachsenden. In R. Stein (Hrsg.), *Inklusion im Förderschwerpunkt emotionale und soziale Entwicklung* (S. 144-169). Stuttgart: Kohlhammer.

Howes, C. & Spieker, S. J. (2008). Attachment Realtionships in the Context of Multiple Caregivers. In J. Cassidy & P. R. Shaver (Hrsg.), *Handbook of Attachment. Theory, Research, and Clinical Implications* (S. 317-332). New York: Guilford Press.

Julius, H. (2009). Bindung und familiäre Gewalt-, Verlust- und Vernachlässigungserfahrungen. In H. Julius, B. Gasteiger-Klicpera & R. Kißgen (Hrsg.), *Bindung im Kindesalter. Diagnostik und Interventionen* (S. 13-26). Göttingen u.a.: Hogrefe.

Julius, H. (2014). Bindung und schulische Entwicklung. *Behinderte Menschen: Zeitschrift für gemeinsames Leben, Lernen und Arbeiten, 37* (6), 29-47.

Julius, H. (2015). Der Einsatz von Tieren im Kontext bindungsorientierter Interventionen. *Sonderpädagogische Förderung heute, 60,* 297-308.

Julius, H., Beetz, A., Kotrschal, K., Turner, D. C. & Uvnäs-Moberg, K. (2014). *Bindung zu Tieren. Psychologische und neurobiologische Grundlagen tiergestützter Interventionen.* Göttingen: Hogrefe.

Langer, J. (2017). *Von der Eltern-Kind- zur Lehrer*in-Schüler*in-Beziehung. Psychologische und physiologische Mechanismen der Transmission von Bindung.* Rostock: Universität.

Lynch, M. & Cicchetti, D. (1997). Children's relationships with adults and peers: An examination of elementary and junior high school students. *Journal of School Psychology, 35* (1), 81-99.

Mayseless, O. (2005). Ontogeny of Attachment in Middle Childhood. In K. A. Kerns & R. A. Richardson (Hrsg.), *Attachment in Middle Childhood* (S. 1-23). New York: Guilford Press.

Newman, S. W. (1999). The Medial Extended Amygdala in Male Reproductive Behavior A Node in the Mammalian Social Behavior Network. *Annals of the New York Academy of Sciences, 877,*242-257.

O´Connor, E. & McCartney, K. (2006). Associations between Young Children´s Relationships with Mothers and Teachers. *Journal of Educational Psychology, 98* (1), 87-98.

O'Connor, E. E., Collins, B. A. & Supplee, L. (2012). Behavior problems in late childhood: the roles of early maternal attachment and teacher–child relationship trajectories. *Attachment & Human Development, 14* (3), 265-288.

O'Connor, E. E., Scott, M. A., McCormick, M. P. & Weinberg, S. L. (2014). Early mother-child attachment and behavior problems in middle childhood: the role of the subsequent caregiving environment. *Attachment & Human Development, 16* (6), 590-612.

Pianta, R. C. (2001). *The Student-Teacher Relationship Scale.* Charlottesville.

Pianta, R. C., Stuhlman, M. W. & Hamre, B. K. (2007). Der Einfluss von Erwachsenen-Kind-Beziehungen auf Resilienzprozesse im Vorschulalter und in der Grundschule. In G. Opp & M. Fingerle (Hrsg.), *Was Kinder stärkt. Erziehung zwischen Risiko und Resilienz* (S. 192-211). München: Reinhardt.

Pianta, R. C. & Walsh, D. J. (1996). *High-risk children in schools. Constructing sustaining relationships.* New York u. London: Routledge.

Schmidt, C. (1997). Am Material: Auswertungstechniken für Leitfadeninterviews. In B. Friebertshäuser & A. Prengel (Hrsg.), *Handbuch qualitative Forschungsmethoden in der Erziehungswissenschaft* (S. 544-568). Weinheim: Juventa-Verl..

Skalická, V., Belsky, J., Stenseng, F. & Wichstrøm, L. (2015). Reciprocal Relations Between Student–Teacher Relationship and Children's Behavioral Problems: Moderation by Child-Care Group Size. *Child Development, 86* (5), 1557–1570.

Spilt, J. L. (2010). *Relationships between teachers and disruptive children in kindergarten. an exploration of different methods and perspectives, and the possibility of change.* Universität of Amsterdam. Amsterdam.

Stuhlman, M. W. & Pianta, R. C. (2002). Teacher's narratives about their relationships with children: Associations with behavior in classrooms. *School Psychology Review, 31* (2), 148-163.

van Ijzendoorn, M. H., Dijkstra, J. & Bus, A. G. (1995). Attachment, Intelligence, and Language: A Meta-analysis. *Social Development, 4* (2), 115-128.

Verschueren, K. & Koomen, H. M. Y. (2012). Teacher-child-relationships from an attachment perspective. *Attachment & Human Development, 14* (3), 205-211.

Zajac, K. & Kobak, R. (2006). Attachment. In G. G. Bear & K. M. Minke (Hrsg.), *Children's needs III. Development, prevention, and intervention* (S. 379-389). Bethesda, Md: National Association of School Psychologists.

Gelingende Prozesse der Veränderung: Ein Kernmodell der Adaptivität

Tony Hofmann und Alix Heselhaus

Abstract

Wenn wir im Alltag von „Gelingen" sprechen, so ist das Verständnis dieses Begriffs (scheinbar) klar und eindeutig. Versuchen wir jedoch, den Begriff wissenschaftlich zu beschreiben, so ist fraglich, ob dies überhaupt möglich ist: Gelingen ereignet sich überaus individuell in unvorhersehbaren Interaktionsprozessen und ist prospektiv kaum erfassbar. Der gedankliche Ausgangspunkt für diesen Artikel lautet deshalb, Gelingen als eine Folge von adaptiven Veränderungen in den Interaktionsprozessen anzusehen, die erst mit einem retrospektiv erfolgenden Sprechakt (Austin, 1986) benannt werden können. Hiervon ausgehend entwickeln wir auf Basis der Prozessphilosophie Gendlins (2015) ein Kernmodell der Adaptivität. Hierin werden Ansatzpunkte dafür formuliert, welche Arten von Interaktionsprozessen einen solchen Sprechakt wahrscheinlich machen. Wir leiten konkrete Interventionsmöglichkeiten (in Form von handlungsleitenden und reflexionsfördernden Fragen) für die sonderpädagogische Praxis und Überlegungen zu einer prozessorientierten sonderpädagogischen Diagnostik ab, die die Wahrscheinlichkeit für gelingende Interaktionsprozesse erhöhen können.

Keywords

Gelingen, Adaptivität, Interaktion, Prozess, Verhaltensstörungen

Was meinen wir, wenn wir davon sprechen, dass uns etwas *gelingt*? Jedem ist der Begriff des Gelingens geläufig - Gelingen ist zunächst kein Fachbegriff, sondern Bestandteil unserer Alltagssprache. Gerade in pädagogischen Berufskontexten gehört er jedoch für viele professionell Tätige auch zum aktiven Fach-Wortschatz. Bollnow (1984) beispielsweise grenzt *Gelingen* von *Machen* ab. Pädagogik hat für ihn stets einen Wagnischarakter: Eine Haltung der Machbarkeit würde gerade das Moment des Unbestimmt-Offenen, das in der Pädagogik zentral ist, ausklammern. Auch Rombach macht deutlich, dass das Gelingen grundsätzlich nur da möglich ist, wo „es" auch misslingen kann (1994, S. 81).

Nicht nur in der Pädagogik, sondern auch in unterschiedlichsten therapeutischen und beraterischen Kontexten und Theorien begegnen uns begriffliche Konstrukte, die die Frage des Gelingens in mannigfaltiger Weise berühren, so etwa

- in Form der *Wunderfrage* (DeShazer, 2012),
- der *fully functioning person* (Teichmann-Wirth, 2003),
- der *Selbstverwirklichung* (Maslow, 1943),
- der *Integration* von Impulsen des *Es* und den Normen des *Über-Ich* im *Ich* (Freud, 1923),
- der *Integration des Schattens* (Jung, 1975),
- dem *Schließen von Gestalten* (Perls, Hefferline & Goodman, 1997),
- der *Salutogenese* (Antonovsky, 1997),
- in Form von *Resilienz* (Hildenbrand & Welter-Enderlin, 2010),
- als *emotionale Offenheit* (Reicherts, Genoud & Zimmermann, 2011),
- in der Entwicklungspsychologie als *epigenetisches Prinzip* (Erikson, 1973) oder
- im Kontext psychischer Erkrankungen (wie etwa Schizophrenie) als *Recovery* (Anthony, 1993).

Der vorliegende Artikel zielt primär auf pädagogische Handlungsfelder ab – die hier genannte (sicherlich noch unvollständige) Auflistung dürfte jedoch deutlich machen, dass das Gelingen auch in anderen Feldern wie Beratung oder Psychotherapie von hoher Bedeutung ist. Die Gedanken, die wir in der Folge entwickeln werden, könnten auch auf diese beiden Felder übertragen werden. Dies soll hier nicht geschehen. Deutlich wird jedoch schon auf den ersten Blick, dass vielen Menschen, ob nun in professioneller oder in nichtprofessioneller Verwendung, völlig unhinterfragt klar zu sein scheint, was Gelingen ist.

1 Ist Gelingen wissenschaftlich beschreibbar?

Der Versuch, gelingende Interaktionsprozesse zu initiieren, kann fast schon als der Kern einer jeden Pädagogik angesehen werden (Hofmann & Freitag, 2018). Wenn wir uns jedoch die Tatsache vergegenwärtigen, dass Gelingen in seinem realen Vollzug etwas überaus Individuelles ist, so kommt die Frage auf, ob Gelingen überhaupt wissenschaftlich beschreibbar ist[1]. Den meisten in der Einleitung genannten Feldern ist gemeinsam, dass Einzelpersonen in den Blick genommen werden. Beim einzelnen Menschen anzusetzen, ist zunächst auch sinnvoll. Besonders bei internalisierenden Störungen, bei denen Menschen von außen her weitestgehend unauffällig wirken (wie etwa bei Depressionen oder Ängsten) ist es hilfreich, zu verstehen, wie ein Mensch seine Situation erlebt (Kauter, 2002). Dies reicht jedoch nur in seltenen Fällen aus, um gelingende Interaktionen zu evozieren. Gerade im Erziehungsgeschehen ist es notwendig, von vornherein Dyaden und ganze Systeme (wie etwa Klassen oder Familien) zu

---

1 vgl. auch allgemeine Diskussion zu den Grenzen von Wissenschaft bei Hofmann (2017, S. 179ff)

berücksichtigen. Pädagogisches Arbeiten betrifft je schon das soziale Miteinander. Dies wird besonders deutlich, wenn wir uns den Fall genauer anschauen, an dem soziales Miteinander misslingt: Eine Person allein kann nicht als *verhaltensgestört* gelten, ohne dabei auch die interaktionellen Beziehungen, in denen sie sich bewegt und die Normen, die in diesem System gelten, mit zu berücksichtigen[2]. Zwar könnte man argumentieren, dass dieses interaktionelle Zusammenspiel nur bei externalisierenden Störungen offenkundig ist, sich jedoch bei internalisierenden Störungsphänomenen deutlich weniger zeigt. Dem ist entgegenzuhalten, dass auch bei internalisierenden Störungen Interaktionsmuster internalisiert wurden. Wenn ein Kind beispielsweise Angst hat vor bestimmten sozialen Situationen mit Gleichaltrigen und deshalb allein in seinem Zimmer sitzt, so sind diese Situationen gewissermaßen auch im Zimmer mit dabei. Nur sind sie eben als das, was Angst macht, präsent. Sie sind handlungsleitend als das, was vermieden werden soll. Die Personen, um die es uns hier geht, sollten deshalb nicht per se als gestört, sondern als *verhaltensauffällig* bezeichnet werden. Die Störung liegt einem solchen Verständnis nach nicht in der Person, sondern in der Interaktion (Stein, 2017).

Es lässt sich weiterhin in der Praxis beobachten, dass verschiedene Menschen verschiedene Begebenheiten als gelungen erleben. Dies wird beispielsweise deutlich, wenn man Menschen fragt, wie sie sich eine gelingende Beziehungs- oder Familiendynamik vorstellen. Es kann sogar vorkommen, dass dieselbe Person ein bestimmtes Ereignis erst als misslungen und später als gelungen beschreibt. Mit genau diesem Phänomen beschäftigt sich der Ansatz der Ressourcenorientierung, der nach etwas Gelungenem sucht, wenn man z.B. fragt: „Wofür ist das gut?" (Schlippe, v. & Schweizer, 2007, S. 124f). Jemand, der eine Trennung erlebt hat, wird etwa die vergangene Beziehung als misslungen betrachten. Im Laufe der weiteren Auseinandersetzung merkt er vielleicht, dass die Trennung langfristig positive Folgen hatte und denkt rückblickend: „Da ist mir etwas gelungen. Ich habe einen wichtigen Schritt in die Autonomie getan und habe mich von einem Menschen getrennt, der mir nicht gut tat." So kann also ein ausweichendes Verhalten vor Konflikten, das als Scheitern in einer nahen Beziehung wahrgenommen wurde, mit etwas Abstand als ein wirksamer Selbstschutz betrachtet werden. Wie fragil eine solche symbolisierende Bewertung ist, kann man auch daran erkennen, dass Menschen häufig unterschiedlicher Meinung darüber sind, ob etwas gelungen ist. Beziehungen können z.B. so gestaltet sein, dass eine Person zufrieden ist und die andere nicht.

Spezifisch für Sprechsituationen über das Gelingen ist auch, dass sie *getrennt* von dem eigentlichen interaktionellen Ereignis stattfinden und eine eigene Qualität haben: Symbolisierung von Realem ist nicht selbst schon Reales[3]. Erst ein Sprechakt (Austin, 1986, S. 29) schafft symbolische Realitäten. Hier könnte man auch im Anschluss an Kahnemann (2012) formulieren: Das erinnernde Selbst spricht über das Gelingen, das erlebende Selbst nicht. Nur das erinnernde Selbst kann Ergebnisse antizipieren oder im Nachhinein bewerten: „Das Bild ist dir gelungen" sagt die Kindergärtnerin, nachdem das Kind Farben und Pinsel bei Seite gelegt hat. „Das Vorstellungsgespräch wird mir misslingen" denkt die pessimistische Schülerin am Ende ihrer Schullaufbahn.

Gelingen und Misslingen sind also nicht als logische Gegensätze zu begreifen. Die Sache ist in sich verwickelter, „intrikater". Dies wird auch deutlich, wenn wir uns den Unterschied von Lösungen erster bzw. zweiter Ordnung vergegenwärtigen (Watzlawick, 2008; Luhmann,

---

2 Analog wäre dies für die Frage einer interaktionellen Bestimmung von „psychischen Erkrankung" zu diskutieren, vgl. Franke (2012).

3 Zum Unterschied von Realem und symbolisierter Realität vgl. Hofmann 2017, S. 107ff.

1990). Hier führt jeder Lösungsversuch erster Ordnung zu einer Vertiefung des Problems und stellt somit eine Form des Misslingens dar. Eine unzufriedene Kollegin, die wütend wird, um z.B. im Sozialgefüge eines Lehrerkollegiums ein Ziel zu erreichen, kann zunehmend an Unterstützung verlieren, je mehr Lösungsversuche dieser Art sie durchführt, und sich so immer weiter von ihrem Ziel entfernen.

Zudem sind Gelingen und Misslingen stets kulturell gefärbt. In einer Kultur, die Individualität und persönliche Entfaltung so stark betont, wie die unsere, bedeutet ein gelingendes Leben etwas ganz anderes, als in einer Kultur, die eher auf Kooperation und Konformität abzielt. Die Normen, die dem zugrunde liegen, sind grundsätzlich von hoher Relativität (Bach, 1989).

2 Ein Kernmodell der Adaptivität

Gelingen und Misslingen erscheinen an diesem Punkt als fluide Begriffe ohne einen festen Kern. Dies macht eine wissenschaftliche Beschreibung schwierig. Dennoch verwenden wir beide Begriffe im pädagogischen Alltag sehr treffsicher, was darauf hindeutet, dass bestimmte interaktionelle Prozessdynamiken ein Sprechen über Gelingen wahrscheinlich machen. Hier soll deshalb die These aufgestellt werden, dass bestimmte Prozesse der Adaptivität, also der gelingenden Anpassung, auch ein Gelingenserleben und damit eine sprachliche Benennung dieser Interaktionsprozesse als *gelungen* wahrscheinlicher machen.

Wir wollen zunächst adaptive Prozesse genauer beschreiben, um dann zeigen zu können, dass sie dem Gelingen auf der Prozessebene ähnlich sind. Eine begriffliche Grundlage hierfür liefert die Prozessphilosophie Gendlins. Konkreter Ausgangspunkt für die folgenden Ausführungen ist das sogenannte Basismodell (vgl. Kapitel I bis V) aus Gendlins (2015) Prozess-Modell. Hierin wird aus philosophischer Sicht die Grundmetapher *Prozess* entwickelt: Was impliziert ist, kann geschehen –und was geschieht, macht wiederum einen Unterschied für das, was in der Folge impliziert ist. Hierauf aufbauend werden detailliert mehrere Facetten des kreativen Prozesses einer adaptiven Veränderung im Falle eines Prozesstopps entwickelt (Gendlin, 2015, S. 168ff). Ein gestoppter Prozess ist dabei als ein Prozess zu verstehen, der sich aufgrund widriger Umstände nicht so fortsetzen kann, wie er eigentlich impliziert gewesen wäre.

Folgende Definition lässt sich ableiten:

> Unter Adaptation verstehen wir die kreative Anpassung eines interaktionalen Prozesses (Individuen-in-Systemen) an widrige Umstände. Widrige Umstände sind Umstände, in denen etwas Essenzielles, was zur implizierten Fortsetzung des Prozesses nötig wäre, fehlt, so dass das, was ursprünglich impliziert gewesen wäre, nicht (mehr) geschehen kann. Adaptation ist somit als die Herausbildung einer veränderten Fortsetzung zu verstehen, die den Prozessstopp (ganz oder teilweise) aufhebt.

Besonders hervorzuheben ist hierbei, dass sich in unserer Definition *der gesamte Interaktionsprozess verändert*, und dass sich eben nicht bloß die Person einseitig an veränderte (äußere) Umstände anpasst. Hier zeichnen wir also ein anderes Bild, als dies in Theorien über Resilienz (Hildenbrand & Weltler-Enderlin, 2010) üblich ist. Um dies begrifflich sauber zu trennen, schlagen wir folgende Differenzierung vor: *Adaption* wäre die bloß einseitige Anpassung des Individuums an die widrige Umwelt, *Adaptation* jedoch erfolgt von beiden Seiten her – von der Personseite *und* von der Umweltseite zugleich. Eine solche Definition ist besonders für ein Verständnis von Pädagogik von Belang, die, metaphorisch gesprochen, nicht gegen Fehler, sondern für das Fehlende arbeitet (Moor, 1965, S. 20).

Wie also kann die adaptive Fortsetzung gestoppter Interaktionsprozesse in pädagogischen Kontexten gelingen? In enger Anlehnung an relevante Gedanken aus Gendlins Modell versuchen wir nun, eine Antwort auf diese Frage zu entwickeln.

2.1 Rhythmisches Trial-and-Error

Ein vollständiger Stopp aller Lebensprozesse, der den Tod des Organismus zur Folge hätte, erfolgt nur sehr selten (Gendlin, 2015, S. 168ff). Bevor dies geschieht, entwickelt ein Organismus in der Regel aus sich selbst heraus verschiedene Wege, um mit widrigen Umständen umzugehen. Einen dieser Wege beschreibt Gendlin als ein *pulsierendes Versuchen*, als eine Sequenz also, in der das, was vor dem Prozessstopp gerade so noch geschehen kann, tatsächlich auch geschieht: „An dem Punkt, an dem der Prozess nicht weitergehen kann, kann das letzte bisschen (bit), das weitergehen kann, sich wiederholen" (2015, S. 171). Ein Organismus vollführt also diejenigen Prozessschritte, die sich kurz vor dem Stopp ereignen, immer wieder neu und immer wieder ein bisschen anders:

> Geschehen [hat] das Implizieren nicht verändert […], [deshalb] ist der Rest des Prozesses noch impliziert. Nur dieses ‚Stückchen' konnte passieren und tat es auch. Darum ist der Prozess immer noch impliziert, so dass jeder Teil, der geschehen kann, geschehen wird. (Gendlin, 2015, S. 171).)

Wie die Blätter an einem Baum, sind diese Variationen ähnlich und doch zugleich auch verschieden – jedes Blatt ist zwar ein Blatt am gleichen Baum, aber es hat dennoch eine geringfügig andere Struktur. Deshalb bezeichnet Gendlin eine solche Sequenz manchmal auch als leafings (von engl. leaf - Blatt). Natürlich kann man z.B. einzelne Sprechakte als etwas sehr Einzigartiges, Kurzes, Dynamisches auffassen, das unwiderruflich vergangen ist, nachdem es einmal geschah. Hier jedoch wollen wir darauf hinweisen, dass es manchmal eine spezielle Art von (z.B. sprachlicher, emotionaler oder handlungsbezogener) Prozess-Sequenz gibt, die *nicht vollkommen neue Worte und Sätze, Gedanken, Emotionen oder Handlungen* hervorbringt, deren Inhalte aber zugleich auch *nicht vollkommen identisch sind mit dem, was bereits früher gesagt, gedacht, getan oder gefühlt wurde*. Diese neue Prozess-Sequenz unterscheidet sich ihrem Wesen durchaus nach von dem, was bisher geschah, wenngleich sie dem Alten auch sehr ähnlich bleibt. Sie ist etwas Dazwischenliegendes und kann als Balanceakt auf einem feinen Grat zwischen alt und neu, als ein Versuch der adaptiven Kreativität interpretiert werden.

Ein Beispiel wäre eine Situation, in der eine Jugendliche etwas persönlich sehr Bedeutsames ausdrücken will, wofür sie bisher noch keine Worte hat. Sie erlebt diese Situation vielleicht als eine große innere Not, ringt vergeblich um Ausdruck („äh… äh…"), testet immer wieder einzelne Formulierungen an, die alle ähnlich sind, von denen aber noch keine so recht stimmt. Hat sie ein geduldiges Gegenüber, etwa einen Lehrer, der sich die Zeit nimmt, ihr wirklich zuzuhören, so versucht sie es immer und immer wieder neu (möglicherweise) so lange, bis sie für das, was sie sagen will, endlich Worte, Bilder oder stimmige Narrative gefunden hat. Durch die fortwährende Variation der letzten, gerade-noch-möglichen Prozessschritte (hier: das Aussprechen der gerade-so-sagbaren Worte und Sätze) steigt also die Wahrscheinlichkeit dafür, dass der Prozess eine neue Form seiner Fortsetzung (er)findet: Irgendwann hat die Jugendliche *es* herausgebracht. Hierdurch werden neue soziale Interaktionen möglich. Die Veränderung kann jetzt auf einen neuen Umweltaspekt treffen, der Interaktionsprozess kann z.B. andere, neue Menschen partizipieren lassen, um sich adaptiv(er) fortzusetzen.

Eine repetitive Sequenz aus derartigen Prozessschritten generiert einen Rhythmus. In dieser rhythmischen Sequenz gewinnt der Organismus aus sich selbst heraus neue Sicherheit und damit Stabilität (vgl. auch Schäfer, 2006). Durch die gewachsene Sensibilität und durch die inhärente Sicherheit des rhythmischen Versuchens (Trial-and-Error) erwachsen dem Organismus zusätzliche Freiheitsgrade, die eine adaptive Fortsetzung des gestoppten Prozesses ermöglichen können. Insbesondere in der Arbeit mit verhaltensauffälligen Kindern und Jugendlichen haben wir es häufig mit jungen Menschen zu tun, die in festgefahrenen Konflikten dasselbe Thema in kleinen und kleinsten Variationen immer wieder wiederholen. Diese Wiederholungen können als Versuche interpretiert werden, gestoppte Prozesse fortzusetzen. Fragen für die sonderpädagogische Praxis lauten:

- Wo treten Variationen immer desselben Musters in den sprachlichen Ausdrücken, im Erleben, in den Handlungen eines Menschen oder in der Eigendynamik eines Systems auf? Wie lassen sich diese Variationen genau beschreiben? Welchen Rhythmus haben sie jeweils, welche Intensität?
- Welche Grenze versuchen diese Variationen abzutasten? Wofür wird der Organismus (oder das System) während dieses Suchprozesses sensibler, wonach genau sucht er (es)?
- Welche der bisher versuchten Variationen ist ein klein wenig vielversprechender, als die anderen? Wo ist so etwas wie „frische Luft" spürbar?

2.2 Zusammenspiel von internen und externen Wechselwirkungen

Eine weitere Möglichkeit, mit widrigen Umständen adaptiv umzugehen, liegt darin, dass der Prozess sich unmittelbar auf veränderte Weise fortsetzt. Es geschehen dann nicht nur die letzten Stückchen, die gerade so möglich sind, sondern die *gesamte* Sequenz läuft nach wie vor ab. Aber sie läuft anders ab, als dies bisher üblich war: „Wenn das implizierte Weitergehen auf die veränderte Umwelt ‚trifft', entsteht daraus [...] eine neue Organisation" (Gendlin, 2015, S. 176).

Die Widrigkeit kreuzt sich dann in das Interaktionsgeschehen hinein und wirkt während dieser neu organisierten Fortsetzung unmittelbar in jedem Einzelschritt der weiterhin ablaufenden Sequenz mit. Die Schritte laufen dann zwar „schräg" oder „verquer" oder mit größerer Anstrengung ab, aber: Sie laufen! Eine derartig „schräg" weiterlaufende Sequenz hat zweierlei Implikationen:

a) Interne Wechselwirkungen

Zum einen werden relevante *Nachbarprozesse innerhalb des Organismus*, die unmittelbar mit der verändert ablaufenden Sequenz interaffiziert (d.h. verwoben, wechselseitig durchdrungen, inhärent verknüpft) sind, auch anders ablaufen. Wenn eine junge Frau z.B. aufgrund einer depressiven Verstimmung nur wenig Nahrung zu sich nimmt („schräg" weiterlaufender Prozess der Nahrungsaufnahme), so sind die benachbart weiterlaufenden Denk- und Erlebensprozesse desselben Organismus von selbst und ohne Zwischenschritte in leichter Weise mit verändert. Denn auch Denken und Fühlen braucht, rein physiologisch betrachtet, Energie. Die Frau denkt dann vielleicht nicht mehr ganz so klar, ist bei geistigen Beanspruchungen früher erschöpft und nimmt auch ihre Emotionen nur noch „vernebelt" wahr.

Ein zweites Beispiel: Nehmen wir an, ein Schüler, der von den Lehrkräften im Unterricht als sehr unruhig erlebt wird, entwickelt große Erfolge im Sport. Nach einem Sieg in einem Wettkampf erlebt er sich als besonders leistungsstark. Dieses spezifische Erleben kann sich unter bestimmten Umständen zu einem allgemeinen Erleben von Selbstwirksamkeit generalisieren (Bandura, 1997).

b) Externe Wechselwirkungen

Zum anderen werden durch verändert ablaufende Sequenzen auch neue Geschehnisse in der Umweltinteraktion möglich, die mit einer zuvor ablaufenden Prozess-Sequenz nicht möglich gewesen wären. Diese Ereignisse können *neue und veränderte Rückwirkungen aus der Umwelt* auf den Organismus evozieren. Ein Beispiel wäre ein veränderter Umgang der oben genannten depressiven Jugendlichen in Konflikten mit ihren Geschwistern, in denen sie sich sonst aufreiben würde. Sie agiert in einem Zustand der depressiven Verstimmung vielleicht vorsichtiger und sachter, spricht leiser, hinterlässt im Miteinander weniger soziale Spuren. Ihre Konfliktpartner erkennen sie daraufhin vielleicht nicht mehr als relevanten Gegner, wenden ihre Aufmerksamkeit anderen Dingen zu, und die Konflikte flauen ab. Die Folgen, die sich in der Umwelt zeigen, können somit in (kurzfristig-) adaptiver Weise auf das Individuum zurückwirken.

Auch im Beispiel des sportlichen Schülers könnte eine Prozessdynamik denkbar sein, in der Menschen, die den Schüler bei dem Wettkampf beobachtet haben, an ihn zu glauben beginnen. Er bemerkt dies unbewusst schon in der Art, wie sie ihn anschauen oder mit ihm reden, und allein durch diese subtile interaktionelle Rückwirkung kann sich die darauffolgende Dynamik einer positiven selbsterfüllenden Prophezeiung (Gerrig & Zimbardo, 2008, S. 641f.) ergeben, die ihn in persönlichen Beziehungen (z.B. in Freundschaften) selbstbewusster macht.

Beide Effekte – Interaffizieren der internen Nachbarprozesse und externe Rückwirkungen aus der Umwelt – können ihrerseits miteinander interagieren. Sie können den verändert ablaufenden Ursprungsprozess vervielfachen und damit völlig unvorhersehbare Spielräume eröffnen. Ein (leichter) Prozesstop kann also auch eine Adaptation sein. In dem genannten Beispiel der depressiven Jugendlichen wird deutlich, dass (einer prozessorientiert-humanistischen Grundhaltung zufolge) davon ausgegangen werden kann, dass z.B. auch eine zunächst maladaptiv erscheinende Veränderung wie eine (leichte) Depression als ein positiv zu wertender Versuch eines Organismus gesehen werden sollte, mit widrigen Umständen umzugehen. Ob jedoch ein solcher Prozess auf Dauer wirklich gelingt, muss dabei offenbleiben, denn die Dynamik der Depression könnte sich genauso gut auch verschlimmern und „härtere" Prozessstopps bis hin zur Suizidalität nach sich ziehen. An dieser Stelle ist also die Frage noch unberücksichtigt, ob eine kurzfristige Adaptation langfristig auch wirklich Nachhaltigkeit verspricht. Diesen Punkt werden wir in der Diskussion am Ende des Artikels noch einmal aufgreifen.

Fragen für die sonderpädagogische Praxis lauten:

- Welche Prozessebenen lassen sich (innerhalb des Individuums) voneinander unterscheiden und welche darin enthaltenen Nachbarprozesse verändern sich von selbst durch die Veränderungen eines gestoppten Prozesses? Wie genau verändern sie sich?
- Welche bisher gestoppten Prozesse können ablaufen, wenn ein anderer, bisher laufender Prozess, gestoppt wird? Welche bisher laufenden Prozesse werden gestoppt, wenn ein bisher gestoppter Prozess (wieder) läuft?
- Welche neuen Umweltgegebenheiten spielen in einer veränderten Fortsetzung eine neue Rolle? Wo liegen noch unentdeckte Ressourcen, die vom Organismus stärker genutzt werden könnten?

2.3 Sensibilität für unerwartete Ressourcen

Nicht immer ist es der Organismus selbst, der sich aus eigener Kraft aus dem Sumpf der Widrigkeiten emporzieht. Auch unerwartete oder (zunächst vom eigenen Prozessgeschehen unabhängige) Einwirkungen von außen können eine adaptive Weiterführung von Prozessen begünstigen. Manchmal treten z.B. wohltuende Impulse, liebevolle Menschen, neue Ressourcen ins Leben, die (anfangs) nur kleine Unterschiede machen – Unterschiede jedoch, die in der Folge Vieles verändern können. Dies kann zunächst ganz unscheinbar vor sich gehen, und z.B. für einen Pädagogen, der eine Familie schon jahrelang kennt, kaum erkennbar sein. Die Komplexität derartiger Wechselwirkungen kann sehr subtil sein: „Was für einen Beobachter wie eine unmerkliche Differenz in einem Prozess erscheinen mag, könnte zu wichtigen neuen Ereignissen in einem anderen Prozess führen" (Gendlin, 2015, S. 170). Dies können z.B. verständnisvolle Nachfragen von Personen sein, die nicht am täglichen Leben teilnehmen. Auch sehr kleine, unwichtig erscheinende Umweltänderungen können also in einer Prozessdynamik auf lange Sicht große Unterschiede bewirken (vgl. auch Ruesch & Bateson, 1995).

Wenn uns solch ein äußeres, das-Leben-zum-Guten-wendendes-Ereignis geschieht, erleben wir diesen Augenblick vielleicht (rückblickend) als einen glücklichen Zufall. Solche Zufälle müssen jedoch auch bemerkt werden, sonst verstreichen sie und die Situation bleibt, wie sie war. Die *innere Zuversicht* eines Menschen in Bezug auf eine positive Wendung oder das Vertrauen in das Gelingen eines Prozesses kann die *Offenheit* dieses Menschen für Zufälle, die zu eben diesem Gelingen beitragen können, positiv moderieren.

Fragen für die sonderpädagogische Praxis lauten:
- Wie sehr ist ein Mensch vom Misslingen wirklich überzeugt? Gibt es irgendwo auch einen (vielleicht verschütteten) Funken der Hoffnung?
- Gibt es ein „innerliches Warten" auf eine bestimmte Art von Impuls?
- Wo in der Umwelt liegen wohltuende Ressourcen, die bisher zu wenig beachtet wurden? Was braucht der Mensch von sich selbst oder von seiner Umwelt, um an eine positive Wendung glauben zu können?

3 Zusammenfassung und Ausblick

Aus den bisherigen Ausführungen dürfte deutlich geworden sein, dass sich modellhafte Vorstellungen zu Adaptivität nicht auf den einzelnen Menschen beschränken können. Es sind immer die *prozesshaften Interaktionen von Person und Umwelt*, die auf lange Sicht berücksichtigt werden müssen.

Ein Kernmodell der Adaptivität enthält somit drei zentrale Merkmale. Adaptation ereignet sich, in Anlehnung an Gendlin (2015), durch das In- und Miteinander dreier Wirkmechanismen:
1. Versuch und Irrtum des Organismus,
2. Zusammenspiel von internen und externen Wechselwirkungen (Interaffektion von Nachbarprozessen und veränderte Rückwirkungen aus der Umwelt), sowie
3. gesteigerter Sensibilität für unerwartete Ressourcen.

In Abbildung 1 ist ein beispielhaftes Zusammenspiel der drei Merkmale in einem chaotisch (im Sinne von Speck, 1997) wirkenden Interaktionsprozess dargestellt.

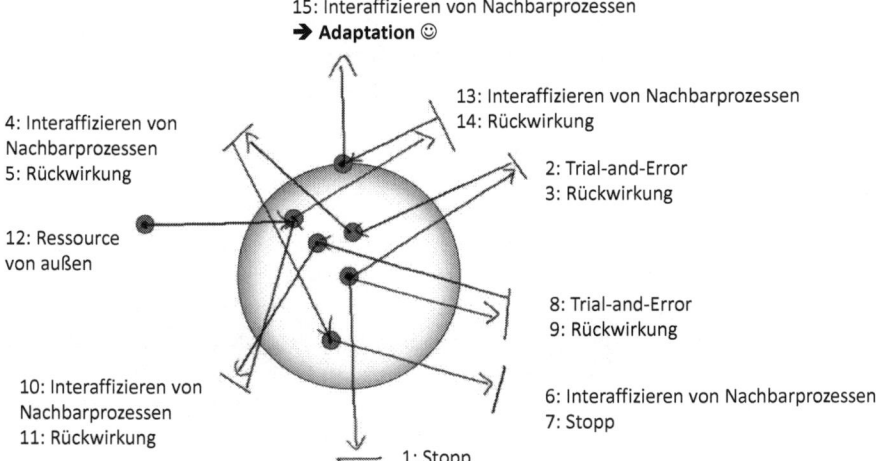

Abb. 1: Beispiel für einen adaptiven Interaktionsprozess: In 15 Schritten werden immer neue Impulse generiert, die jeweils zu veränderten Rückwirkungen aus der Umwelt führen können, die Nachbarprozesse interaffizieren können und die auch von außenliegenden, unerwarteten Ressourcen mitbestimmt werden können.

Die drei genannten Wirkmechanismen können besonders dann greifen, wenn sie denjenigen Menschen bewusst sind, die als professionell Tätige agieren. Offen bleibt die Frage, ob das hier Beschriebene auf die ein oder andere Weise abgekürzt werden kann. Bei Gendlin (2015, S. 398ff.) finden wir die detaillierte Beschreibung einer neuen Art von Prozess, die das größere Ganze als solches stimmig voranträgt. Ein Prozess, der das *gesamte* Kontext-System voranträgt, wird möglich durch das Pausieren von symbolischen Handlungen, durch ein Innehalten und Entstehenlassen eines Gespürs (eines sogenannten direkten Referenten) für das, was *im Ganzen* stimmig wäre. Inwieweit übliche Prozesse der Adaptivität, wie sie hier umrissen wurden, unter diesem Gesichtspunkt noch einmal völlig neu zu betrachten sind, soll an dieser Stelle zur weiteren Diskussion offen bleiben.

Für Fragen der sonderpädagogischen Diagnostik ist es sinnvoll, die gesamte prozesshafte Person-Umwelt-Interaktion (i.S.v. Hofmann & Freitag, 2018; Stein, 2017) zu berücksichtigen. Dies ist besonders bedeutsam, wenn wir über die Frage nachdenken, als wie adaptiv eine spezifische Entwicklung zu einem gegebenen Zeitpunkt einzuschätzen ist. Es wäre denkbar, für diesen Zweck ein diagnostisches Instrument, z.B. in Form eines Fragebogens zu entwickeln. Es könnte drei Unterskalen enthalten, die Auskunft geben über das Maß der eingeschätzten Adaptivität in einer gegebenen Situation, z.B. als Selbstrating und als Fremdrating, analog zu den Achenbach-Skalen (Döpfner, Plück & Kinnen, 2014). Ein solches Adaptivitäts-Rating könnte in Anlehnung an Hofmann (2017) entwickelt werden. Dort sind drei Relationen der Kongruenz (oder Inkongruenz) beschrieben:

- Stimmigkeit in der Relation der Person zu sich selbst (Ich-Ich);
- Stimmigkeit in der Relation der Person zum ihrem jeweiligen sozialen Gegenüber (Ich-Du);
- Stimmigkeit in der Relation der Person zur Eigendynamik des Prozesses (Ich-Prozess).

Das Ausmaß der Adaptivität wäre dann anzusehen als eine möglichst hohe Ausprägung auf allen drei Relationen: Die Person ist in sich selbst kongruent, sie erlebt tragfähige soziale Beziehungen und die Eigendynamik ihrer Lebensprozesse läuft nachhaltig in eine stimmige Richtung. Insbesondere die dritte Relation, die Nachhaltigkeit, verdient besondere Beachtung. Erinnern wir uns noch einmal an das Beispiel der depressiven Jugendlichen, so wird deutlich, dass professionelles pädagogisches Handeln einer großen Weitsicht bedarf.

Eingangs wurde die Frage gestellt, ob Gelingen überhaupt wissenschaftlich beschreibbar ist. Es wurde argumentiert, dass das Gelingen an sich zwar nicht beschreibbar ist. Dennoch sind emotionale, soziale und sprachliche Interaktionsprozesse anzunehmen, die mit hoher Wahrscheinlichkeit implizieren, dass sie von relevanten Beteiligten in nachträglicher Reflexion als gelungen erlebt und entsprechend auch so benannt werden. Sind also adaptive Veränderungsprozesse, die sich auf einer präreflexiven Ebene ereignen, wissenschaftlich besser zu fassen? Auch diese Frage muss teilweise verneint werden, aufgrund der (zu) hohen Komplexität von Einzelentwicklungen. Es dürfte jedoch deutlich geworden sein, dass auf einem mittleren Abstraktionslevel durchaus Aspekte differenzierbar sind, die Adaptivität wissenschaftlich umreißen. Auch eine scheinbar chaotische Entwicklung, wie ein adaptiver Interaktionsprozess, lässt sich ein Stück weit gedanklich ordnen. Es lassen sich einzelne Aspekte begrifflich spezifizieren, die das Benennen (im Sinne eines Sprechakts) dieses Prozesses als *gelungen* wahrscheinlich(er) machen. Das hier beschriebene Kernmodell der Adaptivität soll hierfür einen ersten Ansatzpunkt liefern.

Entscheidendes Merkmal adaptiver Prozesse könnten dabei feine und variantenreiche Veränderungen innerhalb des Individuums in Wechselwirkung mit seiner jeweiligen Umwelt sein, die die *Vulnerabilität* des Organismus erhöhen (vgl. hierzu auch Keul & Link, 2017, S. 144ff.). Dies lässt sich, wie die Beispiele des vorliegenden Artikels zeigen, für unterschiedliche Situationen der pädagogischen Praxis beschreiben. Auch in einem verwandten Praxisfeld, das hier nicht eingehend diskutiert wurde, sind entsprechende Beobachtungen möglich, die in eine ähnliche Richtung deuten In der Beratungspraxis zeigt sich, dass Klientinnen und Klienten häufig mit dem Ziel in eine Beratungssitzung kommen, sich „nicht mehr so viel anhaben zu lassen". Sie haben dann eine Vorstellung davon, dass es ihnen besser ginge, wenn sie ihre (als negativ erlebten) Gefühle nicht wahrnehmen und sich anderen Menschen gegenüber besser schützen könnten. Im Laufe der Beratung vollzieht sich dann eine Wandlung, in der sie bemerken, dass sie besser durchs Leben gehen, wenn sie ihre Empfindungen wahr- und ernst nehmen, wenn sie ihre Deckung gegenüber anderen Menschen aufgeben. Dies führt dazu, dass sie sich verletzbar machen und gleichzeitig in die Lage kommen, nahe Beziehungen zu sich selbst und zu anderen Menschen aufzubauen.

Ob sich diese Beobachtung analog auf die Pädagogik und auf Belange der emotionalen und sozialen Entwicklung übertragen lässt, ist eine Frage, die im Rahmen dieses Artikels angestoßen und nicht abschließend beantwortet werden soll. Eine These für eine weiterführende Diskussion lautet: *Die Wahrscheinlichkeit für eine adaptive Fortsetzung von gestoppten Interaktionsprozessen steigt in komplexen Lebenswelten mit dem bewussten Zulassen von Verletzbarkeit.*

Literatur

Anthony, W. (1993). Recovery from mental illness. The guiding vision of the mental health service system in the 1990s. *Psychosocial Rehabilitation Journal, 16,* 11-23.Antonovsky, A. & Franke, A. (1997). *Salutogenese. Zur Entmystifizierung der Gesundheit.* Tübingen: DGVT-Verl.

Austin, J. L. (1986). *Zur Theorie der Sprechakte. (How to do things with Words).* Stuttgart: Reclam.

Bach, H. (1989). Verhaltensstörungen und ihr Umfeld. In H. Goetze & H. Neukäter, (Hrsg.), *Handbuch der Sonderpädagogik – Band 6. Pädagogik bei Verhaltensstörungen* (S. 3-35). Berlin: Wissenschaftsverlag Spiess.

Bandura, A. (1997). *Self Efficacy: The Exercise of Control.* New York: Henry Holt & Co.

Bollnow, O. F. (1984). *Existenzphilosophie und Pädagogik: Versuch über unstetige Formen der Erziehung* (6. Aufl.). Stuttgart: Kohlhammer.

De Shazer, S. (2012). *Worte waren ursprünglich Zauber. Von der Problemsprache zur Lösungssprache.* Heidelberg: Carl Auer.

Döpfner, M., Plück, J. & Kinnen, C. (2014). *CBCL/6-18R, TRF/6-18R, YSR/11-18R. Deutsche Schulalter-Formen der Child Behavior Checklist von Thomas M. Achenbach.* Göttingen: Hogrefe.

Erikson, E. H. (1973). *Identität und Lebenszyklus.* Frankfurt am Main: Suhrkamp.

Franke, A. (2012). *Modelle von Gesundheit und Krankheit.* Verlag Huber: Bern.

Freud, S. (1923). *Das Ich und das Es.* Leipzig u.a.: Internationaler Psychoanalytischer Verlag. Zugegriffen am 22.07.2014. Verfügbar unter: http://www.textlog.de/sigmund-freud-das-ich-und-das-es.html

Gendlin, E.T. (2015). *Ein Prozess-Modell: Körper. Sprache. Erleben.* Freiburg: Karl Alber.

Gerrig, R. J., Zimbardo, P. G. & Graf, R. (2008). *Psychologie (*18. aktual. Aufl.). München u.a: Pearson Studium (ps Psychologie).

Hildenbrand, B. &Welter-Enderlin, R. (Hrsg.). (2010). *Resilienz - Gedeihen trotz widriger Umstände.* Heidelberg: Carl-Auer-Verlag.

Hofmann, T. (2017). *Experienzielle Kommunikation. Wie kann soziales Miteinander in komplexen Situationen gelingen?* Weitramsdorf b. Coburg: ZKS-Verlag.

Hofmann, T. & Freitag, I. M. (2018): Der Interaktionsprozess als sonderpädagogischer Leitbegriff. *Zeitschrift für Heilpädagogik, 8* (18), 379-387.

Jung, C.G. (1975). Über Grundlagen der analytischen Psychologie. Die Tavistock Lectures 1935. Frankfurt a. M.: Fischer.

Kahneman, D. (2012). *Schnelles Denken, langsames Denken.* München: Siedler Verlag.

Kauter, H. (2002). Das „Außen" wahrnehmen, das „Innen" verstehen. In W. Mutzeck (Hrsg.), *Förderdiagnostik* (S. 194-204). Weinheim u. Basel: Beltz.

Keul, H. & Link, P.-C. (2017). Inklusion, Inkarnation und Anerkennung – mehr Mut zur Verletzlichkeit. In P.C. Link & R. Stein (Hrsg.), *Schulische Inklusion und Übergänge* (S. 127-150). Berlin: Frank & Timme.

Luhmann, N. (1990). *Die Wissenschaft der Gesellschaft.* Frankfurt a. M.: Suhrkamp.

Maslow, A. H. (1943). A Theory of Human Motivation. *Psychological Review, 50,* 370-396.

Moor, P. (1965). *Heilpädagogik. Ein pädagogisches Lehrbuch.* Bern u. Stuttgart: Verlag Hans Huber.Perls, F. S., Hefferline, R. F. & Goodman, P. (1997). *Gestalttherapie. Grundlagen* (4. Aufl.). München: Klett-Cotta.

Reicherts, M., Genoud, P.A. & Zimmermann, G. (2011). *Emotionale Offenheit. Ein neues Modell in Forschung und Praxis.* Bern: Hans Huber.

Rombach, H. (1994). *Der Ursprung. Philosophie der Konkreativität von Mensch und Natur.* Freiburg im Breisgau: Rombach.

Ruesch, J. & Bateson, G. (1995). *Kommunikation. Die soziale Matrix der Psychiatrie.* Heidelberg: Carl-Auer-Systeme.

Schäfer, E.G. (2006). Für eine Kultur der Wahrnehmung und Weiterbildung. In R. Kahl (Hrsg.), *Die Entdeckung der frühen Jahre* (S. 65-67). Hamburg: Archiv der Zukunft/McKinsey & Company.

Schlippe, A. von & Schweizer, J. (2007*). Lehrbuch der systemischen Therapie und Beratung.* Göttingen: Vandenhoeck & Ruprecht.

Speck, O. (1997): *Chaos und Autonomie in der Erziehung. Erziehungsschwierigkeiten unter moralischem Aspekt.* München: Reinhardt.

Stein, R. (2017). *Grundwissen Verhaltensstörungen.* Baltmannsweiler: Schneider-Verl. Hohengehren.

Teichmann-Wirth, B. (2003). Fully functioning person. In G. Stumm, J. Keil & W. W. Wiltschko (Hrsg.), *Grundbegriffe der Personzentrierten und Focusing-orientierten Psychotherapie und Beratung* (S. 133-135). Stuttgart: Pfeiffer bei Klett Cotta.

Watzlawick, P. (2008). *Lösungen. Zur Theorie und Praxis menschlichen Wandels.* Göttingen: Hogrefe.

Interaktionismus, Handlungsregulation und das Beispielphänomen Angst – Eine bereichernde Verknüpfung für die Pädagogik bei Verhaltensstörungen?

Dorothea Ehr

Abstract

Aus einer spezifischen interaktionistischen Perspektive (Seitz, 1992; Stein, 2017) wird auf die bestehende person- und kognitionsfokussierte Handlungsregulationstheorie anhand des Beispielphänomens Angst geblickt und nach deren Anschlussfähigkeit sowie sonderpädagogischer Relevanz gefragt. Die Arbeitsergebnisse im Rahmen eines heuristischen Zugangs, die bei der Aufarbeitung des Interaktionismus als Transaktion sowie einer interaktionistisch betrachteten Handlungsregulation anhand des Beispielphänomens Angst entwickelt wurden, münden in ein Arbeitsmodell, das anhand eines Fallbeispiels konkretisiert wird. Im folgenden Beitrag handelt es sich um die Darstellung zentraler Aspekte eines Dissertationsprojekts.

Keywords

Interaktionistische Perspektive, Handlungsregulationstheorie, Bewältigung, Angst

1 Einführung

Handeln und Handlungsregulation (HR) scheinen zunächst zutiefst „persönliche" Unterfangen zu sein. Aus interaktionistischer Perspektive (vgl. Seitz 1992; Stein 2017) kann Handeln jedoch als ein Ergebnis und Prozess der Verknüpfung aus spezifischer Person und spezifischer Umwelt betrachtet werden, die aus dieser spezifischen Verbindung überhaupt erst entstehen können. In einer HR treffen sich quasi die Felder „Person" und „Umwelt" innerhalb einer spezifischen Schnittfläche der Auseinandersetzung (vgl. Leont'ev, 1959, S. 365ff.) und ergeben eine ganz spezifische Konstellation „HR" aus spezifischer Person und spezifischer Umwelt.

Handlungen, fokussiert auf ihren Auseinandersetzungscharakter, sind – in der hier eingenommenen Sichtweise – Bewältigungsversuche, die von außen höchst verstörend wirken mögen (Müller, 2018, S. 13ff.), im Kern aber Bewältigungsversuche auf der Grundlage aktuell vorhandener Möglichkeiten des Individuums darstellen. Die Regulierung des Handelns als ein wichtiges Entwicklungsziel von Kindern und Jugendlichen (Petermann & Wiedebusch, 2016, S. 69ff.) zeigt sich zudem in den Bereichen Emotionalität und Sozialität, weshalb sie auch für die Disziplin Pädagogik bei Verhaltensstörungen (PbV) als relevant eingestuft werden können.

Wird Handeln als eine „interaktionistische Schnittfläche" zwischen Person und Umwelt angenommen, so stellt sich die Frage nach deren Kennzeichen und Bedeutung aus einer interaktionistischen Perspektive innerhalb der PbV. Hiervon ausgehend ergibt sich dann die Frage, inwieweit eine interaktionistische Perspektive innerhalb der Disziplin PbV an ein vorhandenes, wertvolles person- und kognitionsfokussiertes Verständnis von HR anschlussfähig ist. In Bezug auf ein Erleben und Verhalten, das häufig mit Internalisierung assoziiert ist, wirft es die Frage auf, inwieweit es Verbindungsmöglichkeiten zum sonderpädagogisch relevanten Phänomen Angst (Stein & Müller, 2014) gibt, auf das hier exemplarisch fokussiert wird.

2 Grundannahmen

In der gebotenen Kürze sollen zentrale Grundannahmen der Forschungsarbeit und die sich daraus ergebende Fragestellung dargestellt werden.

- Der Mensch ist in seinem Erleben und seinem Verhalten, im Spezialfall Handeln, weder nur durch persongebundene Dispositionen oder Anlagen geprägt, noch ein „Spielball" der jeweiligen Umwelt, in Form einer spezifischen Situation.
- In der Folge kann das Spezialverhalten „Handeln" als Signal dieser im Hintergrund ablaufenden Wirkzusammenhänge verstanden werden, mit dem ein bestimmtes Erleben wie Verhalten einhergeht. Ein Individuum setzt sich in diesem Erleben und Verhalten mit sich und seiner Situation auseinander, indem es versucht, diese Konstellation „Person-Umwelt" aktiv im Rahmen der vorhandenen Ressourcen zu bewältigen.
- Handeln und seine Regulation sind insbesondere in belastenden, problemaufwerfenden Konstellationen aus Person- und Situationsanteilen gefragt. In Form von Handlungen unternimmt eine Person, im Rahmen einer Person-Situations-Konstellation, einen Bewältigungsversuch zu diesen (An- bzw. Über-) Forderungen. Handlungen bilden die Schnittfläche aus spezifischer Person und spezifischer Situation.
- Innerhalb aktueller handlungsregulationstheoretischer Überlegungen wird aus vorrangig psychologischen Perspektiven (Miller, Galanter & Pribram, 1960; Hacker 1967; Volpert

1969) versucht, die jeweiligen Anteile am Handlungsgeschehen zu analysieren und sie separat in den Blick zu nehmen. Es sind in der Folge vor allem Person und Kognition, die für Förder-, Präventions- oder Interventionsansätze fokussiert werden. Dies scheint problematisch, da Handeln weder von der Person noch der Gesamtsituation getrennt betrachtet werden kann. Handeln und seine Regulation finden immer in einer ganz spezifischen Konstellation statt. Sie betreffen den ganzen Menschen (nicht nur sein Denken, sondern spezifisch fokussiert auch seine Emotionen) und seine gesamte Umwelt, sowohl hinsichtlich der Ursachen als auch Wirkungen.

- Ein solcher höchst belastender Kontext für das Individuum stellt das Erleben von Angst dar. Angst scheint mit einem durch Rationalität und Bewusstheit fundierten Handlungsbegriff unvereinbar. Es wirkt vielmehr so, dass gerade diese Aspekte unter dem Erleben einer starken Emotion nicht zum Zuge kommen und sich Personen in Belastungssituationen vermeintlich höchst „irrational" und wenig „bewusst" verhalten (Raio, Orederu, Palazzolo, Shurick & Phelps, 2013, S. 15139ff.).
- Im Rahmen der Forschungsarbeit wird eine Perspektive eingenommen, die Handeln und seine Regulation als interaktionistische Prozesse und Ergebnisse auffasst, welche wiederum in Kombination mit dem interaktionistisch „entstehenden" Phänomen Angst betrachtet werden. Handlungen können vor diesem Hintergrund als zumeist von einem mehr oder weniger konkreten „Hintergrund" geprägt betrachtet werden (Straub 2010, S. 107ff.). Dieser Aspekt kann auch, vielleicht sogar gerade, unter *Angsteinfluss* vermutet werden. Von außen scheinen Verhaltensweisen vielleicht irrational, impulsiv, destruktiv und wenig „zielführend". Aus der Perspektive des Individuums hingegen, das seinen Angstzustand beenden bzw. bewältigen möchte, kann sein Handeln persönlichen Sinn ergeben und damit sein Ziel und seinen Zweck erfüllen, auch wenn eine Außenperspektive vielleicht zu einem anderen Schluss kommt. Insbesondere das Verteidigen gegen und das Verhindern von weiterer Bedrohung kann als eine zentrale Zielstellung von HR unter Angst vermutet werden.

Es ergibt sich damit die Frage nach der Anschlussfähigkeit und Verknüpfbarkeit einer interaktionistischen Perspektive mit der Handlungsregulationstheorie und dem Phänomen Angst im Rahmen einer möglicherweise integrierenden Hybrid-Konzeption. Auf dieser Grundlage können Praxisimplikationen und Förderungsaspekte diskutiert werden, um den Theorie-Praxis-Bezug herzustellen. Ausgangslage und Anspruch ist die Bearbeitung der folgenden forschungsleitenden Fragestellung: *Inwieweit ist eine interaktionistische Perspektive auf HR und spezifisch anhand des Beispielphänomens „Angst" für die PbV unter der Perspektive Bewältigungsunternehmung anschlussfähig und damit für pädagogische Ableitungen nutzbar?*

3 Teilkomponenten einer interaktionistischen Perspektive auf die Handlungsregulationstheorie anhand des Beispielphänomens Angst

HR wird hier als Ausdruck der jeweils spezifischen Auseinandersetzung verstanden, als eine Erleben-Handeln-Interdependenz zwischen Individuum und Umwelt. In einem interaktionistischen Rahmenmodell einer Erleben-Handlungsinterdependenz (Ehr, 2017, S. 122) werden verschiedene Ebenen einer symptomatischen Person-Umwelt-Verzahnung in den Blick genommen. Hierbei steht im Zentrum die Annahme, dass HR als zum Teil von außen sichtbare Schnittfläche einer Auseinandersetzung zwischen spezifischer Umwelt und Person fungiert. Diese handelnde Auseinandersetzung kann auf verschiedenen Ebenen stattfinden, so etwa in Form von Kognition, Emotion, Somation (z.B. in mimischer oder gestischer Art und Weise oder Sprache).

Ein weiterer zentraler Aspekt ist das Verständnis des Konzepts Handlung und darauf beziehbar auch HR. Dieses hat im Zuge seiner (historischen) Entwicklung durch jeweilige Bezugswissenschaften und beeinflusst von theoretischen Strömungen verschiedene Schwerpunkte erfahren (Ehr, 2017, S. 122). Es scheinen insbesondere drei Prämissen zu sein, die als „durchlaufen" identifiziert werden konnten und die alle auch mit einer spezifischen Vorstellung vom Menschen einhergehen, was ihre Bedeutung für den sonderpädagogischen Kontext ausmacht (Ehr, 2017). Im Einzelnen sind dies das Primat der Tätigkeit (Leont'ev 1959, S. 365ff.), das der Bewusstheit (Miller et al.,1960; Hacker, 1967; Volpert, 1969; Werbik, 1978; Oesterreich, 1981; Heckhausen, Gollwitzer & Weinert, 1987), und das der Narration (Straub, 2010). Aufgrund des begrenzten Rahmens muss an dieser Stelle auf eine ausführlichere Darstellung verzichtet werden. Zur Illustrierung mag die unten folgende Grafik dienen.

Auf der Hand liegt jedoch die, an das Primat der Bewusstheit angeschlossene, aktuelle Bedeutung des Konzepts der Verantwortung eines Menschen für sein Handeln und damit eine nicht zuletzt auch moralische Dimension. Bei der Annahme, dass sich ein Mensch bewusst für etwas entscheiden kann, dann trägt er dafür und die daraus resultierenden Konsequenzen die personale Verantwortung. Diese personfokussierte Sichtweise auf Handeln findet sich in der aktuellen Programm- und Trainingslandschaft (z.B. „Freunde für Kinder" (Barrett, Webster & Turner, 2003); „Mutig werden mit Till Tiger" (Ahrens-Eipper, Leplow & Nelius, 2010)) die eine operationalisierbare Form der Förderung von verantwortungsvoller „Bewusstheit" in den Blick nimmt, um darauf aufbauend Erlebens- und Verhaltensregulierung zu ermöglichen. Zweifellos markiert die Bewusstheit über das eigene (bzw. fremde) Erleben wie Verhalten und Verantwortungsübernahme eine wichtige sonderpädagogische Komponente emotional-sozialer Entwicklung. Gleichzeitig ist auffällig, dass Person-Umwelt-kontextuelle Zugänge zu einem spezifischen Handeln oft eher vernachlässigt werden.

Im Rahmen einer Zusammenführung dieser Aspekte wird in der folgenden Konzeption der Mensch als ein interaktionistisch fundiert Eingebundener betrachtet (Stein, 2017), im belastenden und leidträchtigen Bereich benennbar als Verwickelter, ebenso als ein interaktionistisch fundiert Einbindender, als Gestalter seiner Selbst und Umwelt. Der Mensch scheint dabei sowohl eingebettet in seinen personalen Entstehungs- und Entwicklungsprozess, zu dem biographische und damit auch unbewusste Anteile, sozialisationsbezogene, wie dispositionsgeprägte Anlagen gehören. Hinzu kommt eine wechselseitige Einbettung in das, was gemeinhin als Umwelt bezeichnet wird.

Im Rahmen des vorgeschlagenen Zugangs wird zwischen der subjektiv erlebten Umwelt, wie sie z.B. eine konstruktivistische Perspektive in den Blick nimmt, und der Umgebung, im Sinn einer summativ-konstruktiven, intersubjektiv überprüfbaren, relativierbaren Umwelt (Lantermann, 1980, S. 143ff.), unterschieden. Übergänge zwischen diesen beiden Bereichen sind dabei konstituierendes Moment, da interdependent miteinander verbunden. Als umfassender Rahmenkomplex ist der Bereich genannt, der unter dem Begriff der Kultur subsumiert wird und gesellschaftliche Rahmenbedingungen materieller und immaterieller Art meint (Weidemann & Straub, 2000, S. 835).

Die im Rahmen der Arbeit eingenommene interaktionistische Perspektive stellt einen Schmelztiegel verschiedener Sichtweisen und damit Erklärungen von Erleben und Verhalten dar. Es verschmelzen eine personbezogene, situationsbezogene und beobachterwahrnehmungssensible Sichtweise miteinander und betrachten „Angst" und ihre sonderpädagogisch relevanten Ausprägungsformen (z.B. als Zustand, Persönlichkeitsmerkmal, psychopathologische Störung) als eine Äußerungsform der miteinander interagierenden Aspekte, die in einem bestimmten Verhalten – zu dem Handeln gehört – in Erscheinung treten können. Von Bedeutung in diesem Kontext scheint das Verständnis von Interaktion, das einem gegenseitigen Beeinflussen und „Produzieren" eines bestimmten Handlungsregulationsgeschehens entspricht und nicht einem schlichten aufeinander Reagieren. Dies bedeutet, dass das Subjekt seine Umwelt und sich damit wiederum selbst gestaltet (Stein, 2017, S. 71).

Wenn das Erleben eine so starke Rolle im skizzierten, interaktionistischen Verständnis spielt, sollte ihm auch dementsprechend Gewicht in einem darauf fußenden Rahmenmodell zukommen. Eine weitere zentrale Komponente dieses Rahmenmodells ist eine interaktionistische Vorstellung von Angst, die verschiedene Äußerungsformen nicht nur als zu analysierende Begleiterscheinungen in Form von Symptomen ansieht, sondern als gleichberechtigte, eigenständige Verarbeitungs- und Auseinandersetzungsformen eines Individuums mit der Welt, die es aus seiner Sicht umgibt, sprich seiner Umwelt.

Das individuelle, in welcher Form auch immer regulierte Handeln kann demnach als Ausdruck einer Auseinandersetzung verstanden werden, als eine Erleben-Handeln-Interdependenz zwischen Individuum und Umwelt. Die Verarbeitungsmodi dieser Auseinandersetzung von Person und Umwelt setzen sich zusammen aus den oben erwähnten Erlebens- und Verhaltensweisen, man könnte auch sagen Erlebens- und Verhaltensebenen (z.B. beim Phänomen Angst). Diese Ebenen betreffen die Kognition, Emotion und Somation sowie Loquitation (siehe Sprache, vgl. Stein, 2012, S. 21). Eine Auseinandersetzung (z.B. mit Werten, Normen, Gegenständen, Menschen) im Rahmen des Handelns und dessen Regulation im Angesicht von Belastung (z.B. Angst) stellt eine Verarbeitung dar – oder bedeutungsvoller formuliert – eine Bewältigungsunternehmung.

Grundsätzlich kann eher eine Verschmelzung der Verarbeitungszugänge eines Menschen angenommen werden, deren strikte Trennung in „nur Kognition", „nur Emotion" usw. eine künstliche darstellt. Menschliches Handeln scheint vielmehr geprägt durch eine Verzahnung von Emotion und Kognition, die unsere Wahrnehmung, Entscheidung und Handlung(sregulation) bestimmen (Brüstle, Hodapp & Laux, 1985, S. 78ff.). Emotion und Kognition scheinen dabei unsere Handlungen in gleichwertiger Bedeutung, wenn auch in unterschiedlicher, spezifischer Ausformung, Prioritätssetzung und Vorzuggewährung zu prägen. In einem „angemessenen Handeln" scheint es häufig um ein ausgewogenes, „passendes" Verhältnis der beteiligten Größen zu gehen.

Entscheidend im doppelten Sinn ist – mit Blick auf das Phänomen Angst –, dass sie eine Art *Kondensationspunkt* zwischen verschiedenen Handlungsalternativen markiert, die jeweils Auseinandersetzungsformen des Individuums darstellen. Der Mensch befindet sich beim Erleben von Angst quasi an einem Scheideweg zwischen Alternativen, an einer Art Übergang z.B. zwischen Kämpfen oder Fliehen (Cannon, 1915), der Gefahr zuwenden oder von der Gefahr abwenden, Gehen oder Bleiben. Es herrscht ein labiler, austarierender Zustand zwischen einem „nicht mehr" und „noch nicht". Auf dieser Basis kann Angst als eine Art vorwärts gerichteter Korridor beschrieben werden, der aus den Erfahrungen und Erlebnissen der Vergangenheit und dem aktuellen Erleben der Gegenwart, die durch Angst als bedrohlich eingeschätzten Erlebnisse und Erfahrungen der Zukunft vorwegnehmen möchte. Dies bedingt ihr Potential als Entwicklungssprungbrett (Adler, 2010, S. 250ff.), wie als unüberwindbare Entwicklungsmauer.

Als dritte Komponente scheint die spezifische Betrachtung der Umwelt sinnvoll, da diese als ebenbürtiger Aspekt beim interaktionistisch verstandenen Erleben von Angst angesehen wird. Bei der Recherche spezifischer Charakteristika von Situationen, die in Verbindung mit dem Erleben von Angst stehen (Becker, Ellwart & Rinck, 2003, S. 63ff.; Krohne, 2010, S. 289ff.; Stein, 2012, S. 44ff.; Stein & Stein, 2014, S. 42ff.) ergaben sich verschiedene Aspekte (Ehr, 2017). So handelt es sich bei Angstsituationen sowohl um Situationen, die in bestimmter Quantität (in einer bestimmten Anzahl), als auch in bestimmter Qualität (in einer bestimmten Art und Weise) erfahren wurden und erfahren werden (Magnusson, 1981, S. 19f.; Krohne, 2010, S. 289ff.; Lazarus, 1966, 2006; Stein, 2012, S. 55ff.; Stein & Stein, 2014, S. 42ff.). Was prägt nun eine interaktionistische Konzeption von HR im Kontext von Angst? Handeln meint hier eine Bewältigungsunternehmung (Leont'ev, 1959, S. 365ff.) einer spezifischen Konstellation, da es gerade unter diesen Aspekten oft um das Erreichen von Sicherheit, Entspannung, Entlastung geht. So verstanden steht im Fokus des hier verwendeten Handlungsregulationsbegriffs die zunächst einmal wertungsfrei zu verstehende *Bewältigungsunternehmung* einer „Angstkonstellation".

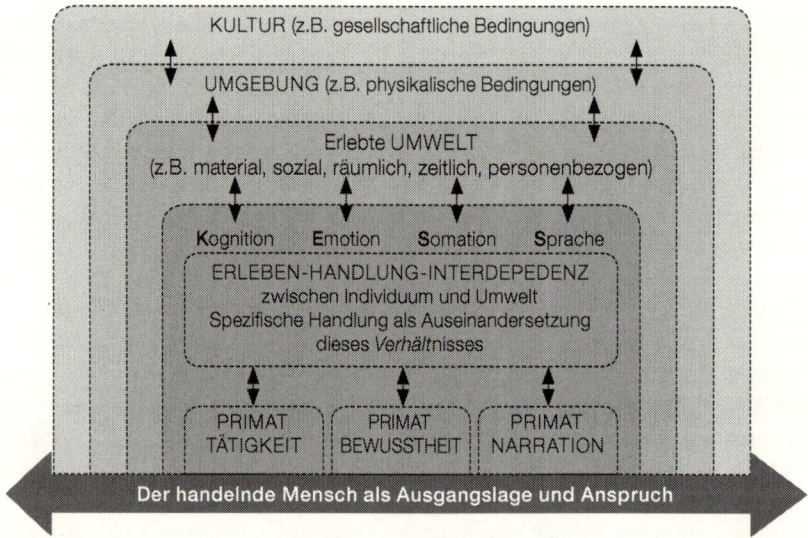

Abb. 1: Rahmenmodell einer interaktionistisch verstandenen HR, in Erweiterung und Ergänzung nach Ehr (2017, S. 122).

4 Ein interaktionistisches Handlungsregulationsmodell im Kontext Angst

Im Folgenden wird das auf den vorangegangenen Überlegungen aufbauende und aktuelle interaktionistische Handlungsregulationsmodell anhand des Beispielphänomens Angst vorgestellt. Eigene interaktionistisch verstandene *handlungsrelevante Charakterzüge Person(-Situation)* mit dem Schwerpunkt auf einer Person, sowie interaktionistisch *handlungsrelevante Charakterzüge Situation(-Person)* mit dem Schwerpunkt auf einer Situation im Rahmen eines Handlungsverlaufs erfolgen auf der Basis von Lantermann (1980, S. 143ff.) und Magnusson (1981, S. 18ff.). An dieser Stelle kann nur eine „schlaglichtartige" Darstellung erfolgen. Die interaktionistisch verstandenen handlungsrelevanten Charakterzüge Person(-Situation) sowie Situation(-Person) treten miteinander in Kontakt und interagieren spezifisch innerhalb eines interaktionistischen Handlungsregulationsgefüges im Kontext Angst. Es handelt sich um ein Modell, das sich auf die oben erwähnten Überlegungen und Ausführungen bezieht. In einer Analyse anhand des Beispielphänomens „Angst" scheint – auf der Basis von Lazarus (1966, 2006) – insbesondere die Interaktion in Form der Entstehung eines interaktionistischen, beziehungsprägenden Kernthemas der „synchron unsicher-existentiellen Bedrohung" von Relevanz. Aus dieser Perspektive können auf der Seite einer Situation in Interaktion mit einer Person vor allem Druck, Undurchsichtigkeit, Dauer, Relevanz als bedeutsam eingestuft werden. Diese bilden in ihrem Zusammenspiel die Basis für einen spezifischen Handlungsregulationsvorgang (Lantermann, 1980, S.143ff.). Konkret entstehen zwischen einer Person und ihrer Umwelt im Handlungsregulationszusammenhang spezifische *interaktionistische Schnittflächen* mit aspekthaft verdichteten *Interaktanten*. Im Rahmen eines interaktionistischen Handlungsverlaufs, insbesondere in Bezug auf Angst, werden folgende Abläufe angenommen:

Es wird ein *subjektives Handlungsfeld Bedrohung* entworfen, das stark auf den *Handlungsentwurf zur Kontrolle und Vorhersage* dieser wie auch immer erkannten Bedrohung ausgerichtet ist. Mit dem Bereich Handlungs*entwurf*, im Sinne einer Basis eng verzahnt, ist der Bereich *Handlung*. Handlungen in der vorliegenden Konstellation scheinen insbesondere von Flucht und Vermeidung jedweder Art geprägt zu sein. Im Rahmen der Handlungs*folgen* scheint hier insbesondere eine „gefundene Lösung" von Person wie von Situationsseite kurzfristig Ent-, langfristig jedoch Belastung zu bringen. Handlungsfolgen scheinen eng mit der Folgebewertung verbunden (Dewey 1933/1938/1994, S. 140ff), da über bestimmte Erfahrungen wie Erlebnisse (z.B. „Wieder versagt!") zukünftige und zum Teil langfristige Einstellungen (z.B. „Ich bin ein Versager!") beeinflusst werden können. Auf der Basis des oben abgebildeten Arbeitsmodells wird von einer *internalen Ab- und einer externalen Aufwertung* gesprochen. Folgebewertungen können den vorläufigen Abschluss eines Handlungsregulationsgeschehens bilden, aber auch die Ausgangslage für weitere Bewältigungsunternehmungen sein.

Eine interaktionistische Schnittfläche ist im Rahmen der vorliegenden Arbeit der Gestaltungsraum einer Interaktion, während ein oder mehrere Interaktanten die konkreten Schnittpunkte innerhalb dieser interaktionistischen Schnittflächen darstellen. Das Wissen über Interaktanten eignet sich möglicherweise gut für die Entwicklung konkreter sonderpädagogischer Angebote. Im Folgenden wird daher die jeweilige interaktionistische Schnittfläche mit ihren dazugehörigen Interaktanten dargestellt. Spezifische interaktionistische Schnittflächen von Person und ihrer Umwelt im Rahmen einer spezifischen Situation, scheinen als potentielle Handlungsregulationsräume eng an ihre spezifischen Interaktanten rückgebunden zu sein. Interaktanten werden verstanden als spezifische Mittler zwischen bestimmter Person und bestimmter Situation in einer interaktionistisch verstandenen Handlungsregulation unter dem Bezug Bewältigungsunternehmung anhand des Beispielphänomens Angst.

Über eine sogenannte potentiell *ambivalente Adaptivität* wird von einer Person ein Passungsversuch zwischen Bewältigung und einer spezifischen Person-Umwelt-Konstellation gemacht. Die Begrifflichkeit wird gewählt, da im Kontext von HR und Angst häufig Ambivalenzen zwischen individuell sinnhaften und häufig nachvollziehbaren Zielen und deren zuwiderlaufenden Folgen von Bedeutung scheinen.

Als *interaktionistische Schnittfläche (IAS)* fungiert die als hoch erlebte und rückgemeldete Differenz zwischen der Handlungsanforderung der Person und der Umweltanforderung (Ist-

Soll-Vergleich), die sich im Interaktanten als *Differenz-Bilanz aus Sein und Sollen* subsumieren lässt.

Die IAS einer starken Kontroll- und Vorhersageorientierung im Erleben und Verhalten zur Bewältigung einer Anforderung bei gleichzeitigem Scheiterungspotential dieser Absolutheitstendenz in realistischen Kontexten manifestiert sich im Interaktanten als *Einflussorientierung*. Daran schließt sich die IAS einer absoluten Starrheit vs. bewussten Kopplung aus Bedingungen und Konsequenzen kurzfristiger, mittelfristiger und langfristiger Lösungen an. Im Zuge dessen kann als Aspekt die zeitliche Erstreckung angeführt werden, die mit dem Interaktanten *Kurzfristigkeit vs. Langfristigkeit* benannt wird.

Eine weitere IAS besteht in der Struktur einer interdependenten-interaktionistischen Bewältigungskonstellation und ihrer Folgen (kurz-, mittel-, langfristig), die sich über den Interaktanten *zielorientierter Bewältigungsablauf* fassen lässt (in Anlehnung an Scherer, 2009, S. 1307ff.; Lazarus, 1966, 2006).

Als grundsätzliches interaktionistisches Moment lässt sich der Interaktant *Reziprozität* als Interdependenz von Person und Situation bezeichnen. Der sogenannte Interaktant *Druck vs. Entlastungswunsch* (z.B. beim Thema Anerkennung durch Leistung) bestimmt die IAS *bedrohte Bedeutsamkeiten*.

Schlussendlich ergibt sich aus einer verstehensorientierten Sichtweise ein Interaktant, der sich als starkes *Motiv der Defensive* gegenüber antizipierter wie erfahrener Bedrohung bezeichnen lässt.

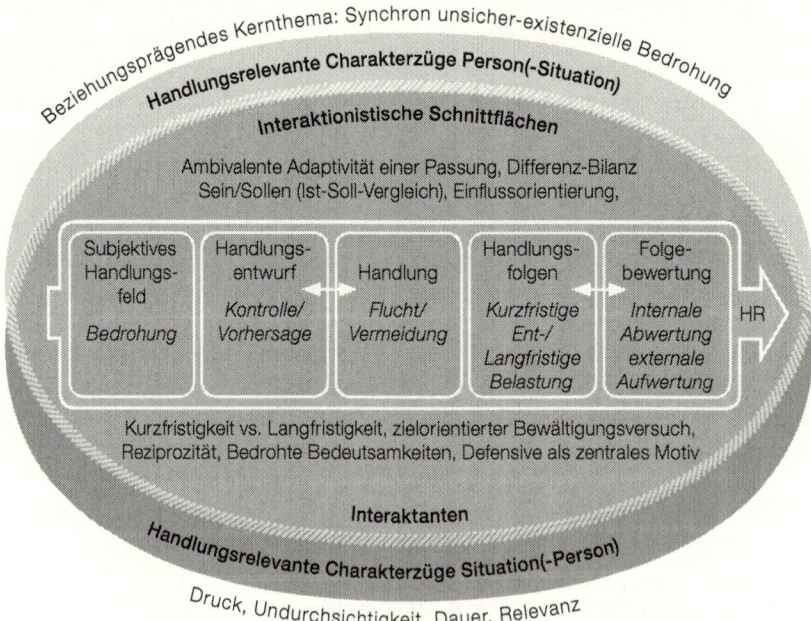

Abb. 2: Ein interaktionistisches Handlungsregulationsmodell im Kontext „Angst": Interaktionistisch verstandene HR als Bewältigungsversuch nach eigener Darstellung.

5 Anwendung des Arbeitsmodells

Emil, 16 Jahre, steht auf dem 3 Meter-Turm im Schwimmbad. Alle anderen sind bereits gesprungen. Nur er steht noch oben. Die anderen Jugendlichen feuern ihn an zu springen. „Los, Emil, spring! Trau dich, das schaffst du, sei kein Looser!". Nach einigen Minuten völliger Erstarrung, dreht sich Emil um, klettert die Leiter hinunter und boxt Anton, der am lautesten gerufen hat, so heftig in den Magen, dass dieser den Nachmittag auf der Krankenstation verbringt. Im Gespräch stellt sich heraus, dass Anton mit anderen Jungen eine Wette abgeschlossen hat, dass, wenn Emil den Sprung nicht schafft, er seine Badehose in der Sportumkleide als Preis „stiften" muss.

Grundsätzlich könnte man Emils Verhalten als inadäquat, aggressiv, impulsiv oder unterreguliert einschätzen. Eventuell könnte man aber auch sagen, Emil hat für sich und seine Anspannung Sorge getragen und sie abgeführt, bevor sie für ihn nicht mehr händel- bzw. handlungsregulierbar war.

Im Rahmen handlungsrelevanter Charakterzüge einer Person, zu der wiederum spezifische Aspekte (z.B. Ziele, Motive) herausgegriffen werden können, ist es die erlebte, synchron unsicher-existentielle Bedrohung (z.B. drohender Anerkennungsverlust), die Einfluss auf Emils HR genommen haben könnte. Mit Blick auf handlungsrelevante Charakterzüge der hier skizzierten Situation kann z.B. ein hoher zeitlicher (alle anderen Schüler sind bereits gesprungen) oder ein psychischer Druck (die Aufmerksamkeit und potentielle Meinungsbildung der anderen Schüler ist allein auf Emil gerichtet) verzeichnet werden. In Bezug auf interaktionistische Schnittflächen und mögliche Interaktanten kann Folgendes festgehalten werden: Emil unternimmt einen Versuch ambivalenter Adaption im Rahmen einer Passung zwischen sich und seiner Umwelt. Emil sieht zentrale Werte, wie z.B. Anerkennung durch Andere, in Gefahr (Subjektives Handlungsfeld Bedrohung) und versucht einen Schaden oder gar Verlust dieser Anerkennung durch Andere auf jeden Fall zu verhindern (Defensive als Motiv). Da aber bei einem misslungenen Sprung die Gefahr des Verlustes dieser Anerkennung besteht, könnte Emil sich entscheiden (Handlungsentwurf), überhaupt nicht zu springen (Handeln). Handlungsentwurf und Handeln scheinen insbesondere wechselseitig aufeinander einzuwirken, da hier aus Rat Tat wird. In diesem Sinn könnte Emil in seiner Kontrolle und Vorhersageorientierung (Handlungsentwurf) darauf bedacht sein, seine bedrohten Bedeutsamkeiten (z.B. den Wert Anerkennung durch andere) vor Schaden zu schützen („Ich stelle sicher, dass keine dummen Kommentare in der Umkleide kommen!"). Dies kann dann in ein Handeln münden, das von außen betrachtet als Gewalttätigkeit im Rahmen von Flucht und Vermeidung deklariert werden könnte (Herunterklettern vom Turm, Boxen, aus der Halle stürmen). Interaktionistisch fundiert können jedoch die unterschiedlichen personalen wie situativen Anteile in ihrer Wechselwirkung bewusst betrachtet und kritisch hinterfragt werden. Im Rahmen der eng verzahnten Handlungsfolgen und der Folgebewertung wäre einerseits eine kurzfristige Entlastung (Angstgefühl lässt nach) aber langfristige Belastung (Leistungen werden zu einer immer höheren Hürde für Emil, die er immer weniger in Angriff nimmt) (Handlungsfolgen) möglich. Andererseits wäre auch eine Folgebewertung im Kontext einer internalen Abwertung („Ich bin nicht liebenswert!") und einer externalen Aufwertung („Alle anderen sind so viel besser als ich!") möglich. Insbesondere die im „Verborgenen" abgeschlossene Wette um die „Badehose" wirft ein zusätzliches Licht auf Emils „Gewaltausbruch" und die Hintergründe seines Handelns (Straub, 2010, S. 106). Hier kann durchaus anerkennend, formuliert werden, dass sich Emil gegenüber dem Druck der Gruppe behauptet, sich nicht aufgegeben und in das Spiel um „Anerkennung und Gesehen werden" widerstandslos eingefügt hat.

6 Ausblick

Auf der Basis der vorangegangenen Ausführungen ist eine *interaktionistische Handlungsregulationsanalyse* möglich. Mit Blick auf daraus ableitbare pädagogische Notwendigkeiten können hier fallbezogen vorhandene wie mögliche, personale wie situationale Hürden, Sprungbretter, Helfer und Netze (Lantermann, 1980, S. 166ff.) in ihrer dialektischen Bedeutung betrachtet werden.

Als Hürden einer interaktionistischen HR im Sinn eines „erfolgreichen Sprungs" könnte z.B. auf Emils Seite seine Angst bestehen, von seiner Umwelt ebenso beeinflussend seine Klassenkameraden oder eine Lehrkraft, die die Gruppendynamiken nicht im Blick hat. Gleichzeitig scheinen Sprungbretter vorhanden. Beispielsweise Emils grundsätzliche Fähigkeit der selbstsorgenden Behauptung gegenüber seiner Umwelt und von Seiten seiner Umwelt z.B. eine Lehrkraft, die die „Hintergründe" dieses Konflikts erfassen kann. Eine solche Lehrperson reagiert aus einem Verständnis für alle beteiligten Perspektiven und interveniert möglicherweise adäquat. Im konkreten Fall scheint die soziale Komponente zentral. Fragen nach dem „sozialen Klima", konkret z.B. von Emils „Status" in der Klasse, müssten gestellt und beantwortet werden. Als Helfer könnte Emil selbst fungieren, indem er in Rücksprache mit einer von ihm geschätzten Person ein Vorgehen bespricht, wie er seine „Selbstbehauptung" rechtzeitig zum Ausdruck bringen könnte (z.B. Formulierung einer Ansage an eine Person). Ebenso könnte ein Helfer von Seiten der Umwelt bestehen, z.B. in Form einer Lehrkraft, die solche Dynamiken im Blick hat und bei einem „Festfahren" der Situation eingreift. Im konkreten Zusammenhang könnte es beispielsweise die Aufgabe einer Lehrkraft sein – bei noch so wohlmeinenden Unterstützungsangeboten durch Mitschüler – sehr aufmerksam die jeweilige Konstellation zu (beob)achten. Eventuell kann das Einschreiten einer Lehrkraft im Sinne eines „Verbots" (Emil darf nicht vom Turm springen) eine Möglichkeit sein, um ihn einerseits in gewisser Weise von einem Gesichtsverlust zu entlasten, andererseits eine eigenständige Handlung zu ermöglichen. Als sichernde Netze könnten stärker die Person (z.B. die Bedeutung von Leistungsdruck für Emil) oder die Situation (z.B. hinsichtlich ihrer Gestaltung) betrachtet werden. Inwieweit kann Druck aus der Situation genommen werden, z.B. durch alternative Prüfungsformen? Inwieweit kann das soziale Klima innerhalb der Klasse im Kontext Prüfung beeinflusst werden? Hier scheint die gemeinsame Besprechung eines Vorgehens zentral. Grundsätzlich könnte es ein Ziel sein, dass Emil klar zum Ausdruck bringen kann was er möchte bzw. nicht tun möchte. Hilfreich für ihn dürfte das Wissen darüber sein, dass er ein ernstnehmendes, unterstützendes Umfeld vorfindet, das eigenständige Entscheidungen akzeptiert, auch wenn sie Konflikte mit sich bringen können. Gleichzeitig scheint eine Auseinandersetzung mit den Hintergründen (z.B. dem Preisgeld Badehose) von großer Bedeutung, bei der auch eine Positionierung der beteiligten Lehrkraft notwendig ist.

Mit Hilfe der oben schlaglichtartig aufgeworfenen Fragen kann eine interaktionistische Analyse einer spezifischen Handlungsregulationskonstellation erfolgen, die Perspektiven erweiternde Erkenntnisse über das spezifische Zustandekommen des Handelns in seinem Person-Umwelt-Bezug liefern dürfte. Diese können als inspirierende Ausgangslage für passungsgenaue, weil selbstkritisch reflektierte Unterstützungsangebote der Person (z.B. Wahrnehmungsschulung, Bewertung einer Situation) oder der spezifischen Situation (z.B. grundsätzliche Gestaltung von Prüfungssituationen, Förderung eines positiven Klassenklimas) dienen.

Im Vergleich zur aktuellen HR-Theorie scheint im Rahmen eines interaktionistischen HR-Modells eine stärker multidimensionale, multiperspektivische und Interdependenzen berücksichtigende Betrachtung von HR unter Belastung möglich.

Literatur

Adler, A. (2010). Die Individualpsychologie als Weg zur Menschenkenntnis und Selbsterkenntnis. In A. Adler (Hrsg. G. Eife), *Persönlichkeitstheorie, Psychopathologie, Psychotherapie* (S. 250-269). Göttingen: Vandenhoeck & Ruprecht.

Ahrens-Eipper, S., Leplow, B. & Nelius K. (2010). *Mutig werden mit Til Tiger: Ein Trainingsprogramm für sozial unsichere Kinder.* Göttingen: Hogrefe.

Barrett, P., Webster, H. & Turner, C. (2003). *Freunde für Kinder. Arbeitsbuch für Kinder.* München: Reinhardt.

Becker, E. S., Ellwart, T. & Rinck, M. (2003). Angst aus kognitiver Sicht: Kognitive Verzerrungen bei Angstpatienten. In F. M. Staemmler & R. Merten (Hrsg.), *Angst als Ressource und Störung. Interdisziplinäre Aspekte* (Seite??). Paderborn: Junfermann.

Brüstle, G., Hodapp, V. & Laux, L. (1985). Ängstlichkeitstests als Prädiktoren von Angst und Angstbewältigung in einer Redesituation. In H. W. Krohne (Hrsg.), *Angstbewältigung in Leistungssituationen* (Seite??). Weinheim: Edition Psychologie.

Cannon, W. B. (1915). *Bodily changes in pain, hunger, fear and rage.* New York: Appleton.

Dewey, J. (1933/1938/1994): *Erziehung durch und für Erfahrung* (2.Aufl.). Herausgegeben von H. Schreier. Stuttgart: Klett-Cotta.

Ehr, D. (2017). Interaktion, Selbst-/Handlungsregulation und das Phänomen Angst in der Pädagogik bei Verhaltensstörungen. Eine theoretische Arbeit in evidenzbasierter Zeit. In D. Laubenstein & D. Scheer (Hrsg.), *Sonderpädagogik zwischen Wirksamkeitsforschung und Gesellschaftskritik* (S. 115-123), Bad Heilbrunn: Klinkhardt.

Hacker, W. (1967). *Grundlagen der Regulation von Arbeitsbewegungen. Probleme und Ergebnisse der Psychologie.* Beiheft 1.

Heckhausen, H., Gollwitzer, M. & Weinert, F. E. (Hrsg.). (1987). *Jenseits des Rubikon: Der Wille in den Humanwissenschaften.* Heidelberg: Springer.

Krohne, H.-W. (2010). *Psychologie der Angst.* Stuttgart: Kohlhammer.

Lantermann, E. D. (1980). *Interaktionen: Person, Situation und Handlung.* München: Urban und Schwarzenberg.

Lazarus, R. S. (1966). *Psychological stress and the coping process.* New York: McGraw-Hill.

Lazarus, R. S. (2006). *Stress and Emotion: A New Synthesis.* New York: Springer.

Leont'ev, A. (1959). *Probleme der Entwicklung des Psychischen.* Berlin: Volk u. Wissen.

Magnusson, D. (1981). *Toward a psychology of situations.* An interactional perspective. Hillsdale, NY: Erlbaum.

Miller, G. A., Galanter, E. & Pribram, K. H. (1960). *Plans and the structure of behavior.* New York: Holt.

Müller, T. (2018): Erziehung als Herausforderung: Gegenstandsbestimmung und Fragen einer Theorie der Erziehung. In T. Müller & R. Stein (Hrsg.), *Erziehung als Herausforderung. Grundlagen für die Pädagogik bei Verhaltensstörungen* (S. 13-34). Bad Heilbrunn: Klinkhardt.

Oesterreich, R. (1981). *Handlungsregulation und Kontrolle.* München: Urban & Schwarzenberg.

Petermann, F. & Wiedebusch, S. (2016). *Emotionale Kompetenz bei Kindern* (3. Aufl.). Göttingen: Hogrefe.

Raio, C. M., Orederu, T. A., Palazzolo, L., Shurick, A. A. & Phelps, E. A. (2013). Cognitive emotion regulation fails the stress test.*Proceedings of the National Academy of Science of the United States of America, 110* (37), 15139–15144.

Scherer, K. R. (2009). *The dynamic architecture of emotion: Evidence for the component process model. Cognition and Emotion, 23*(7), 1307–1351.

Seitz, W. (1992). Problemlage und Vorgehensweise der Diagnostik im Rahmen der Pädagogik bei Verhaltensstörungen. In G. Hansen (Hrsg.), *Sonderpädagogische Diagnostik* (S. 107-139). Pfaffenweiler: Centaurus.

Stein, R. (2012). *Förderung bei Ängstlichkeit und Angststörungen.* Stuttgart: Kohlhammer.

Stein, R. (2017). *Grundwissen Verhaltensstörungen.* Baltmannsweiler: Schneider.

Stein, R. & Stein, A. (2014). *Unterricht bei Verhaltensstörungen.* Stuttgart: Klinkhardt.

Stein, R. & Müller, T. (2014). Psychische Störungen aus sonderpädagogischer Perspektive. *Sonderpädagogische Förderung heute, 59*(3), 232-244.

Straub, J. (2010). Handlungstheorie. In G. Mey & K. Mruck (Hrsg.), *Handbuch Qualitative Forschung in der Psychologie* (S. 107-122). Wiesbaden: VS Verlag.

Volpert, W. (1969). *Untersuchungen über den Einsatz des mentalen Trainings beim Erwerb einer sensumotorischen Fertigkeit.* Ein Beitrag zur Optimierung von Trainingsprogrammen. Berlin: Techn. Univ., Diss., 40.

Weidemann, D. & Straub, J. (2000). Psychologie interkulturellen Handelns. In J. Straub (Hrsg.), *Psychologie in der Praxis. Anwendungs- und Berufsfelder einer modernen Wissenschaft* (S. 830–855). München: Deutscher Taschenbuch Verlag.

Werbik, H. (1978). *Handlungstheorien.* Stuttgart: Kohlhammer.

SeELe –
Sozial-emotionale Entwicklung mit Lernleitern

Christine Schmalenbach, Stefanie Roos,
Thomas Müller und Anja Grieser

Abstract

In dem Projekt *SeELe* werden Aspekte der MultiGradeMultiLevel-Methodology aus Indien und des Kooperativen Lernens kombiniert, um sozial-emotionale Lernprozesse in der Schule und anderen pädagogischen Settings zu unterstützen. Zielgruppe sind Schülerinnen und Schüler der Sekundarstufe 1. Die aus diesen Ansätzen abgeleitete Lernleiter soll dabei der Heterogenität der Kinder und Jugendlichen gerecht werden und ihre Eigenaktivität in den Vordergrund stellen.

Keywords

Lernleiter, Soziales und Emotionales Lernen, Kooperatives Lernen, Heterogenität

1 Einleitung

Der Umgang mit Emotionen und das Sozialverhalten entstehen – nach einem interaktionistischen Verständnis – in Interaktion mit dem näheren und weiteren sozialen Umfeld (Stein & Müller, 2015). Dementsprechend findet die Entwicklung bei jedem Menschen unterschiedlich statt. Gleichzeitig ist eine demokratische Gesellschaft darauf angewiesen, dass ihre Bürgerinnen und Bürger grundlegende Fähigkeiten in diesem Bereich entwickelt haben (Pfeffer, 2017). Wie können die Schule und andere pädagogische Einrichtungen diesen Entwicklungs- und Lernprozess unterstützen, dabei der Heterogenität unter den Heranwachsenden gerecht werden und auch auf die Bedürfnisse derjenigen Kinder und Jugendlichen eingehen, deren Entwicklung unter erschwerten Bedingungen stattfindet?

Das Projekt SeELe stellt ein Konzept zur Förderung sozialen und emotionalen Lernens dar, das zwei methodische Ansätze integriert: Die MultiGradeMultiLevel-Methodology und das Kooperative Lernen. Beide Ansätze entstanden als pädagogisch-didaktische Antwort auf herausfordernde schulische und gesellschaftliche Rahmenbedingungen und setzen einen Schwerpunkt auf die Eigenaktivität und Interaktion von Schülerinnen und Schülern (Müller, 2016; Schmalenbach, 2017).

Im Folgenden werden die einzelnen konstituierenden Ansätze und ihre Hintergründe beschrieben, um schließlich das daraus entwickelte Konzept der SeELe-Lernleiter darzustellen.

2 Die MultiGradeMultiLevel-Methodology und ihre Lernleitern

Die MultiGradeMultiLevel-Methodology (MGML) wurde vor ca. 30 Jahren durch das Rishi Valley Institute for Educational Resources (RIVER) ins Leben gerufen, im Zusammenhang mit dem Aufbau von ländlichen Schulen, in armen und sehr abgelegenen Dörfern rund um Rishi Valley im indischen Bundesstaat Andhra Pradesh. Die Schulen mussten sich diversen Herausforderungen stellen, die auch für den Förderschwerpunkt emotional-soziale Entwicklung bedeutsam sind: Eine große Altersmischung und Leistungsheterogenität der Schülerinnen und Schüler in einer Klasse; mangelnde Identifikation der Lernenden, der Eltern und der Lehrkräfte mit der Schule und den Inhalten des Unterrichts; Unterrichtsausfälle; Schulabsentismus durch familiäre, religiöse und landwirtschaftliche Verpflichtungen der Schülerinnen und Schüler; ein Unterrichtsklima, das von Angst und Druck geprägt war (Müller, 2016; Girg, Lichtinger & Müller, 2012).

Die Entwicklung von MGML fand in der Auseinandersetzung mit den bildungsphilosophischen Gedanken Jiddu Krishnamurtis statt, der die Förderung der Einzigartigkeit der Lernenden im gemeinsamen Zusammenwirken fordert:

> They [die Schulen] are to be concerned with the cultivation of the total human being. These centres of education must help the student and education to flower naturally. The flowering is really very important; otherwise education becomes merely a mechanical process oriented to a career, to some kind of profession. (Krishnamurti & McCoy, 2006, S. 9)

Drei Fragen sind daher bis heute in der Arbeit von RIVER leitend:
1. „Wie würdigt, unterstützt und begleitet Schule die Einzigartigkeit jedes Kindes und Jugendlichen?
2. Wie lernen Kinder, Jugendliche und Lehrerende in einem voll individualisierten Unterricht eigenständig und zugleich gemeinsam?

3. Wie bleiben das Lernen im und aus dem Leben sowie das Lernen im schulischen Prozess ungetrennt?" (Müller, 2016, o.S.).

Zunächst entstand dabei die *School in a Box,* eine Tasche mit einem flexibel einsetzbaren Lernset in Form von Aktivitätskarten statt Schulbüchern, die von Dorf zu Dorf getragen werden konnte. Ausgehend davon wurden unter der Leitung von RIVER sechzehn Satellite-Schools rund um Rishi Valley aufgebaut (2018: zuletzt ,nur' noch sieben Schulen aufgrund der besseren Schulinfrastruktur, ausgelöst durch den Right to Education Act der indischen Staatsregierung) und die MGML-Methodology entwickelt (Rishi Valley Education Centre, 2003a, 2003b). Inzwischen wird MGML in verschiedenen Kontexten weltweit eingesetzt und dabei jeweils an die lokalen und regionalen Gegebenheiten angepasst, beispielsweise in Äthiopien, Nepal und Kenia. Auch in Deutschland wurden die Lernleitern bereits erfolgreich in verschiedenen Schulformen und -stufen eingesetzt, u.a. mit Schülerinnen und Schülern mit Förderbedarf sozial-emotionale Entwicklung (Müller, Lichtinger & Girg, 2015).

Ein Kernelement von MGML sind die so genannten Lernleitern (*ladders of learning*), welche den Lernprozess strukturieren und absichern. Sie ermöglichen den Lernenden, ihre Lernprozesse in ihrem eigenen Rhythmus zu gestalten. Durch die weitestgehend eigenständige Arbeit der Lernenden mit den Materialien eröffnen sich für die Lehrkräfte Spielräume, um die Schülerinnen und Schüler flexibel zu begleiten und zu fördern – sowohl in Einzelsituationen als auch gemeinschaftlich. Die Lernleitern sind untergliedert in Milestones, die thematisch zusammenhängende Aktivitäten beinhalten und aufgegliedert sind in Einführung (*Introductory*), Übung (*Reinforcement*), Evaluation des angestrebten Ziels (*Evaluation*), und bei Bedarf Förderung (*Remedial*) oder Ausweitung (*Enrichment*). Milestones (und Teile eines Milestones) können linear aufgebaut sein, wenn die innere Logik des Themas eine Reihenfolge in der Durchführung der Aktivitäten erfordert, oder systemisch, wenn die Reihenfolge der Aktivitäten von den Lernenden beliebig gewählt werden kann. Über Symbole sind die Aktivitäten auf der Lernleiter mit Aktivitätskarten und den dazugehörigen Materialien verknüpft, so dass die Lernenden sich die Inhalte des gültigen Lehrplans systematisch aneignen können. Über die Lernleiter wird der Lernprozess fachdidaktisch systematisiert angeregt und zugleich grafisch strukturiert. Für die Lernenden wird ihr Erfolg anhand des Voranschreitens auf der Lernleiter sichtbar (Müller, 2012, 2016).

Für die Erfinder von MGML gilt: „The Child is in the Driver's Seat" (Girg et al., 2012, S. 44). Dementsprechend müssen die Materialien so gestaltet sein, dass Lernende selbst aktiv werden, sich mit Phänomenen auseinandersetzen und lernen, Fragen zu stellen und Antworten zu suchen (Müller, 2016). Nach den Prinzipien der MGML-Methodology führt das zu vier spezifischen Gütekriterien für die Lernmaterialien und Aktivitäten: Sie müssen *small* sein, also für das Alter angemessen zeitlich überschaubar. Sie müssen *manageable*, also machbar sein – den Lernenden muss klar sein, was sie tun müssen, ohne dass sie dabei überfordert werden. So kann das Gefühl gefestigt werden, dass das Leben Schritt für Schritt bewältigt werden kann:

> So wie sie – ganz nach Montessoris Wahlspruch – in die Lage versetzt werden, viele kleine Dinge täglich, Tag für Tag und über Jahre hinweg selbst zu tun, so werden sie sich selbst auch in die Lage versetzt fühlen, ihr Leben selbst in der Hand zu haben und zu gestalten. Das Leben ist machbar, ist lebbar, ist voller positiver Erfolgserlebnisse. (Girg et al., 2012, S. 46)

Die Aktivitäten sollen auch *joyful* sein, freudvoll. Lerngelegenheiten werden mit spielerischen Elementen angereichert, Lernende und Lehrende sollen gerne zusammenarbeiten und lernen. Schließlich sollen die Lernaktivitäten *meaningful*, bedeutsam, sein:

> Idealerweise kommen die Lerninhalte deshalb aus dem direkten Umfeld des Kindes und orientieren sich an seinen individuellen Interessen sowie regionalen und kulturellen Kontexten. Je stärker die Kinder im Lernen den Eindruck gewinnen, dass sie darüber befähigt werden, ihr Leben selbst zu gestalten bzw. ihnen die Erfahrung gewährt wird, dass sie im schulischen Lernen ihr Leben gerade selbst gestalten, desto intensiver werden sie im Prozess bleiben und von einer Lernerfahrung zur nächsten gehen. (Müller, 2016, o.S.)

Das Beispiel der MGML-Methodology aus Indien enthält zahlreiche Aspekte, um eine gute Schule zu schaffen und diese täglich neu mit allen Beteiligten zu gestalten. Diese Anregungen werden seit etlichen Jahren auch von zahlreichen Förderzentren und Schulen für Erziehungshilfe, vorwiegend in Süddeutschland, aufgegriffen. Dabei lassen sich zahlreiche positive Effekte hinsichtlich Arbeitsverhalten und Motivation der Schülerschaft beobachten (Schnur & Müller, 2013), die vom Fachunterricht durch SeELe auch für das Erlernen emotional-sozialer Kompetenz nutzbar gemacht werden sollen.

3 Soziales und Emotionales Lernen

Emotionale und soziale Kompetenzen können u.a. als Schlüsselqualifikationen angesehen werden. Häufig wird von emotionaler und sozialer Kompetenz gemeinsam gesprochen, obwohl die beiden Kompetenzbereiche nicht identisch sind (Hartmann & Methner, 2015, S. 12). Vielmehr sind emotionale und soziale Kompetenzen untrennbar miteinander verwoben (Schreyer-Mehlhop, Petermann, Siener & Petermann, 2011, S. 202) und stehen in einem Abhängigkeitsverhältnis zueinander; so werden emotionale Kompetenzen für ein sozial angemessenes Handeln benötigt (Hartmann & Methner, 2015, S. 12), und sie werden ausschließlich in sozialen Beziehungen gelernt (Petermann, Natzke, Gerken & Walter, 2016, S. 23).
Die Entwicklung sozialer und emotionaler Fähigkeiten kann als Grundlage für den späteren Lebenserfolg in verschiedenen Bereichen (Halle & Darling-Churchill, 2016, S. 9), u.a. auch im akademischen Bereich (z.B. Denham, Caverly, Schmidt & Blair, 2002; Jones & Bouffard, 2012), angesehen werden. Da emotionale und soziale Kompetenzen nicht statisch, sondern auf einem Entwicklungskontinuum zu betrachten sind (z.B. Berk, 2011, S. 346), lässt sich ihr gezieltes Einüben bzw. Fördern legitimieren. Schülerinnen und Schüler verbringen einen bedeutsamen Teil ihrer Kindheit und Jugend in der Schule. Rutter, Maugham, Mortimer & Ouston (1980) sind in einer Längsschnittstudie auf rund 15.000 Stunden gekommen; diese Zahl wird von Fend (2009, S. 56) bestätigt. Hieraus und aus der Tatsache, dass durch die Schulpflicht nahezu alle Kinder und Jugendlichen vor Ort erreicht werden können (Brezinka, 2003, S. 73), ergibt sich, dass das schulische Setting ein geeignetes Feld für die Einübung und gezielte Förderung emotionaler und sozialer Kompetenzen darstellt, zumal sie im Schulgesetz als wesentlicher Erziehungsauftrag verankert ist. Dies gilt umso mehr, wenn wir Schülerinnen und Schüler des Förderschwerpunkts emotionale und soziale Entwicklung im Blick haben. Hier benennen Ellinger & Stein (2012, S. 86f.) – unter Bezugnahme auf die Empfehlungen der Kultusministerkonferenz zur allgemeinen sonderpädagogischen und förderschwerpunktspezifischen Förderung (KMK, 1994, KMK, 2000) sowie auf entwicklungspsychologische Erkenntnisse – unter anderem das Sozialverhalten und die Emotionalität als zentrale

Teilaspekte sogenannter „Brennpunkte" der Beschulung. In Schulklassen, egal ob in einer allgemeinen Schule oder Förderschule, finden sich die einzelnen emotionalen und sozialen Kompetenzen individuell bei jeder Schülerin bzw. jedem Schüler unterschiedlich stark ausgeprägt. Die MultiGradeMultiLevel-Methodology wird diesem Umstand bestmöglich gerecht, da die Schülerinnen und Schüler in ihrem ganz eigenen Lerntempo auf der Lernleiter voranschreiten können. Dabei setzen sie sich teilweise in Einzel-, Partner- oder Gruppenarbeit mit den dazugehörigen Aktivitäten auseinander. Vorhandene Wahlmöglichkeiten unterstützen zudem das Selbstwirksamkeitserleben, welches sich als wichtige Moderator- bzw. Mittlervariable im Zusammenhang mit dem Erlernen und Verfestigen von emotional und sozial kompetentem Verhalten herausgestellt hat (z.B. Roos, 2006, S. 96; Wolffersdorff, 2002, S. 33; Petermann & Petermann, 2017, S. 41). Für die Ausbildung sozialer Kompetenz sind ein gewisses Maß an Kommunikationsfähigkeit oder auch die Theory of Mind zentrale Voraussetzungen (Campbell et al., 2016, S. 21). Bei der Konzipierung der Lernleiter wird daher darauf geachtet, dass es bestimmte Vorläuferfähigkeiten sozialer Kompetenzen zu berücksichtigen gilt, wie das Temperament, die Fähigkeit zur Selbstregulierung, ein emotionales Verständnis, die Fähigkeit zur sozial-kognitiven Informationsverarbeitung sowie Kommunikationsfähigkeiten (Fabes, Gaertner & Popp, 2008).

4 Kooperatives Lernen

Eine Möglichkeit, die Entwicklung von sozialen Kompetenzen in pädagogischen Settings (und vor allem in der Schule) alltagsbegleitend zu fördern, ist das Kooperative Lernen (Davidson & Howell Major, 2014). Kooperatives Lernen kann definiert werden als „verschiedene Formen der Unterrichtsorganisation" mit dem gemeinsamen „Grundgedanken schulisches Lernen so zu organisieren, daß die Schüler sich beim Wissenserwerb gegenseitig unterstützen" (Souvignier, 1999, S. 14). Allerdings unterscheidet es von traditioneller Gruppenarbeit insbesondere ein expliziter Fokus auf soziale Prozesse, die durchgängig „thematisiert, akzentuiert und strukturiert" werden (Weidner, 2008, S. 29). Als Leitlinie gelten dabei verschiedene Listen von Basisprinzipien Kooperativen Lernens, die insbesondere von Johnson & Johnson (1999) und Kagan & Kagan (1994) zusammengestellt worden sind und für die unterschiedliche deutsche Übersetzungen und Zusammenfassungen vorliegen. Schnebel (2003) führt beide Listen zusammen und kommt damit auf sechs Prinzipien: Positive Interdependenz (gegenseitige Abhängigkeit), individuelle Verantwortung, gleiche Beteiligung und gleichzeitige Aktivität, hilfreiche Face-to-Face Interaktion, soziale Fähigkeiten und Reflexion der Gruppenprozesse (S. 129f.).

Einige der bekanntesten Methoden sind das Gruppenpuzzle (Aronson & Patnoe 2011) und Think-Pair-Share (Kagan & Kagan, 1994). Je nach Klassifikation zählen Autorinnen und Autoren zwischen 20 und 74 Methoden (Brody & Davidson, 1998; Wehr, 2013) mit unterschiedlichen Entstehungshintergründen und didaktischen Schwerpunkten, die je nach Kontext sinnvoll miteinander verknüpft und variiert werden können.

Kooperatives Lernen ist einer der meist evaluierten Unterrichtsansätze (Slavin, 1990). Meta-Analysen und Reviews führen zu dem Schluss, dass es sowohl schulisches Lernen als auch die soziale und emotionale Entwicklung von Schülerinnen und Schülern fördert (beispielsweise Johnson & Johnson, 1989, 2002; Slavin, 1990; Hattie, 2009; Kyndt et al., 2013). Eine Meta-Analyse von Ginsburg-Block, Fatuzzo & Rohrbeck (2006) zeigt signifikant höhere Effekte im sozial-emotionalen Bereich auf bei Schülerinnen Schülern aus „vulnerablen" Gruppen wie beispielsweise ethnischen Minderheiten, Familien mit einem niedrigen Einkommen, Kinder in Klassen 1- 3 und in städtischen Schulen.

Zur Verwendung von Kooperativem Lernen mit Schülerinnen und Schülern mit Förderbedarf im Bereich der emotional-sozialen Entwicklung gibt es bisher vergleichsweise wenige und widersprüchliche Ergebnisse, was den Lernerfolg und das Arbeits- und Sozialverhalten angeht (zusammenfassend siehe Schmalenbach, 2018, S. 32ff.). Sutherland, Wehby & Gunter (2000) erklären die unterschiedlichen Ergebnisse damit, dass Lehrkräfte nicht immer alle Aspekte von Kooperativem Lernen korrekt implementieren und dass nicht klar ist, inwiefern die Lehrkräfte mit den Schülerinnen und Schülern explizit soziale Kompetenzen eingeübt haben. Trotz der bisher eher schwachen Forschungslage in diesem Bereich wird davon ausgegangen, dass Kooperatives Lernen gerade für diese Schülergruppe, ihre sozial-emotionalen Lernprozesse und ihre Beziehungen viel Potential birgt (Hagen, Vierbuchen & Hillenbrand, 2014; Klicpera & Gasteiger-Klicpera, 2008; Weidner, 1998, 2006). Als in diesem Rahmen besonders relevante Aspekte scheinen die Orientierung und Strukturierung durch die Lehrkraft (Nelson, Johnson & Marchand-Martella, 1996), die explizite Förderung von sozialen Kompetenzen (Sutherland et al., 2000; Weidner, 2008) und die Gestaltung einer sicheren Lernumgebung (Bennett & Ernst-Hecht, 2006; Greenhalgh, 2004).

Nach den Basisprinzipien Kooperativen Lernens sind soziale Kompetenzen nicht nur relevant, um hilfreiche Face-to-Face Interaktion zu ermöglichen, sondern müssen auch explizit gefördert werden. Dabei spielt die Reflexion der Gruppenprozesse eine zentrale Rolle. Cohen & Lotan (2014) berufen sich in ihrem Konzept auf die Prinzipien sozialen Lernens nach Bandura:

1. "New behaviors are labeled and discussed.
2. Students learn to recognize when new behaviors occur.
3. Students are able to use lables and discuss behavior in an objective way.
4. Students have a chance to practice new behaviors.
5. New behaviors are reinforced when they occur" (S. 49f.).

Johnson, Johnson & Johnson Holubec (1994) wenden Prinzipien prozeduralen Lernens an und beschreiben fünf Schritte, die bei der Förderung sozialer Fähigkeiten berücksichtigt werden müssen: Die Schülerinnen und Schüler müssen die Notwendigkeit der sozialen Fertigkeit nachvollziehen; verstehen, was die Fertigkeit ausmacht und wann sie eingesetzt werden sollte; die Fertigkeit regelmäßig üben; Zeit und Strukturen für Reflexion und Feedback haben; ausdauernd üben, bis das Verhalten selbstverständlich ist (S. 71). Das Reden über, Üben und Reflektieren von Verhaltensweisen kann vor, während und nach kooperativen Phasen stattfinden. Dabei kann Kooperation implizit Teil der Unterrichtsmethode sein, wie beim Gruppenpuzzle oder bei Think-Pair-Share, oder es können explizite kooperative Übungen ohne akademischen Inhalt in den Unterrichtsalltag eingestreut werden, um spezifische Fertigkeiten zu thematisieren und einzuüben (Goodwin, 1999), wie beispielsweise „Broken Circles" zur Sensibilisierung für die Bedürfnisse von anderen (Cohen & Lotan, 2014, S. 193ff.). Zur systematischen Thematisierung und Reflexion von sozialen Fertigkeiten sind Methoden wie die T-Chart entwickelt worden, bei der Sozialziele so operationalisiert werden, dass sie für Schülerinnen und Schüler nachvollziehbar sind. Dabei kann entweder ein vorgegebener Sozialzielekatalog verwendet werden, oder die Ziele werden aus dem Alltag heraus mit den Schülerinnen und Schülern formuliert (Weidner, 2006; 2008). Es gibt (Selbst-) beobachtungsbögen und Tagebücher für Gruppen und individuelle Schülerinnen und Schüler, die an die Bedürfnisse einer Gruppe angepasst werden können (z.B. Weidner, 2008).

5 Die Konzeption der SeELe-Lernleiter

Seit 2017 wird eine umfassende Lernleiter zur Förderung sozial-emotionaler Kompetenzen für den Einsatz im inklusiven Unterricht in der Sekundarstufe 1 entwickelt. Diese Lernleiter verfolgt das Ziel, Kindern und Jugendlichen, mit und ohne sonderpädagogischen Förderbedarf eine aktivitätsorientierte, eigenverantwortliche und angstfreie Befassung mit individuellen sowie gemeinsamen Aufgaben ihrer sozialen und emotionalen Entwicklung im je eigenen Lerntempo zu ermöglichen. Die Lernleiter lässt sich in fünf Ebenen aufteilen, die jeweils einen Themenkomplex abbilden und nur nach vollständiger Bearbeitung einer Ebene ein Voranschreiten in eine neue erlauben. Dabei nähern sich die Lernenden behutsam der Auseinandersetzung mit der eigenen Wahrnehmung und dem Erleben, indem die linear angeordneten Themen beziehungsweise Milestones Kooperation, Kommunikation und Biografie die Grundlagen für die Lernleiter und das Kooperative Lernen schaffen und gleichzeitig eine erste Ebene der Wahrnehmung, Erarbeitung und Selbstreflexion bieten. Die darauffolgende Ebene der Lernleiter thematisiert die Grundemotionen Wut, Trauer, Angst und Freude. Die Kinder und Jugendlichen können ihre Bearbeitungsreihenfolge zwischen den systemisch angeordneten Milestones frei wählen, wobei jeder Milestone eine Emotion abbildet. Auf der nächsten Ebene der Lernleiter werden die erweiterten Emotionen Stolz, Scham, Überraschung und Ekel erarbeitet. Nach der Fokussierung auf das innere, eigene Wahrnehmen und das Erleben findet in der nächsten Ebene der Lernleiter ein Perspektivenwechsel nach außen statt, und die Lernenden befassen sich expliziter mit Themen der Bezogenheit wie Freundschaft, Beziehungen, Sexualität, aber auch Kommunikation, Kooperation und Konflikten. Abschließend finden noch einmal eine Auseinandersetzung mit der eigenen Biografie und ein Ausblick auf die Zukunft statt. Zudem gibt es Querlagen-Thematiken, die nicht in eigenen Milestones angesprochen werden, aber immer wieder auftauchen, beispielsweise Selbstkonzept, Identität, Selbstwirksamkeit.

Den Rahmen bietet die Lernleiter, bei den einzelnen Aktivitäten wechseln sich einzeln zu bearbeitende Aufgaben und Partnerarbeit oder Gruppenarbeit ab. Dabei werden, wo möglich, die Prinzipien Kooperativen Lernens umgesetzt. Reflexionsphasen in Kleingruppen und Transferaufgaben zur Integration der Lernleiter in den Alltag der Schüler und Schülerinnen werden eingeplant. Die graphische Gestaltung der Materialien ist im Sinne der Reizreduktion schlicht gehalten und vermeidet allzu figürliche Elemente, um zu ermöglichen, dass Lernende eigene Erfahrungen und Assoziationen miteinbringen. Zu demselben Zweck ist eine Großzahl der Aktivitäten so offen gestaltet, dass sie verschiedene Ergebnisse erlauben. Gleichzeitig wird die Arbeit mit den Materialien durch klare, strukturierende Elemente (beispielsweise Symbole, Zahlen, klare, knappe Sätze) unterstützt.

Obwohl die Kombination einer Lernleiter mit Kooperativem Lernen für die Förderung von emotional-sozialen Lern- und Entwicklungsprozessen vielversprechend scheint, birgt sie auch Herausforderungen. So stellen sich immer wieder verschiedene Fragen, die im Prozess berücksichtigt werden müssen:

- Wie können stark individualisierte Lernprozesse mit strukturierten Kleingruppenphasen in der Arbeit mit Lernleitern kombiniert werden?
- Wie kann Differenzierung im emotional-sozialen Bereich aussehen, wenn beispielsweise manche Schülerinnen und Schüler in ihrer aktuellen Lebensphase oder auch nur in bestimmten Momenten die Interaktion mit anderen Lernenden als überfordernd wahrnehmen? Widerspricht ein alternatives Angebot von Einzelarbeit nicht den Prinzipien von

Kooperativem Lernen? Wie kann Kooperatives Lernen sinnvoll eingesetzt werden, ohne einzelne Lernende so an ihre Grenzen zu bringen, dass ihre Entwicklung gar gehemmt wird?

• Welche Themen im emotional-sozialen Bereich können überhaupt eigenständig bearbeitet werden, ohne die Lernenden zu überfordern? Welches Hintergrundwissen brauchen Lehrkräfte, um diesen Prozess konstruktiv zu begleiten?

Aktuell werden diese Fragen immer wieder neu bei der Konzeption einbezogen. Erste Erprobungen des Materials bilden dann den nächsten Schritt der Entwicklung.

Literatur

Aronson, E. & Patnoe, S. (2011). *Cooperation in the classroom: The jigsaw method* (2. Aufl.). London: Printer & Martin.

Bennett, B. & Ernst-Hecht, M. (2006). Wie bunt ist kooperatives Lernen? Was kooperatives Lernen leisten kann und was nicht. *Lernende Schule, 33*, 10–13.

Berk, L. E. (2011). *Entwicklungspsychologie* (5. Aufl.). München: Pearson Studium.

Boller, S., Rosowski, E. & Stroot, Th. (2007): *Heterogenität in Schule und Unterricht*. Weinheim: Beltz.

Brezinka, V. (2003). Zur Evaluation von Präventivinterventionen für Kinder mit Verhaltensstörungen. *Kindheit und Entwicklung, 12*(2), 71-83.

Brody, C. M. & Davidson, N. (1998). Introduction: Professional Development and Cooperative Learning. In C. M. Brody & N. Davidson (Eds.), *Professional development for cooperative learning: Issues and approaches* (S. 3-24). Albany: State University of New York Press.

Campbell, S. B., Denham. S. A., Howarth, G. Z., Jones, S. M., Whittaker, J.V., Williford, A.P., Willoughby, M. T., Yudron, M. & Darling-Churchill, K.-E. (2016). Commentary on the review of measures of early childhood social and emotional development: Conceptualization, critique, and recommendations. *Journal of Applied Developmental Psychology, 45*, 19-41.

Cohen, E. G. & Lotan, R. A. (2014). *Designing groupwork: Strategies for the heterogeneous classroom* (3. Aufl.). New York: Teachers College Press.

Davidson, N. & Howell Major, C. (2014). Boundary Crossings: Cooperative Learning, Collaborative Learning, and Problem-Based Learning. *Journal on Excellence in College Teaching, 25* (3&4), 7-55.

Denham, S.A., Caverly, S., Schmidt, M. & Blair, K. (2002). Preschool understanding of emotions: Contributions to classroom anger and aggression. *Journal of Child Psychology and Psychiatry, 43*(7), 901-916.

Ellinger, S. & Stein, R. (2012). Effekte inklusiver Beschulung: Forschungsstand im Förderschwerpunkt emotionale und soziale Entwicklung. *Empirische Sonderpädagogik, 4*(2), 85-109.

Fabes, R.A., Gaertner, B.M. & Popp, T.K. (2008). Getting along with others: social competence in early childhood. In K. McCartney & D. Phillips (Eds.), *Blackwell handbook of early childhood development* (S. 296-316). Malden, MA: Blackwell.

Fend, H. (2009). *Neue Theorie der Schule: Einführung in das Verstehen von Bildungssystemen* (2. Aufl.). Wiesbaden: VS Verlag für Sozialwissenschaften.

Ginsburg-Block, M. D., Fantuzzo, J. W. & Rohrbeck, C. A. (2006). A Meta-Analytic Review of Social, Self-Concept and Behavioral Outcomes of Peer-Assisted Learning. *Journal of Educational Psychology, 98*(4), 732-749.

Girg, R., Lichtinger, U. & Müller, T. (2012): *Lernen mit Lernleitern. Unterrichten mit der MultiGradeMultiLevel-Methodology*. Immenhausen: Prolog.

Goodwin, M.W. (1999). Cooperative Learning and Social Skills: What Skills to Teach and How to Teach Them. *Intervention in School and Clinic 35*(1), S. 29-33.

Greenhalgh, P. (2004): Working with the group dimension. In J. Wearmouth; T. Glynn; R.C. Richmond & M. Berryman (Hrsg.), *Inclusion and Behaviour Management in Schools. Issues and Challenges*. London: Fulton.

Hagen, T., Vierbuchen, M.-C. & Hillenbrand, C. (2014). Voneinander Lernen! Reciprocal Teaching als wirksamer Ansatz peergestützter Förderung. In K. Popp & A. Methner (Hrsg.), *Schülerinnen und Schüler mit herausforderndem Verhalten: Hilfen für die schulische Praxis* (S. 267–275). Stuttgart: Kohlhammer.

Halle, T.-G. & Darling-Churchill, K.-E. (2016). Review of measures of social and emotional development. *Journal of Applied Developmental Psychology 45*, 8–18.

Hartmann, B. & Methner, A. (2015). *Leipziger Kompetenz-Screening für die Schule (LKS). Diagnostik und Förderplanung: soziale und emotionale Fähigkeiten, Lern- und Arbeitsverhalten*. München: Reinhardt.

Hattie, J. (2009). *Visible learning: A synthesis of over 800 meta-analyses relating to achievement.* London: New York: Routledge.

Hof, Ch. (2009): *Lebenslanges Lernen.* Stuttgart: Kohlhammer.

Johnson, D. W. & Johnson, R. T. (1999). *Learning together and alone: Cooperative, competitive, and individualistic learning* (5th ed.). Boston: Allyn and Bacon.

Johnson, D. W. & Johnson, R. T. (1989). *Cooperation and Competition: Theory and Research.* Edina: Interaction Book Company.

Johnson, D. W. & Johnson, R. T. (2002). Learning Together and Alone: Overview and Meta-analysis. *Asia Pacific Journal of Education, 22*(1), 95-105.

Johnson, D. W., Johnson, R. T. & Johnson Holubec, E. (1994). *The new circles of learning: Cooperation in the classroom and school.* Alexandria: Association for Supervision and Curriculum Development.

Jones, S.M. & Bouffard, S. (2012). Social and emotional learning in schools: From programs to strategies. *Social Policy Report, 26*(4), 1-22.

Kagan, S. & Kagan, M. (1994). The Structural Approach: Six Keys to Cooperative Learning. In S. Sharan (Hrsg.), *Handbook of cooperative learning methods* (pp. 113–133). Westport: Greenwood Press.

Kaltwasser, V. (2010): *Persönlichkeit und Präsenz. Über die Achtsamkeit im Lehrerberuf.* Weinheim: Beltz.

Klicpera, C. & Gasteiger-Klicpera, B. (2008). Förderung sozialer Beziehungen im Unterricht. In B. Gasteiger-Klicpera, H. Julius & C. Klicpera (Hrsg.), *Sonderpädagogik der sozialen und emotionalen Entwicklung (Handbuch Sonderpädagogik, Bd. 3)* (S. 824-835). Göttingen: Hogrefe Verlag.

KMK (Kultusministerkonferenz) (1994). *Empfehlungen zur sonderpädagogischen Förderung in den Schulen in der Bundesrepublik Deutschland. Beschluss der Kultusministerkonferenz vom 06.05.1994.* Bonn.

KMK (Kultusministerkonferenz) (2000). *Empfehlungen zum Förderschwerpunkt emotionale und soziale Entwicklung. Beschluss der Kultusministerkonferenz vom 10.03.2000.* Bonn.

Krishnamurti, J. & McCoy, R. (2006). *The whole movement of life is learning: J. Krishnamurti's letters to his schools.* Chennai: Krishnamurti Foundation India.

Krishnamurti, J. (1974/2006): *On Education.* Chennai: Krishnamurti Foundation India.

Kyndt, E., Raes, E., Lismont, B., Timmers, F., Cascallar, E. & Dochy, F. (2013). A meta-analysis of the effects of face-to-face cooperative learning. Do recent studies falsify or verify earlier findings? *Educational Research Review, 10*, 133-149.

Müller, T. (2012). „Mit mir geht was weiter…". Zur Arbeit mit der MultiGradeMultiLevel-Methodology und ihren Lernleitern an der St. Vincent-Schule. *Fördermagazin, 3*, 49-52.

Müller, T. (2016). Lernen mit Lernleitern – Schulentwicklungskonzeptionen aus Rishi Valley. *Schulpädagogik heute, 7*(13), o.S.

Müller, T., Lichtinger U. & Girg, R. (2015): *The MultiGradeMultiLevel-Methodology and its Global Significance. Ladders of Learning - Scientific Horizons - Teacher Education.* Immenhausen: Prolog.

Nelson, J. R., Johnson, A. & Marchand-Martella, N. (1996). Effects of Direct Instruction, Cooperative Learning, and Independent Learning Practices on the Classroom Behaviour of Students with Behavioral Disorders: A Comparative Analysis. *Journal of Emotional and Behavioral Disorders, 4*(1), 53-62.

Petermann, F. & Petermann, U. (2017). *Training mit Jugendlichen. Aufbau von Arbeits- und Sozialverhalten* (10. Aufl.). Göttingen: Hogrefe.

Petermann, F., Natzke, H., Gerken, N. & Walter, H.-J. (2016). *Verhaltenstraining für Schulanfänger. Ein Programm zur Förderung emotionaler und sozialer Kompetenzen* (4. Aufl.). Göttingen: Hogrefe.

Pfeffer, S. (2017). *Sozial-emotionale Entwicklung fördern: Wie Kinder in der Gemeinschaft stark werden.* Freiburg: Herder.

Rishi Valley Education Centre (2003a). *A Multigrade Trainer's Resource Pack. Background Document I.* Rishi Valley.

Rishi Valley Education Centre (2003b). *A Multigrade Trainer's Resource Pack. Background Document II.* Rishi Valley.

Roos, S. (2006). *Evaluation des „Trainings mit Jugendlichen" im Rahmen schulischer Berufsvorbereitung.* Frankfurt am Main: Lang.

Rutter, M., Maughan, B., Mortimer, P. & Ouston, J. (1980): *Fünfzehntausend Stunden - Schulen und ihre Wirkungen auf die Kinder.* Weinheim: Beltz.

Schmalenbach, C. (2017). Cooperación y participación como respuesta a situaciones desafiantes en las vidas de estudiantes. *RIE - UANL* (4), 46-59. Zugriff am 26. 10. 2018. Verfügbar unter:http://www.uanl.mx/sites/default/files/rie_2017.pdf

Schmalenbach, C. (2018): *Learning Cooperatively under Challenging Circumstances: Cooperation among Students in High-Risk Contexts in El Salvador.* Wiesbaden: Springer VS.

Schnur, S. & Müller, T. (2013). *Elemente der MultiGradeMultiLevel-Methodology. Möglichkeiten und Grenzen für den Unterricht mit verhaltensauffälligen Schülern.* Würzburg: edition von freisleben.

Schnebel, S. (2003). *Unterrichtsentwicklung durch kooperatives Lernen: Ein konzeptioneller und empirischer Beitrag zur Weiterentwicklung der Lehr-Lernkultur und zur Professionalisierung der Lehrkräfte in der Sekundarstufe.* Baltmannsweiler: Schneider.

Schreyer-Mehlhop, I., Petermann, F., Siener, C. & Petermann, U. (2011). Ressourcenorientierte Diagnostik des Sozialverhaltens in der Schule. Ein Baustein zur Förderung sozial-emotionaler Kompetenz. *Kindheit und Entwicklung, 20*(4), 201-208.

Slavin, R. E. (1990). *Cooperative learning: Theory, research, and practice.* Englewood Cliffs: Prentice Hall.

Souvignier, E. (1999). Kooperatives Lernen in Sonderschulen für Lernbehinderte und Erziehungsschwierige. *Sonderpädagogik, 29*(1), 14-25.

Stein, R. & Müller, T. (2015). Verhaltensstörungen und emotional-soziale Entwicklung: zum Gegenstand. In R. Stein & T. Müller, (Hrsg.), *Inklusion im Förderschwerpunkt emotionale und soziale Entwicklung* (S. 19-43). Stuttgart: Kohlhammer.

Sutherland, K. S., Wehby, J. H. & Gunter, P. L. (2000). The Effectiveness of Cooperative Learning with Students with Emotional and Behavioral Disorders: A Literature Review. *Behavioral Disorders, 25*(3), 225-238.

Vereinte Nationen (2006): *Konvention über die Rechte von Menschen mit Behinderungen. UN-BRK.* Zugriff am 22. 10. 2018. Verfügbar unter: http://www.un.org/depts/german/gv-61/band1/ar61106.pdf

Wehr, H. (2013). Methoden kooperativen Lernens - die kleine Methoden-Box. In H. Wehr & G.-B. von Carlsburg (Hrsg.), *Kooperatives Lehren und Lernen lernen: Kreativität entfalten anhand kooperativer Lernprozesse* (S. 299-366). Augsburg: Brigg.

Weidner, M. (1998). Durch Gruppenunterricht zur Teamfähigkeit: Kooperative Lernformen an einer Schule für Erziehungshilfe. *Praxis Schule, 5-10* (5), 16-19.

Weidner, M. (2006). Durch kooperatives Lernen Sozialkompetenzen entwickeln. *Lernende Schule, 33*, 14-17.

Weidner, M. (2008). *Kooperatives Lernen im Unterricht: Das Arbeitsbuch* (4. Aufl.). Seelze-Velber: Kallmeyer.

Wolffersdorff, Ch. v. (2002). Einführung: Soziales Training mit benachteiligten Jugendlichen – Chancen und Probleme einer aktivierenden Pädagogik. In Th. Gericke, T. Lex, G. Schaub, M. Schreiber-Kittl & H. Schröpfer (Hrsg.), *Jugendliche fördern und fordern. Strategien und Methoden einer aktivierenden Jugendsozialarbeit. Übergänge in Arbeit.* (Bd. 1) (S. 23-36). München: Verlag Deutsches Jugendinstitut.

Ökonomisierungsprozesse als Limitierung von Teilhabechancen

Jan Hoyer und Jochen Liesebach

Abstract

Anhand zweier Beispiele soll aufgezeigt werden in welcher Form Deutungsmuster und Argumentationen aus dem ökomischen Feld in pädagogische Handlungsfelder und Diskurse eingreifen können. Die Darstellung und theoriebezogen Reflexion dieser Beispiele erfolgt mit Referenz auf Bourdieus Theorie der sozialen Felder.

Keywords

soziale Benachteiligung, Ökonomisierung, Inklusion, Governance, Feldtheorie

1 Pädagogik bei Verhaltensstörungen als soziales Feld

Soziale Felder sind nach Bourdieu „autonome Sphären, in denen nach jeweils besonderen Regeln gespielt wird" (Bourdieu, 1992, S. 187). Bourdieu greift hier die gesellschaftliche Ausdifferenzierung durch „Sezession" (Luhmann, 2012, S. 25) im Sinne Durkheims auf und spricht den daraus resultierenden Feldern eine eigene Dynamik in Form einer spezifischen Handlungslogik zu. Diese genießt darin einen Schutz, denn Felder gelten bei ihm als geschlossen. „Die Geschlossenheit ist ein signifikantes Indiz für die Autonomie eines Feldes" (Bourdieu, 2001, S. 42). Anders als die operationale Geschlossenheit eines Systems bei Luhmann, die immer auf eine systemrationale binäre Unterscheidungsreproduktion als Operation dieses Systems verweist, findet sich bei Bourdieus Modell die Möglichkeit, dass Felder sich überschneiden. Zwar verfügen Felder über eine eigene Genese, eigene Bewertungskriterien und eigene Gesetze (Bourdieu, 2001, S. 42), es ist aber die direkte Einflussnahme eines Feldes auf ein anderes möglich. Felder verfügen über eine Übersetzungsmacht „die es ermöglicht, fremde Logiken zu assimilieren, ohne die feldeigene Handlungslogik aufzugeben" (Höhne, 2015, S. 19). Gleichzeitig können Felder aber auch Einfluss auf andere Felder nehmen, wenn sie über die nötige „Brechungsstärke" (Bourdieu, 1998, S. 19) verfügen.

Würden wir die Pädagogik bei Verhaltensstörungen als Feld im Sinne Bourdieus verstehen, wäre es uns möglich eine eigene Genese, eigene Bewertungskriterien und Gesetzmäßigkeiten, ein Maß an Geschlossenheit und in Theorie wie Praxis eine eigene Handlungslogik erkennen und benennen zu können. Gleichzeitig würde die Pädagogik bei Verhaltensstörungen eine Übersetzungsmacht verwenden, um Erkenntnisse anderer Disziplinen nutzbar zu machen ohne die eigene Handlungslogik aufgeben zu müssen und somit das eigene Feld zu erhalten. „Soziale Felder sind jedoch nach dem Grad ihrer ‚Brechungsstärke' unterschiedlich stark" (Bordieu, 1998, S. 19) und das Feld der Erziehung ist nach Höhne mit weniger Brechungsstärke versehen als das Feld des Ökonomischen. Das Konzept „Steigerung der Produktivität von Bildung" (Bordieu, 1998, S. 23) wird von Höhne vor allem als Bereich möglicher Einflussnahme ökonomischer Handlungslogik auf das Feld der Erziehung identifiziert. Das Erreichen von Professionalität, die Reduktion von Belastungsmomenten von professionellen Akteurinnen und Akteuren, sowie die Verringerung und Vermeidung von Leidensdruck bei Eltern und Heranwachsenden verpflichten das Feld der Pädagogik bei Verhaltensstörungen anhaltend auch gegenüber einer der Steigerung der Qualität ihrer Modelle, Konzepte und Dienstleistungen. Ob sich die Komplexität von Zielvorstellungen, pädagogischer Rahmenbedingungen und Durchführungsprinzipien einer Pädagogik bei Verhaltensstörungen aber auf den relativ einfachen Begriff „Produktivität" reduzieren lassen und welche Konsequenzen sich daraus ergeben könnten, wird hier anhand zweier Beispiele diskutiert. Das erste Beispiel verdeutlicht inwieweit schulorganisatorische Rahmenbedingungen, Eingriffe in den pädagogischen Alltag nehmen können. Im zweiten Beispiel soll gezeigt werden, inwieweit auf der Basis von Finanzierungsmodellen der professionelle Handlungsspielraum von Pädagoginnen und Pädagogen limitiert werden könnte.

2 Beispiel 1: Inklusive Wettbewerbseffekte

Seit geraumer Zeit ist das Bildungssystem und damit verbunden auch jede einzelne Schule auf dem Prüfstand. Mit der Einführung flächendeckender Lernstandserhebungen (z.B. PISA, IGLU, TIMSS usw.) wurden nicht nur Probleme im Schulsystem für eine breite Öffentlichkeit sichtbar gemacht, sondern ebenso Modelle für die Bildungsforschung und Evaluationen einzelner Schulen unter dem Label der *Qualitätssicherung* bereitgestellt. Der Paradigmenwechsel von der Input- zur Output-Steuerung hat unlängst Einzug in das deutsche Schulsystem erhalten (bspw. Brügelmann, 2015, S. 77f.). Parallel zu diesem offenkundigen Wechsel der Perspektive auf die Institution Schule, haben weitere Merkmale der Ökonomisierung mehr oder weniger starken Einfluss auf die Entwicklung des sozialen Feldes Schule und ihrer Akteure genommen (Höhne 2015, S. 21f.). Diese Eingriffe in ein primär pädagogisches Feld sind nicht neu und werden auch schon seit längerem kritisch vom wissenschaftlichen Fachdiskurs mit unterschiedlichen Schwerpunkten begleitet und hinterfragt (hierzu neuere Veröffentlichungen: Bellmann, 2016; Ellinger, 2016; Altrichter & Maag Merki, 2016). Jedoch scheinen die durchaus berechtigten Widersprüche dem aktuell neoliberalen Trend im Umbau des deutschen Bildungssystems wenig entgegensetzen zu können. Im Gegenteil: die Einführung und Verstetigung von markt- und wettbewerborientierten Elementen in das deutsche Bildungswesen ist längst in der Schulrealität angekommen (Böttcher & Hogrebe, 2008, S. 20ff.).

Im Folgenden werden hierfür skizzenhaft die Entwicklung der Schullandschaft in Hamburg dargestellt und anhand einer inklusiven Sekundarschule in einem benachteiligten Stadtteil die Folgen dieses Transformationsprozesses beispielhaft diskutiert.

2.1 Deregulierung, Autonomie und Wettbewerb

Als Reaktion auf die Ergebnisse der Schulleistungsuntersuchungen von PISA und IGLU wurde im Jahre 2006 in Hamburg flächendeckend die *Selbstverantwortete Schule* (BBS 2006) eingeführt. Über „mehr Selbstständigkeit und größeren Gestaltungsspielraum vor Ort" versprach man sich eine Verbesserung der „Qualität schulischer Arbeit" (BSB, 2006, S. 7). Die damit einhergehende stärkere Eigenverantwortung und Autonomie der Einzelschule wurden in der Folge durch spezifische, eher rezentralisierende Kontrollmechanismen (flächendeckende Lernstands- und Leistungserhebungen, Ziel- und Leistungsvereinbarungen, sowie die Einführung der Schulinspektion) ergänzt. In der Kombination mit einem öffentlich zugänglichen Informationssystem (z.B. öffentliche Berichte der Schulinspektion, schuleigene Homepageauftritte) wurden Marktstrukturen, wie Konkurrenz und Wettbewerb mit öffentlich zugänglichen Rankings und Evaluationen, in einem vormals nicht marktförmig organisierten Feld geschaffen. Mit der Übernahme und Umsetzung inklusiver Ziele und der damit verbundenen Änderungen im Schulgesetz (HmbSchG §2 und §42) wurde zudem die Rolle der Eltern/Sorgeberechtigten bei der Schulwahl im Übergang in die weiterführenden Schulformen hervorgehoben. Durch diese Ausweitung der elterlichen Einflussmöglichkeiten entsteht ein „parent empowerment", welches marktlogisch die Eltern und deren Kinder bzw. Jugendlichen zu „Schulkonsumenten" macht (Weiß, 2001, 69). Über eine schülergesteuerte Finanzierung (Gesamtschülerzahlen sind maßgeblicher Auslöser von personalen und materiellen Ressourcen für die Einzelschulen) werden die Schulen zu Anbietern. Somit treten sie automatisch in Konkurrenz um die Gunst und das Interesse der Eltern zu den Nachbarschulen. Schulen, die in diesem Wettbewerb weniger erfolgreich agieren, ist, im Sinne einer effizienten Schulverwaltung, jedoch auch eine Grenze gesetzt: „Die Grundschule wird mindestens zweizügig, die Stadtteilschule und das Gymnasium werden mindestens dreizügig geführt. Wird die Mindestzügigkeit in den Eingangsklassen in zwei aufeinanderfolgenden Schuljahren nicht erreicht, so werden an der betreffenden Schule im darauffolgenden Schuljahr keine Eingangsklassen mehr eingerichtet" (HmbSchG §85, Absatz (2)).

Somit wurden sukzessive Rahmenbedingungen geschaffen, die – durch erweiterte Autonomie auf beiden Seiten (Angebots- und Nachfrageseite) und Wettbewerbsstrukturen inklusive
einem rational-technologischen Informationssystem (über Rankings und Output-Ergebnis-
se) – einen Quasi-Markt erzeugen, der einem allgemeinen Qualitäts-anstieg aller Schulen
dienlich sein soll. Die Annahme, dass eine Qualitätsverbesserung durch mehr Wettbewerb
im Schulsektor erzielt wird, ist umstritten. Die bisherigen Ergebnisse deuten allerdings eher
auf „eine Vergrößerung von Leistungsunterschieden und verstärkter Chancenungleichheit"
hin (Böttcher & Hogrebe, 2016, S. 28).

Im folgenden Abschnitt soll die Annahme der „verstärkten Chancenungleichheit" anhand
des Sozialindex (Schulte, Hartig & Pietsch, 2014) für die Hamburger Stadtteilschulen überprüft werden. Gleichzeitig soll gezeigt werden, wie sich diese Ungleichheit auf Schulen und
Klassen auswirkt, die nicht auf der „Gewinnerseite" dieses Wettbewerbes stehen.

2.2 Gewinner und Verlierer im inklusiven Wettbewerb

Der Sozialindex für Hamburger Schulen basiert auf den Daten aus Fragebogenerhebungen
bei Schülerinnen und Schülern sowie deren Sorgeberechtigten und aus amtlichen Sozial-
raumdaten. Er orientiert sich an dem Ansatz der Kapitalarten (Bourdieu, 1982). Neben seinem Informationscharakter zur „sozialen Belastung von Bildungsteilnehmern an einzelnen
Bildungseinrichtungen" (Drucksache 20/7094, 2013, Seite ?) haben die Ergebnisse unter
anderem auch Einfluss auf die Klassengröße und auf die systemische Ressourcenzuweisung
für Schülerinnen und Schüler mit sonderpädagogischen Förderbedarf Lernen, Sprache, sowie
soziale und emotionale Entwicklung (BSB 2012, 6). Anhand der Kennziffern 1 (hohe Belastung) bis 6 (niedrige Belastung) werden sämtliche Grundschulen, weiterführende Schulen
und Gymnasien eingeordnet. Der Sozialindex wird wiederkehrend erhoben. Vergleicht man
die einzelnen Ergebnisse der Erhebungen von 2005 und 2013, so lassen sich zumindest in der
Tendenz Entwicklungen für die jeweiligen Schulstandorte ableiten. Die folgende Abbildung
(Abb. 1) zeigt die Veränderung des Sozialindex für weiterführende Schulen (Stadtteilschulen
und Gymnasien) zu den Erhebungszeitpunkten 2005 (Index alt – helle Säule) und 2013
(Index neu – dunkle Säule).

Abb. 1: Sozialindex (Entwicklung weiterführende Schulen) – Hamburg (Drucksache 20/7094 und eigene Berechnung)

Während zum Zeitpunkt 2005 noch keine weiterführende Schule den hohen Belastungsindex 1 aufwies, waren es 2013 schon sieben Schulen. Ein ähnlicher Anstieg ergab sich für den Belastungsindex 2. Dagegen verringerte sich die Anzahl der Schulen mit einem verhältnismäßig ausgeglichenen Index (3-4) deutlich im Vergleich zum vorherigen Messzeitpunkt. Die Anzahl der Schulen mit einem niedrigen Index (5-6) stieg im selben Zeitraum deutlich an. Die Datenlage sollte nicht überbewertet werden, jedoch deutet sich aus der Entwicklung ein Trend an: Schulen in einem sozialstrukturell ungünstigen Umfeld scheinen wenig bis gar nicht von den Wettbewerbsbedingungen zu profitieren, während Schulen die ohnehin schon in einem günstigen Umfeld agieren, verstärkt aus eben jenem angewählt werden und somit wohlmöglich als *Gewinner* hervorgehen. Besonders problematisch stellt sich die Situation aber im Hinblick auf den Inklusionsgedanken dar, der ja gerade durch die Heterogenität der Schülerschaft die Verbesserung der Bildungschancen für alle verspricht.

Für die Arbeit an Schulen in einem sozialstrukturell ungünstigen Umfeld, ergeben sich durch die wettbewerbsbedingte Verschärfung weitere Probleme, die im Folgenden kurz angerissen werden sollen.

2.3 Kehrseite des Wettbewerbs

Da die Schulen in einem günstigen Umfeld erheblich nachgefragt werden und sie sich die eigene Schülerschaft aussuchen können, profitieren sie doppelt von den Wettbewerbsbedingungen. Für Schulen, die nicht diese Ausgangslage haben, verschärft die Konkurrenzsituation ihre Entwicklungsmöglichkeiten. Sie verfügen über weniger Ressourcen und müssen gleichzeitig die wiederkehrende Auflage der Dreizügigkeit erfüllen, um überhaupt noch als Standort existieren zu können. In der Logik des Marktes sind sie gezwungen *zu nehmen was kommt, bzw. was übrigbleibt.* Als Folge entstehen Klassen und Lerngruppen von Kindern und Jugendlichen, die überproportional häufig in Risikolagen aufwachsen. Im Zuge der Arbeit an einer weiterführenden Hamburger Schule in einem sozio-ökonomisch benachteiligten Stadtteil, wurden die Schülerinnen und Schüler in Anlehnung an den jährlichen Bildungsbericht (Autorengruppe Bildungsberichterstattung, 2018, S. 35ff.) den drei Risikolagen (soziale, bildungsbezogene und finanzielle) zugeordnet. Für die Arbeit vor Ort ergab sich dadurch folgende Ausgangslage:

Die neunte Jahrgangsklasse bestand aus 24 Schülerinnen und Schülern. Von der sozialen Risikolage (SR) waren sieben Schülerinnen und Schülern (ca. 29%) betroffen. Die bildungsbezogene Risikolage (BR) konnte 13 Schülerinnen und Schülern (ca. 54%) zugeordnet werden. Die finanzielle Risikolage (FR) wurde bei 17 Schülerinnen und Schülern (ca. 70%) und deren Familien festgestellt. Die Ergebnisse unterscheiden sich somit deutlich sowohl von der bundesweiten Berechnung (SR=10%; BR=12%; FR=20% (Autorengruppe Bildungsberichterstattung, 2018, S. 36ff.), als auch von der regionalen Durchschnittsberechnung des Bundeslandes Hamburg (SR=13%; BR=14%; FR=22%). 18 von 24 (75%) Schülerinnen und Schülern waren von mindestens einer Risikolage betroffen. Im Bundesschnitt liegt der Anteil bei 30%, im Bundesland Hamburg bei 33% (Autorengruppe Bildungsberichterstattung, 2018, S. 35). 7 von 24 (ca. 29%) Schülerinnen und Schülern konnten alle drei Risikolagen zugeordnet werden. Im Bundesschnitt liegt dieser Anteil seit Jahren bei ca. 4%. Bei diesen Angaben wurde noch nicht berücksichtigt, dass fünf Schülerinnen und Schüler erst seit zwei Jahren in Deutschland leben und sieben Schülerinnen und Schüler einen sonderpädagogischen Förderbedarf hatten.

Es wird deutlich, unter welchen Bedingungen die Kinder und Jugendlichen beschult werden und wie wenig *marktkonform* diese Schulstandorte arbeiten können. Für einen Wettbewerb, der ausschließlich messbare Schulleistungsqualitäten erhebt, sind diese Lerngruppen und letztlich auch die Schulen nur schwer im Wettbewerb zu positionieren. Die ungleichen Verhältnisse polarisieren sich und für die Kinder und Jugendlichen ergeben sich doppelte Benachteiligungen: „Schüler, die unter ungünstigen sozialen und kulturellen Bedingungen aufwachsen und dementsprechend häufiger als andere Schulschwierigkeiten haben, werden noch einmal benachteiligt, wenn sie extrem ungünstig zusammengesetzten Schülerpopulationen angehören. Das heißt, durch die soziale Herkunft bedingte Nachteile werden institutionell verstärkt" (Schümer, 2004, S. 102). Für die Akteure in diesen benachteiligten Schulen entstehen aus der Ökonomisierung Nebeneffekte und Dilemmatastrukturen, die abschließend zur Diskussion gestellt werden.

2.4 Nebeneffekte einer ökonomisierten Schulsteuerung

Soziale Felder sind nur bedingt für Wettbewerbsstrukturen geeignet, da sie Funktionen zu erfüllen haben, die sich weder rationalisieren noch in messbare Indikatoren übersetzen lassen (Hechler, 2016). Darüber hinaus ist es fragwürdig, ob sich diese Funktionen überhaupt zur Profilierung eignen. In ihrer Umkehrung verweisen sie doch allzu oft auf bestehende Problemlagen der schulspezifischen Klientel, welche von leistungsorientierten Mittelschichtseltern als solche auch treffsicher identifiziert und in der Folge gemieden werden (Reiser, 2013, S. 321f.). Aus dieser Marktlogik heraus, sollte erfolgreiche inklusive Arbeit eher verschwiegen werden, da sie als negatives Profilsignal missinterpretiert werden könnte. Für die alltägliche Arbeit vor Ort geht damit ein Verlust der Anerkennung einher. Unter dem normativen Druck eines leistungsorientierten Wettbewerbs verschwinden die *schwierigen* Kinder und Jugendlichen aus der öffentlichen Wahrnehmung und tauchen nur noch als bedrohliche Kennziffern in Sozial-Rankings auf. In der Konsequenz verschärft sich ihr Risiko (Herz, 2015) ohne, dass dies in der Öffentlichkeit zur Kenntnis genommen wird.

Über die Autonomiezuschreibung bei der Schulwahl wird außerdem die Verantwortung für gesellschaftliche Teilhabe und für Bildungsgerechtigkeit delegiert. Die durchaus positiven Aspekte der freien Schulwahl stehen in einem ambivalenten Verhältnis. Denn die Nebeneffekte können auch als Verantwortungsübertragung, im Sinne des „unternehmerischen Selbst" (Bröckling, 2016) auf die Eltern/Sorgeberechtigten, die Schülerinnen und Schüler und letztlich auch die Lehrkräfte für ihren Lern-, bzw. Lehrort gesehen werden.

3 Beispiel 2: Medizin, Effizienz, Erziehung und Effizienz

Die Pädagogik bei Verhaltensstörungen nutzt Bezugstheorien aus anderen Disziplinen. Dies reichert die Pädagogik bei Verhaltensstörungen an und ermöglicht eigene Theoriekonstruktionen sowie geeignete Praxisreflexionen. Hierbei muss aber berücksichtigt bleiben, dass sich Felder nicht decken und spezifische Finanzierungsformen trotz Orientierung an zugehörigen Bezugswissenschaften nicht passen können. Dies wird hier für den medizinischen Bereich andiskutiert.

Im Jahre 2000 ist das Gesundheitsreformgesetz verabschiedet worden. In diesem ist das Entgeltsystem für das Feld der Gesundheitsversorgung vereinfacht worden. In diesem Gesetz wurde die Abkehr vom retrospektiven Finanzierungsmodell im Gesundheitswesen beschlossen. Das retrospektive Finanzierungsmodell sieht vor, dass eine gesundheitsförderliche

Leistung erbracht wird und bei Abschluss der Leistungserbringung eine Kostenaufstellung erfolgt, die üblicherweise durch die Krankenkasse erstattet oder übernommen wird. Die Kosten für die Behandlung orientieren sich an der real erbrachten Leistung bzw. den Entscheidungen des medizinischen Personals über den Bedarf. Das Modell der retrospektiven Finanzierung ist aber aus ökonomischer Sicht ein riskantes, unberechenbares und gerade eben nicht einfaches Modell. Aus diesem Grund wurde im Jahre 2000 das Modell durch das prospektive Finanzierungsmodell ersetzt. „Bei prospektiven Vergütungsformen werden die Vergütungsraten der Kostenträger festgelegt, bevor die Leistungen durch die Leistungserbringer erbracht werden" (Mühlbacher, 2013, S. 316). Das bedeutet, dass bei ausreichender differenzialdiagnostischer Kategorisierung, die Behandlungskosten im Vorfeld bestimmt werden und genau diese Kosten durch die Krankenkassen finanziert werden. Das Risiko für finanzierende Instanzen reduziert sich hierdurch deutlich zu Ungunsten der Patientin oder des Patienten und der Behandelnden. Für Patientinnen und Patienten besteht die Gefahr eine statistische Ausreißerin oder ein statistischer Ausreißer zu sein. Es kann bedeuten, dass trotz der wissenschaftlich fundierten Einschätzung des erforderlichen Behandlungsaufwands erhöhter Behandlungsaufwand erforderlich wird. In diesen Fällen entstehen finanzielle Versorgungslücken. Dieses Risiko tragen nun Organisationen der Gesundheitsversorgung oder die Patientinnen und Patienten selber. Aus diesem Grund beschreibt Bauer (2006) prospektive Finanzierungsmodelle folgendermaßen: „Als prospektive, leistungsbezogene Finanzierungsformen werden Budgetregelungen zusammengefasst, durch welche die Krankenhäuser zur Kostenreduzierung gedrängt werden" (S. 20). Die Ökonomische Handlungslogik nimmt hierdurch weitreichenden Einfluss auf das Feld der Gesundheitsversorgung, reduziert die Entscheidungsspielräume professioneller Medizinerinnen und Mediziner und transformiert Finanzierungsrisiken in Risiken für Patientinnen und Patienten. Eine ökonomische Handlungslogik findet nach Vogel (2007) Anwendung um „Druck knapper Haushalte zu regulieren, um die Steuerungsfähigkeit aufrecht zu erhalten" (S. 64).

Die aus wissenschaftlicher Sicht erforderliche Quantifizierung biologischer, psychischer und sozialer Prozesse, bietet sich aber auch an, um humanwissenschaftliche Erkenntnisse im ökonomischen Feld zu beschreiben, zu diskutieren und letztendlich entsprechen der eigenen Handlungslogik zu verwenden. Fundierte Auswertungen von Umfang und Form der Behandlung bezogen auf einzelne Krankheitsbilder, stellen die wissenschaftliche Argumentation für ökonomische Handlungslogiken bereit. Grund hierfür ist, dass gerade diese ökonomisch adaptierbar sind und in die Terminologie der Ökonomie integrierbar werden. Die Verzahnung von Theorie und Praxis erfolgt nicht ausschließlich linear oder über die Anwendung medizinischer Professionalität, sondern auch über ökonomische Instanzen. Dies ist in der Pädagogik offensichtlich anders. „Den Schulen wird viel Freiraum gelassen, die von staatlicher Seite auf den Weg gebrachten Leitlinien umzusetzen" (Križan & Vossen, 2016, S. 84). Was hier vielleicht aus professionstheoretischer Perspektive als positiver Aspekt pädagogischer Handlungsfelder betrachtet werden kann oder möglichen Freiraum für die Orientierung pädagogischem Handeln am Individuum ermöglicht, wird von Križan & Vossen (2016) allerdings als Schwäche des pädagogischen Feldes betrachtet. Sie postulieren bezüglich des Verhältnisses von Theorie und Praxis: „Die notwendige feste Verzahnung fehlt weitgehend" (S. 84). Sie wünschen sich eine Verzahnung von Theorie und Praxis im Pädagogischen wie sie „im medizinischen Bereich über die Pharmakonzerne bereits seit langem gelebt" (S. 84) werde. Bei der gewünschten Orientierung am medizinischen Feld bleibt allerdings offen, ob Pharmakonzerne eigentlich medizinische Theorie in die medizinische Praxis einbringen, Produkte platzieren oder eine schwer auseinanderzuhaltende Mischform von Beidem realisieren. Analog zum medizinischen Feld fordern Križan & Vossen (2016): „Die Schulen sollten dazu verpflichtet werden, bei der Erstellung und Umsetzung von schulischen Konzepten verstärkt auf die Evidenzbasierung zu achten. Eine diesbezüglich stärkere Kontrolle der schulischen Inhalte wäre wünschenswert" (S. 84). Hier wird der wichtige Aspekt angesprochen, dass Schulen auf Evidenzbasierung achten sollen, um eben nicht unwirksame Programme mit guten Marketingkonzepten anzuschaffen und durchzuführen. Berechtigterweise werden die Kenntnisnahme wirksamer Programme und die Kompetenz zur Einschätzung und Durchführung dieser als wichtige Bestandteile pädagogischer Professionalität benannt.

Mit dem Wunsch nach „Kontrolle" (Križan & Vossen, 2016) sollte allerdings vorsichtiger verfahren werden. Hier sollte der sehnsuchtsvolle Blick auf das medizinische Feld auch auf die Finanzierungsmodelle und ökonomisch-politische Einflussnahmen durch Großkonzerne geweitet werden. Finanzierungsmodelle und Pharmakonzerne sollten nicht fälschlicherweise als interesseloses Bindeglied von Theorie und Praxis missverstanden werden, denn dies sollte die reflexive und theoretisch informierte Professionalität der Akteurinnen und Akteure in den Handlungsfeldern sein.

Evidenzbasierte Programme können sich über ihren Wert an Effektivität vergleichen. Es liegt auf der Hand, dass Trägerinstanzen Interesse an Effektivität, Effizienz und Daten in Form von Zahlen haben. Das ist ihr gutes Recht und entspricht der Orientierung am ökonomischen Leitbild und der entsprechenden Handlungslogik. Im ökonomischen Feld finden wir das „Primat der Effizienz" (Höhne, 2015, S. 21). Dieses Prinzip beschreibt Höhne (2015) in folgender Form: „Mit weniger Aufwand/Einsatz/Investition mehr Leistung/Output erreichen!" (S. 21). Pädagogische Handlungsfelder verfügen aber über eine eigene und andere Handlungslogik, eigene Leitbilder, Werte, Definitionen und ein Interesse an Effektivität kann nur Mittel zum Zweck sein, diese zu realisieren. Es bleibt wichtig, dass Erziehungswissenschaft nicht über den Begriff der Evidenz, Trägerinstanzen eine im Voraus berechenbare Garantie für Effizienz, Effektivität und letztendlich Erfolg assoziieren lassen und somit ein proaktives Finanzierungsmodell in Form von Fallpauschalen für pädagogische Handlungsfelder legitimieren oder gar favorisieren. Dies würde die Mittel-Zweck-Relation umkehren.

Die Begriffe „Bildung" und „Effizienz" bezeichnen unterschiedliche Gegenstände, die begrifflich klar von einender getrennt und diskutiert werden müssen. Eine Vermischung birgt das Risiko des Verlusts pädagogischer Freiheit als unumstößliches Zeichen ihrer Professionalität. Wenn Bildung einer Schülerin oder eines Schülers mehr Aufwand oder Zeit, intensivere Beziehung, fachliche Kompetenz oder erhöhte reflexive Professionalität bedarf, als alle beteiligten vorher angenommen haben, sollte keine Fallpauschale die Bereitstellung dieser Ressourcen begrenzen. Diese Prämisse ist in der empirischen Bildungswissenschaft und pädagogischer Effizienzforschung sicherlich akzeptiert. Sie muss nur auch als wichtige Prämisse weiter nach außen hin transportiert werden, denn und das wird aktuelle immer wichtiger, sie muss sich gegenüber dem Grundsatz des New Public Management (NPC) behaupten können. Dieser besagt, „dass alle Organisationen, unabhängig von ihren ganz unterschiedlichen professionellen Kernbereichen und Handlungslogiken, mit den gleichen Instrumenten in puncto Effizienz und Effektivität entwickelt und optimiert werden könnten" (Höhne, 2015, S. 28). Dieser Grundsatz beschreibt die Kraft der Brechungsstärke des ökonomischen Feldes. Der Blick auf medizinische Handlungsfelder bietet unglaublich viele interessante und wichtige Erkenntnisse und Impulse. Eine elementare Erkenntnis ist, dass das ökonomische Feld über ausreichend Brechungsstärke verfügt, um im medizinischen Feld die eigene Handlungslogik zu entfalten.

4 Fazit

Es konnte gezeigt werden, dass Entwicklungen im pädagogischen Feld klar als Ökonomisierungsprozesse identifizierbar sind. Die Orientierung von Argumentationen und Modellen am ökonomischen Feld ist nicht auf diese Beispiele begrenzt, nicht neu und nimmt inzwischen einen festen Bestandteil in Diskursen und in Handlungsfeldern ein. Dabei gehen diese Prozesse weit über die administrative Steuerung hinaus. Vielmehr wirken sie bis in die operative Ebene des pädagogischen Feldes hinein.

Diesem Beitrag liegt die Position zugrunde, dass im praxeologischen Diskurs wahrnehmbare Phänomene klar benannt werden sollen. Die klare Benennung identifizierbarer Dynamiken und Logiken soll einer begrifflichen Vermischung vorbeugen. Die Begriffe „Bildungsökonomie" und „Bildung" können nicht stillschweigend gleichgesetzt werden.

Literatur

Altrichter, H. & Maag Merki, K. (2016). Steuerung der Entwicklung des Schulwesens. In H. Altrichter & K. Maag Merki (Hrsg.), *Handbuch Neue Steuerung im Schulsystem* (S. 2-28). Wiesbaden: Springer VS.

Autorengruppe Bildungsberichterstattung (Hrsg.). (2018). *Bildung in Deutschland 2018. Ein indikatorengestützter Bericht mit einer Analyse zur Wirkung und Erträgen von Bildung.* Zugriff am 02.11.2018. Verfügbar unterhttps://www.bildungsbericht.de/de/bildungsberichte-seit-2006/bildungsbericht-2018/pdf-bildungsbericht-2018/bildungsbericht-2018.pdf

Bauer, U. (2006). Die sozialen Kosten der Ökonomisierung von Gesundheit. *Aus Politik und Zeitgeschichte, 6* (8), 17-24.

Behörde für Bildung und Berufsbildung (BSB) (2006). *Selbstverantworte Schule. Identität stärken – Qualität verbessern.* Zugriff am 02.11.2018. Verfügbar unter https://www.hamburg.de/contentblob/69394/9dc77181b8e1e46d9c0d79265ab188f1/data/bbs-br-selbsverantwortete-schule-2006.pdf

Behörde für Bildung und Berufsbildung (BSB) (2012). *Handreichung Inklusion und sonderpädagogische Förderung.* Zugriff am 02.11.2018. Verfügbar unterhttps://www.hamburg.de/contentblob/3851552/aa1d872bc54b2437f-393496dcd1b73c1/data/download-pdf-handreichung-inklusion-der-bsb.pdf

Bellmann, J. (2016). Output und Wettbewerbssteuerung im Schulsystem. In M. Heinrich & B. Kohlstock (Hrsg.), *Ambivalenzen des Ökonomischen. Analysen zur neuen Steuerung im Bildungssystem* (S. 13-34). Wiesbaden: Springer VS.

Böttcher, W. & Hogrebe, N. (2008). Gute Schule statt guter Schulen. Wettbewerb von Schulen unter Heterogenitätsbedingungen. In W. Lohfeld (Hrsg.), *Gute Schulen in schlechter Gesellschaft* (S. 21-48). Wiesbaden: Springer VS.

Bourdieu, P. (1982). *Die feinen Unterschiede. Kritik der gesellschaftlichen Urteilskraft.* Frankfurt a. M: Suhrkamp Verlag.

Bourdieu, P. (1992). *Rede und Antwort.* Frankfurt a. M.: Edition Suhrkamp.

Bourdieu, P. (1998). *Vom Gebrauch der Wissenschaft.* Konstanz: UVK.

Bourdieu, P. (2001). *Das politische Feld. Zur Kritik der politischen Vernunft.* Konstanz: UVK.

Bröckling, U. (2016). *Das unternehmerische Selbst. Soziologie einer Subjektivierungsform* (6. Aufl). Frankfurt a. M.: Suhrkamp Verlag.

Brügelmann, H. (2015). *Vermessene Schulen – standardisierte Schüler. Zu Risiken und Nebenwirkungen von PISA, Hattie, VerA und Co.* Weinheim: Beltz Verlag.

Drucksache 20/7094 (2013). Bürgerschaft der Freien Hansestadt Hamburg; kleine schriftliche Anfrage, 20. Wahlperiode, 28.02.2013

Ellinger, S. (2016). Ökonomisierung + Inklusion = Evidenzbasierte Pädagogik? In B. Ahrbeck, S. Ellinger, O. Hechler, K. Koch & G. Schad (Hrsg.), *Evidenzbasierte Pädagogik. Sonderpädagogische Einwände* (S. 100-128). Stuttgart: Verlag W. Kohlhammer.

Hamburgisches Schulgesetz (HmbSchG) (2018). Zugriff am 02.11.2018. Verfügbar unter https://www.hamburg.de/contentblob/1995414/2a1ccb444995e674945a8763d84eb63c/data/schulgesetzdownload.pdf;jsessionid=4B287CD80E3722F59610E1F800FC9470.liveWorker2

Hechler, O. (2016). Evidenzbasierte Pädagogik – Von der verlorenen Kunst des Erziehens. In B. Ahrbeck, S. Ellinger, O. Hechler, K. Koch & G. Schad (Hrsg.), *Evidenzbasierte Pädagogik. Sonderpädagogische Einwände* (S. 42-83). Stuttgart: Verlag W. Kohlhammer.

Herz, B. (2015). Inklusionssemantik und Risikoverschärfung. In S. Kluge, Liesner, A. & E. Weiß (Hrsg.), *Jahrbuch für Pädagogik 2015. Inklusion als Ideologie* (S. 59-76). Frankfurt a. M.: Peter Lang.

Höhne, T. (2015). Ökonomisierung und Bildung. Zu den Formen ökonomischer Rationalisierung im Feld der Bildung. Wiesbaden: Springer VS.

Križan, A. & Vossen, A. (2016). Evidenzbasierung in Schulen durch Verzahnung von Wissenschaft und Praxis erreichen. *Zeitschrift für Heilpädagogik, 46*(2), 79–90.

Luhmann, N. (2012). Arbeitsteilung und Moral - Durkheims Theorie. In E. Durkheim (Hrsg.). Über soziale Arbeitsteilung (6.Auflage) (S. 19-38). Frankfurt a.M.: Suhrkamp Wissenschaft.

Mühlbacher, A. (2013). Finanzmanagement in der Integrierten Versorgung. In R. Busse, J. Schreyögg & T. Stargardt (Hrsg.), *Management im Gesundheitswesen* (S. 312-321). Berlin u. Heidelberg: Springer Medizin.

Reiser, H. (2013). Inklusion und Verhaltensstörungen – Ideologien, Vision und Perspektiven. In B. Herz (Hrsg.), *Schulische und außerschulische Erziehungshilfe. Ein Werkbuch zu Arbeitsfeldern und Lösungsansätzen* (S. 319-330). Bad Heilbrunn: Julius Klinkhardt Verlag.

Schümer, G. (2004). Die Institution Schule und die Lebenswelt der Schüler. Vertiefende Analysen der PISA-2000-Daten zum Kontext von Schülerleistungen. Wiesbaden: Springer VS.

Schulte, K., Hartig, J. & Pietsch, M. (2014). Der Sozialindex für Hamburger Schulen. In D. Fickermann & N. Maritzen (Hrsg.), *Grundlagen für eine daten- und theoriegestützte Schulentwicklung. Konzeption und Anspruch des Hamburger Instituts für Bildungsmonitoring und Qualitätsentwicklung (IfBQ)* (S. 67-80). Hanse - Hamburger Schriften zur Qualität im Bildungswesen, Bd. 13. Münster: Waxmann..

Vogel, B. (2007). *Die Staatsbedürftigkeit der Gesellschaft.* Hamburg: Hamburger Edition.

Weiß, M. (2001). Quasi-Märkte im Schulbereich. Eine ökonomische Analyse. *Zeitschrift für Pädagogik, 43*, Beiheft, 69-85.

Interprofessionelle Kooperation in der inklusiven Beschulung von Schülerinnen und Schülern mit emotional-sozialem Förderbedarf

Kirsten Müller und Sarah Hoffmann

Abstract

In inklusiven Bildungseinrichtungen besteht ein deutlicher Entwicklungsbedarf an Qualifizierungsmaßnahmen für die interprofessionelle Kooperation pädagogischer Fachkräfte. Diese können als Voraussetzung angesehen werden, um die gebündelte Expertise zugunsten der Schülerinnen und Schüler mit emotional-sozialem Förderbedarf zu nutzen, da diese besondere Anforderungen und Herausforderungen an die Inklusion stellen. Im Rahmen des Forschungsprojektes „InproKiG" wird durch einen interdisziplinären Ansatz der Interventionsforschung ein Manual für die interprofessionelle Kooperation von internen wie externen Partnern an inklusiven Grundschulen erstellt.

Keywords

Inklusion, interprofessionelle Kooperation, Interdisziplinarität, Qualifizierungsmaßnahmen, InproKiG

1 Einleitung

Interdisziplinarität und Interprofessionalität sind in den letzten Jahren zentrale Themen in inklusiven pädagogischen Praxisfeldern geworden (Tures & Neuß, 2017; Spatscheck & Thiessen, 2017). Insbesondere im Kontext von Schülerinnen und Schülern mit Beeinträchtigungen und besonderen Lern- und Entwicklungsbedürfnissen ist neben dem wissenschaftlichen Diskurs auch eine konkrete Zusammenarbeit mit anderen Professionen und Berufsgruppen erforderlich. Theoretische Ausführungen und die praktische Umsetzung von Inklusion sind von einem spezifischen pädagogischen Professionsverständnis abhängig, von dem sich bestimmte Wertorientierungen und Haltungen ableiten lassen und vice versa. Inklusive Schulen sind mit der Anforderung konfrontiert, ein interprofessionelles und interdisziplinäres Netzwerk zu organisieren und die spezifischen Kompetenzen schulischer Akteure zu bündeln. Entsprechende Anforderungen gelten für die Arbeit pädagogischer Fachkräfte in inklusiven Bildungseinrichtungen inzwischen als selbstverständlich bzw. als fachlicher Standard (von Stechow, 2017). Es bleibt jedoch nach wie vor zu klären, wie und in welchen Konstellationen die unterschiedlichen Professionen kooperieren und welche Kompetenzen von wem für wen – und mit welcher Zielperspektive – erforderlich sind. Dies kann zu Unsicherheiten und Unklarheit von Zuständigkeiten, Verantwortungen und Schwierigkeiten in der „Passgenauigkeit" der alltäglichen pädagogischen Arbeit in den Schulen führen, was sich negativ auf besonders vulnerable Gruppen wie die Schülerschaft mit emotional-sozialem Förderbedarf auswirken kann. Diese fordern ein Maximum an pädagogischer Professionalität ein (Stein & Müller, 2015). Parallel zu der von Fachvertreterinnen und -vertretern kritisierten pädagogischen Minderversorgung machen sich Reduktionen in der Qualität der Förder- und Unterstützungsangebote deutlich bemerkbar (Herz, 2016a). So weitet sich derzeit v.a. der Einsatz von Integrationshelferinnen und -helfern als Mittel zur Umsetzung von Inklusion von Schülerinnen und Schülern mit emotional-sozialen Beeinträchtigungen aus (Dexel, 2017). Hier bestehen erhebliche Forschungsdefizite, die bspw. die Qualität der interprofessionellen Förderpraxis ebenso betreffen wie die kommunalen Zuweisungsmodelle. Das Forschungsprojekt InproKiG greift diese Praxisentwicklung auf und untersucht in den Bundesländern Hessen und Niedersachsen die bestehenden Profile in inklusiven Grundschulen mit dem Ziel, die zentralen Forschungsergebnisse für ein Manual zu nutzen. Eine dezidiertere Beschreibung des Projektes erfolgt in Abschnitt sechs dieses Artikels.

2 Inklusion in Hessen und Niedersachsen

Da das Forschungsprojekt an den Standorten Hannover, Osnabrück und Gießen durchgeführt wird, werden im folgenden Abschnitt die statistischen und rechtlichen Situationen der Bundesländer Niedersachsen und Hessen unter den Aspekten Inklusion und Kooperation betrachtet.

Im Bundesland Hessen wurde im Schuljahr 2015/2016 bei 12,1 Prozent aller Schülerinnen und Schülern mit einem Förderbedarf eine emotional-sozialer Beeinträchtigung festgestellt. Von dieser Schülerschaft wurden mit 45,9 Prozent deutlich weniger als die Hälfte inklusiv beschult. Im Vergleich zu den vorigen Jahren ist ein stetiger Anstieg des Inklusionsanteils der Schülerschaft mit emotional-sozialem Förderbedarf zu verzeichnen, dennoch liegt Hessen merklich unter dem bundesweiten Durchschnitt von 56,4 Prozent (KMK, 2018). Auffällig ist der überregionale Trend, dass je älter die Schülerschaft mit sonderpädagogischem Förderbedarf ist, desto geringer die Chance auf Inklusion ist. Während im Elementarbereich nahezu alle Kinder mit einem Förderbedarf zusammen mit allen anderen Kindern betreut werden, sinkt der Inklusionsanteil im Laufe des Grundschulalters stetig ab und vermindert sich erneut in der weiterführenden Schule.

Die rechtlichen Grundlagen zur Inklusion sind im Hessischen Schulgesetz (HschG) sowie in der „Verordnung über Unterricht, Erziehung und sonderpädagogische Förderung von Schülerinnen und Schülern mit Beeinträchtigungen oder Behinderungen (VOSB 2011)" geregelt. Nach der VOSB ist für die personelle Versorgung inklusiver Beschulung im § 13 neben der betreuenden Schule das regionale sonderpädagogische Beratungs- und Förderzentrum zuständig. Das Hessische Schulgesetz spricht im § 49 den Auftrag, der „Rehabilitation und Integration" sowohl der Allgemeinen Schule als auch der Förderschule zu. Beide Schularten bzw. deren pädagogische Fachkräfte sollen den Förderansprüchen von Kindern und Jugendlichen mit sonderpädagogischen Förderbedarfen gerecht werden. Dabei geht das HschG noch einen Schritt weiter und weitet die Kooperation zwischen den Lehrpersonen aus, indem diese auch „mit den Behörden und Einrichtungen der Kinder- und Jugendhilfe und den Trägern der Sozialhilfe zusammenarbeiten" sollen. Hinweise zur Kooperation sind in beiden Dokumenten zumeist mit *Kann-Aussagen* formuliert z.B. in § 5 „Individuelle Förderplanung", der besagt, dass Förderpläne nach dem HschG grundsätzlich ohne Zuhilfenahme externer Fachkräfte von den Lehrerinnen und Lehrern erstellt werden, jedoch ergänzende Maßnahmen von außerschulischen Einrichtungen wie der Jugend- und Eingliederungshilfe in die pädagogische Gesamtkonzeption eingebunden werden können.

Im Bundesland Niedersachsen wurde im Schuljahr 2015/2016 bei 16,8 Prozent aller Schülerinnen und Schüler mit einem Förderbedarf eine Beeinträchtigung der emotional-sozialen Entwicklung festgestellt. 56,6 Prozent dieser Schülerschaft werden inklusiv beschult. Damit liegt der Inklusionsanteil von Niedersachsen nah am bundesweiten Durchschnitt von 56,4 Prozent (KMK, 2018).

Die rechtlichen Grundlagen zur Inklusion sind im Niedersächsischen Schulgesetz (NSchG) geregelt, das seit der Änderung im Jahr 2012 konkrete Maßnahmen zur Umsetzung von Inklusion vorschreibt. Laut § 4 NSchG sind alle öffentlichen Schulen inklusive Schulen, die im Sinne der Partizipation einen gleichberechtigten und barrierefreien Zugang sicherstellen sollen. Alle Schülerinnen und Schüler werden gemeinsam erzogen und unterrichtet, wobei Kinder und Jugendliche mit bestehenden oder drohenden Behinderungen durch bestimmte Maßnahmen unterstützt werden oder ein Nachteilsausgleich gewährt wird. Parallel dazu besteht nach § 14 NSchG die Möglichkeit, Schülerinnen und Schüler mit einem besonderen Bedarf an sonderpädagogischer Unterstützung in einer Förderschule zu unterrichten. Die Wahl der Schulform obliegt dabei den Erziehungsberechtigten. Die Förderschulen sind zugleich Sonderpädagogische Förderzentren, deren Aufgabe die Beratung und Unterstützung bei der gemeinsamen Erziehung und Unterrichtung von Schülerinnen und Schülern, die auf sonderpädagogische Unterstützung angewiesen sind, ist. Zugleich wird ein Abbau der Förderschulen festgelegt.

3 Umsetzung der Inklusion am Beispiel Integrationshelferinnen und -helfern

Die Bezeichnung Integrationshelferin oder -helfer wird häufig synonym zu „Schulassistenz", „Schulbegleitung" oder auch „Inklusionshelferin und -helfer" verwendet. International ist der Begriff „paraprofessional" geläufig, der auf eine unklare Ausbildungssituation bzw. nicht-professionelle Arbeitskraft verweist, worauf im Laufe des Abschnittes erneut eingegangen wird. Im Zuge der Umsetzung der UN-BRK ist die Anzahl dieser Personengruppe derart massiv angestiegen, dass sie zu einem maßgeblichen personalen Ressourcenfaktor der Inklusion in Deutschland geworden ist (Kißgen, et al., 2013). Für Fegert & Ziegenhain (2016) stellt diese Personengruppe sogar ein notwendiges Gelingenskriterium einer inklusiven Schule dar, welche aus der deutschen Schullandschaft nicht mehr wegzudenken sei. Integrationshelferinnen und -helfer begleiten und unterstützen die Kinder mit besonderen Förderbedarfen und sind somit ein Teil des interprofessionellen Schulteams. Insbesondere bei Schülerinnen und Schülern mit Erziehungshilfebedarf steigt die Inanspruchnahme in den letzten Jahren deutlich an (Herz, Meyer & Liesebach, 2018). Ihr schulisches Tätigkeitsprofil wird durch das SGB XII § 54 für Schülerinnen und Schülern mit geistiger und/oder körperlicher Behinderung oder durch das SGB VIII § 35a für Schülerinnen und Schüler mit seelischer Behinderung geregelt. Teilweise obliegt den Integrationshelferinnen und -helfern die gesamte Verantwortung, um als „zweite-Erwachsene-Person" in der Klasse einen binnendifferenzierten Unterricht zu gewährleisten. Diese Aufgaben sind anspruchsvoll und haben Auswirkungen auf die Schülerschaft sowie andere Personen im (Schul-)Team.

Zusammen mit anderen (pädagogischen) Fachkräften sind sie insbesondere in inklusiven Grundschulen Teil eines interdisziplinären Teams, das sich im Kontext interprofessioneller Kooperation prozesshaft weiterentwickelt und aufeinander abstimmen muss, um insbesondere den Anforderungen und Bedürfnissen von Schülerinnen und Schülern mit emotional-sozialen Beeinträchtigungen gerecht zu werden. Nationale sowie internationale Studien machen deutlich, dass die Gruppe der Integrationshelferinnen und -helfern de facto bislang unzureichend in die berufsübergreifende Zusammenarbeit innerhalb und außerhalb der Schule eingebunden ist und Kooperation nur selten stattfindet. Eine spezifische berufliche Qualifikation muss nicht nachgewiesen werden. Da es bundesweit keine standardisierten, verbindlichen Qualifizierungs-, Aus- oder Weiterbildungsvorgaben für diese heterogene Personengruppe gibt, sind ihre Funktionen, Positionen sowie Kompetenzen als pädagogisches Personal umstritten und werden kritisch diskutiert bzw. in Frage gestellt (Kremer, 2016). Fehlende Qualitätsstandards werden hierbei ebenso kritisiert, wie eine nachträgliche Qualifizierung für den Praxiseinsatz, selbst wenn deren Kostenübernahme bzw. Finanzierung gesichert wird (O'Rourke & West, 2015; Kißgen, et al., 2016). Es gibt Hinweise darauf, dass vor allem die geringe Qualifizierung dieser Paraprofessionellen deren schlechte Einbindung in schulische Regelabläufe begünstigt (Walker & Smith, 2015), was den Bedarf und die Notwendigkeit von Fort- bzw. Weiterbildungsmaßnahmen für die Integrationshelferinnen und -helfern im deutschen Schulsystem unterstreicht. Die derzeitige Praxis des Einsatzes der Personengruppe läuft Gefahr, zu einer „gefährlichen Entprofessionalisierung" (von Stechow, 2017) zu führen und wird national wie auch international zunehmend kritisiert (Heinrich & Lübeck, 2013, 2015; Lindmeier-Polleschner, 2014; Rutherford, 2012). Die Tragweite dieser Entprofessionalisierung wird besonders offensichtlich im Hinblick auf die Schülerschaft mit einem sonderpädagogischen Förderbedarf im Bereich Verhalten.

4 Zur Bedeutung von Kooperation für die inklusive Beschulung von Schülerinnen und Schülern mit emotional-sozialem Förderbedarf

Sonderpädagogischer Förderbedarf in der emotional-sozialen Entwicklung ist in den letzten Jahren bundesweit kontinuierlich angestiegen und repräsentiert im Schuljahr 2017/2018 mit 16,6 Prozenten den zweit häufigsten Förderschwerpunkt. Über die Hälfte dieser Schülerschaft wird inklusiv beschult (KMK, 2018). Es handelt sich damit um die größte Gruppe mit sonderpädagogischem Förderbedarf in der Inklusion. Der Blick in den Schulalltag zeigt, dass sie als unbeliebt sowie „besorgniserregend" gelten und durch Lehrpersonen sowie Mitschülerinnen und Mitschülern häufig Ablehnung erfahren (Lindsay, 2007; Schumann, 2013). Diese heterogene Schülergruppe wird im Rahmen der Inklusion als „Nagelprobe" (Herz, 2016b) angesehen und stellt besondere Anforderungen und Herausforderungen an die pädagogische Qualität der inklusiven Förderpraxis (Böttcher, Maykus, Altermann & Liesegang, 2014). Ihre Handlungs- bzw. Verhaltensweisen werden, wie nicht anders zu erwarten, im inklusiven Unterricht oftmals als normabweichend und störend empfunden, was zu sozialer Randständigkeit und Ausgrenzung führen kann (KMK, 2000). Als Gründe für die Ablehnung werden von der Lehrerschaft ungünstige finanzielle und personelle Rahmenbedingungen für die erforderlichen spezifischen Förderbedarfe angeführt (forsa, 2015; Stein & Ellinger, 2012). Zudem werden die Schülerinnen und Schüler durch die häufig externalisierenden und störenden Verhaltensweisen zu Außenseitern der Klasse und als die am meisten abgelehnte und isolierte Schülergruppe von allen wahrgenommen (Gasteiger-Klicpera, Julius & Klicpera, 2008). Armutslagen und weitere Risikokonstellationen können diese Stigmatisierungsprozesse verstärken.

Die empirische Befundlage belegt die Notwendigkeit und Bedeutung der fachlichen und personellen schulischen und außerschulischen Kooperation bei Erziehungshilfebedarf (Herz, 2008; Maykus, 2009; Myschker & Stein, 2014). Ein Blick in die bereits bestehenden Erkenntnisse zur (interprofessionellen) Kooperation zeigt, dass diese als sozial unterstützend wahrgenommen wird und daher für die Beteiligten im Kontext der Schülerschaft mit emotional-sozialem Förderbedarf inhaltlich, emotional wie auch organisatorisch entlastend wirken kann. Eine gelingende Kooperation zwischen den Akteuren der schulischen Inklusion (pädagogisches und therapeutisches Personal u.w.m.) mit klarer Aufgaben- sowie Verantwortungsverteilung führt zur Stärkung der Sicherheit und Orientierung im Schul- bzw. Klassenteam und der gesamten Klasse. Gerade bei Schülerinnen und Schülern mit Entwicklungsbedarfen im emotional-sozialem Bereich sind verlässliche Strukturen, klare Regeln und Halt durch eine äußere Rahmung in der Klasse bedeutsame Unterstützungsfaktoren (Willmann, 2015; Bleher & Hoanzl, 2018). Für die Entwicklungschancen dieser Kinder und Jugendlichen ist aber letztlich die Qualität ihrer Erziehungs-, Bildungs- sowie Beziehungsarbeit entscheidend (von Stechow, 2013; Becker, 2014; Müller, 2019). Entgegen der empirisch gesicherten Forschungslage über die spezifischen Professionsanforderungen in diesem Förderschwerpunkt (Ahrbeck & Willmann, 2010; Müller & Stein, 2018) liegt eine deutliche „pädagogische Unterversorgung von Kindern mit Verhaltensstörungen" (Hennemann & Casale, 2016) vor. Dies kann dazu führen, dass diese Lücke durch wenig oder ungeschultes Personal wie bspw. Integrationshelferinnen und -helfern kompensiert wird, um zumindest bildungspolitisch dem formalen Inklusionsanspruch gerecht zu werden. Die vielfältigen Wechselwirkungsprozesse und Gruppendynamiken, die mit einer solchen kompensatorischen Praxis für alle Beteiligten verbunden sind, lassen sich derzeit eher hypothetisch beschreiben, ohne dass auf eine gesicherte Datenlage zurückgegriffen werden kann (Herz et al., 2018).

5 Interprofessionelle Kooperation an inklusiven Grundschulen

Lehrkräfte waren bisher relativ autonom in der Ausübung ihrer Berufstätigkeit und hier insbesondere in der Gestaltung des Unterrichts. Diese berufliche Sozialisation von Lehrkräften hemmt die Bereitschaft zur Kooperation (Rolff, 1980). Außerdem fehlte es durch die traditionell monoprofessionelle Organisationsstruktur von Schulen an Anlässen und Notwendigkeit zur Kooperation, welches das kooperative Handeln zusätzlich erschwert (Kuper & Kapelle, 2012). Mit der bildungspolitisch forcierten Umsetzung einer inklusiven Schule hat ein weitreichender Veränderungsprozess eingesetzt, der eine interprofessionelle Kooperation sowohl in Schulteams als auch mit außerschulischen Partnern erforderlich macht. Bereits aus der Integrationsforschung liegen Forschungsbefunde über diesen Transformationsprozess vor (Reiser, 1998). Im Kontext der inklusiven Beschulung wurde bspw. die Kooperationen zwischen Lehr- und sonderpädagogischen Fachkräften untersucht und als Gelingensbedingung hervorgehoben (Reiser, Dlugosch & Willmann, 2008). Kooperation wird mittlerweile als ein zentrales Merkmal für Schulqualität verstanden (Rolff, 2010). Der Nationale Aktionsplan der Bundesregierung zur Umsetzung der UN-BRK betont, dass in inklusiven Schulen die individuelle Unterstützung und Förderung der Schülerinnen und Schüler durch eine berufsübergreifende Kooperation in einem interdisziplinären Schulteam gewährleistet werden soll (BMAS, 2011).

Interprofessionelle Kooperation mit dem Personenkreis der Integrationshelferinnen und -helfer stellt ein bisher im deutschsprachigen Raum noch wenig erforschtes Praxisfeld dar (Meyer, 2017). Während sonder- und inklusionspädagogische Förderung das Erreichen von Bildungszielen verfolgt, ist das Ziel der Integrationshilfe die soziale Teilhabe von Schülerinnen und Schülern mit Förderbedarfen. Es ist dementsprechend nicht Aufgabe der Integrationshelferinnen und -helfer, primär unterrichtliche Aufgaben, die in der Zuständigkeit von Lehrkräften liegen, wahrzunehmen (Kißgen et al., 2013). Die gesetzlich vorgesehene Trennung der Zuständigkeiten und des Aufgabenspektrums der Integrationshelferinnen und -helfer wird in der Praxis zumeist nicht umgesetzt (Lübeck & Heinrich, 2016). Erschwerend kommt hinzu, dass Integrationshelferinnen und -helfer verwaltungs- und finanzierungstechnisch nicht zum schuleigenen Personal zählen und, dass eine strukturelle Einbindung an die Einrichtungen bspw. durch gemeinsame Teambesprechungen, Förderplanungen, Fort- und Weiterbildungen fehlt.

6 Vorstellung des Forschungsprojektes InproKiG

Das Forschungsprojekt „Qualifizierungsmodule für die interprofessionelle Kooperation in inklusiven Grundschulen (InproKiG)" wird im Rahmen der Richtlinie zur Förderung der Forschung zu „Qualifizierung der pädagogischen Fachkräfte für inklusive Bildung" vom Bundesministerium für Bildung und Forschung zunächst für drei Jahre von 2018 bis 2020 finanziert. In der Bekanntmachung der Richtlinie wird „die Bereitschaft zur interdisziplinären Zusammenarbeit und zum fachlichen Austausch" explizit betont: Es bedarf offensichtlich einer disziplinübergreifenden Forschung im Hinblick auf ein inklusives Schul- und Bildungssystem, um den Erfordernissen der aktuellen Praxissituation zur Umsetzung der bildungspolitisch vorgegeben Zielsetzung Inklusion gerecht zu werden.

Im Rahmen der interdisziplinären Verbundforschung an den drei Standorten Hannover (Birgit Herz, Koordinatorin, Leibniz Universität Hannover), Gießen (Elisabeth von Stechow, Justus-Liebig-Universität Gießen) sowie Osnabrück (Stephan Maykus und Silvia Wiedebusch-Quante, Hochschule Osnabrück) liegt der Fokus auf einer Verbesserung der zielgruppenspezifischen Förderung von Grundschülerinnen und Grundschülern mit einem sonderpädagogischen Förderbedarf in der emotionalen und sozialen Entwicklung. Kernziel des Forschungsprojektes ist die Entwicklung, Implementation und Evaluation einer berufsbegleitenden Qualifizierungsmaßnahme für interprofessionelle Kooperation an inklusiven Grundschulen (Manual). Vor allem sollen Integrationshelferinnen und -helfer an der Qualifizierung teilhaben, da sie bisher nicht systematisch in solche Maßnahmen eingebunden werden. Außerdem richtet sich diese Qualifizierungsmaßnahme an Schulleitungen, Lehrkräfte, sonder- und sozialpädagogische Fachkräfte sowie Schulsozialarbeiterinnen und -arbeiter in inklusiven Grundschulen.

In der ersten Projektphase wurden geeignete Instrumente zur Bedarfsermittlung konzipiert. Anfang 2019 wurde eine Bedarfsanalyse durchgeführt, um empirische Daten über die aktuelle Praxissituation zu erheben. Es soll ermittelt werden, welche Qualifizierungsbedarfe in interprofessionellen Schulteams bei der Förderung von Schülerinnen und Schülern mit besonderen Unterstützungs- und Förderbedarfen bestehen und welche Kompetenzen für die interprofessionelle Kooperation in diesem Kontext benötigt werden. Im Rahmen einer stadtweiten Fragebogenerhebung an allen inklusiven Grundschulen in Hannover, Gießen und Osnabrück (N>250) werden der notwendige Wissenserwerb, Kompetenzaufbau sowie die Entwicklung einer Haltung zur interprofessionellen Kooperation thematisiert. Darüber hinaus soll die Umsetzung der internen und externen Kooperation anhand des fünfteiligen Qualitätenmodells nach Keller-Schneider & Albisser (2013) erfasst werden. An fünf ausgewählten Schulen pro Standort werden zusätzlich Gruppendiskussionen (N>15) und Experteninterviews (N>20) mit unterschiedlichen Lehr- und Fachkräften sowie mit Integrationshelferinnen und -helfern durchgeführt, um die bisherigen Erfahrungen und Erwartungen an Qualifizierungsmodule und eine damit verbundene Notwendigkeit, Dringlichkeit und Machbarkeit von interprofessioneller Kooperation im Schulteam zu manifestieren. In den Erhebungen werden außerdem die Rahmenbedingungen für Inklusion und die Schulorganisation und -konzepte berücksichtigt.

Die Auswertungsergebnisse werden als Grundlage für die zweite Projektphase herangezogen, um bedarfsgerechte, nachhaltige und zielgruppenadäquate Qualifizierungsmodule abzuleiten. In der dritten Projektphase wird das Manual an fünf inklusiven Grundschulen pro Standort erprobt und abschließend evaluiert, um festzustellen, inwiefern berufsbegleitende Qualifizierungsmodule die interprofessionelle Kooperation des pädagogischen Personals an inklusiven Grundschulen verbessern können. Der Förderung des wissenschaftlichen Nachwuchses wird in diesem interdisziplinär konzipierten Forschungsprojekt große Bedeutung zugemessen. Unterschiedliche Forschungszugänge im Rahmen der wissenschaftlichen Qualifizierung tragen somit auch zu Synergieeffekten im Forschungsdesign bei.

7 Ausblick

Die inklusive schulische Förderung von Kindern und Jugendlichen erfordert auch zukünftig weitere Grundlagen- und Anwendungsforschung. Eine interdisziplinäre Professionalisierungsforschung wird perspektivisch weiterhin ein wichtiger Baustein der pädagogischen Praxisentwicklung sein. Trotz der zu Recht kritisierten monetär bedingten Deprofessionalisierungsbestrebungen im Förderschwerpunkt Beeinträchtigungen in der emotionalen und sozialen Entwicklung, wird die Notwendigkeit gemeinsamer, interdisziplinärer Forschungsanstrengungen gesehen. Diese können wichtige Beiträge zur Stärkung fachlich begründeter Argumente im Interesse einer hohen Unterstützungsqualität für eben diese Zielgruppe leisten. Konkret gesagt, soll durch die InproKiG-Qualifikationsmodule die interprofessionelle Kooperation im Grundschulteam gestärkt und dadurch die Inklusion der Schülerinnen und Schüler mit emotional-sozialem Förderbedarf fördernd beeinflusst werden. Ausgehend von einer Multikausalität von Verhaltensstörungen können Faktoren wie große Klassen in Allgemeinen Schulen, Konflikte im Lehrerkollegium, unzureichender Unterrichtsqualität sowie Außenseiterpositionen von Schülerinnen und Schülern als schulische Ursachen von Verhaltensstörungen und „inklusionshemmend" festgestellt werden (Textor, 2014; Müller, 2019). Vielen dieser Faktoren wird durch den (inter-)professionellen Austausch und Wechsel von Standort und Perspektive entgegengewirkt (Lienhard, 2015). Aspekte der Problematiken der Schülerschaft und Ursachen sowie Präventions- und Interventionsmöglichkeiten werden aus verschiedenen Systemen erfasst und berücksichtigt. Neben unterrichtlichen Inhalten werden auch erzieherische Verantwortungen für die Schülerinnen und Schüler übernommen. InproKiG soll somit das gesamte Grundschulteam dabei unterstützen, ein stärken- und ressourcenorientiertes Gesamtbild der Schülerinnen und Schüler zu gewinnen, die interprofessionelle Kooperation zu stärken und dadurch die Inklusion der Schülerinnen und Schüler mit emotional-sozialem Förderbedarf fördernd zu beeinflussen.

Literatur

Ahrbeck, B. & Willmann, M. (2010). *Pädagogik bei Verhaltensstörungen. Ein Handbuch.* Stuttgart: Kohlhammer.

Becker, U. (2014). Pädagogische Beziehungen bei Beeinträchtigungen in der emotionalen und sozialen Entwicklung. In A. Prengel & U. Winkelhofer (Hrsg.), *Kinderrechte in pädagogischen Beziehungen* (S. 165-173). Opladen: Barbara Budrich Verlag.

Bleher, W. & Hoanzl, M. (2018). Schulische Erziehung – Aspekte, Herausforderungen und Probleme. In T. Müller & R. Stein (Hrsg.), *Erziehung als Herausforderung* (S. 82-118). Bad Heilbrunn: Klinkhardt.

BMAS (2011). *Nationaler Aktionsplan der Bundesregierung zur Umsetzung des Übereinkommens der Vereinten Nationen über die Rechte von Menschen mit Behinderungen.* Zugegriffen am 27.04.2011. Verfügbar unter: http://www.53grad-nord.com/fileadmin/dokumente/Materialien/Aktionsplan_Umsetzung_UN-Konvention.pdf

Böttcher, W., Maykus, S. Altermann, A. & Liesegang, T. (2014). *Individuelle Förderung in der Ganztagsschule. Anspruch und Wirklichkeit einer pädagogischen Leitformel.* Münster: Waxmann.

Dexel, T. (2017). *Integrationshelfer*innen im inklusiven Unterricht der Grundschule. Münsteraner Sammlung Akademischer Schriften* (Bd 5). Münster: Polyptoton.

Fegert, J. M. & Ziegenhain, U. (2016). *Schulbegleitung als Beitrag zur Inklusion.* Stuttgart: Baden-Württemberg Stiftung gGmbH.

forsa. (2015). *Inklusion an Schulen aus Sicht der Lehrerinnen und Lehrer – Meinungen, Einstellungen und Erfahrungen.* Berlin: Politik- und Sozialforschung GmbH.

Gasteiger-Klicpera, B., Julius, H. & Klicpera, C. (2008). Störungsbilder: Einführung. In B. Gasteiger-Klicpera, H. Julius & C. Klicpera (Hrsg.), *Sonderpädagogik der sozialen und emotionalen Entwicklung* (S. 177-206). Göttingen: Hogrefe.

Heinrich, M. & Lübeck, A. (2013). Hilflos häkelnde Helfer? Zur pädagogischen Rationalität von Integrationshelfer/inne/n im inklusiven Unterricht. *Bildungsforschung, 10* (1), 91-110.

Heinrich, M. & Lübeck, A. (2015). Inklusion stört den Unterricht? Probleme von und mit Integrationshelfern im inklusiven Unterricht. In C. Bietz (Hrsg.), *Friedrich Jahresheft: Unterrichtsstörungen, 33*, 80-82.

Hennemann, T. & Casale, G. (2016). Emotionale und soziale Entwicklung. In I. Hedderich, G. Biewer, J. Hollenweger & R. Markowetz (Hrsg.), *Handbuch Inklusion und Sonderpädagogik* (S. 208-213). Bad Heilbrunn: Klinkhardt/UTB.

Herz, B. (2008). Kooperation zwischen Schule, Kinder- und Jugendhilfe und Kinder- und Jugendpsychiatrie. In H. Reiser, A. Dlugosch & M. Willmann (Hrsg.), *Professionelle Kooperation bei Gefühls- und Verhaltensstörungen: Pädagogische Hilfen an den Grenzen der Erziehung* (S. 177-190). Hamburg: Kovac.

Herz, B. (2016a). Deprofessionalisierungsprozesse in der schulischen Erziehungshilfe durch »Para-Professionelle«? *Behindertenpädagogik, 55* (2), 187-196.

Herz, B. (2016b). Kinder und Jugendliche mit Verhaltensstörungen. Eine besondere Herausforderung für Lehrkräfte. *Lernchancen, 19* (4), 28-33.

Herz, B. (2017). Psychiatrie, Schule und Jugendhilfe: Kooperation und Grenzen der Fallarbeit. In Bundesarbeitsgemeinschaft der Kinderschutz-Zentren e.V. (Hrsg.), *Psychische Erkrankung und Sucht. Passende Hilfen für betroffene Kinder, Jugendliche und Eltern* (S. 37-56). Köln.

Herz, B., Meyer, M. & Liesebach, J. (2018). Integrationshelferinnen und Integrationshelfer in der schulischen Erziehungshilfe. *VHNplus, 87*, 1-20. http://dx.doi.org/10.2378/vhn2018.art18d.

Hessisches Kultusministerium (2018). *Hessisches Schulgesetz (Schulgesetz – HSchG) in der Fassung vom 30. Juni 2017. (GVBl. S. 150), geändert durch Gesetz vom. 3. Mai 2018 (GVBl. S. 82).* Zugegriffen am 10.10.2018. Verfügbar unter: https://kultusministerium.hessen.de%lesefassung_schulgesetz_mit_inhaltsverzeichnis_zweispaltig_stand_30.05.2018.pdf

Hessisches Kultusministerium (2012). *Verordnung über Unterricht, Erziehung und sonderpädagogische Förderung von Schülerinnen und Schülern mit Beeinträchtigungen oder Behinderungen (VOSB).* Zugegriffen am 10.10.2018. Verfügbar unter: https://www.lwv-hessen.de%2Ffileadmin%2Fuser_upload%2Fdaten%2FDokumente%2F3-Foerderung_Schule%2FGesetzeRahmenvereinb%2FVerordnung_sonderpaed._Foerderung__VOSB__15.05.2012.pdf

Keller-Schneider, M. & Albisser, S. (2013). Kooperation von Lehrpersonen und die Betreuung von individuellen und kollektiven Ressourcen. In M. Keller-Schneider, S. Albisser & J. Wissinger (Hrsg.), *Professionalität und Kooperation in Schulen. Beiträge zur Diskussion über Schulqualität* (S.33-56). Bad Heilbrunn: Klinkhardt.

Kremer, G. (2016). *Schulbegleiter erfolgreich einbinden. Praxishilfen für Lehrer.* Hamburg: Persen Verlag.

Kißgen, R., Franke, S., Ladinig, B., Mays, D. & Carlitscheck, J. (2013). Schulbegleitung an Förderschulen in Nordrhein-Westfalen: Ausgangslage, Studienkonzeption und erste Ergebnisse. *Empirische Sonderpädagogik, 3*, 263-276.

Kißgen, R., Carlitscheck, J., Fehrmann, S. E., Limburg, D. & Franken, S. (2016). Schulbegleiterinnen und Schulbegleiter an Förderschulen Geistige Entwicklung in Nordrhein-Westfalen. Soziodemographie, Tätigkeitsspektrum und Qualifikation. *Zeitschrift für Heilpädagogik, 67* (6), 252-263.

KMK (2000). *Empfehlungen zum Förderschwerpunkt emotionale und soziale Entwicklung.* Zugegriffen am 10.10.2018. Verfügbar unter: https://www.kmk.org/fileadmin/Dateien/veroeffentlichungen_beschluesse/2000/2000_03_10-FS-Emotionale-soziale-Entw.pdf

KMK (2018). *KMK-Dokumentation (Sekretariat der Ständigen Konferenz der Kultusminister der Länder in der Bundesrepublik Deutschland – Statistische Veröffentlichungen) Sonderpädagogische Förderung in Schulen 2007 bis 2016.* Zugegriffen am 09.10.2018. Verfügbar unter: https://www.kmk.org/dokumentation-statistik/statistik/schulstatistik/sonderpaedagogische-foerderung-an-schulen.html

Kuper, H. & Kapelle, N. (2012). Lehrerkooperation aus organisationssoziologischer Sicht. In E. Baum, T.-S. Idel & H. Ullrich (Hrsg.), *Kollegialität und Kooperation in der Schule. Theoretische Konzepte und empirische Befunde* (S. 41-51). Wiesbaden: VS Verlag für Sozialwissenschaften.

Lienhard, T. (2015). *Intraprofessionelle Kooperation bei der Integration eines Kindes mit Verhaltensstörungen.* Zugegriffen am 17.12.2018. Verfügbar unter: https:// Filias.hfh.ch%2Fgoto.php%3Ftarget%3Dfile_79132_download%26client_id%3Dilias-hfh.ch&usg=AOvVaw16kZgEy3d8VAHSdAoIAVMC

Lindmeier, B. & Polleschner, S. (2014). Schulassistenz. Ein Beitrag zu einer inklusiven Schule oder zur Verfestigung derzeitiger Schulstrukturen? *Gemeinsam leben, 22* (4), 195-205.

Lindsay, G. (2007). Educational psychology and the effectiveness of inclusive education/mainstreaming. *British Journal of Educational Psychology, 77* (1), 1-24.

Lübeck, A. & Heinrich, M. (2016). *Schulbegleitung im Professionalisierungsdilemma. Rekonstruktionen zur inklusiven Beschulung.* Münster: MV Verlag.

Maykus, S. (2009). *Praxisforschung in der Kinder- und Jugendhilfe. Theorie, Beispiele und Entwicklungsoptionen eines Forschungsfeldes.* Wiesbaden: VS Verlag für Sozialwissenschaften.

Meyer, K. (2017). *Multiprofessionalität in der inklusiven Schule: Eine empirische Studie zur Kooperation von Lehrkräften und Schulbegleiter/innen (Göttinger Schulbegleiterstudie GötS). Göttinger Beitrag zur erziehungswissenschaftlichen Forschung* (Bd. 37). Göttingen: Universitätsverlag.

Müller, T. & Stein, R. (2018). *Erziehung als Herausforderung. Grundlagen für die Pädagogik bei Verhaltensstörungen.* Bad Heilbrunn: Klinkhardt.

Müller, K. (2019). *Fähigkeitsselbstkonzept, Beschulung und Unterrichtsqualität. Eine Untersuchung zum Zusammenhang von inklusiver und separater Beschulung, Unterrichtsqualität und dem Fähigkeitsselbstkonzept von Schüler*innen mit emotional-sozialem Förderbedarf.* Bad Heilbrunn: Klinkhardt.

Myschker, N. & Stein, R. (2014). *Verhaltensstörungen bei Kindern und Jugendlichen. Erscheinungsformen - Ursachen - Hilfreiche Maßnahmen.* Stuttgart: Kohlhammer.

Niedersächsische Landesschulbehörde (2016). *Niedersächsisches Schulgesetz (NSchG) in der Fassung vom 3. März 1998 (Nds. GVBl. S. 137), zuletzt geändert durch Artikel 3 des Gesetzes vom 26. Oktober 2016 (Nds. GVBl. S. 226).* Zugegriffen am 10.10.2018. Verfügbar unter: http://www.mk.niedersachsen.de/live/live.php?navigation_id=24742&article_id=6520&_psmand=8

O'Rourke, J. & West, J. (2015). Educational assistant support in inclusive Western Australian classrooms: Trialling a screening tool in an Australian Context. *International Journal of Disability Development and Education, 62* (5), 531-546.

Reiser, H. (1998). Sonderpädagogik als Service-Leistung? Perspektiven der sonderpädagogischen Berufsrolle. Zur Professionalisierung der Hilfs- bzw. Sonderschullehrerinnen. *Zeitschrift für Heilpädagogik, 49* (2), 46-54.

Reiser, H., Dlugosch, A. & Willmann, M. (2008). *Professionelle Kooperation bei Gefühls- und Verhaltensstörungen: Pädagogische Hilfen an den Grenzen der Erziehung.* Hamburg: Kovac.

Rolff, H.-G. (1980): *Soziologie der Schulreform. Theorien, Forschungsberichte, Praxisberatung.* Weinheim: Beltz.

Rolff, H.-G. (2010). Schulentwicklung als Trias von Organisations-, Unterrichts- und Personalentwicklung. In T. Bohl, W. Helsper, H. G. Holtappels & C. Schelle (Hrsg.), *Handbuch Schulentwicklung: Theorie, Forschungsbefunde, Entwicklungsprozesse, Methodenrepertoire* (S. 29-36). Bad Heilbrunn: UTB/Klinkhardt.

Rutherford, G. (2012). In, out or somewhere in between? Disabled students' and teacher aides' experiences of school. *International Journal of Inclusive Education, 16* (8), 757-774.

Schumann, B. (2013). *Inklusion ja - aber nicht für alle.* Zugegriffen am 07.10.2018. Verfügbar unter: https://www.gew.de/Inklusion_ja_-_aber_nicht_fuer_alle.html

Spatscheck, C. & Thiessen, B. (2017). *Inklusion und Soziale Arbeit. Teilhabe und Vielfalt als gesellschaftliche Gestaltungsfelder.* Opladen: Barbara Budrich Verlag.

Stein, R. & Ellinger, S. (2012). Effekte inklusiver Beschulung: Forschungsstand im Förderschwerpunkt emotionale und soziale Entwicklung. *Empirische Sonderpädagogik, 4* (2), 85-109.

Stein, R. & Müller, T. (2015). *Inklusion im Förderschwerpunkt emotionale und soziale Entwicklung.* Stuttgart: Kohlhammer.

Textor, M. (2014). *Verhaltensauffälligkeiten an Grundschulen: Ursachen, Erziehungsmaßnahmen, Hilfen.* Zugegriffen am 17.12.2018. Verfügbar unter: https://www.ipzf.de/grundschule-verhalten.html

Tures, A. & Neuß, N. (2017). *Multiprofessionelle Perspektiven auf Inklusion.* Opladen: Barbara Budrich Verlag.

von Stechow, E. (2013). Evidenzbasierte Förderung und Förderkonzepte von Schülerinnnen und Schülern mit Sonderpädagogischem Förderbedarf in der emotionalen und sozialen Entwicklung. In B. Herz (Hrsg.), *Schulische und außerschulische Erziehungshilfe* (S. 67-79). Bad Heilbrunn: Klinkhardt.

von Stechow, E. (2017). Inklusion, Exklusion und schulische Erziehungshilfe. In A. Tures & N. Neuß (Hrsg.), *Multiprofessionelle Perspektiven auf Inklusion* (S. 119-129). Opladen: Barbara Budrich Verlag.

Walker, V. L. & Smith, C. G. (2015). Training paraprofessionals to support students with disabilities: A literature review. *Exceptionality, 23* (3), 170-191.

Willmann, M. (2015). „Was hinter dem Verhalten steht" – Pädagogische Beziehungsgestaltung und ihre Reflexion im Unterricht mit „schwierigen" Kindern. In M. Dörr & J. Gstach (Hrsg.), *Trauma und schwere Störungen. Pädagogische Arbeit mit psychiatrisch diagnostizierten Kindern und Erwachsenen* (S. 127-142). Gießen: Psychosozial.

Der Übergang ins Berufsleben von Heranwachsenden mit psychischen Belastungen – Forschungsstand und weitere Entwicklungslinien

Hans-Walter Kranert und Roland Stein

Abstract

Der Start aus der Schule in das Berufsleben ist ein bedeutsames biografisches Ereignis für alle jungen Menschen. Unter dem Erleben einer psychischen Belastung ergeben sich hierbei unter Umständen weitere Herausforderungen. Der Beitrag skizziert die wesentlichen Aspekte des Übergangsgeschehens an der ersten Schwelle für diesen Personenkreis – in Form eines multiplen Krisenszenarios. Dabei werden der aktuelle Forschungsstand dargestellt und notwendige Entwicklungslinien auf wissenschaftlicher und (schul-)praktischer Ebene aufgezeigt

Keywords

Psychische Belastung, erste Schwelle, Beruf, Transition, Krise

1 Einleitung

Der Übergang ins Erwerbs- und Berufsleben stellt für alle jungen Menschen eine Zäsur in ihrer Biografie dar. Aus verlässlichen und vorgegebenen Strukturen des allgemeinbildenden Schulsystems heraus muss der Schritt in das offene, vielschichtige und damit zunächst häufig unbekannte System der beruflichen Bildung gegangen werden. Zugleich erfordert dieses Vorrücken ein Beenden sozialer Bindungen und das Hineinfinden in einen neuen sozialen Kontext, der zumindest in Teilen der betrieblichen Realität entspricht und damit eines primär pädagogischen Fokuses entbehrt. Darüber hinaus fällt diese Herausforderung in eine besonders sensible Phase des Jugendalters, insbesondere wenn die Perspektive wie in diesem Beitrag vornehmlich auf junge Menschen mit maximal mittlerem Bildungsabschluss gelegt wird. Bei Vorliegen einer psychischen Belastungssituation kann dieses Übergangsgeschehen als zusätzlich erschwerend erlebt werden. Ein multiples Krisenszenario zeichnet sich ab.

2 Die Schwelle ins Berufsleben

Die sogenannte erste Schwelle gilt als zentrale Weichenstellung für die nachfolgende Erwerbsbiographie. Dabei hat sich über Jahrhunderte hinweg in Deutschland die *Beruflichkeit* als zentrales Ordnungsprinzip für Formen der gesellschaftlichen Erwerbsarbeit etabliert (Büchter & Meyer, 2010). In Folge dessen wurden die jeweiligen Anforderungen „in voneinander abgrenzbare Berufe institutionalisiert und formalisiert, die über berufliche Erstausbildung zugänglich sind" (Büchter & Meyer, S. 323). Diese strikte Priorisierung des Berufskonzepts führt zu einer grundlegend regulierten Einmündung in die Phase der Beruflichen Bildung, die einerseits über schulische Zertifikate moderiert wird, andererseits über das Einstellungsverhalten von Ausbildungsbetrieben, dem zumindest in Teilen ebenfalls wiederum eine Zertifikatsorientierung zugrunde liegt (Schöpf, 2015).

Daraus resultiert für das System Schule der Auftrag, jungen Menschen nach dem Schulabschluss möglichst nahtlos einen Übergang in ein berufsqualifizierendes Ausbildungsverhältnis zu ermöglichen. Diese Hoffnung scheint sich jedoch angesichts der nach wie vor hohen Anzahl von Jugendlichen – etwa jeder vierte im Bundesdurchschnitt –, denen dies nicht gelingt und die infolgedessen in das Übergangssystem einmünden, nicht zu erfüllen (Autorengruppe Bildungsberichterstattung, 2016, S. 101ff.). Von besonderer Bedeutung in diesem Zusammenhang ist das Konstrukt der *Ausbildungsreife*, welches im Rahmen des Nationalen Pakts für Ausbildung im Jahr 2006 entwickelt wurde und seither breit rezipiert wird (Bundesagentur, 2009): „Eine Person kann als ausbildungsreif bezeichnet werden, wenn sie die allgemeinen Merkmale der Bildungs- und Arbeitsfähigkeit erfüllt und die Mindestvoraussetzungen für den Einstieg in die berufliche Ausbildung mitbringt" (Bundesagentur, S. 13). Die vielfältige Kritik an dieser begrifflichen Einengung und dem damit verbundenen Kriterienkatalog bezieht sich auf verschiedene Aspekte wie beispielsweise den Entstehungsprozess (Riemer, 2012), die Zuschreibung allgemeiner Merkmale (Ratschinski, 2012), den – auch aus entwicklungspsychologischer Sicht problematischen – Reifebegriff (Straßer, 2012) sowie die spezifische Bedeutung des Mittelschulabschlusses (Gentner & Meier, 2012). Darüber hinaus ist jedoch die Rolle des sozialen Umfeldes der Jugendlichen von besonderer Bedeutung. Hinsichtlich der Berufswahl konstatieren beispielsweise Gebhardt, Schöneberger, Brühwiler & Salzmann (2014), dass insbesondere Eltern wie auch Lehrkräften seitens der Heranwachsenden eine zentrale Rolle bei der Frage ihrer Berufswahl zugewiesen wird (vgl. auch Stein,

Kranert & Wagner, 2016). Demzufolge müssten bei der Entwicklung eines Konstruktes wie der Ausbildungsreife und des damit in Verbindung stehenden Überganges Schule-Beruf vor allem auch das soziale Umfeld und die darin begründeten Interaktionsprozesse in den Blick genommen werden.

Die sich hieraus möglicherweise ergebenden Problemlagen wurden in zahlreichen Studien vor allem hinsichtlich der Gruppe benachteiligter Jugendlicher herausgearbeitet (z.B. Jugendliche mit Behinderungen, chronischen Erkrankungen, Migrationshintergrund oder ohne Schulabschluss bzw. mit Mittelschulabschluss). So verzeichnet beispielsweise die BiBB-Übergangsstudie einen Ausbau des Angebots an Übergangsmaßnahmen und Ausbildungsplätzen in jüngerer Vergangenheit; dies „bedeutet jedoch keineswegs, dass bei Jugendlichen [...] stets ein nahtloser Übergang von der Schule in den Beruf erfolgte" (Eberhard, Beicht, Krewerth & Ulrich, 2011, S. 68). Dabei wirken verschiedene Faktoren, auf welche die Jugendlichen allerdings nur zum Teil einen aktiven Einfluss haben – ihre „soziale und ethnische Herkunft" (Eberhard et al., 2011, S. 68) ist beispielsweise von zentraler Relevanz. Trotz des Ausbaus von Angeboten sind jedoch besonders „leistungsschwächere" Schüler nach wie vor eingeschränkten Einmündungschancen in betriebliche Ausbildungen ausgesetzt (Eberhard et al., 2011, S. 69). Auch bei der sehr heterogenen Gruppe der Schüler mit Mittelschulabschluss verlaufen die Übergänge nach dem DJI-Übergangspanel im Vergleich zur Altersgruppe problematischer (Reißig, 2007); auch neuere Studien untermauern dies (vgl. etwa Kohlrausch & Richter, 2016). Die Erschwernisse im Übergang werden durch z.T. interdependente Faktoren aus anderen Lebensbereichen wie etwa den Unterstützungsmöglichkeiten im Elternhaus, persönlichen Zukunftssorgen, Schulabschlüssen und auch dem Geschlecht sowie dem Migrationshintergrund heraus begründet (BMBF, 2008, S. 39f.). Jugendliche mit Behinderung erreichen nach einer Studie des BMBF selten Ausbildungsplätze, da sie einerseits wenig über institutionalisierte Angebote informiert und andererseits auch aus Sicht der Unternehmer den Anforderungen nicht gewachsen sind. Darüber hinaus machen sie selbst auch ihre Behinderung für das Nichterreichen eines Ausbildungsplatzes verantwortlich (BMBF, 2012, S. 75f.); weitere Untersuchungen zum Übergang von Jugendlichen mit vornehmlich (Lern-)Behinderung finden sich etwa bei Grünke & Leidig (2007) oder bei Baethge, Buss & Richter (2017).

Die mittel- und langfristigen Folgen von problembehafteten Übergängen zum Ende des allgemeinbildenden Schulsystems konnten in mehreren Lebensverlaufsstudien nachgezeichnet werden. Beispielsweise leitete Hiller (1999, S. 113ff.) aus seiner Modellstudie, in der er 64 junge Erwachsene mit geringem Schulerfolg über einen Zeitraum von 72 Monaten fortlaufend befragte, vier differente Verlaufskarrieren ab: die Ausbildungs-, Jobber-, Maßnahme- und Arbeitslosigkeitskarrieren. Diese sind in mehrere Untertypen kategorisierbar (Hiller, 1999, S. 128ff.). In der Untersuchung wurden 28 Personen mit Ausbildungskarriere, 22 Jobberkarrieren, 7 Maßnahme- sowie 7 Arbeitslosigkeitskarrieren identifiziert (Hiller, 1999, S. 135ff.). Diese Typologisierung konnte in verschiedenen Folgestudien rezipiert werden (vgl. beispielsweise Burgert, 2001; Hiller, Bär & Rein, 2002).

Insgesamt wird über diesen ausschnittartigen Forschungsüberblick zu den Problemlagen Jugendlicher beim Übergang Schule-Beruf ein komplexes Feld unterschiedlicher Faktoren deutlich, welche in individuell unterschiedlicher Ausprägung den Einstieg in berufliche Bildungsprozesse erschweren. U.a. zeichnen sich dabei als wesentliche Faktoren neben der sozialen Herkunft und der besuchten Schulform auch psychische Belastungserfahrungen und fehlende Möglichkeiten der Begleitung und Unterstützung durch das soziale Umfeld ab.

3 Spezifika des Jugendalters

Der Übergang Schule-Beruf ist eine Entwicklungsaufgabe des Jugendalters. In dieser Lebensspanne finden tiefgreifende Veränderungen der Physis, des Erlebens und Verhaltens sowie der Lebensumwelten statt. Auf diese Entwicklungen nehmen nicht nur genetische bzw. biologische, sondern auch soziale und psychische Faktoren Einfluss. Besonders relevante Entwicklungsbereiche bilden dabei die körperbezogene Entwicklung im Rahmen der Pubertät, die selbstbezogene psychische Entwicklung im Zuge der Identitätsentwicklung, die kognitive Entwicklung sowie die soziale Entwicklung im Rahmen sich verändernder Kontexte (Gniewosz & Titzmann, 2018).

Aus den biologischen Reifungsprozessen, den Faktoren des sozialen und kulturellen Kontextes – wie beispielsweise den gesellschaftlichen Erwartungen bzgl. der Berufswahl – sowie individuellen Zielsetzungen resultieren für den Heranwachsenden zahlreiche Entwicklungsaufgaben (Montada, Lindenberger & Schneider, 2012, S. 54). Die jungen Menschen erleben dadurch aber nicht nur eine Veränderung ihrer selbst; auch ihre Kontexte und Lebensumstände wandeln sich. Daher ist besonders die Entwicklung der Identität wie auch der Aspekt der (beruflichen) Übergänge prägend für das Jugendalter (Erikson, 2003, S. 131f.). Eine besondere Entwicklungsaufgabe stellen dabei (biografische) Übergänge dar: Sie sind entwicklungswirksam, „weil sie in der Regel das gewohnte Gefüge von Zielen, Verhaltensweisen und Kontexten aufbrechen und in jeder Hinsicht neue Herausforderungen stellen (Silbereisen & Weichold, 2012, S. 243). Man kann hier eine doppelte Belastung beschreiben, da sowohl Identität als auch soziale Kontexte im Wandel sind und von den Jugendlichen gestaltet werden müssen, welche dabei zugleich eine aktive Rolle einnehmen müssen (Silbereisen & Weichold, 2012, S. 244).

Hier ist von Bedeutung, dass gerade in dieser Altersspanne eine „erhöhte Vulnerabilität für verschiedene psychische Probleme" festzustellen ist (Groen & Petermann, 2011, S. 75). So finden sich im Jugendalter auffällige Erhöhungen von Sterblichkeitsraten durch u.a. Verkehrsunfälle, Suizide und Substanzmissbrauch; außerdem beginnen „viele schwerwiegende psychische Störungen [...] im Jugendalter" (Silbereisen & Weichold, 2012, S. 253), wie etwa depressive Belastungen (Groen & Petermann, 2011). Subjektiv krisenhaft erlebte Phasen wie der Übergang Schule – Beruf können somit bei vorliegender Vulnerabilität zum Ausbilden, Persistieren oder Verstärken von psychischen Belastungsmomenten führen.

Jugendliche müssen sich vor dem Hintergrund einer sich komplex verändernden Lebenswelt behaupten und fortentwickeln; dabei stehen ihre individuelle Ontogenese und insbesondere die persönlichen Ziele und Wertvorstellungen in einem dynamischen Wechselwirkungsprozess zu eben jener Lebensumwelt. Die Identitätsentwicklung selbst als der „Prozess des Hinterfragens und der Integration kristallisiert sich um fundamentale Probleme, wie die berufliche Zukunft, die Partnerbeziehungen und um religiöse und politische Standpunkte" (Oerter & Dreher, 2008, S. 304). Die Frage des Übergangs aus der Schule in den Beruf ist dadurch einerseits identitätsstiftend, andererseits wirkt der Prozess der Weiterentwicklung der eigenen Identität auf diesen Übergangsprozess zurück.

4 Psychische Belastungen

Die in diesem Beitrag fokussierte Personengruppe wird als Heranwachsende mit psychischen Belastungen umschrieben. Mit dem Verlassen gängiger Kategoriensysteme aus der Schulzeit heraus wird dadurch dem Spezifikum dieser Übergangsphase Rechnung getragen. Einerseits wird im schulischen Kontext auf die Kategorie des sonderpädagogischen Förderbedarfs rekurriert, andererseits bildet im Kontext der Unterstützung von beruflichen Bildungsprozessen vor allem die Behinderung oder die Benachteiligung das zentrale Merkmal, welches vor allem in den sozialrechtlichen Bestimmungen der SGB-Bücher IX in Verbindung mit den Büchern III bzw. II und ggf. im Buch VIII zugrunde gelegt werden. Dieser Wechsel des Kategoriensystems verbunden mit einer entsprechenden Diskontinuität in der statistischen Systematik sind – sicher neben anderen Faktoren – als zentrale Barrieren in der Aufdeckung individueller Bildungs- und Erwerbsbiographien und damit verbundener Unterstützungsbedarfe von der Schule in das Arbeitsleben zu charakterisieren (Niehaus & Kaul, 2012). Mit dem in diesem Beitrag eingenommenen übergreifenden Blick auf psychische Belastungen soll einer solchen Tatsache – zumindest in Teilen und an dieser Stelle – Rechnung getragen werden.

Unter psychischen Belastungen werden daher im Folgenden mehrere kategoriale Bezeichnungen subsumiert. Zum einen fällt hierunter der *Sonderpädagogische Förderbedarf im Förderschwerpunkt emotionale und soziale Entwicklung*. Dieser fokussiert die Blickrichtung auf die Jugendlichen selbst, welche zur erfolgreichen Teilhabe an schulischen Lernprozessen einer Begleitung durch sonderpädagogische Professionalität bedürfen. Die damit verbundenen Auffälligkeiten im Verhalten und Erleben werden von den Autoren grundsätzlich aus einem pädagogischen Blickwinkel heraus gesehen. Sie werden – interaktionistisch betrachtet – als Störungen der Person-Umwelt-Interaktion aufgefasst (Stein, 2017). *Verhaltensauffälligkeiten* als Auffälligkeiten des Verhaltens und Erlebens sind in diesem Sinne ein Signal für eine dahinterliegende Störung des Bezuges zwischen der jeweiligen Person und ihrer Umwelt.

Aus medizinischer Perspektive weisen die Ergebnisse der KiGGS-Studie zur Gesundheit von Kindern und Jugendlichen in Deutschland auf eine Prävalenzrate von ca. 17% für *psychische Auffälligkeiten* bei jungen Menschen unter 18 Jahren in Deutschland hin, wenn man von einer „Risikogruppe" spricht (Klipker et al., 2018). Eine solche Prävalenz konnten die Autoren auch in einem Modellversuch an beruflichen Schulen feststellen, mit dessen wissenschaftlicher Begleitung sie beauftragt waren. Hier zeigten ca. 14 bis 18% der befragten Heranwachsenden *ohne* festgestellten sonderpädagogischen Förderbedarf auf Basis einer standardisierten Selbsteinschätzung Auffälligkeiten im Verhalten und Erleben (Stein, Kranert & Wagner, 2016).

Das skizzierte Verständnis von Verhaltensstörungen und Auffälligkeiten im Verhalten und Erleben grenzt sich vom psychiatrischen Konzept der *psychischen Störung* ab, welches primär auf die Person bezogen ist. Psychische Störung in diesem Sinne bezeichnet einen Sonderfall in qualitativer und quantitativer Ausprägung und fokussiert dies als einen zentralen Faktor der wahrgenommenen Auffälligkeit (Stein & Müller, 2014). Im Übergangsgeschehen Schule – Beruf bildet diese Kategorie jedoch eine zentrale Variable, da das Anliegen weit über den genuin schulischen Bildungskontext hinausragt und in diesem Feld – vor allem auch hinsichtlich statistischer Erhebungen – mit einem solchen Begriff operiert wird. Dies zeigt sich beispielsweise bei der sozialrechtlichen Unterstützungsleistung zur Teilhabe am Arbeitsleben durch die Bundesagentur für Arbeit. Die häufigste Art der Behinderung bei der Ersteingliederung bildet zwar die Lernbehinderung, jedoch bereits an dritter Stelle rangieren psychische

Störungen (Autorengruppe Bildungsberichterstattung, 2014, S. 164f.). Entsprechend zeigen sich Veränderungen in den Zielgruppen pädagogischer Einrichtungen. Beispielsweise berichtet die Bundesarbeitsgemeinschaft der Berufsbildungswerke (2014) über eine sehr deutliche Veränderung ihrer Zielgruppe. In den vergangenen Jahren wurden von den Leistungsträgern wesentlich weniger Menschen mit einer Lernbehinderung zugewiesen; dies wurde jedoch (über)kompensiert durch Menschen mit einer seelischen Behinderung. Auch Werkstätten für behinderte Menschen als zweiter Arbeitsmarkt können diese Veränderungen nachweisen, vor allem hinsichtlich sogenannter „Doppeldiagnosen".

Die vorangestellten Subkategorien zeigen auf, dass psychische Belastungen bei Heranwachsenden aus verschiedenen Blickwinkeln heraus einen relevanten Aspekt abbilden; zudem ergeben sich in den vergangenen Jahren – zumindest quantitativ deutlicher – signifikante Prävalenzraten. Im Kontext von Beruf und Arbeit führt dies zum verbindenden Momentum einer zum Teil massiven Einschränkung der individuellen Teilhabechancen an beruflichen Bildungsprozessen sowie am nachfolgenden Erwerbsleben. Die betroffenen Personen erfahren eine doppelte Benachteiligung: Zum einen kann ihre aktuelle Performanz aufgrund ihres psychischen Belastungserlebens beeinträchtigt sein – trotz potentieller beruflicher Handlungskompetenz. Zum anderen werden sie über den Arbeitsmarkt benachteiligt, der nur bedingt aufnahmebereit ist für Personen mit atypischen Bildungs- und Erwerbsbiographien (vgl. etwa Fasching & Niehaus, 2008).

5 Der Übergang ins Berufsleben als multiples Krisenszenario

Die Phase des Übergangs ist für Jugendliche mit psychischen Belastungen als multiples Krisenszenario zu kennzeichnen. Der Begriff der Krise wird allerdings in einem wertfreien Sinne herangezogen. In Bezug auf Erikson (2003) wird damit die Bedeutung der Herausforderung betont, nicht aber Krise als (drohende) Katastrophe eingeordnet.

Im Hinblick auf das Jugendalter ist somit zunächst eine altersadäquate *Entwicklungskrise* festzustellen. So betrachtet Erikson (2003) die Identitätsentwicklung des Menschen in acht krisenhaften Stufen, auf denen je alterstypische Spannungsfelder gemeistert werden sollen. Im Jugendalter ist dies die Entwicklung der Identität: Jugendliche nehmen verschiedene Herausforderungen wahr; nicht nur sie selbst und ihr Körper verändern sich durch Reifeprozesse, auch wird von ihnen erwartet, selbstständiger zu werden, Werte zu integrieren, ihre Fähigkeiten wahrzunehmen und Zukunftsperspektiven zu entwickeln. Nach Erikson ist dabei eine Diffusion, ein Auseinanderweichen dieser Komponenten und nicht erfolgende Integration möglich. Dies kann psychisch sehr belastend wirken. Dabei bedürfen Jugendliche „vor allem eines Moratoriums für die Integration der Identitätselemente, die wir [...] den Kindheitsstadien zuordneten, nur daß [sic!] jetzt eine größere Einheit [...] an die Stelle des Kindheitsmilieus tritt – ꞌdie Gesellschaftꞌ" (Erikson, 2003, S. 131). Die persönliche Entwicklung hat somit ihre selbstverständliche und „normative Krise in der Adoleszenz" (Erikson, 2003, S. 19). Die aufgezeigte Bedeutung des Berufs für die gesamtgesellschaftliche Teilhabe und den individuellen sozialen Status bekräftigt die herausgehobene Stellung des Übergangs Schule-Beruf. Im Eriksonꞌschen Sinne lässt sich diese als ontogenetische *Lebenskrise* charakterisieren, als ein Wendepunkt in der eigenen Biographie, mit dem alle Jugendlichen – wenn auch zu unterschiedlichen Zeitpunkten – konfrontiert sind. Dabei tritt deutlich eine Diskrepanz zwischen „privaten" und institutionellen Übergängen hervor. Während für die erstgenannten eine Entstandardisierung und Biographisierung festzustellen ist, die auf eine „Erosion der Normalbiographie" bei gleichzeitig „normalbiographischen Lebensentwürfen" hinweist (Lindmeier, 2014, S. 98), ergibt sich für den Übergang Schule-Beruf eine klare Orientierung an der beruflichen Normalbiographie (Tillmann, 2013). Die nachfolgenden Bildungsprozesse weisen demzufolge einen hohen Grad an Stratifizierung und Standardisierung auf (Georg & Sattel, 2006), womit Leistungsselektion und damit verbundene soziale Selektionsprozesse einhergehen. Der potentiellen Vielfalt von nachschulischen Möglichkeiten stehen somit das subjektive Erleben von Erfolg oder eben Misserfolg auf Seiten der Jugendlichen gegenüber – gemäß ihrer individuellen Entsprechung der geforderten Beruflichkeit.

Schlussendlich erfährt die Relevanz erfolgreicher Übergänge und damit verbunden auch die hohe Sensibilität dieser Phase für die individuelle Entwicklung angesichts der psychischen Belastung eine spezifische Akzentuierung. So kann der Übergang Schule – Beruf als bedrückend erlebt werden, wodurch eine entsprechende psychische Belastung ausgelöst bzw. verstärkt werden kann oder aber weiterhin persistiert. Diese Übergänge bergen damit das Risiko des Scheiterns vor dem Hintergrund einer psychischen Belastung, können aber zugleich – anders gewendet – auch als Risikofaktor für die Ausbildung einer entsprechenden Beeinträchtigung identifiziert werden (Kölch & Fegert, 2013). Dadurch zeichnet sich eine weitere „Krise" im Sinne Erikson's ab – eine *Individualkrise*. Diese beschreibt in einem interaktionistischen Verständnis die spezifischen Wechselwirkungsprozesse, die sich durch die Person selbst mit ihren psychischen Belastungen, durch ihre (möglicherweise ihrerseits belastende oder auch stützende) Umwelt sowie durch die vorhandenen Interkationen und ihre Bewertungen konstituieren. Es ergibt sich neben den bereits skizzierten Entwicklungs- und Lebenskrisen ein weiteres Moment der subjektiv erlebten Verunsicherung. Zu dieser Verunsicherung gehört ergänzend auch die Frage, eigene psychische Belastungen aufdecken und damit auch eine mögliche „Etikettierung" (zum Zwecke der Unterstützung) in Kauf nehmen zu wollen.

Alle drei krisenhaften Momente (vgl. Abb. 1) stehen dabei in einem interdependenten Verhältnis zueinander; jede einzelne Krise kann auf die anderen Herausforderungen potentiell (erschwerend) einwirken.

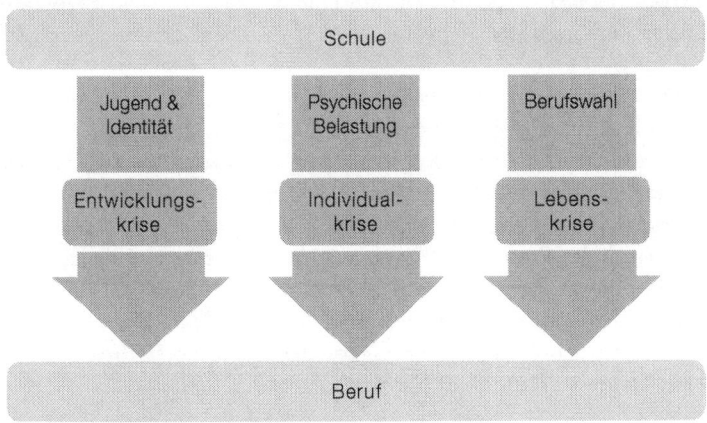

Abb. 1: Übergang Schule – Beruf als multiples Entwicklungsszenario (eigene Darstellung)

Bei Blick auf die negative Seite krisenhafter Prozesse zeigt sich: Der Übergang Schule – Beruf begründet bei vielen Jugendlichen Gefühle des Unbehagens oder der Ungewissheit – eine

Lebens- und Entwicklungskrise stellt sich ein. Bei Vorliegen einer psychischen Belastung kann der Übergang jedoch zu erheblichen bzw. weiteren Verunsicherungen führen, die sich je individuell in Gefühlen der Orientierungs- und Hilflosigkeit oder des Ausgeliefert-Seins an institutionell verankerte Hilfesysteme ausdrücken können. Beobachtbare Verhaltensweisen sind beispielsweise sozialer Rückzug, Demotivierung, Vermeidungsverhalten oder aber auch ausagierende, kompensatorisch zu interpretierende Handlungen. Das multiple Krisenszenario erfordert sowohl in der wissenschaftlichen Fundierung als auch in der pädagogischen Praxis eine vertiefende konzeptionelle Auseinandersetzung.

6 Weitere Entwicklungslinien

...für Wissenschaft und Forschung
Inzwischen liegen zahlreiche Forschungsbefunde zu den Übergangsprozessen von Jugendlichen vor. Diese fokussieren jedoch vor allem Abgänger aus Hauptschulen sowie benachteiligte Jugendliche. Heranwachsende mit psychischen Belastungen werden aktuell noch nicht explizit berücksichtigt, so dass keine spezifischen Befunde vorliegen (Niehaus & Kaul, 2012). In einzelnen Arbeiten (z.B. Mansel & Hurrelmann, 1992) wird zwar auf das allgemeine Belastungserleben von Jugendlichen an der ersten Schwelle eingegangen, nicht jedoch auf die spezifische Gruppe der Heranwachsenden mit psychischen Belastungen. Aspekte der beruflichen Orientierung oder des Übergangs finden sich in der Diskussion sehr vereinzelt für besondere Zielgruppen wie beispielsweise Jugendliche mit ADHS (Feind, Götzmann & Bärbel, 2014), Autismus (Jacobs, 2004; Seng, 2017) oder Delinquenz (Schumann, 2003). Für Störungsbilder wie Aggression, Angst, Störung des Sozialverhaltens oder Depression lassen sich hingegen in gängigen Literaturdatenbanken keine Publikationen mit dem Fokus auf Transitionen finden – dies gilt zugleich für Suchanfragen mit Oberbegriffen wie „psychische Störung" oder „emotional-sozialer Förderbedarf". Demgegenüber finden andere Übergänge bereits in der Forschung Berücksichtigung: beispielsweise Übergänge innerhalb des allgemeinbildenden Schulsystems, also vor der ersten Schwelle (Mays, 2014; Mays et al., 2018) oder Aspekte nach der ersten Schwelle wie etwa die Bewältigung einer Berufsausbildung an unterschiedlichen Lernorten (Henkelmann, 2014; Stein et al., 2016; Kranert, Eck, Ebert & Tutschku 2017).
Demzufolge wäre der Übergangsprozess einerseits auf empirischer Ebene zu erkunden. Hierbei ginge es um die Erfassung von Übergangsverläufen wie auch die systematische Erfassung von bereits vorhandenen Unterstützungsstrukturen. Von besonderem Interesse dürfte die Bewältigung dieses multiplen Krisenszenarios durch die Jugendlichen und ihr Umfeld sein: Welche Strategien werden priorisiert, welche Ressourcen werden aktiviert und wie ist das subjektive Erleben dieser Prozesse einzuordnen? Voraussetzung hierfür ist andererseits die Entwicklung eines tragfähigen theoretischen Fundamentes. Erste Überlegungen hierzu finden sich bereits auf Basis des mehrdimensionalen Transitionsmodells von Griebel & Niesel (2004, 2015), welches den Übergangsprozess von der Kindertagesstätte in den Blick nimmt (Schultz, 2010; Kranert, 2018).

...für Schule und Praxis
Auf Ebene des pädagogischen Handelns setzte sich bereits früh Bollnow (1984) vor dem Hintergrund seiner Reflexion über die Unstetigkeit erzieherischer Prozesse mit der Bedeutung von Krisen auseinander. Auch für ihn gehört die Krise „notwendig zum Wesen des

menschlichen Lebens" (Bollnow, 1984, S. 36). Für die pädagogische Arbeit resümiert er, dass „der Erzieher sie [die Krise, Anm. d. Verf.] nicht herbeiführen oder beherrschen kann, er kann nur helfend dabei sein, …, er kann zu helfen versuchen, die Krise in Ihrem Sinn klar zu begreifen und bis ans Ende durchzuhalten" (Bollnow, 1984, S. 37 f.).

In Bezug auf die *Entwicklungskrise* könnte dies bedeuten, die je spezifischen Besonderheiten des Jugendalters in den Blick zu nehmen, wenn der Übergang ins Berufsleben vorbereitet wird. Gerade die Berufswahl stellt eine immense Herausforderung dar – nicht nur müssen die Jugendlichen die Fähigkeit haben, sich selbst, ihre Interessen, Begabungen und Ziele verbunden mit den gesellschaftlichen, rechtlichen und institutionellen Rahmenbedingungen zu kennen, sondern auch hierauf aufbauend eine belastbare Entscheidung über den weiteren Fortgang der Berufsbildung treffen und diese konsequent verfolgen zu können. Dies steht der „entwicklungswilligen Sprunghaftigkeit der Jugendlichen" (Bojanowski, 2012, S.122) jedoch entgegen, was nach Erikson (2003, S.135) zur „Unfähigkeit, sich auf eine berufliche Identität festzulegen" führt – und das gilt es auf Seiten aller Beteiligten zu berücksichtigen: vom pädagogischen Personal der Schule, von den Eltern wie auch von den potentiellen Ausbildungsbetrieben. So kann etwa in einem Lebensalter von 15 oder 16 Jahren nicht durchgängig von einer sogenannten „Ausbildungsreife" ausgegangen werden; vielmehr können sich die hierunter subsumierten Aspekte häufig auch erst in einem Entwicklungsraum wie der betrieblichen Realität herausbilden. Im Vergleich mit Abiturienten, die hierfür mehr Zeit haben, entsteht eine zusätzliche Benachteiligung durch einen frühzeitigen Entscheidungsdruck. Dies bedeutet auch, dass eine Ausbildungszeit diesbezüglich als Lern- und Entwicklungsrahmen eingestuft werden muss. Daneben wäre auch die Zeitspanne des Übergangs zu *flexibilisieren*, wenn davon auszugehen ist, dass eine verlässliche Berufswahl erst in etwa im Alter der Volljährigkeit getroffen werden kann (Bojanowski, 2012, S. 124). Konsequenterweise wären auch die bundesweit vorzufindenden Potenzialanalysen in der siebten Jahrgangsstufe (vgl. etwa Bundesagentur, 2011) kritisch zu hinterfragen.

Die *Lebenskrise* Jugendlicher – konkretisiert als Zwang zur Berufswahl – gilt es ebenso pädagogisch zu begleiten. Die Jugendlichen zeigen etwa in der 17. Shell-Jugendstudie (Albert, Hurrelmann & Quenzel, 2015) eine klare Orientierung an einer primär sicheren und erfüllenden Erwerbstätigkeit. Trotz eines grundlegenden Zukunftsoptimismus' äußern die befragten Jugendlichen auch Bedenken hinsichtlich ihrer zukünftigen „work-life-balance". Für die Berufsorientierung ergibt sich daraus die Notwendigkeit, auf die unterschiedlichen Motivlagen und Erwartungshaltungen junger Menschen einzugehen, um einen *individualisierten* Übergangsprozess zu ermöglichen. Dies wird umso deutlicher, wenn die Bewältigungsstrategien von Übergangsverläufen analysiert werden. Großkurth, Lex, Lichtwardt, Müller & Tillmann (2015) identifizierten in ihrer Studie zu den Übergangsverläufen von Haupt- und Förderschülern vier typologische Muster, die in Teilen als prekär eingestuft werden. Die vier Typen von Bewältigungsstrategien spiegeln dabei differenzierte Ausprägungen in den Dimensionen Konfrontation mit Belastungen, Orientierung auf Ausbildung/Erwerbsarbeit, aktive Gestaltung des Übergangs sowie Unterstützung durch Andere wieder (Goßkurth et al., 2015, S. 82ff.) und zeigen damit die Komplexität des Übergangsgeschehens jenseits einer eindimensionalen Personorientierung auf. Konkret könnte dies bedeuten, alle beruflichen Möglichkeiten nach Abschluss der allgemeinbildenden Schule als gleichwertig einzustufen und so eine Marginalisierung Jugendlicher durch eine Zuweisung zum Übergangssystem und damit durch einen vorläufigen Ausschluss aus der Berufsausbildung zu vermeiden. Das österreichische Model der Ausbildungspflicht in Verbindung mit den darin enthaltenen vielfältigen Wegen könnte hierfür beispielgebend sein (www.bundeskost.at). Zugleich wären die vielfältigen sozialrechtlichen Unterstützungsstrukturen im Sinne des Jugendlichen zusammenzuführen, um eine konzertierte „Hilfe aus einer Hand" im Hinblick auf den individuellen Berufseinstieg zu gewährleisten. Die stellenweise vorzufindenden Jugendberufsagenturen, welche die Unterstützungsstrukturen aus den Rechtskreisen des SGB II, III und VII bündeln, könnten hierfür als Leuchtturmprojekte dienen (Beierling, 2015; Borrs, 2016).

Darüber hinaus ist angesichts psychischer Belastungen von *Individualkrisen* auszugehen. So ist die erste Schwelle für die hier betrachtete Personengruppe mit mehrfachen Benachteiligungen verbunden. Neben ihren individuellen emotionalen und sozialen Beeinträchtigungen erschwert häufig ihr mangelndes „soziales Kapital" (Bourdieu, 1983) den Zugang zum Ausbildungsmarkt; sie haben dadurch ungleiche Zugangschancen zu den materiellen und immateriellen Ressourcen, die im Wesentlichen durch die „Erziehungs- und Sozialisationsfunktion der Familie" zur Verfügung gestellt werden (Hurrelmann, 2001, S. 107). Auch können innerfamiliäre Beziehungen und damit auch die Lebensqualität des Umfeldes durch die Situation der/des Jugendlichen belastet sein (Myschker & Stein, 2018). Zugleich treten potentielle Ausbildungsbetriebe dieser Gruppe mit Vorbehalten entgegen. Die pädagogische Aufgabe muss in diesem Fall darin bestehen, der/dem Jugendlichen beizustehen angesichts des multiplen Krisenszenarios, sie/ihn bei den Übergängen zu stützen und als verlässlicher Ansprechpartner da zu sein. „Und oft wird ein verständnisvolles Nahesein, auch ohne dass er [der Erzieher; Anm. d. Verf.] etwas Besonderes tut, das Beste sein, was er zu leisten vermag" (Bollnow, 1984, S. 38). Dies impliziert auch, mit dem Abschluss der allgemeinbildenden Schule einen Abbruch der Beziehung zum Jugendlichen und seinen Eltern zu verhindern. Neben den Lehrkräften selbst können hierbei auch Mentorenmodelle (Bertram, 2002a; 2002b; Bestmann & Häseler-Bestmann, 2012; Stein M., 2013) oder externe Bildungs- und Übergangsbegleitungen (BMAS, 2015; Peschner & Sarigöz, 2015) ein Bindeglied an der ersten Schwelle sein, um eben auch diese Herausforderung der Individualkrise zu bewältigen.

7 Fazit

Der Übergang von Heranwachsenden mit psychischen Belastungen ins Berufsleben zeichnet sich durch vielfältige herausfordernde Facetten auf, welche als multiples Krisenszenario umrissen werden können. Auf Ebene der Wissenschaft bedarf es einer detaillierten Ergründung dieses Übergangsgeschehens – auf Prozess- wie auch auf Strukturebene; ergänzend wäre eine systematische Analyse von Übergangsverläufen vonnöten. Die hieraus zu gewinnenden Erkenntnisse gilt es in die (schulische) Praxis zu transferieren. Bereits heute lässt sich jedoch resümieren, dass gerade auch für diese Personengruppe eine individualisierte und flexibilisierte Perspektive auf die erste Schwelle einzufordern ist, ergänzt durch eine verlässliche und konstante personzentrierte Unterstützung. Dabei ist bedeutsam, dass der Übergang ins Berufsleben als Aufgabe des „gesamten Systems" zu reklamieren ist, in welche alle Beteiligten – v.a. Schüler, Eltern, Lehrkräfte und Ausbildungsbetriebe – einzubeziehen sind und einen je spezifischen Beitrag leisten (Griebel & Niesel, 2015).

Literatur

Albert, M., Hurrelmann, K. & Quenzel, G. (Hrsg.). (2015). *Jugend 2015. 17. Shell Jugendstudie: eine pragmatische Generation im Aufbruch*. Frankfurt a. M.: Fischer.

Autorengruppe Bildungsberichterstattung (Hrsg.). (2014). *Bildung in Deutschland 2014. Ein indikatorengestützter Bericht mit einer Analyse zur Bildung von Menschen mit Behinderungen*. Bielefeld: Bertelsmann.

Autorengruppe Bildungsberichterstattung (Hrsg.). (2016). *Bildung in Deutschland 2016. Ein indikatorengestützter Bericht mit einer Analyse zur Bildung von Menschen mit Behinderungen*. Bielefeld: Bertelsmann.

Baethge, M., Buss, K.-P. & Richter, M. (2017). *Gutachten zum Übergang Schule-Beruf in Schleswig-Holstein - unter besonderer Berücksichtigung der inklusive von Menschen mit Benachteiligungen und Behinderungen. Expertise im Auftrag des Ministeriums für Schule und Berufsbildung des Landes Schleswig-Holstein*. Zugegriffen am 15.11.2018. Verfügbar unter: https://www.schleswig-holstein.de/DE/Fachinhalte/I/inklusion_schulische/Downloads/III%20Baethge_Gutachten.html.

Beierling, B. (2015). Jugendberufsagenturen – Allheilmittel im Übergang ins Berufsleben? *Archiv für Wissenschaft und Praxis der sozialen Arbeit*, (3), 82-85.

Bertram, B. (2002a). Berufswahlpaten. In K. Schreier (Hrsg.), *Berufswegeplanung und individualisierte Berufsein-stiegshilfen. Praxismodelle. Materialien aus dem Forschungsschwerpunkt Übergänge in Arbeit* (S. 178-185). München: DJI.

Bertram, B. (2002b). Step by Step – eine Brücke zur Arbeitswelt. In K. Schreier (Hrsg.), *Berufswegeplanung und individualisierte Berufseinstiegshilfen. Praxismodelle. Materialien aus dem Forschungsschwerpunkt Übergänge in Arbeit* (S. 167-175). München: DJI.

Bestmann, S. & Häseler-Bestmann, S. (2012). *Sozialraumorientiertes Übergangsmanagement: Praxishandbuch zum Jugendmentoring beim Berufseinstieg am Beispiel von „Hürdenspringer"*. Berlin: Raben Stück.

Bojanowski, A. (2012). Moratorium 2.0. Oder: Wie das Übergangssystem in Sozialisations- und Individuationsprozesse eingreift. In G. Ratschinski & A. Steuber (Hrsg.), *Ausbildungsreife. Kontroversen, Alterativen und Förderansätze* (S. 115-132). Wiesbaden: Springer.

Bollnow, O.F. (1984). *Existenzphilosophie und Pädagogik*. (6. Aufl.). Stuttgart: Kohlhammer.

Borrs, L. (2016). *Jugendberufsagenturen und die Vermittlung von jungen Menschen in Ausbildung und Arbeit*. Nürnberg: IAB.

Bourdieu, P. (1983). Ökonomisches Kapital, kulturelles Kapital, soziales Kapital. In R. Kreckel (Hrsg.), *Soziale Ungleichheiten. Soziale Welt Sonderband 2* (S. 183-198). Göttingen: Schwartz.

Büchter, K. & Meyer, R. (2010). Beruf und Beruflichkeit als organisierendes Prinzip beruflicher Bildung. In R. Nickolaus, G. Pätzold, H. Reinisch & T. Tramm (Hrsg.), *Handbuch Berufs- und Wirtschaftspädagogik* (S. 323-326). Bad Heilbrunn: Klinkhardt.

Bundesagentur für Arbeit (Hrsg.). (2009). *Nationaler Pakt für Ausbildung und Fachkräftenachwuchs – Kriterienkatalog zur Ausbildungsreife*. Nürnberg: Bundesagentur für Arbeit.

Bundesagentur für Arbeit (2011). *Fachkonzept Berufseinstiegsbegleitung im Auftrag der Bundesagentur für Arbeit (BA)*. Zugegriffen am 15.11.2018. Verfügbar unter: http://www.bildungsketten.de/fachkonzept-bereb..

Bundesarbeitsgemeinschaft der Berufsbildungswerke (2014). *Die Teilnehmer/-innen. Eingangserhebung der Berufsbildungswerke 2013*. Zugegriffen am 15.11.2018. Verfügbar unter: http://www.bagbbw.de/w/files/statistiken/tee-2013_broschuere_web.pdf..

Bundesministerium für Arbeit und Soziales (Hrsg.) (2015). *Evaluation der Berufseinstiegsbegleitung nach § 421s SGB III – Abschlussbericht*. Zugegriffen am 15.11.2018. Verfügbar unter: https://www.bmas.de/SharedDocs/Downloads/DE/PDF-Publikationen/Forschungsberichte/fb-453.pdf?__blob=publicationFile&v=2..

Bundesministerium für Bildung und Forschung (2008). *Von der Hauptschule in Ausbildung und Erwerbsarbeit: Ergebnisse des DJI-Übergangspanels*. Bonn: BMBF. Zugegriffen am 15.11.2018. Verfügbar unter: https://www.dji.de/fileadmin/user_upload/bibs/276_9896_Von_der_HS_in_Ausbildung_und_Erwerbsarbeit.pdf.

Bundesministerium für Bildung und Forschung (2012). *Zugangswege junger Menschen mit Behinderung in Ausbildung und Beruf. Band 14 der Reihe Berufsbildungsforschung*. Bonn: BMBF.

Burgert, M. (2001). *Fit fürs Leben. Grundriss einer Pädagogik für benachteiligte Jugendliche in Schule, Ausbildung und Erwerbsarbeit*. Langenau-Ulm: Vaas.

Eberhard, V., Beicht, U., Krewerth, A. & Ulrich, J. G. (2011). *Perspektiven beim Übergang Schule-Berufsausbildung. Methodik und erste Ergebnisse aus der BIBB-Übergangsstudie 2011*. Zugegriffen am 15.11.2018. Verfügbar unter: https://www.bibb.de/veroeffentlichungen/de/publication/show/7123.

Erikson, E. (2003). *Jugend und Krise*. Stuttgart: Klett-Cotta.

Fasching, H. & Niehaus, M. (2008). Berufsvorbereitung und berufliche Integration. In B. Gasteiger-Klicpera, H. Julius & C. Klicpera (Hrsg.), *Sonderpädagogik der sozialen und emotionalen Entwicklung* (S. 727-739). Göttingen: Hogrefe.

Feind, H.-D., Götzmann, W. & Bärbel, R. (2014). ADHS-Betroffene an der Schwelle zum Beruf am Beispiel einer beruflichen Rehabilitationseinrichtung. In M. Rösler, W. Retz, A. von Gontard & F. Paulus (Hrsg.), *Soziale Folgen der ADHS. Kinder – Jugendliche – Erwachsene* (S. 39-56). Stuttgart: Kohlhammer.

Gebhardt, A., Schönenberger, S., Brühwiler, C. & Salzmann, P. (2014). Relevanz, Nutzungshäufigkeit und einge-schätzte Nützlichkeit unterschiedlicher Unterstützungsangebote aus Sicht von Jugendlichen während des Berufs-orientierungsprozesses. *bwp@ Berufs- und Wirtschaftspädagogik – online, (27)*, 1-24. Zugegriffen am 15.11.2018. Verfügbar unter: http://www.bwpat.de/ausgabe27/gebhardt_etal_bwpat27.pdf.

Gentner, C. & Meier, J. (2012). Der Hauptschulabschluss als bildungspolitisches Postulat und die Wirklichkeit der Ausbildungsreife. In G. Ratschinski & A. Steuber (Hrsg.), *Ausbildungsreife. Kontroversen, Alternativen und Förder-ansätze* (S. 53-86). Wiesbaden: Springer.

Georg, W. & Sattel, U. (2006). Berufliche Bildung, Arbeitsmarkt und Beschäftigung. In R. Arnold & A. Lipsmeier (Hrsg.), *Handbuch der Berufsbildung* (S. 125-152). Wiesbaden: VS.

Gniewosz, B. & Titzmann, P. F. (Hrsg.). (2018). *Handbuch Jugend. Psychologische Sichtweisen in der Adoleszenz.* Stuttgart: Kohlhammer.

Griebel, W. & Niesel, R. (Hrsg.). (2004). *Transitionen. Fähigkeit von Kindern in Tageseinrichtungen fördern, Verände-rungen erfolgreich zu bewältigen.* Weinheim: Beltz.

Griebel, W. & Niesel, R. (2015). *Übergänge verstehen und begleiten. Transitionen in der Bildungslaufbahn von Kindern* (3. Aufl.). Berlin: Cornelsen.

Groen, G. & Petermann, F. (2011). *Depressive Kinder und Jugendliche.* Göttingen: Hogrefe.

Großkurth, H., Lex, T., Lichtwardt, N., Müller, S. & Tillmann, F. (2015). *Prekäre Übergangsverläufe. Entstehungsbe-dingungen risikobehafteter Übergänge.* München: Referat für Bildung und Sport.

Grünke, M. & Leidig, T. (2007). Der Übergang Schule/Beruf. In J. Walter & F. Wember (Hrsg.), *Sonderpädagogik des Lernens* (S. 844-856). Göttingen: Hogrefe.

Henkelmann, T. (2014). Die Zunahme psychischer Krankheitsbilder im Berufsbildungswerk: Wie lässt sich dieser Umstand erklären und bewältigen? *Berufliche Rehabilitation, 28* (2), 110-119.

Hiller, G. G. (1999). Karrieremuster junger Männer mit geringem Schulerfolg im Bereich Ausbildung und Be-schäftigung in den ersten sechs Jahren nach ihrer Entlassung aus allgemeinbildenden Schulen: eine Methode zur Analyse von Erwerbsverläufen; Ergebnisse ihrer Anwendung auf Datenbestände der Reutlinger Untersuchung über Lebensverläufe von Absolventen des Berufsvorbereitungsjahres Bautechnik. In T. Hofsäss (Hrsg.), *Jugend, Arbeit, Bildung: zum Krisenmanagement mit arbeitslosen Jugendlichen* (S. 113-148). Berlin: VWB.

Hiller, G. G., Bär, F. & Rein, J. (2002). Die ersten sechs Jahre nach der Schule. Welche Konsequenzen sind aus den tatsächlichen Karriereverläufen benachteiligter junger Menschen in Ausbildung und Erwerbsarbeit zu zie-hen? In W. Stark, T. Fitzner & C. Schubert (Hrsg.), *Die Bedeutung des Berufs für die Jugendberufshilfe und die Benachteiligtenförderung.* Stuttgart: Klett.

Hurrelmann, K. (2001). *Einführung in die Sozialisationstheorie.* Weinheim: Beltz.

Jacobs, K. (2004). Das Betriebspraktikum als wesentlicher Baustein des berufsvorbereitenden Unterrichts – Einige Gedanken zur Vorbereitung von Jugendlichen mit autistischen Lebenserschwernissen auf die Übergangsphase Schule/Arbeitsfeld. *Autismus, (58)*, 4-12.

Klipker, K., Baumgarten, F., Göbel, K., Lampert, T. & Hölling, H. (2018). Psychische Auffälligkeiten bei Kindern und Jugendlichen in Deutschland – Querschnittsergebnisse aus KiGGS Welle 2 und Trend. *Journal of Health Monitoring, 3* (2), 37-45.

Kölch, M. & Fegert, J. (2013): Psychische Störungen bei Kindern und Jugendlichen. *Kinder- und Jugendschutz in Wissenschaft und Praxis (KJug), 58* (3), 75-80.

Kohlrausch, B. & Richter, M. (2016). Was fördert die nachhaltige Integration von Hautschüler/innen in den Aus-bildungsmarkt? *Arbeit, 25* (3-4), 147-168.

Kranert, H.-W., Eck, R., Ebert, H. & Tutschku, U. (Hrsg.). (2017). *Inklusive Schulentwicklung an berufsbildenden Schulen. Ergebnisse aus dem Netzwerk Berufliche Schulen Mainfranken.* Bielefeld: Bertelsmann.

Kranert, H.-W. (2018). Transition Schule – Beruf. Eine besondere Herausforderung für Heranwachsende mit psy-chischen Belastungen. *Behinderte Menschen, 41*(4/5), 62-64.

Lindmeier, C. (2014). Übergänge von jungen Erwachsenen mit Behinderung/Benachteiligung in die Erwachsenen- und Berufswelt barrierefrei gestalten - was heißt das? *Sonderpädagogische Förderung heute, 59* (1), 92-103.

Mansel, J. & Hurrelmann, K. (1992). Belastungen Jugendlicher bei Statusübergängen: Eine Längsschnittstudie zu psychosomatischen Folgen beruflicher Veränderungen. *Zeitschrift für Soziologie, 21* (5), 366-384.

Mays, D. (2014). *In Steps!-wirksame Faktoren schulischer Transition: Gestaltung erfolgreicher Übergänge bei Gefühls- und Verhaltensstörungen.* Bad Heilbrunn: Klinkhardt.

Mays, D., Schneider, L., Wichmann, M., Metzner, F., Zielemanns, H., Pawils, S. & Franke, S. (2018). Schulisches Selbstkonzept sowie Lern- und Leistungsmotivation bei Schüler und Schülern mit einem prognostizierten ungünstigen Entwicklungsverlauf im Bereich der emotionalen und sozialen Entwicklung während der Transition in die Sekundarstufe I. *Zeitschrift für Heilpädagogik, 69* (3), 133-146.

Montada, L., Lindenberger, U. & Schneider, W. (2012). Fragen, Konzepte, Perspektiven. In W. Schneider & U. Lindenberger (Hrsg.), *Entwicklungspsychologie* (S. 37-60). Weinheim: Beltz.

Myschker, N. & Stein. R. (2018). *Verhaltensstörungen bei Kindern und Jugendlichen. Erscheinungsformen – Ursachen – hilfreiche Maßnahmen* (8. Aufl.). Stuttgart: Kohlhammer.

Niehaus, M. & Kaul T. (2012). *Zugangswege junger Menschen mit Behinderung in Ausbildung und Beruf.* Bonn: BMBF.

Oerter, R. & Dreher, E. (2008). Jugendalter. In R. Oerter & L. Montada (Hrsg.), *Entwicklungspsychologie* (6. Aufl.). (S. 271.332). Weinheim: Beltz.

Peschner, J. & Sarigöz, S. (2015). Berufseinstiegsbegleitung: Zentrales Strukturelement der Initiative Bildungsketten. In H. Solga & R. Weiß (Hrsg.), *Wirkung von Fördermaßnahmen im Übergangssystem* (S. 101-116). Bielefeld: Bertelsmann.

Ratschinski, G. (2012). Verdient die Ausbildungsreife ihren Namen? Anmerkungen zu einer neuen Rubrik für alte Klagen. In G. Ratschinski & A. Steuber (Hrsg.), *Ausbildungsreife. Kontroversen, Alterativen und Förderansätze* (S. 21-32). Wiesbaden: Springer.

Reißig, B. (2007). Bildungs- und Ausbildungswege von Hauptschulabsolventinnen und -absolventen. Ergebnisse des Überganspanels. *Zeitschrift für Heilpädagogik, 58* (3), 98-106.

Riemer, A. (2012): Ausbildungsversorgung und Ausbildungsreife im Policy-Prozess. In G. Ratschinski & A. Steuber (Hrsg.), *Ausbildungsreife. Kontroversen, Alterativen und Förderansätze* (S. 33-52). Wiesbaden: Springer.

Schöpf, N. (2015). Die Situation in Deutschland: Anerkennung der Ergebnisse informellen und nonformalen Lernens bei formal Geringqualifizierten: Status quo und Perspektiven. In Bertelsmann Stiftung (Hrsg.), *Kompetenzen anerkennen. Was Deutschland von anderen Staaten lernen kann* (S. 49-145). Bielefeld: Bertelsmann.

Schultz, A. (2010). Übergänge als Herausforderung für Jugendliche mit Verhaltensstörungen und ihre pädagogische Unterstützung. In H. Ricking & G. Schulze (Hrsg.), *Förderbedarf in der emotionalen und sozialen Entwicklung. Prävention, Interdisziplinarität und Professionalisierung* (S. 90-100). Bad Heilbrunn: Klinkhardt.

Schumann, K. (Hrsg.). (2003). *Delinquenz im Lebensverlauf: Bremer Längsschnittstudie zum Übergang von der Schule in den Beruf bei ehemaligen Hauptschülern. Band 1 und 2.* Weinheim: Juventa.

Seng, H. (2017). Fähigkeiten und Potentiale auf dem Weg ins Berufsleben. In B. Rittmann & W. Rickert-Bold (Hrsg.), *Autismus-Therapie in der Praxis. Methoden, Vorgehensweisen, Falldarstellungen* (S. 241-250). Stuttgart: Kohlhammer.

Silbereisen, R. & Weichold, K. (2012). Jugend (12-19 Jahre). In W. Schneider & U. Lindenberger (Hrsg.), *Entwicklungspsychologie* (7. Aufl.) (S. 235-258). Weinheim: Beltz.

Stein, M. (2013). Von Paten und Lotsen. Coaching- und Mentorenprogramme in der Studien- und Berufsorientierung. In T. Brüggemann & S. Rahn (Hrsg.), *Berufsorientierung: Ein Lehr- und Arbeitsbuch* (S. 271-280). Münster: Waxmann.

Stein, R. & Müller, T. (2014). Psychische Störungen aus sonderpädagogischer Perspektive. *Sonderpädagogische Förderung heute, 59* (3), 232-244.

Stein, R. (2017): *Grundwissen Verhaltensstörungen* (5. Aufl.). Baltmannsweiler: Schneider.

Stein, R., Kranert, H.-W. & Wagner, S. (2016). *Inklusion an beruflichen Schulen – Ergebnisse eines bayerischen Modellversuchs.* Bielefeld: Bertelsmann.

Straßer, P. (2012). Pflegen oder pflücken? Ausbildungsreife als gesamtgesellschaftliche Aufgabe. In G. Ratschinski & A. Steuber (Hrsg.), *Ausbildungsreife. Kontroversen, Alterativen und Förderansätze* (S. 105-114). Wiesbaden: Springer.

Tillmann, K. (2013). Die Bewältigung von Übergängen im Lebenslauf – eine biografische Perspektive. In G. Bellenberg & M. Forell (Hrsg.), *Bildungsübergänge gestalten. Ein Dialog zwischen Wissenschaft und Praxis* (S. 15-32). Münster: Waxmann.

Internetadressen

Bundesweite Koordinierungsstelle AusBildung bis 18 – erreichbar unter: www.bundeskost.at

V Buchbesprechungen

Buchbesprechung:
In Psalmen der Gewalt begegnen.
Überführung der Gewaltverflochtenheit in Sprache

Agnes Filipiak

Strumann, Barbara
Paderborn: Verlag Ferdinand Schöningh
2018, 220 Seiten, 60,00 €
ISBN: 978-3506788788

In ihrer Dissertation leistet die Autorin einen Beitrag zu einer sonderpädagogischen Fachdidaktik im Fach (katholische) Religionslehre, die explizit Schülerinnen und Schüler mit dem Förderbedarf emotionale und soziale Entwicklung in den Blick nimmt. Sowohl in der Fachdidaktik als auch in der Sonderpädagogik greift sie dadurch Desiderata auf. Obwohl das Unterrichtsfach üblicherweise als „Träger" sonderpädagogischen Unterrichts und entsprechender Förderung gilt, gibt es insbesondere in den s.g. Nebenfächern bisher nur wenige fachdidaktische Konzepte, die dem gerecht werden. Als verbindendes Element zwischen religiös-biblischer Erfahrungswelt und den Zugangsmöglichkeiten der Schülerinnen und Schüler, greift die Autorin das Motiv der biographischen „Gewaltverflochtenheit" auf. Diese vielfältigen aktiven und passiven Gewalterfahrungen lässt sie mithilfe der religiösen Sprachform des individuellen Klagepsalms bearbeiten.

Strumann nutzt dabei verschiedene methodische Zugänge, um den Lernenden die Klage als Mittel der persönlichen, konstruktiven Auseinandersetzung mit autobiographischen Gewalt- und Exklusionserfahrungen nahezubringen. Die dem Werk angehängten Transkripte der zugehörigen Unterrichtssituationen zeigen dabei auf, wie Lernende in diesem Kontext die Klage annehmen und als persönlichen Seinsausdruck aufnehmen können. Unter dieser weiten Perspektive wird das vorliegende Werk auch über die Grenzen der Religionsdidaktik hinaus interessant.

Nach einem einführenden Einleitungs- und Überblickkapitel, erfolgt zunächst eine Spezifizierung und Strukturierung des Lerngegenstands. Dabei werden auch die besonderen Problemlagen, Erfahrungen, Deutungs- und Sprachmuster von Schülerinnen und Schülern mit Förderbedarf in der emotionalen und sozialen Entwicklung herausgestellt. In einem zweiten Schritt geht die Autorin unter Bezugnahme auf Niklas Luhmann auf die Bedeutung von Sprache vor dem Hintergrund von Inklusions- und Exklusionsprozessen ein. Sie stellt einen Zusammenhang her zwischen Gewalt und Exklusionserfahrungen: Gewalt erhält eine „inkludierende Handlungsmacht" (S. 30), wenn sie für die Schülerinnen und Schüler zum wirksamen Kommunikationsmittel wird. Dadurch bringen sich die Schülerinnen und Schüler wieder „ins Spiel". Dem stellt die Autorin eine fachwissenschaftliche Analyse des Klagepsalms entgegen, in der sie die Funktionen und Charakteristika dieser (religiösen) Sprachform herausarbeitet. Im folgenden Kapitel wird das aufwendige Forschungsdesign sowie die Durchführung ihres Vorhabens beschrieben. In verschiedenen Lehr- und Lernarrangements bietet die Autorin unterschiedliche, handlungsorientierte Wege an, sich mich Klagepsalmen auseinanderzusetzen, eigene Klagen zu formulieren und darin andere Bewältigungsperspektiven zu entdecken. Hier stellt sie außerdem einen Bezug zu Resilienz her: Der Klagepsalm befähigt die Schülerinnen und Schüler konstruktiv mit gewaltassoziierten Gefühlen wie Aggression, Rache, Hass usw. umzugehen. Diese „Überführung" stellt einen neuen selbstgesteuerten Weg aus der Exklusion dar und kann so einen Beitrag zu einer resilienten Entwicklung leisten.

Die Autorin gewinnt Ihre Daten aus drei Zyklen, in denen Sie das Design stetig weiterentwickelt. Im ersten Zyklus untersucht Sie ihre eigene 5./6. Klasse an einer Förderschule mit dem Förderschwerpunkt emotionale und soziale Entwicklung. Im zweiten Zyklus – ebenfalls an der Förderschule - ist die Gruppe wesentlich kleiner und altersgemischt. Der dritte Zyklus schließlich findet in einer 6. Klasse einer inklusiven Regelschule statt. Insgesamt nehmen 14 Schülerinnen und Schüler an der Erhebung teil. Diese umfasst 20 Einheiten, in denen im Gesamt 332 Psalmen bearbeitet werden. Dadurch liegt der Autorin eine recht breite Datenbasis vor. Die Bearbeitung erfolgt durch unterschiedliche kreative Zugänge z.B. Zeichnungen, Verfassen von Drehbüchern und eigenen Psalmen, Rollenspiele, Knetfiguren usw. Gruppendiskussionen und Interpretationen der Schülerinnen und Schüler wurden transkribiert und qualitativ ausgewertet. Die Auswertung erfolgt anhand ausgewählter Elemente und Charakteristika von Klagepsalmen: Anrede/Hilferuf, Klage, Erinnerung an gute Erlebnisse, Bitten und Lob/Hoffnung. Diese lassen sich umgangssprachlich in den Produktionen der Schülerinnen und Schüler wiederfinden. In der Auswertung ihrer Erhebung identifiziert die Autorin zunächst Themen und Interpretationsmuster der von den Schülerinnen und Schülern verfassten Psalmen. Hierbei benennt sie vor allem das Anprangern empfundener Ungerechtigkeit sowie das Hadern mit der eigenen mangelnden Selbstregulation. Beispiel einer Schülerproduktion (S. 148f.):

> „Ich bin so wütend,
> ich würde gerne
> diese verfickte Person umbringen.
> Kann mir bitte jemand helfen, damit ich nicht wirklich was Schlimmes mache.
> Mir hat schon mal jemand geholfen,
> dann hatte ich wieder neue Hoffnung."

In ihrer religionspädagogischen Auswertung resümiert Frau Strumann die unterschiedlichen didaktischen Zugänge und das Potenzial religiöser Sprachformen für den Umgang mit Gewalt und Gewalterfahrungen.

Im Anhang befinden sich die originalen Transkriptionen aus den Gesprächen mit den Schülerinnen und Schülern. Die Autorin verwendet insgesamt eine große Bandbreite an religionspädagogischer, theologischer sowie sonderpädagogischer Fachliteratur.

Insgesamt „baut" die Autorin mit ihrer Arbeit eine Brücke von der Sonderpädagogik in die Fachdidaktik. Hier wäre freilich zu prüfen, inwiefern es sich um exemplarisches „Baumaterial" handelt, d.h. ob religiöse Sprachmuster – jenseits des doch sehr spezifischen Klagepsalms – grundsätzlich die beschriebenen Funktionen erfüllen können. Denn nicht immer lässt sich Gewalt als offensichtliches gemeinsames Bindeglied nutzen. Auch umgekehrt erscheint ein Perspektivwechsel wertvoll: Die Brücke von der Fachdidaktik in die Sonderpädagogik. Die gewonnenen Erkenntnisse sind nicht nur aus fachdidaktischer Perspektive aufschlussreich. Im Unterricht (und nicht nur in gesonderte Fördersituationen!) Raum für aversive Gefühle und Erlebnisse zu lassen und didaktisch – unabhängig vom Fach – eine Überführung in eine konstruktive Bewältigung zu leisten, bietet gerade im Förderschwerpunkt emotionale und soziale Entwicklung große Chancen. Hier kann die Arbeit durchaus über das Fach hinaus einen wichtigen Denkanstoß leisten.

VI Forum:
Kurzberichte aus den Bundesländern

Baden-Württemberg

Werner Bleher
(Pädagogische Hochschule Ludwigsburg)

Nichts scheint so schwierig zu sein wie eine fundierte Lehrerbedarfsplanung. Denn offensichtlich bekommen die Hersteller von Babynahrung und -artikeln es gut hin, auf der Grundlage der Geburtenzahlen ihre Produktion auszurichten und die Produkte so zur Verfügung zu stellen, dass keine Versorgungsengpässe entstehen. Anders scheint dies im Bereich der Kultusverwaltung zu sein, denn die „plötzlich" eingetretenen hohen Schülerzahlen in den Schuljahren 2017/18 und 2018/19 haben zu einem massiven Engpass in der Versorgung der Schulen mit qualifizierten Lehrerinnen und Lehrern geführt. Dies betrifft nicht nur den Lehrerinnen- und Lehrerbedarf an Grund-, Haupt-, Real- und Gemeinschaftsschulen, sondern auch den in der Sonderpädagogik. Hinzu kommt die Umsetzung der VN-Behindertenrechtskonvention, wodurch der Bedarf an Sonderpädagoginnen und Sonderpädagogen an allgemeinbildenden Schulen deutlich angestiegen ist. Ebenso an den – in Baden-Württemberg „Sonderpädagogische Bildungs- und Beratungszentren (SBBZ)" – genannten Sonderschulen, sowie der ambulanten Sonderpädagogik, hier als Sonderpädagogischer Dienst bezeichnet. Vor allem im Förderschwerpunkt soziale und emotionale Entwicklung (FöS esE) sind die Schülerzahlen an den SBBZ deutlich angestiegen, trotz steigender Zahlen der sonderpädagogischen Förderung an Allgemeinen Schulen.

Insgesamt ist in diesem Förderschwerpunkt im Zeitfenster von 2007 bis 2016 – bundesweit betrachtet – „ein Anstieg von nahezu 65% der Schülerinnen und Schüler bzw. eine Erhöhung des Anteils von 10,8% auf 16,6% an allen Schülerinnen und Schülern mit sonderpädagogischer Förderung festzustellen" (KMK 2018, XIV). 23,79% dieser Schülerinnen und Schüler werden an Allgemeinen Schulen, 11,9% an Förderschulen (SBBZ ESENT) unterrichtet. Die nachstehende Grafik zeigt die Entwicklung der Schülerzahlen von 2007 bis 2016, ausgedrückt in Form des Quotienten aus der Zahl der Schüler mit sonderpädagogischer Förderung (unabhängig vom Förderort) und der Gesamtzahl der Schüler im Primar- und Sekundarbereich I.

Tab. 1: Bundesergebnisse der Sonderpädagogischen Förderung in Förderschulen und Allgemeinen Schulen zusammen (KMK 2018, S. 4)

	2007	2008	2009	2010	2011	2012	2013	2014	2015	2016
Schüler insgesamt	5,770	5,907	6,032	6,213	6,287	6,460	6,642	6,800	6,950	6,99
Förderschwerpunkt Lernen	2,655	2,639	2,628	2,638	2,638	2,640	2,633	2,621	2,615	2,606
Sonstige Förderschwerpunkte	3,115	3,268	3,405	3,575	3,575	3,820	4,009	4,180	4,335	4,384
Sehen	0,085	0,088	0,091	0,093	0,093	0,098	0,100	0,109	0,110	0,111
Hören	0,180	0,186	0,193	0,211	0,211	0,230	0,244	0,254	0,263	0,261

	2007	2008	2009	2010	2011	2012	2013	2014	2015	2016
Sprache	0,618	0,639	0,664	0,695	0,695	0,730	0,755	0,754	0,771	0,763
Körperliche und motorische Entwicklung	0,372	0,390	0,403	0,424	0,424	0,449	0,468	0,485	0,504	0,499
Geistige Entwicklung	0,934	0,967	0,994	1,021	1,021	1,063	1,089	1,121	1,159	1,193
Emotionale und soziale Entwicklung	0,639	0,694	0,750	0,818	0,818	0,943	1,035	1,118	1,176	1,183
Förderschwerpunkt übergreifend bzw. ohne Zuordnung	0,278	0,304	0,300	0,312	0,312	0,180	0,170	0,185	0,189	0,206
Lernen, Sprache, emotionale und soziale Entwicklung (l SF)[2]	-	-	-	-	-	0,127	0,138	0,155	0,163	0,168

1 Quotient aus der Zahl der Schüler/innen mit sonderpädagogischer Förderung und der Gesamtzahl der Schüler/innen im Primar- und Sekundarbereich I
2 Dieser übergreifende Förderschwerpunkt wird seit 2012 erfasst.

Anmerkung: Am 08.06.2017 wurde beschlossen, die Schülerinnen und Schüler an Schulen für Kranke nicht mehr in die Förder- und Förderschulbesuchquote einzubeziehen (siehe Definitionenkatalog). Aus diesem Grund wurden die Quoten für die Jahre 2007 bis 2015 neuberechnet und stimmen nicht mit älteren Veröffentlichungen überein.

Die nachstehende Tabelle belegt die Entwicklung der Schülerzahlen im FöS esE in den einzelnen Bundesländern. In manchen der Bundesländer sind die Zahlen einer separativen Beschulung rückläufig, in anderen (u.a. Baden-Württemberg) steigen sie an.

Tab. 2: Länderergebnisse der Sonderpädagogischen Förderung in Förderschulen, Schülerzahlen (KMK, 2018, S. 29)

Land	2007	2008	2009	2010	2011	2012	2013	2014	2015	2016
BW	6.409	6.674	6.953	7.125	7.337	7.451	7.511	7.809	7.678	7.779
BY	2.475	2.599	2.554	2.650	2.703	2.821	2.900	2.995	2.978	2.921
BE	359	332	358	423	283	254	219	245	252	174
BB	474	457	465	436	401	394	420	418	405	441
HB	68	56	43	43	38	38	69	71	63	73
HH	161	166	177	184	180	152	179	209	276	13
HE	1.623	1.796	1.877	1.528	1.474	1.597	1.953	2.043	2.058	2.010
MV	404	439	470	448	429	455	396	446	472	509
NI	3.019	3.199	3.305	3.412	3.535	3.616	3.544	3.593	3.643	3.647
NW	13.834	14.687	15.481	15.986	15.973	15.791	16.091	15.798	15.650	15.816
RP	857	902	917	915	920	920	917	952	964	930
SL	435	83	74	90	84	92	84	452	79	86
SN	1.649	1.648	1.636	1.658	1.588	1.595	1.573	1.598	1.440	1.386
ST	938	941	970	975	998	1.038	1.038	1.078	1.191	1.236
SH	196	192	190	186	181	192	201	177	136	144
TH	1.526	1.359	1.125	1.155	1.005	935	888	801	721	668
D	**34.427**	**35.530**	**36.595**	**37.214**	**37.129**	**37.341**	**37.983**	**38.685**	**38.006**	**37.833**

Das Ministerium für Kultus, Jugend und Sport Baden-Württemberg hat in Verbindung mit dem Wissenschaftsministerium reagiert und diverse Maßnahmen eingeleitet, um die Lehrerinnen- und Lehrerversorgung sowohl an Allgemeinen Schulen als auch Förderschulen bzw. SBBZ zeitnah zu verbessern. Dazu wurden drei verschiedene Maßnahmen ergriffen und die erforderlichen Gelder bereitgestellt. Diese sind nachstehend knapp dargestellt.

Maßnahme 1

Zielgruppe sind Haupt- und Werkrealschullehrkräfte, die perspektivisch an eine Realschule oder Gemeinschaftsschule wechseln werden. Dabei handelt es sich um Lehrkräfte an Haupt- und Werkrealschulen, die in zwei Durchgängen von jeweils zwei Jahren qualifiziert werden sollen. Die Teilnehmerinnen und Teilnehmer an der modular aufgebauten einjährigen Qualifizierung an den Staatlichen Seminaren für Didaktik und Lehrerbildung (Werkreal-, Haupt- und Realschule) werden während des zweijährigen Qualifizierungslehrgangs mit einem Teildeputat von i.d.R. 4–6 Stunden an der Zielschulart Realschule oder Gemeinschaftsschule im Qualifizierungsfach eingesetzt. Die Maßnahme besteht aus schulrechtlichen sowie fachdidaktischen Modulen und wird in einem Blended-Learning-Format (Präsenzphasen mit Selbstlernphasen) umgesetzt. Sie erhalten eine Ermäßigung auf ihr Stundendeputat an der Schule, sodass von einem unterrichtsfreien Tag ausgegangen werden kann. Diese Qualifizierung hat bereits im November 2016 für knapp 300 Lehrkräfte begonnen (vgl. Ministerium für Kultus, Jugend und Sport Baden-Württemberg 2017).

Maßnahme 2 (Horizontaler Laufbahnwechsel: HOLA)

Zielgruppe sind Haupt- und Werkrealschullehrkräfte, die bereits an einem SBBZ eingesetzt sind und zusätzlich weitergebildet werden sollen. Die Verwaltung der Maßnahme liegt bei den Staatlichen Seminaren für Didaktik und Lehrerbildung. Die Qualifizierung erfolgt in vier Durchgängen. Im ersten Jahr sollen 120 Teilnehmerinnen und Teilnehmer beginnen, im zweiten und dritten Jahr jeweils 220 und im vierten Jahr 90. Die Maßnahme ist inzwischen angelaufen und die erste Kohorte hat im November 2018 bereits abgeschlossen.
Die Ziele bestehen darin, die Teilnehmerinnen und Teilnehmer des Lehrgangs auf die spezifischen Anforderungen in den sonderpädagogischen Handlungsfeldern Unterrichten, Beraten und insbesondere Diagnostizieren vorzubereiten. Weiterhin sollen die bisher an einem SBBZ gesammelten Erfahrungen reflektiert und mit Kenntnissen und Fertigkeiten ergänzt werden, so dass die Teilnehmerinnen und Teilnehmer den Bildungsauftrag an den SBBZ, an allgemeinen Schulen sowie an Einrichtungen mit sonderpädagogischen Handlungsfeldern erfolgreich und verantwortlich erfüllen können.
Sie qualifizieren sich
– durch Bestehen eines fachdidaktischen Kolloquiums (30-minütig),
– erfolgreiche Teilnahme an der pädagogischen Schulung an den Seminaren,
– der erfolgreichen Einführung in die neue Laufbahn

für die Voraussetzung für den Erwerb der Laufbahnbefähigung für das Lehramt Sonderpädagogik (SPO II) und damit meist auch für einen Wechsel in der Besoldung von A12 auf A13. Das Fortbildungsangebot umfasst den Bereich „Sonderpädagogische Grundlagen und förderschwerpunktübergreifende Kompetenzen (24 UE), Sonderpädagogische Kompetenzen im gewählten Förderschwerpunkt (64 UE), Kompetenzen in schulischen und schulrechtlichen Fragen (12 UE), Hospitationen am eigenen SBBZ inklusive zwei beratender Unterrichtsbesuche durch Seminarmitarbeitende im Unterricht der Teilnehmenden (30 UE), Hospitationen im sonderpädagogischen Dienst des SBBZ (30 UE) und 45 Unterrichtseinheiten (UE) in Diagnostik. Die Teilnehmerinnen und Teilnehmer erhalten eine Ermäßigung von 3 Deputatsstunden und besuchen ein Jahr lang an einem Kontakttag (Freitag) ein bis zwei Mal im Monat die von den Seminaren Freiburg, Heidelberg und Stuttgart angebotenen Fortbildungsveranstaltungen. Eine benotete Abschlussprüfung ist nicht vorgesehen. Stattdessen erfolgt ein abschließendes Kolloquium (siehe oben), das (lediglich) bestanden werden muss. Die Maßnahme wurde zum Schuljahr 2017/18 gestartet (Rieß & Lindauer, 2017).

Maßnahme 3 (Aufbaulehrgang Sonderpädagogik: ALSO)

Zielgruppe sind Haupt- und Werkrealschullehrkräfte, die perspektivisch an ein SBBZ wechseln werden. Insgesamt 400 Lehrkräfte sollen in sieben Durchgängen eine umfassende Qualifizierung im Bereich der Sonderpädagogik erhalten. Der Workload für die Fortbildungsmaßnahme umfasst 90 Creditpoints (ECTSP). Die Qualifizierungsmaßnahme erstreckt sich über einen Zeitraum von zwei Jahren in den Förderschwerpunkten Lernen, emotionale und soziale Entwicklung sowie körperliche und motorische Entwicklung. Das Kultusministerium stellt den Pädagogischen Hochschulen Ludwigsburg und Heidelberg hierfür über den Zeitraum von vier Jahren die erforderlichen Mittel zur Verfügung. Die Organisation dieser Weiterqualifizierungsmaßnahme liegt bei den Hochschulen. Die Maßnahme wurde zum Wintersemester 2018/19 gestartet. Das Studium kann berufsbegleitend durchgeführt werden. Die Teilnehmerinnen und Teilnehmer erhalten eine Deputatsanrechnung von 10 Unterrichtsstunden im ersten Studienjahr und 6 Unterrichtsstunden im zweiten Studienjahr und nutzen diese Zeit im ersten und zweiten Fachsemester zum Besuch von Präsenzveranstaltungen, die in den Semestern drei und vier mehr und mehr in ein angeleitetes Selbststudium übergehen. Zugangsvoraussetzung ist die Tätigkeit als Haupt- und Werkrealschullehrerin und -lehrer (also in Sekundarstufe I) sowie eine Auswahlempfehlung des zuständigen Regierungspräsidiums. Die Studieninhalte umfassen das Studium von zwei Förderschwerpunkten (erster Förderschwerpunkt: 35 ECTSP, zweiter Förderschwerpunkt: 17 ECTSP), zwei Lehrveranstaltungen in der Medizin (6 ECTSP), Studien in den sonderpädagogisch geprägten Handlungsfeldern „Ausbildung, Erwerbsarbeit und Leben; Kommunikation und Sprache; Kulturarbeit, Lernen und Gestalten; Leiblichkeit, Bewegung, Körperkultur; Sonderpädagogischer Dienst, Kooperation, inklusive Bildungsangebote; Frühförderung" (Wahlpflichtangebot im Umfang von 10 ECTSP) und ein Professionalisierungspraktikum (7 ECTSP). Dieses kann sowohl in schulischen wie auch außerschulischen sonderpädagogischen Arbeitsfeldern absolviert und mit der Masterarbeit gekoppelt werden. Die Masterarbeit (15 ECTSP), unbenotete und benotete Modulprüfungen sowie eine mündliche Prüfung im ersten Förderschwerpunkt (40 Minuten) münden – ebenso wie die dokumentierten Studienleistungen – in ein Diploma Supplement mit Masterabschluss. Die Modulprüfung im Bereich Psychologie/Diagnostik im ersten Förderschwerpunkt besteht in einer selbstständigen diagnostischen Untersuchung und der Erstellung eines darauf basierenden Fördergutachtens (Ministerium für Kultus, Jugend und Sport Baden-Württemberg 2017; Pädagogische Hochschule Ludwigsburg 2018).

Bislang vorliegende Erfahrungen:

Maßnahme 2 ist im Vergleich zu Maßnahme 3 deutlich attraktiver, da sie auf ein Jahr und einen wöchentlichen Kontakttag beschränkt ist, mit der Fortbildung in nur einem Förderschwerpunkt zur Lehrbefähigung im Lehramt Sonderpädagogik führt, keine Prüfungen abzulegen sind, keine Masterarbeit zu schreiben ist und der Workload insgesamt deutlich geringer ist. Beispielsweise beschränkt sich die Diagnostik auf 45 Unterrichtseinheiten. Im regulären Lehramtsstudium und bei Maßnahme 3 sind es vier Lehrveranstaltungen mit je 2 SWS, d.h. 120 UE plus die Erstellung eines Fördergutachtens.

Daher hatte der erste Durchgang in Maßnahme 3 nur einen geringen Zulauf, der unter den Erwartungen blieb. Bewusst hat sich diese Zielgruppe für Maßnahme 3 entschieden, um gut qualifiziert und auf die Unterrichtspraxis vorbereitet zu sein.

Literatur

Ministerium für Kultus, Jugend und Sport Baden-Württemberg (2017). *Ministerrat beschließt Weiterqualifizierung für Haupt- und Werkrealschullehrkräfte.* Zugegriffen am 11.01.2019. Verfügbar unter: https://www.km-bw.de/,Lde_DE/Startseite/Service/21_03_2017++Qualifizierung+Haupt-+und+Werkrealschulkraefte?QUERYSTRING=Horizontaler+Laufbahnwechsel.

Pädagogische Hochschule Ludwigsburg (2018). *Studien- und Prüfungsordnung für den Aufbau-Masterstudiengang Lehramt Sonderpädagogik an der Pädagogischen Hochschule Ludwigsburg mit dem akademischen Abschluss Master (M.Ed.).* Ludwigsburg.

Rieß, A. & Lindauer, E. (2017). *Sonderpädagogik für Haupt- und Werkrealschullehrkräfte. Handbuch für Teilnehmerinnen und Teilnehmer, Seminarmitarbeiterinnen und -mitarbeiter, Schulleiterinnen und Schulleiter, Seminarleitungen.* Stuttgart.

Sekretariat der Ständigen Konferenz der Kultusminister der Länder in der Bundesrepublik Deutschland (KMK) (2018). *Sonderpädagogische Förderung in Schulen 2007 bis 2016. Dokumentation Nr. 214.* Berlin. Zugegriffen am 11.01.2019. Verfügbar unter: https://www.kmk.org/fileadmin/Dateien/pdf/Statistik/Dokumentationen/Dok_214_SoPaeFoe_2016.pdf.

Bayern

Roland Stein und Thomas Müller
(Julius-Maximilians-Universität Würzburg)

Auch in Bayern fehlen offenkundig und auch aus Perspektive des Bayerischen Staatsministeriums für Unterricht und Kultus Lehrkräfte mit Lehramt Sonderpädagogik, um die Personalsituation an Förderschulen aufzufangen. Insbesondere im Förderschwerpunkt emotional-soziale Entwicklung ist die Not groß, wie die im Bericht zu Baden-Württemberg bundesweit und bezogen auf die Bundesländer berichteten Zahlen belegen. Die bayerische Staatsregierung hat zur Verbesserung der Situation mehrere Maßnahmen ergriffen:

Ausbau der universitären Sonderpädagogik

Die bayerische Staatsregierung hat zum WS 2017/18 allen Lehrstühlen der beiden sonderpädagogischen Standorte je eine weitere Ratsstelle zur Verfügung gestellt. Der Lehrstuhl Pädagogik bei Verhaltensstörungen in Würzburg hat in diesem Zuge gezielt zwei zusätzliche Ratsstellen erhalten, um die Aufnahme weiterer Lehramtsstudierender besonders in diesem Förderschwerpunkt zu ermöglichen. Auch an die Pädagogik bei Geistiger Behinderung in Würzburg ging dabei eine weitere zusätzliche Stelle einer abgeordneten Lehrkraft.

Darüber hinaus hat die bayerische Staatsregierung die Einrichtung eines weiteren universitären Standorts für Sonderpädagogik in Regensburg beschlossen. Das dortige Institut für Bildungswissenschaften wird um drei Lehrstühle in den Fachrichtungen Pädagogik bei Verhaltensstörungen, Pädagogik bei Lernbeeinträchtigungen und Geistige Entwicklung erweitert. Alle Lehrstuhldenominationen tragen den Zusatz „einschließlich inklusiver Pädagogik", was einerseits mit Blick auf die Herausforderungen in der Realisierung eines inklusiven Schulsystems zu begrüßen ist, andererseits aber auch irritierend wirken mag, suggeriert es doch, dass an den Lehrstühlen in Würzburg und München ohne einen solchen Denominationszusatz keine Befassung mit Inklusion stattfindet. Die Lehrstühle sollen zum Wintersemester 2019/20 besetzt sein. In München wie Würzburg wird ein zusätzlicher Lehrstuhl eingerichtet – für München im Bereich Geistige Entwicklung, für Würzburg im Bereich Sehbehinderung und Blindheit.

Sonderpädagogische Zusatzqualifizierung für Lehrkräfte an beruflichen Schulen

Mit dem Schulversuch „IBB - Inklusive Berufliche Bildung in Bayern" wurde in den Schuljahren 2012/13 bis 2015/16 von der Stiftung Bildungspakt Bayern in Kooperation mit dem Bayerischen Staatsministerium für Bildung und Kultus, Wissenschaft und Kunst erstmals systematisch untersucht, welche organisatorischen, personellen und unterrichtsbezogenen Maßnahmen sowie spezifischen didaktisch-methodischen Vorgehensweisen notwendig und sinnvoll sind, um Schülerinnen und Schülern in den sonderpädagogischen Förderschwerpunkten Lernen sowie emotional-soziale Entwicklung eine erfolgreiche Teilhabe am Unterrichtsangebot der Regelschule zu ermöglichen. Hierzu wurden an neun Standorten in Bayern Kooperationen zwischen je einer allgemeinen Berufsschule und einer Berufsschule zur sonderpädagogischen Förderung geschlossen.

Der Lehrstuhl Pädagogik bei Verhaltensstörungen der Julius-Maximilians-Universität Würzburg übernahm hierfür von 2013 bis 2015 die wissenschaftliche Begleitung. Als ein wegweisendes Ergebnis für die künftige Gestaltung eines stärker inklusiven beruflichen Schulsystems in Bayern wurde – neben der Ausweitung inklusiver Strukturen an Beruflichen Schulen unter engem Einbezug der flächendeckend bestehenden Berufsschulen zur sonderpädagogischen Förderung – aus den Forschungsergebnissen der systematische Kompetenztransfer zwischen allen beteiligten Professionen im Rahmen von Weiterbildungsmaßnahmen herausgearbeitet (Stein, Kranert & Wagner, 2017). Hieraus entwickelte der Lehrstuhl in enger Kooperation mit dem Bayerischen Staatsministerium für Bildung und Wissenschaft sowie der Stiftung Bildungspakt Bayern die nachfolgende Konzeption:

Im Rahmen der weiterbildenden Studien sollen Lehrkräfte an Beruflichen Schulen eine sonderpädagogische Basisqualifizierung erwerben. Fokussiert werden dabei die beiden sonderpädagogischen Förderschwerpunkte emotional-soziale Entwicklung sowie Lernen. Das Kernziel besteht darin, auf dieser Grundlage sonderpädagogisch relevante Probleme und entsprechende Förderbedarfe beurteilen sowie dementsprechende Unterstützungsmaßnahmen abrufen zu können. Die Maßnahme ersetzt explizit nicht die deutlich vertiefte Kompetenz und die Funktion von genuin qualifizierten Lehrern für Sonderpädagogik bzw. Studienräten im Förderschuldienst.

Die Weiterbildung wird berufsbegleitend angeboten und umfasst folgende Eckpunkte:
* ein Präsenztag pro Woche an der Universität Würzburg
* Freistellung der Lehrkräfte für diesen Tag durch die Berufliche Schule
* die weiterbildenden Studien umfassen 60 ECTSP
* 34 Semesterwochenstunden über vier Semester
* die Studierendengruppe umfasst etwa zehn Lehrkräfte für Berufliche Schulen pro Jahrgang
* Einstieg ist jeweils zum Wintersemester möglich
* der Abschluss der Weiterbildung erfolgt mittels einer qualifizierenden Arbeit
* Dokumentation mittels eines Universitätszertifikates

Der Start der Zusatzqualifizierung erfolgte mit einer ersten Kohorte zum Wintersemester 2016/2017.

Die Qualifikationsziele der sonderpädagogischen Zusatzqualifizierung umfassen:
* die grundlegende Auseinandersetzung mit ausgewählten sonder- und heilpädagogischen Fragestellungen und ihre kritische Reflexion vor dem Hintergrund der eigenen Unterrichtspraxis,
* die Kenntnisse von Bedingungsfeldern und Erklärungsansätzen für verschiedene Formen von Verhaltensauffälligkeiten und Lernbeeinträchtigungen sowie den damit verbundenen sonderpädagogischen Handlungserfordernissen,
* die reflektierte Analyse von Lehr- und Lernprozessen an beruflichen Schulen unter Berücksichtigung von Auffälligkeiten des Verhaltens, Erlebens und Lernens als Grundlage für eine individuelle Förderplanung,
* die Weiterentwicklung des eigenen methodisch-didaktischen Repertoires unter Berücksichtigung sonderpädagogischer Fragestellungen,

- die Kenntnisse von empirisch fundierten Gelingensbedingungen und Konzepten eines inklusiven Unterrichts an beruflichen Schulen verbunden mit einem Handlungswissen für die Unterrichtsgestaltung, welche ein gemeinsames Lernen von Lernenden mit und ohne sonderpädagogischen Förderbedarf ermöglicht,
- die theoriegeleitete und praxisorientierte Erschließung von Formen sonderpädagogischer Unterstützung, Beratung und Begleitung junger Menschen in beruflichen Handlungsfeldern.
- Profilbildend ist das projektorientierte Lernen der Studierenden, welches eine fortdauernde kritische Auseinandersetzung mit der eigenen Unterrichtspraxis auf Basis der Sonderpädagogik als Wissenschaft anregt, um die aktuelle bildungspolitische Entwicklungslinie der Inklusion auch im beruflichen Schulsystem wissenschaftlich-fachlich fundiert unterstützen zu können.

Das Curriculum enthält eine inhaltliche Struktur, die vom Konzept des Blended Learning mit Präsenz- und e-learning-Anteilen ausgeht. Es nutzt Ressourcen der Universität Würzburg, des dortigen Instituts für Sonderpädagogik und des Lehrstuhls sowie spezifische Veranstaltungen für die Fortbildungsgruppe. Das Konzept umfasst Inhalte aus den beiden sonderpädagogischen Fachrichtungen – Pädagogik bei Verhaltensstörungen wie auch Pädagogik bei Lernbeeinträchtigungen. Dabei ist das Volumen für den Kontext Verhaltensstörungen leicht erhöht, da es hierbei aufgrund der vorliegenden Forschungsdaten aus Beruflichen Schulen um Praxisprobleme mit größerem Herausforderungsgrad geht. Im Rahmen eines Blended-Learning-Konzeptes soll eine Entlastung der Ressourcen der Lehrkräfte und des Schulsystems erfolgen, indem die Konstruktion so erfolgt, dass – trotz eines wegen der angestrebten Fachlichkeit erforderlichen dezidierten Curriculums – lediglich ein Präsenztag an der Universität Würzburg vorgesehen ist, der zudem über Winter- und Sommersemester hinweg als gleicher Wochentag angelegt ist, um den Spezifika des Schulsystems entgegenzukommen.

Die sonderpädagogische Zusatzqualifizierung richtet sich an Lehrkräfte mit der Befähigung für das Lehramt an beruflichen Schulen. Der Zugang zu dem Angebot setzt den Nachweis voraus über:

- die bestandene Zweite Lehramtsprüfung für das Lehramt an beruflichen Schulen gemäß LPO II vom 28. Oktober 2004 (GVBl. S. 428, BayRS 2038-3-4-8-11-K) in der jeweils geltenden Fassung oder einen vergleichbaren Abschluss,
- ein erziehungswissenschaftliches Studium im Umfang von mindestens 20 ECTSP,
- eine mindestens dreijährige Lehrtätigkeit an beruflichen Schulen.

Mittlerweile hat die dritte Kohorte ihr Studium aufgenommen. Eine analoge Maßnahme wurde an der Ludwigs-Maximilians-Universität München eingerichtet.

Zweitqualifizierungsmaßnahme für Realschul- und Gymnasiallehrkräfte

Das Bayerische Staatsministerium für Unterricht und Kultus hat, wie bereits oben deutlich wurde, einen erheblichen Bedarf für sonderpädagogische Lehrkräfte im Förderschwerpunkt emotional-soziale Entwicklung identifiziert. Neben den oben beschriebenen Ausbaumaßnahmen für die bestehenden Institute in Würzburg und München sowie dem Aufbau eines entsprechenden Lehrstuhls im Rahmen der Etablierung eines dritten sonderpädagogischen Standorts in Regensburg wurden auch schon in den letzten Jahren an den Standorten Würzburg und München die Studierendenzahlen in diesem Förderschwerpunkt erhöht. So wurden in Würzburg im WS 2018/19 90 Erstsemesterstudierende im Hauptfach Lehramt Pädagogik bei Verhaltensstörungen aufgenommen, bei insgesamt in diesem sonderpädagogischen Lehramtsfach 352 Studierenden.

Zur Deckung der Lücken im gegenwärtigen Bedarf – angesichts der Tatsache, dass Absolventen der Universitäten erst nach den Jahren des Studiums und des Referendariats in die Praxis kommen – sah das Ministerium eine besondere Zweitqualifizierungsmaßnahme als erforderlich. Diese wurde zunächst mit einer Kohorte gestartet und in der Folge fortgesetzt sowie ausgebaut. Die Ausgestaltung dieser Maßnahme setzt voraus, dass die Teilnehmerinnen und Teilnehmer bereits

- über ein abgeschlossenes Lehramtsstudium einschließlich erfolgreich durchlaufenem Vorbereitungsdienst verfügen,
- mindestens ein Schuljahr praktische Erfahrung in der Unterrichtung und Erziehung von Kindern und Jugendlichen mit sonderpädagogischen Förderbedarfen an einer Förderschule sammeln konnten und
- ihnen auf der Grundlage ihres erfolgreichen Wirkens für diese Tätigkeit eine positive Eignungsfeststellung durch die Schulleitung der Förderschule ausgesprochen wurde.

Anspruch der Maßnahme ist es, an den akademischen Vorerfahrungen anzuknüpfen und gleichzeitig sonderpädagogische Fachlichkeit gebündelt und praxisorientiert zu vermitteln. Dazu wurden in allen Regierungsbezirken Gruppen gebildet, die von Regionalen Ausbildungsleitungen – Förderschullehrkräften mit hoher Qualifikation und Erfahrung im Bereich emotional-soziale Entwicklung – über zwei Jahre hinweg berufsbegleitend weitergebildet werden. Vier Tage an den Universitäten Würzburg und München sollen die theoretische Fundierung der Maßnahme in den Bereichen Theorie der Erziehung, Lehrerpersönlichkeit, Kenntnis von Phänomenen und Erklärungsansätze sicherstellen und erweitern. Am Ende der Maßnahme erhalten die Teilnehmer ohne weitere Prüfung die Fakultas „Sonderpädagogik".

Die zunächst ohne die Universitäten geplante Maßnahme stellt alle Beteiligten vor große Herausforderungen: Zum einen werden die Teilnehmer nicht für ein vertiefendes Studium im Sinne einer sonderpädagogischen Qualifikation längerfristig freigestellt, weil sie als Personal in den Förderschulen ansonsten fehlen. Zum anderen ist der Anteil der universitären Lehre in der bestehenden Maßnahme gering. Und schließlich wurde das Curriculum außeruniversitär entwickelt, aber zwischenzeitlich unter Hinzuziehung der beiden Lehrstühle für Pädagogik bei Verhaltensstörungen grundlegend überarbeitet. Über eine Ausweitung durch eine vierte und möglicherweise eine fünfte Kohorte wird aktuell nachgedacht. Für die Universitäten stellt sich darüber hinaus die Frage, ob sie sich entweder an dieser Form einer sonderpädagogischen Qualifikationsmaßnahme ‚light' beteiligen wollen und damit riskieren, zur Entprofessionalisierung in der Fachrichtung beizutragen – oder aber versuchen, ihren, wenn auch geringen, Einfluss auf die Auswahl von Inhalten und die Vermittlung dieser geltend zu machen. Gegenwärtig durchläuft die dritte Kohorte mit etwa 100 Teilnehmern aus ganz Bayern die Maßnahme; weitere Kohorten sind wie bereits erwähnt geplant. Mit Blick auf das Fach und seinen inhaltlichen Anspruch sowie die Verantwortung grundständig Studierenden gegenüber ist aktuell noch nicht endgültig entschieden, ob sich die Universitäten weiterhin an dieser Maßnahme beteiligen werden. Dazu werden Gespräche zwischen dem Bayerischen Staatsministerium für Unterricht und Kultus sowie den beiden beteiligten Lehrstühlen in Würzburg und München geführt.

Nordrhein-Westfalen

Dennis C. Hövel (Universität zu Köln)
und Erasmus Mehlmann
(VBE NRW, Leiter des Referates sonderpädagogische
Förderung)

Ausbildungsorganisation der schulischen Förderung von Schülerinnen und Schülern mit Förderschwerpunkt Emotionale und soziale Entwicklung (ESE)

Die Definition der einzelnen Förderschwerpunkte und die Organisation der schulischen Ausbildung ist in Nordrhein-Westfalen (NRW) in der Ausbildungsordnung sonderpädagogischer Förderung (AO-SF) dekliniert. Der Förderschwerpunkt ESE bietet in NRW vier Möglichkeiten, die schulische Bildung von entsprechenden Schülerinnen und Schülern zu organisieren. Diese Optionen unterscheiden sich zwischen den einzelnen Bundesländern. Um einen Vergleich zwischen den Ländern zu ermöglichen, soll die Umsetzung in NRW im Folgenden dargestellt werden:

(1) Die Schülerinnen und Schüler werden nach den Richtlinien und Lehrplänen der allgemeinen Schulen (§28 Abs. 1.1, AO-SF) unterrichtet. Diese Option macht nur dann Sinn, wenn ein Wechsel von einer allgemeinen Schule auf eine Förderschule angestrebt wird. Das Bildungs- und Erziehungsangebot der Förderschule soll dann aber auf die baldige Rückkehr in die bisher besuchte Schule abzielen (§28 Abs. 5, AO-SF).

(2) Die Unterrichtung im zieldifferenten Bildungsgang Lernen (§28 Abs. 1.2, AO-SF). Dieser Bildungsgang orientiert sich an den Richtlinien und Lehrplänen der Grund- und Hauptschule (§31 Abs. 1, AO-SF). Die Leistungsbewertung erfolgt beschreibend und ohne Noten auf Basis der im individuellen Förderplan festgelegten Lernziele (§32 Abs. 1, AO-SF). Eine Versetzung findet nicht statt (§34, AO-SF). Der zieldifferente Bildungsgang Lernen kann zwischen dem dritten Schulbesuchsjahr (für das vierte) und der 6. Klasse beantragt werden. Vor der 3. Klasse bzw. dem vierten Schulbesuchsjahr hat der zieldifferente Bildungsgang Lernen keine Vorteile, welche die Primastufe nicht bereits schon bietet. Die Ausbildungsordnung Grundschule (AO-GS) bezeichnet die erste und zweite Klasse als Schuleingangsphase. Diese kann in ein bis drei Jahren durchlaufen werden (§2, AO-GS). Die Leistungsbewertung in der Schuleingangsphase erfolgt in Form von beschreibendem Text zum individuellen Lernstand (§6 Abs. 2, AO-GS) und es findet keine Versetzung statt (§7 Abs. 1, AO-GS). Damit werden in der Schuleingangsphase quasi aller Schülerinnen und Schüler zieldifferent unterrichtet. Ein Kind mit dem Förderschwerpunkt ESE im zieldifferenten Bildungsgang Lernen zu fördern, macht somit erst ab der 3. Klasse Sinn.

(3) Als weitere Option bietet die AO-SF (§28 Abs. 2) die Möglichkeit, auf Basis des Förderplans temporär von der Stundentafel zugunsten einer emotionalen und sozialen Entwicklungsförderung abzuweichen. In der Grundschule ist, abhängig von der Klassenstufe, eine Stundentafel von 21-27 Wochenstunden vorgesehen (AO-GS). Deutsch, Sachunterricht, Mathematik und Förderunterricht bilden eine Einheit von 12-16 Stunden, sodass bereits in

der AO-GS ein individueller Schwerpunkt in der Förderung verfolgt werden kann. Alle weiteren Stunden (Kunst, Musik, Englisch, Religion und Sport) haben dann noch einen Umfang von 9-11 Stunden. Ist es das Ziel, von diesen zugunsten einer spezifischen emotionalen und sozialen Förderung abzuweichen, macht §28 Abs. 2 (AO-SF) Sinn.

(4) Zusätzlich besteht die Möglichkeit einer „intensivpädagogischen Förderung" (§15, AO-SF), wenn der Bedarf an sonderpädagogischer Unterstützung erheblich über das übliche Maß hinausgeht. Die Entscheidung liegt hier bei der Schulaufsichtsbehörde. Eine konkrete Operationalisierung, wann ein solcher Mehrbedarf besteht und wie eine intensivpädagogische Maßnahme aussieht, ist jedoch nicht definiert.

Sollte keine dieser Möglichkeiten für einen Kind mit erhöhtem Förderbedarf in der emotionalen und sozialen Entwicklung in Betracht kommen, so ist aus schulrechtlicher Perspektive die Vergabe eines Labels „Förderschwerpunkt ESE" überflüssig. Dies gilt insbesondere für die allgemeine Schule, da Lehrkräfte für Sonderpädagogik nicht pro Kind mit einem sonderpädagogischen Förderschwerpunkt, sondern gemäß „Verordnung zur Ausführung des §93 des Schulgesetzes" (VO §93 SchulG) pauschal nach einen „Stellenkontingent Inklusion" den Schulen zugewiesen werden.

Veränderungen im Schulbereich und ihre Folgen für die Lehrerbildung

Das Schulgesetz des Landes NRW (SchulG NRW) legt fest, dass das Ministerium für Schule und Bildung und das Ministerium für Finanzen im Einvernehmen die Zahl der Lehrerstellen nach den pädagogischen und verwaltungsmäßigen Bedürfnissen der Schulformen, Schulstufen und Klassen festlegen (§93, SchulG NRW).

Für Schülerinnen und Schüler mit Förderbedarf in den Förderschwerpunkten ESE, Lernen und Sprache erhalten allgemeine Schulen – ebenso wie die entsprechenden Förderschulen – Stellen für Lehrkräfte für sonderpädagogische Förderung aus einem Stellenbudget (Frücht & Schichtel-Winkler, 2015, S. 2f.). Den allgemeinen Schulen werden diese Stellen systemisch zugewiesen.

Für die Förderschulen im Bereich der Lern- und Entwicklungsstörungen erfolgt die Zuweisung von Sonderpädagoginnen und Sonderpädagogen nach einer einheitlichen Relation (Frücht & Schichtel-Winkler, 2015). Förderschulen erhalten pro 9,92 Schülerinnen und Schüler eine Lehrperson (§8, VO §93 SchulG). Die Schüler-Lehrer-Relation für Kinder in intensivpädagogischer Förderung (§15, AO-SF) liegt bei 4,17 (§8, VO §93 SchulG).

Die §§ 8 bis 10 der „VO §93 SchulG" treten am 31. Juli 2019 außer Kraft, sodass die Stellenvergabe neu geregelt werden muss. In welcher Form dies in der allgemeinen Schule und in der Förderschule zum Schuljahr 2019/2020 in NRW ausgestaltet wird, ist noch nicht veröffentlicht. Das Ministerium für Schule und Bildung (2018a) stellt hierzu fest, dass sich die bisherige Form des Stellenbudgets im Bereich der Lern- und Entwicklungsstörungen als Unterstützung von Schulen, in denen auch Kinder mit Bedarf an sonderpädagogischer Unterstützung lernen, nicht bewährt hat. Das Ministerium gibt an, dass deshalb im Rahmen des „Stellenkontingents Inklusion" zusätzliche Stellen für Lehrkräfte für sonderpädagogische Förderung, 330 Stellen für multiprofessionelle Teams und 400 weitere Lehrerstellen außerhalb der Sonderpädagogik zur Verbesserung der Rahmenbedingungen des „Gemeinsamen Lernens" geschaffen wurden (Ministerium für Schule und Bildung, 2018a). Für die Zukunft werden weitere Stellen in Aussicht gestellt. Ergänzend hierzu soll ein Konzept entwickelt werden, bei dem die Sonderpädagogikstellen für die allgemeine Schule wieder an die Aufnahmekapazitäten der Schulen für Kinder mit Förderschwerpunkt (z.B. Sprache, Lernen, ESE) gekoppelt sind. Sollten die personellen Ressourcen einer Schule wieder an den Förderschwerpunkt eines Kindes geknüpft werden, ist erneut vom Etiketten-Ressourcen-Dilemma (Wocken, 2014) auszugehen. Schulen, die einen intensiveren Aufwand in der Feststellung von sonderpädagogischen Förderbedarf betreiben, werden mehr Stellen bekommen als solche, die hier weniger Aufwand betreiben oder eine geringere Erfahrung haben.

Trotz einer erheblichen Erhöhung der Studienplätze für das Lehramt Sonderpädagogik an den Universitäten Dortmund und Köln sowie einer Ausweitung der Universitätsstandorte im Bereich der Sonderpädagogik um weitere vier Universitäten (Siegen, Paderborn, Bielefeld und Wuppertal) können stetig Stellen in den Schulen nicht besetzt werden. Dies gilt insbesondere für Schulen in ländlichen Regionen, aber auch Schulen in Städten wie bspw. Duisburg (vgl. u.a. LEO, Lehrereinstellung online NRW). Aus wissenschaftlicher Perspektive wäre die Veränderung hin zu einer generellen Ausstattung der Schulen mit Sonderpädagoginnen und Sonderpädagogen auf der Basis von Prävalenzzahlen und nicht auf Basis von FSP wünschenswert, was die nachfolgenden Quoten nochmals unterstützen.

Entwicklung der Förderquote des Förderschwerpunktes ESE

Von 1.939.667 Schülerinnen und Schüler in NRW insgesamt (KMK, 2019) haben 30.850 den FSP ESE (KMK, 2018a, 2018b). Das entspricht für das Schuljahr 2017/2018 einer Quote von 1,59%. NRW liegt damit oberhalb des Bundesdurchschnitts, der für dasselbe Schuljahr 0,98% beträgt (KMK, 2019, 2018a, 2018b). In den letzten zehn Jahren hat sich die Förderquote des FSP ESE in NRW etwas mehr als verdoppelt. Im Schuljahr 2007/2008 lag die Quote bei 16.459 von insgesamt 2.250.035 Schülerinnen und Schülern, also 0,73% (KMK, 2019, 2018c). Der Anstieg verlief in weiten Teilen linear. Einen Ausreißer stellt das Schuljahr 2013/2014 dar. Hier stieg die Förderquote für den Förderschwerpunkt ESE um 0,17% (KMK, 2019, 2018c). Mit Ablauf dieses Schuljahres endete der Schulversuch „Ausbau von Förderschulen zu Kompetenzzentren für sonderpädagogische Förderung" und die Kompetenzzentren wurden als Förderschulen fortgeführt (9. Schulrechtsänderungsgesetz). Bis dahin wurden Schülerinnen und Schüler mit und ohne Förderschwerpunkt von Lehrkräften für sonderpädagogische Förderung des Kompetenzzentrums an der allgemeinen Schule u.a. auch präventiv gefördert. Im Schuljahr 2017/2018 besuchten 14.530 Schülerinnen und Schüler (0,75%) eine allgemeine Schule und 16.320 Schülerinnen und Schüler (0,84%) eine Förderschule.

Betrachtet man die Veränderung der Förderquote aus der Perspektive der Prävalenzzahlen, so ist eine Erklärung der Erhöhung rein auf Basis der Bedarfe der Kinder eher unwahrscheinlich. Folgt man der Metaanalyse von Barkmann und Schulte-Markwort (2012), die 34 Primärstudien aus dem Zeitraum 1953 bis 2007 analysiert, so ist davon auszugehen, dass die durchschnittliche störungsübergreifende Prävalenzrate in diesem Zeitraum stabil bei rund 20% lag. Die international vergleichend angelegte KiGGS-Studie (Hölling, Schlack, Petermann, Ravens-Sieber & Mauz, 2014) ermittelte ebenfalls sowohl für die Basiserhebung (2003-2006) als auch für die Welle 1 (2009-2012) eine Quote von rund 20%. In der Welle 2 der KiGGS-Studie (2014-2017) kommt die Forschungsgruppe (Klipker, Baumgarten, Göbel, Lampert & Hölling, 2018) zu einer Prävalenzrate von rund 17% und damit zu einem signifikanten Rückgang im Vergleich zur Basiserhebung. Hier wird deutlich, dass es einerseits einen bedeutsamen quantitativen Unterschied zwischen der Prävalenz von Verhaltensstörungen und der Förderquote gibt und andererseits, dass sich die Prävalenzzahlen und die Förderquote gegensätzlich entwickeln.

Neben dissozialen Verhaltensweisen zeigen Angststörungen, insbesondere im Kindesalter, eine hohe Verbreitung (Klassen et al., 2016). Diese werden von Lehrkräften jedoch häufig nicht oder falsch wahrgenommen (Conley, Marchant & Caldarella, 2014). Bei der Kopplung des Erhalts einer Förderung an den Förderschwerpunkt ESE, die in der Praxis häufig auf der Grundlage einer Diagnose zu externalisierenden Störungen erfolgt, ist daher davon auszugehen, dass Kinder mit internalisierenden Problemen massiv benachteiligt werden. Es besteht also – wie mit den oben genannten Zahlen bereits belegt wurde – eine Diskrepanz zwischen der Festlegung von Förderquoten und den individuellen Förderbedarfen von Kindern und Jugendlichen. Die Herausforderung für die Schule ist vor diesem Hintergrund nicht die Ausweitung der Förderquoten für eine mögliche Erhöhung der Ressourcen, sondern die fachliche Frage, welche Schülerinnen und Schüler von welcher schulrechtlichen Möglichkeit des Förderschwerpunktes ESE einen Vorteil für die Teilhabe an schulischen Bildungs- und Erziehungsangeboten haben. Abhängig von der Schülerzahl einer Schule sollte diese ein grundsätzliches Kontingent an Lehrkräften für Sonderpädagogik erhalten.

Aktuelle Einschätzungen zur Versorgung der Schulen mit Lehrkräften

Aktuell fehlen in NRW mehrere Tausend ausgebildete Lehrerinnen und Lehrer, insbesondere Grundschullehrkräfte, wie auch sonderpädagogische Lehrkräfte (Ministerium für Schule und Bildung NRW, 2018b). Schülerinnen und Schüler, die von einer individuellen (sonderpädagogischen) Förderung innerhalb der ersten drei Schulbesuchsjahren profitieren würden, auch ohne das Etikett FSP oder um dieses gerade zu vermeiden, drohen negative Erfahrungen im Schulbesuch und eine Verfestigung beginnender Verhaltensstörungen.

Für den Besuch der Sekundarstufe I an allgemeinen Schulen ist zukünftig eine Bündelung mit bestimmten Voraussetzungen vorgesehen. So sollen gerade Kinder mit den Förderschwerpunkten ESE, Lernen und Sprache vornehmlich an Schulen mit entsprechenden Konzepten, Vorbildung der Lehrkräfte durch Fortbildungen im Bereich Inklusion, sowie vorhandenen sonderpädagogischen Lehrkräften, gebündelt werden. Auch sollen diese Schulen nach der Formel 25 - 3 - 1,5 ausgestattet werden. Die Zahl 25 steht in diesem Zusammenhang für die angestrebte Klassengröße, die Zahl 3 für die Anzahl der Schülerinnen und Schüler mit sonderpädagogischem Förderbedarf, die eine Eingangsklasse (Klasse 5) besuchen und die Zahl 1,5 für eine zusätzliche Ressource von 0,5 Lehrerstellen, die hier ergänzend zugeteilt werden soll. Bei diesen Zahlen gibt es jedoch einige nicht spezifizierte Faktoren: Die angestrebte Klassengröße stellt nur einen zukünftigen Richtwert und keine Festlegung dar. Die Zahl von drei Schülerinnen und Schüler mit FSP ist eine Verrechnungsgröße und kann von den Schulen flexibel gehandhabt werden. So können bspw. Schulen auch festlegen, alle Schülerinnen und Schüler mit FSP in einer Klasse pro Jahrgang zu unterrichten. Die zusätzliche halbe Stelle aus dieser Formel kann ebenfalls flexibel genutzt werden und muss nicht an eine Klasse mit Schülerinnen und Schüler mit Förderbedarf gebunden werden. Diese halbe Stelle kann mit einer sonderpädagogischen Lehrkraft oder einer Lehrkraft der anderen Lehrämter oder mit einer Person aus dem Bereich der Multiprofessionellen Teams besetzt werden. Weiterhin sind die Eckpunkte für entsprechende Konzepte zur schulischen Inklusion noch nicht festgelegt. Art und Umfang der Fortbildungen im Bereich der Inklusion sind ebenfalls nicht ausformuliert. Auch die Anzahl der bereits vorhandenen sonderpädagogischen Lehrkräfte ist offen. Gymnasien drohen innerhalb dieser Bündelungsbestrebungen zu großen Teilen aus der Inklusion herauszufallen. Sie sollen zukünftig vornehmlich Schülerinnen und Schüler mit zielgleichem FSP beschulen. Wenn jedoch bereits eine (oder mehrere) andere Bündelungsschule der Sek I innerhalb der Stadt/Gemeinde (z.B. eine Gesamtschule) existiert, ist es wahrscheinlich, dass dort auch die zielgleich zu unterrichtenden Schülerinnen und Schüler aufgenommen werden, da es für ein Gymnasium schwieriger wird, die geforderte Anzahl von drei Schülerinnen und Schüler pro Eingangsklasse zu erreichen. An allen Schulen sollen jedoch auf Wunsch Möglichkeiten der Einzelintegration geschaffen werden. Wie die Schülerinnen und Schüler sonderpädagogische Unterstützung erfahren, ist noch nicht im Detail geklärt. Darüber hinaus ist der Plan des Landes NRW, reine Förderschulklassen an allgemeinen Schulen einzurichten, kritisch zu sehen. Diese Maßnahme entspricht nicht dem Gedanken der Inklusion, da Schülerinnen und Schüler mit und ohne sonderpädagogischem Förderbedarf auf diese Weise getrennt voneinander unterrichtet werden und sich letztlich nur im selben Schulgebäude aufhalten. Eine weitere Herausforderung könnte sein, dass es in den Förderschulgruppen Kinder mit Förderbedarfen in unterschiedlichen Förderschwerpunkten geben wird. Da es aber nicht möglich sein wird, für eine Förderschulgruppe Sonderpädagoginnen und Sonderpädagogen mit den jeweils notwendigen Fachrichtungen vorzuhalten, können die Kinder in diesen Gruppen nicht ausreichend entsprechend ihrer individuellen Bedürfnisse gefördert werden.

Literatur

Barkmann, C. & Schulte-Markwort, M. (2012). Prevalence of emotional and behavioural disorders in German children and adolescents: a meta-analysis. *Journal of Epidemiology and Community Health*, 194-203. doi:10.1136/jech.2009.102467

Conley, L., Marchant, M. & Caldarella, P. (2014). A Comparison of Teacher Perceptions and Research-Based Categories of Student Behavior Difficulties. *Education, 134*, 439-451.

Frücht, A. & Schichtel-Winkler, C. (2015). *Manual zur Erstellung eines schulischen Konzeptes. Gemeinsames Lernen. Auf dem Weg zur Inklusion in der allgemeinen Schule.* Zugegriffen am XXXX. Verfügbar unter: https://www.brd.nrw.de/schule/pdf/Inklusion-Manual_Gemeinsames_Lernen.pdf

Hölling, H., Schlack, R., Petermann, F., Ravens-Sieber, U. & Mauz, E. (2014). Psychische Auffälligkeiten und psychosoziale Beeinträchtigungen bei Kindern und Jugendlichen im Alter von 3 bis 17 Jahren in Deutschland - Prävalenz und zeitliche Trends zu 2 Erhebungszeitpunkten (2003-2006 und 2009-2012). *Bundesgesundheitsblatt - Gesundheitsforschung - Gesundheitsschutz, 57*, 807-819. doi:10.1007/s00103-014-1979-3

Klassen, F., Petermann, F., Meyrose, A.-K., Claus Barkmann, C. O., Haller, A.-C., Schlank, R., . . . Ravens-Sieberer, U. (2016). Verlauf psychischer Auffälligkeiten von Kindern und Jugendlichen. *Kindheit und Entwicklung, 25*(1), 10-20. doi:10.1026/0942-5403/a000184

Klipker, K., Baumgarten, F., Göbel, K., Lampert, T. & Hölling, H. (2018). Psychische Auffälligkeiten bei Kindern und Jugendlichen in Deutschland – Querschnittergebnisse aus KiGGS Welle 2 und Trends. *Journal of Health Monitoring*, 37-45. doi:10.17886/RKI-GBE-2018-077

KMK (2018a). *Datensammlung Sonderpädagogische Förderung in allgemeinen Schulen ohne Förderschulen 2017/2018.* Zugegriffen am XXX. Verfügbar unter: https://www.kmk.org/dokumentation-statistik/statistik/schulstatistik.html

KMK (2018b). *Datensammlung Sonderpädagogische Förderung in Förderschulen 2017/2018.* Zugegriffen am XXX. Verfügbar unter: https://www.kmk.org/dokumentation-statistik/statistik/schulstatistik.html

KMK (2018c). *Dokumentation 214: Sonderpädagogische Förderung in Schulen 2007 - 2016.* Zugegriffen am XXX. Verfügbar unter: https://www.kmk.org/dokumentation-statistik/statistik/schulstatistik.html

KMK (2019). *Dokumentation 217: Schüler, Klassen, Lehrer und Absolventen der Schulen 2008-2017.* Zugegriffen am XXX. Verfügbar unter: https://www.kmk.org/dokumentation-statistik/statistik/schulstatistik.html

Ministerium für Schule und Bildung NRW (2018a). *Eckpunkte zur Neuausrichtung der Inklusion in der Schule.* Zugegriffen am XXX. Verfügbar unter: https://www.schulministerium.nrw.de/docs/Schulsystem/Inklusion/Kontext/Eckpunkte-Inklusion/index.html

Ministerium für Schule und Bildung NRW (2018b). *Prognose zum Lehrkräftearbeitsmarkt in Nordrhein-Westfalen. Einstellungschancen für Lehrkräfte bis zum Schuljahr 2039/40.* Zugegriffen am XXX. Verfügbar unter: https://www.schulministerium.nrw.de/docs/bp/Lehrer/Lehrkraft-werden/Einstiegschancen/Prognosen.pdf

Wocken, H. (2014). *Das Haus der inklusiven Schule: Bausteine – Baupläne – Bausteine.* Hamburg: Feldhaus.

Niedersachsen

Manfred Wittrock
(Carl von Ossietzky Universität Oldenburg)

Was ist zu berichten über die Entwicklungen in den Aus-, Fort- und Weiterbildungen und der konkreten sonder- bzw. förderpädagogischen Arbeit in den (inklusiven) Schulen in Niedersachsen?

Als Erstes ist klar anzumerken, dass, wie Werner Bleher eingangs schon eindrücklich beschrieben hat, auch in Niedersachsen die Lehreramtsbedarfsplanung versagt hat. Niedersachsen ist stets dem vom Finanzminister diktierten sog. „Schweinezyklus" gefolgt.

Wie in den anderen Bundesländern ist auch in Niedersachsen die Zahl der „Kinder mit einem sonderpädagogischem Unterstützungsbedarf" (so die Begrifflichkeit in der Verordnung von 2013) in den letzten 10 Jahren deutlich gestiegen. Dieser Anstieg wird ja schon im Beitrag von Werner Bleher klar belegt. Auch der Anstieg der in inklusiven Schulen betreuten Kinder mit sonderpädagogischem Unterstützungsbedarf im Förderschwerpunkt Emotionale und Soziale Entwicklung (ESE) führte nicht zu einer Senkung der Zahlen vom Kindern, die in einer Schule mit dem Förderschwerpunkt ESE beschult wurden.

Die Beschulung von Kindern mit einem Förderbedarf ESE in Niedersachsen erfolgt in der Regel über drei Säulen: Durch Lehrkräfte mit einem Lehramtsabschluss Sonderpädagogik im Rahmen der „sonderpädagogischen Grundversorgung" in inklusiven Schulen oder durch „Mobile Dienste" bzw. „Regionale Beratungs- und Unterstützungssysteme" in inklusiven Schulen oder durch eine Beschulung an Schulen mit dem Förderschwerpunkt ESE.

Erst im Jahre 2014 begann das Land Niedersachsen, mit ausgelöst durch den Erlass zum sonderpädagogischen Unterstützungsbedarf aus dem Jahre 2013 und mit einem klaren zeitlichen Verzug zum Erlass zur sonderpädagogischen Förderung aus dem Jahr 2005 (!), Pläne zu einer deutlichen Erhöhung der Ausbildungszahlen an den Universitäten Hannover und Oldenburg (als die beiden für das „Lehramt Sonderpädagogik" bzw. den „M.Ed. Sonderpädagogik" ausbildenden Studienstätten) konkret werden zu lassen. So wurde z.B. in einer offiziellen „Zielvereinbarung für die Jahre 2014-2018" zwischen dem Land Niedersachsen und der Universität Oldenburg die Aufnahmekapazität für Erstsemester im Fach Sonderpädagogik von ursprünglich 60-80 Plätzen auf nunmehr 230 angehoben. Eine ähnliche Zielvereinbarung wurde mit der Universität Hannover geschlossen.

Die Mittel dafür wurden vom Land zur Verfügung gestellt und die Studierenden ab 2015 orientiert an der neuen Zielzahl zugelassen. Die deutlichen Bedenken des Institutes für Sonder- und Rehabilitationspädagogik, dass es kaum möglich ist, für die personelle Aufstockung der Institute hinreichend fachlich qualifizierte Lehrende kurzfristig zu gewinnen, wurden nicht gehört.

Neben diesem deutlichen Ausbau der Studienplätze in der Sonderpädagogik wurde – auf der Grundlage eines Runderlasses zum Erwerb einer Ergänzungsqualifikation für ein Lehramt aus dem Jahre 2012 – für interessierte Lehrkräfte bzw. Schulträger eine weitere Möglichkeit geschaffen, Lehrkräften mit einer zweiten Staatsprüfung für ein Lehramt (z.B. Grundschule) durch eine Ergänzungsqualifikation in einer sonderpädagogischen Fachrichtung (von mind. 40 Kreditpunkten) einen Quereinstieg in das Lehramt für Sonderpädagogik zu ermöglichen. Dieses Angebot wurde bzw. wird seit 2013 insbesondere von Schulen in katholischer Träger-schaft (auch und gerade Gymnasien) genutzt, um mittels eines weiterbildenden Studiums eine solche Ergänzungsqualifikation für die Förderschwerpunkte Lernen und ESE zu erwer-ben.

Die aktuellen Bemühungen um eine Erhöhung der Absolventinnen- und Absolventenzahlen, die mit einem Master of Education (M.Ed.) ihr Studium abschließen, werden mit hoher Wahrscheinlichkeit ab ca. 2019 zu einer langsam ansteigenden Zahl von Bewerberinnen und Bewerber für den Vorbereitungsdienst für das Lehramt Sonderpädagogik führen. Dies hätte zur Folge, dass sich ab dem Schuljahr 2021/22 der „Aufwuchs Sonderpädagogik" an den Universitäten Hannover und Oldenburg in den (inklusiven) Schulen des Landes bemerkbar macht.

Mit dieser rein quantitativen Betrachtung wird aber der qualitative Aspekt eines wissen-schaftlichen Studiums der Sonderpädagogik außer Acht gelassen. Die große Sorge war, dass nicht hinreichend qualifiziertes wissenschaftliches Personal (auf allen akademischen Ebenen) rekrutiert werden kann und dieser erwartete Effekt ist auch eingetreten. Denn einerseits ist die Konkurrenz aller deutschen Studienstätten um qualifiziertes Personal sehr hoch, denn auf Grund der zu geringen Absolventenzahlen in der Vergangenheit gibt es zu wenig geeignete Bewerberinnen und Bewerber.

Hinzu kommt (zumindest in Niedersachsen) der Fakt, dass Absolventinnen und Absolventen mit erfolgreicher zweiter Staatsprüfung für das Lehramt Sonderpädagogik im Schuldienst besser bezahlt werden und (m.E. noch wichtiger) sie im Schuldienst eine deutliche höhere Beschäftigungssicherheit („Verbeamtung" nach A 13) haben als an der Universität (Anstel-lungsverträge, zumeist auf Zeit nach TV-L 13).

Dieses Problem findet in der Bildungspolitik des Landes noch keine hinreichende Reaktion.

Sachsen

Kerstin Popp (Universität Leipzig)

Wie in vielen anderen Bundesländern trifft auch im Freistaat Sachsen ein deutlicher Anstieg des Förderbedarfs im Förderschwerpunkt emotionale und soziale Entwicklung auf einen nicht abdeckbaren Lehrerbedarf. Zurzeit sind nur die Bedarfsprognosen aus dem Jahr 2016 zugänglich, die folgenden Einstellungsbedarf signalisieren.

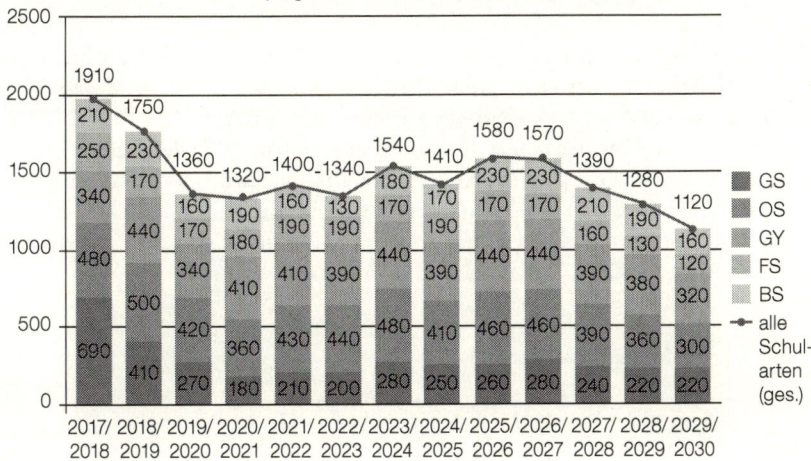

Abb.1: Einstellungsbedarf an öffentlichen Schulen im Freistaat Sachsen bis zum Schuljahr 2029/30 (Quelle: SMK)

Die hier prognostizierten Stellen für Lehrerinnen und Lehrern ergeben sich aus dem Renteneintritt der derzeitig Beschäftigten und der Einbeziehung der Geburtenentwicklung. Bereits die Grundlagen für die Geburtenentwicklung sind intransparent. Der hier prognostizierte Bedarf berücksichtigen weder Frühverrentungen, Schwangerschafts- und Elternzeitvertretungen noch Veränderungen im Schulsystem. Eine Veränderung der Schullandschaft in Richtung Inklusion wäre eine solche mögliche Veränderung. So befürchten Praktiker und politisch Engagierte, dass die Zahlen bedeutend höher sein könnten.

Schaut man auf die Entwicklung der Schülerzahlen im Förderschwerpunkt emotionale und soziale Entwicklung im Freistaat Sachsen wird dieser Mangel an Lehrerinnen und Lehrern noch kritischer. Die Abbildung 2 bildet die Schülerinnen und Schüler im Förderschwerpunkt emotionale und soziale Entwicklung ab und zwar getrennt danach, ob sie an einer sächsischen allgemeinbildenden Schule oder an einer sächsischen Förderschule unterrichtet wurden.

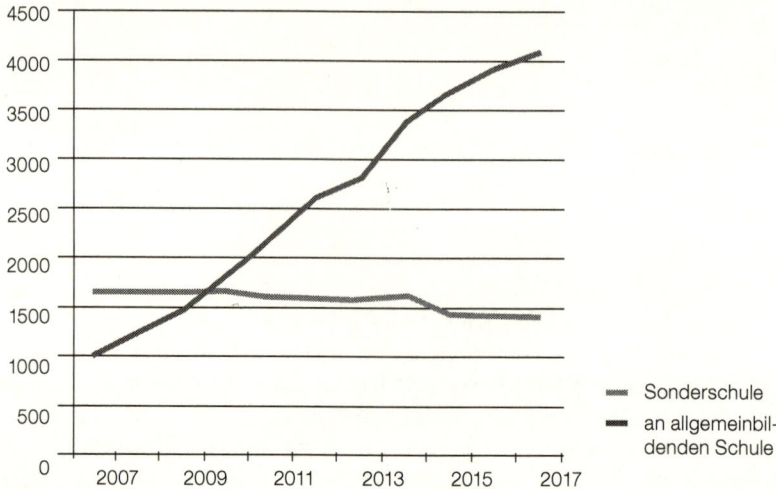

Abb. 2: Förderung im Förderschwerpunkt emotionale und soziale Entwicklung in Sachsen (Datenquelle KMK)

Auffällig ist die ständig steigende Kurve der in allgemeinen Schulen unterrichteten Schülerinnen und Schüler im Förderschwerpunkt emotionale und soziale Entwicklung. Die Quote von ca. 64% gehört zu den bundesdeutschen Spitzenquoten. Erschreckend ist aber, dass dies zu keiner Senkung der Schülerzahlen an den Förderschulen für Erziehungshilfe, wie sie in Sachsen noch immer heißen, geführt hat, sodass die Schülerzahlen an diesen Förderschulen nahezu konstant geblieben sind. Selbst die insgesamt gestiegenen Schülerzahlen können dies nicht beschönigen. Fasst man beide Zahlen zusammen, so findet sich ein rapider Anstieg im Förderschwerpunkt emotionale und soziale Entwicklung in Sachsen.

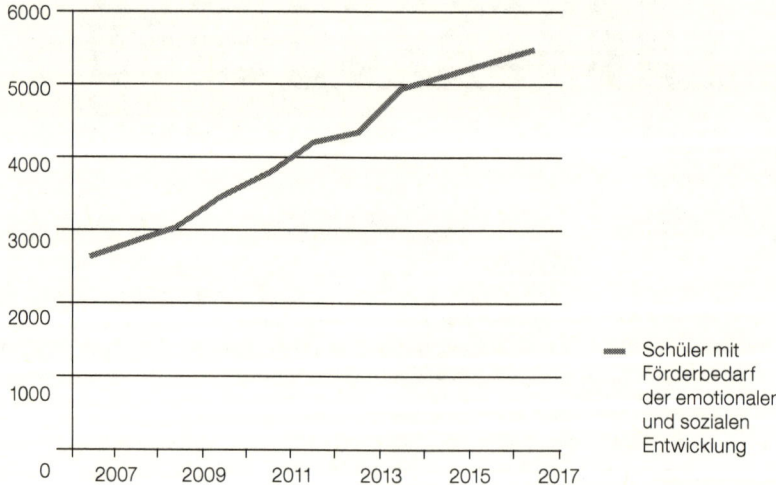

Abb. 3: Schülerinnen und Schüler mit Förderbedarf in der emotionalen und sozialen Entwicklung in Sachsen gesamt (Datenquelle KMK)

Auch das Sächsische Staatministerium für Kultus reagiert in enger Interaktion mit dem Sächsischen Staatsministerium für Wissenschaft und Kunst auf diese Entwicklungen.

Maßnahme 1: Erhöhung der Studierendenzahlen in den Lehrämtern

An den beiden lehrerbildenden Hochschulen (der Universität Leipzig und der Technischen Hochschule Dresden, Sonderpädagogik ist nur in Leipzig studierbar) wurden die Immatrikulationszahlen in den Lehrämtern drastisch erhöht und der Standort Chemnitz wieder für den Bereich Grundschule eröffnet. Zwei Bildungspakete liefern hierfür die sächlichen Mittel. Ein drittes ist ab 2020 in Aussicht gestellt.

Während in der Masterausbildung, die durch Kabinettsbeschluss 2010 in eine modularisierte Ausbildung mit Ersten Staatsexamen umgewandelt wurde, noch ca. 90 Studierende pro Jahr im Master Lehramt Förderschulen immatrikuliert wurden (30 davon im Förderschwerpunkt emotionale und soziale Entwicklung), sind dies im Lehramt Sonderpädagogik Staatsexamen im Wintersemester 2018/19 211 Studierende, 113 davon im Förderschwerpunkt emotionale und soziale Entwicklung. Die hierfür zusätzlich geschaffenen Mitarbeiterstellen sind alle bis 2020 befristet und vor allem als Lehrkräfte für besondere Aufgaben (hohes Lehrdeputat mit ausschließlicher Vermittlung praktischer Fertigkeiten bei gleichzeitig geringem bis keinem Forschungsanteil) besetzt. Über die Ausgestaltung des dritten Bildungspaktes ist noch nichts bekannt. Signalisiert wurde eine Beibehaltung der höheren Studierendenzahlen voraussichtlich bis 2030.

Das Studium im Lehramt Sonderpädagogik, dass mit einer ersten Staatsprüfung abschließt, umfasst zwei sonderpädagogische Fachrichtung (einschließlich zweier Module Allgemeine und inklusive Sonderpädagogik) und ein Unterrichtsfach. Als Unterrichtsfach ist entweder die Grundschuldidaktik (Grundschuldidaktik des Deutschunterrichts, des Mathematikunterrichts, der Sachkunde sowie die Grundschuldidaktik Kunst oder Musik oder Sport oder Werken) oder ein Fach der Oberschule wählbar. In den beiden sonderpädagogischen Fachrichtungen muss eine Fachrichtung die Pädagogik im Förderschwerpunkt emotionale und soziale Entwicklung oder die Pädagogik im Förderschwerpunkt Lernen sein. Als zweite Fachrichtung kann der verbliebene Förderschwerpunkt oder die Pädagogik im Förderschwerpunkt geistige Entwicklung oder die Pädagogik im Förderschwerpunkt körperliche und motorische Entwicklung oder die Pädagogik im Förderschwerpunkt Sprache und Kommunikation gewählt werden.

Maßnahme 2

Es wurden verschiedene Anstrengungen unternommen, Absolvierende in Sachsen zu halten und auch den ländlichen Raum zu versorgen. So wurde 2017 ein Sachsenstipendium ausgelobt (SächsABl. 2017 Nr. 47, S. 1521 Fsn-Nr.: 5572-V17.2), dass jenen Studierenden zuerkannt werden konnte, die sich bereiterklärten, nach dem Studium in eine sogenannte Bedarfsregion zu gehen. Je nach Länge der Unterstützungszahlung ist die verpflichtende Arbeitsdauer in diesen Regionen bemessen. Begleitet wurde das Programm durch eine Reihe von Weiterbildungsmaßnahmen. Diese Maßnahmen sollen unter der Initiative „Perspektive Land" als Angebote für interessierte Lehramtsstudierende fortgesetzt werden, um Schulen im ländlichen Raum kennenzulernen. So soll es am Ende des Jahres einen „Markt der Möglichkeiten" an den Universitäten geben.

2018 hat die sächsische Staatsregierung nicht nur die Verbeamtung von Lehrkräften, die das 42. Lebensjahr noch nicht beendet haben, beschlossen, sondern in dem Handlungsprogramm „Nachhaltige Sicherung der Bildungsqualität im Freistaat Sachsen" wurden auch Anwärtersonderzuschläge für alle Lehramtsanwärter, die ihren Vorbereitungsdienst in einer Bedarfsregion außerhalb der Großstädte absolvieren, ausgelobt und voraussichtlich ab 01. August 2019 umgesetzt.

Maßnahme 3

Seit 1994 war es an der Universität Leipzig auch möglich, in einer Berufsbegleitenden „Weiterbildung Förderpädagogik" eine Erweiterungsprüfung in einer sonderpädagogischen Fachrichtung abzulegen. Hierfür wurden Lehrkräfte, die an einer sächsischen Förderschule unterrichteten, aber nicht in der entsprechenden Fachrichtung ausgebildet waren, nachqualifiziert. Die Abschlussprüfung entsprach den Anforderungen der Ersten Staatsprüfung. In den zwanzig Jahren, in denen dieses Studium stattfand, wurden über 1.000 Lehrerinnen und Lehrer in Sachsen nachqualifiziert.

2016 entschloss sich das Kultusministerium ein Seiteneinsteigerprogramm aufzulegen. In den Schuldienst eingestellt werden Personen, die keine Lehramtsausbildung absolviert haben und begleitend eine Qualifizierung an den Universitäten absolvieren. Hiermit sollen die Bedarfe im Bereich Grundschule, einigen Fächern der Oberschule und in den Förderschulen abgedeckt werden. Auch die „Berufsbegleitende Weiterbildung" ist in dieses Programm überführt worden, dass sich inzwischen „Wissenschaftliche Ausbildung von Lehrkräften" nennt. Grundlage ist die Lehrer-Qualifizierungsverordnung vom 6. Oktober 2014, zuletzt geändert am 29. Juni 2017. Neu ist nun, dass in den Kursen auch Personen sitzen, die keinerlei pädagogische Vorbildung haben.

Literatur
Förderrichtlinie „Sachsenstipendium für Lehramtsstudierende", SächsABl. 2017 Nr. 47, S. 1521 Fsn-Nr.: 5572-V17.2

Handlungsprogramm „Nachhaltige Sicherung der Bildungsqualität im Freistaat Sachsen". Zugegriffen am 31.01.2019. Verfügbar unter: https://www.bildung.sachsen.de/blog/wp-content/uploads/2015/08/Handlungsprogramm-Nachhaltige-Sicherung-der-Bildungsqualit%C3%A4t-im-Freistaat-Sachsen.pdf

Lehrer-Qualifizierungsverordnung. SächsGVBl. 2014 Nr. 15, S. 656; Fsn-Nr.: 710-1.77

Sachsen lockt Referendare mit 1000 Euro aufs Land. Zugegriffen am 31.01.2019. Verfügbar unter: https://www.medienservice.sachsen.de/medien/news/222965

Sächsisches Staatsministerium für Kultus (2019). Lehrerbedarfsprognose. Zugegriffen a 11.01.2019. Verfügbar unter: https://www.bildung.sachsen.de/blog/index.php/2016/11/25/prognose-sachsen-benoetigt-in-den-naechsten-jahren-tausende-neue-lehrer/

Sekretariat der Ständigen Konferenz der Kultusminister der Länder in der Bundesrepublik Deutschland (KMK) (2018). Sonderpädagogische Förderung in Schulen 2007 bis 2016. Dokumentation Nr. 214. Berlin. Zugegriffen am 11. 01.2019. Verfügbar unter: https://www.kmk.org/fileadmin/Dateien/pdf/Statistik/Dokumentationen/Dok_214_SoPaeFoe_2016.pdf

Mitwirkende

Herausgeberinnen und Herausgeber

Prof. Dr. Werner Bleher
Förderschwerpunkt Emotionale und Soziale Entwicklung
PH Ludwigburg
bleher@ph-ludwigsburg.de

JProf. Dr. Stephan Gingelmaier
Förderschwerpunkt Emotionale und Soziale Entwicklung
PH Ludwigburg
gingelmaier@ph-ludwigsburg.de

Prof. Dr. Birgit Herz
Pädagogik bei Verhaltensstörungen
Universität Hannover
birgit.herz@ifs.uni-hannover.de

AOR Mag. Dr. Martina Hoanzl
Förderschwerpunkt Emotionale und Soziale Entwicklung
PH Ludwigburg
hoanzl@ph-ludwigsburg.de

Redaktionelle Assistenz

Elena Koch
Doktorandin im Förderschwerpunkt Emotionale und Soziale Entwicklung
PH Ludwigburg
elena.j.koch@web.de

Autorinnen und Autoren

Prof. Dr. (em) Karl-Heinz Benkmann
Pädagogik bei Verhaltensstörungen
PH Ruhr/ Universität Dortmund
karl-heinz.benkmann@t-online.de

Prof. Dr. (em) Günther Bittner
Allgemeine Pädagogik I
Universität Würzburg
bittner.guenther@t-online.de

Prof. Dr. Werner Bleher
Förderschwerpunkt Emotionale und Soziale Entwicklung
PH Ludwigburg
bleher@ph-ludwigsburg.de

WM Dr. Ines Budnik,
Verhaltensgestörtenpädagogik
Universität Halle-Wittenberg
ines.budnik@paedagogik.uni-halle.de

WM Dr. Gino Casale
Förderschwerpunkt Emotionale und soziale Entwicklung
Universität zu Köln
gino.casale@uni-koeln.de

LB Dorothea Ehr
Pädagogik bei Verhaltensstörungen
Universität Würzburg
dorothea.ehr@uni-wuerzburg.de

WM Dr. Marlen Eisfeld
Beeinträchtigung in der sozial-emotionalen und kognitiven Entwicklung
Universität Rostock
marlen.eisfeld@uni-rostock.de

WM Ulrike Fickler-Stang
Pädagogik bei psychosozialen Beeinträchtigungen
Humboldt-Universität zu Berlin
ulrike.fickler-stang@hu-berlin.de

WM Agnes Filipiak
AG Inklusive Pädagogik
Universität Paderborn
agnes.filipiak@upb.de

JProf. Dr. Stephan Gingelmaier
Förderschwerpunkt Emotionale und Soziale Entwicklung
PH Ludwigburg
gingelmaier@ph-ludwigsburg.de

Anja Grieser
Sonderpädagogin an der Astrid-Lindgren-Schule für Sprachbehinderte Ulm
grieser.anja@gmx.de

Prof. Dr. Thomas Hennemann
Erziehungshilfe und sozial-emotionale Entwicklungsförderung
Universität zu Köln
thomas.hennemann@uni-koeln.de

Alix Heselhaus
systemische Paarberaterin in eigener Praxis.
mail@alix-heselhaus.de

StR. i.H. Dr. Dennis C. Hövel,
Erziehungshilfe und sozial-emotionale Entwicklungsförderung
Universität zu Köln
dennis.hoevel@uni-koeln.de

WM Sarah Hofmann
Pädagogik bei Verhaltensstörungen
Universität Hannover
sarah.hoffmann@ifs.uni-hannover.de

WM Dr. Tony Hofmann
Pädagogik bei Verhaltensstörungen
Universität Würzburg
tony.hofmann@uni-wuerzburg.de

LkfbA Jan Hoyer
Pädagogik bei Verhaltensstörungen
Universität Hannover
jan.hoyer@ifs.uni-hannover.de

Prof. Dr. (em) Karl-Josef Kluge,
Erziehungshilfe und sozial-emotionale Entwicklungsförderung
Universität zu Köln
kkluge@uni-koeln.de

AR Hans-Walter Kranert
Pädagogik bei Verhaltensstörungen
Universität Würzburg
hans.kranert@uni-wuerzburg.de

WM Dr. Janet Langer,
Beeinträchtigung in der sozial-emotionalen Entwicklung
Universität Rostock
janet.langer@uni-rostock.de

LkfbA Jochen Liesebach
Pädagogik bei Verhaltensstörungen
Universität Hannover
jochen.liesebach@ifs.uni-hannover.de

Erasmus Mehlmann
Leiter des Referates sonderpädagogische Förderung des VBE NRW
erasmus.mehlmann@gmx.de

WM Dr. Kirsten Müller,
Erziehungswissenschaft mit dem Schwerpunkt
Beeinträchtigung der emotional-sozialen Entwicklung
Universität Gießen
kirsten.mueller@erziehung.uni-giessen.de

AOR PD Dr. Thomas Müller
Pädagogik bei Verhaltensstörungen
Universität Würzburg
thomas.mueller1@uni-wuerzburg.de

LkfbA Katharina Obens
Pädagogik bei psychosozialen Beeinträchtigungen
Humboldt-Universität zu Berlin
katharina.obens@hu-berlin.de

Prof. Dr. Kerstin Popp
Pädagogik im Förderschwerpunkt emotionale und soziale Entwicklung
Universität Leipzig
popp@rz.uni-leipzig.de

Prof. Dr. Christian Rietz
Servicestelle Forschungsmethoden
PH Heidelberg
rietz@ph-heidelberg.de

OStR i.H. Dr. Stefanie Roos
Soziale und Emotionale Entwicklung in Rehabilitation und Pädagogik
TU Dortmund
stefanie.roos@tu-dortmund.de

Dr. Christine Schmalenbach
Aktuell bei Nehemiah International in El Salvador
christineschmalenbach@nehemiahiu.net

Prof. Dr. Roland Stein
Pädagogik bei Verhaltensstörungen
Universität Würzburg
roland.stein@uni-wuerzburg.de

Prof. Dr. Philipp Walkenhorst
Erziehungshilfe und Soziale Arbeit
Universität zu Köln
philipp.walkenhorst@uni-koeln.de

Prof. Dr. Marc Willmann
Förderung und Unterricht im Kontext von Inklusion unter besonderer Berücksichtigung von
Förderbedarfen in der emotionalen und sozialen Entwicklung
Universität Leipzig
marc.willmann@uni-leipzig.de

Prof. Dr. Manfred Witttrock
Pädagogik bei Verhaltensstörungen - emotionale und soziale Entwicklung
Universität Oldenburg
manfred.wittrock@uni-oldenburg.de

Prof. Dr. David Zimmermann
Pädagogik bei psychosozialen Beeinträchtigungen
Humboldt-Universität zu Berlin
david.zimmermann@hu-berlin.de

Peer-Reviewerin und Peer-Reviewer

WM Dr. Helga Krinzinger
Förderschwerpunkt Emotionale und Soziale Entwicklung
PH Ludwigburg
helga.krinzinger@ph-ludwigsburg.de

Dr. Nicola-Hans Schwarzer
Lehramtsanwärter für das Lehramt an Sonderschulen
nick.schwarzer@googlemail.com

Abkürzungen

A(O)R = Akademische (Ober)Rätin, Akademische (Ober)Rat
Dr. = Doktorin, Doktor
em = Emerita, Emeritus
LB = Lehrbeauftragte, Lehrbeauftragter
LkfbA = Lehrkraft für besondere Aufgaben
Mag = Magistra, Magister
Prof. = Professorin, Professor
PD = Privatdozentin, Privatdozent
(O)StR i.H. = (Ober)Studienrätin im Hochschuldienst, (Ober)Studienrat im Hochschul-
dienst
WM = Wissenschaftliche Mitarbeiterin, Wissenschaftlicher Mitarbeiter